KB155790

SLAYING GOLIATH

골리앗 무찌르기

미국의 교육개혁과 그 적들

Diane Ravitch 저

유성상 역

박영story

메리(Mary)에게 이 책을 바침

돈은 절대 잠자지 않는다. 돈을 따르라.

-모리스 커닝햄(Maurice Cunningham) 교수, 매사추세츠대학교

난 자동차를 표준화할 수 있다고 믿는다. 하지만 인간을 표준화할 수 있다고는 생각하지 않는다. 표준화는 미국 문화를 위협하는 거대한 위험덩어리다.

-알버트 아인슈타인(Albert Einstein)

모두가 위대해질 수 있다. 모두가 봉사할 수 있기 때문이다. 봉사하는데 대학 학위는 필요없다. 당신이 사용하는 말에게 봉사하는데 동의하라고 할 필요도 없다. 봉사하기 위해 플라톤과 아리스토텔레스를 알 필요도 없다. 아인슈타인의 상대성 이론도 마찬가지다. 봉사하는데 물리학의 열역학 제2법칙을 몰라도 상관없다. 오로지 은혜를 가득 품은 가슴, 사랑으로 움직이는 영혼만 있으면 된다.

-마틴 루터 킹(Martin Luther King Jr.)
("The Drum Major Instinct" 1968년 2월 4일 에벤에셀교회
(the Ebenezer Baptist Church, Atlanta, Georgia)에서의 설교 중)

1983년 발간된 레이건 정부의 그 유명한 보고서 「위기에 처한 국가(A Nation at Risk)」의 패러디: "만약 교육개혁을 부르짖는 부호들과 이들의 알랑거리는 정치모리배들이 우리 공교육 시스템에 강제했던 것을 외국의 어떤 정부가 또다시 우리 공교육 시스템에 강제해 고통을 주었다면, 우리는 이를 선전포고라고 여겼을 것이다.

-무명씨(Anonymous)

역자 서문

우리는 모두 교육이란 이름의 배움에 임한다. 배움은 지식을 쌓아나가면서 세계를 보는 눈, 즉 관점을 심화, 확장하도록 해준다. 교육은 개인적임과 동시에 사회적이다. 어제의 내 배움으로 오늘의 내가 새로워졌다면 배움의 개인적인 의미를 강조하는 말이겠지만, 그렇게 새로워진 내가 살아가는 사회에서 그 배움을 위치짓자고 하면 배움의 사회적 의미를 따져묻는 것이 된다. 즉, 배움에 임하는 사람은 지식의 특성에 따라 늘 유사한 부류의 지식 언저리에서 벗어나지 못 할 수도, 혹은 늘 창발적인 사고를 가져오는 지적 자극을 받을 수도, 어쩌면 지식다운 지식이나 지적 자극도 없이 살아가야 할 수도 있다. 배움이 완전히 개인적이라 할 수 없는 이유가 여기에 있다.

그런데 교육이 사회적이라고 할 때, 우리는 아주 곤란한 상황에 맞닥뜨리게 된다. 교육은 두 가지 상반된 목표를 갖고 있기 때문이다. 우선 사회의 제도로서 교육은 그 사회의 전통을 유지, 존속하는 것을 목적으로 한다. 흔히 학교교육을 '사회화'의 중요한 수단으로 삼는다는 말이 여기에 해당된다. 그런데 교육은 또 다른 목표, 즉 현 사회의 문제를 해결하고 새로운 사회를 열어 희망찬 미래로 나가게 해주는 동력이어야 한다고 기대된다. 한마디로 교육은 사회변화의 촉매이자, 곧 사회변화의 동력이 되어야 한다는 말이다. 교육은 곧 무언가를 변하지 않도록 지켜서 다음 세대의 구성원들에게 전달해야 하며, 동시에 기존의 것을 깨부수어 새로운 것을 만들어내거나 혹 새로운 것을 만들어낼 수 있는 힘을 갖게 해야 한다. 도대체 무엇은 그대로 남아있어야 하고, 또 바뀌어 새롭게 할 것은 무엇이란 말인가? 도대체 어떻게 이게 가능할까? 그리고 이 일을 누가 감당할 것인가? 누가 이 일을 옳게 한다고 하면 별 저항없이 모두 박수쳐 호응해 줄 수 있는가?

사실 이 둘을 동시에 성취하는 것은 정말 어렵다. 아니 불가능하다고 해야 할 정도다. 그렇지만 이 둘을 동시에 성취하는 것을 누구도, 어떤 사회도 포기하지 않는다. 안타까운 지점이 여기에 있다. 어찌되었건 교육이란 이름의 목표가 담고 있는 모순적 상황으로 인해 개인이건 사회건 누구도 자신을 둘러싼 교육에 만족하는 사람들을 찾아보기 어렵다. 교육에 만족하지 않는 사람들이 어울려 살아가는 사회의 모습이란, 한마디로 시끄러움으로 가득한 세상이다. 어느 사회를 가서 보건 자신이 관련되어 있건 그렇지 않건 '교육'에 만족하며 평화로운 국가를 찾아보기 어렵다. 우리나라 사람들이 그렇게 따라하고 싶어하는 많은 국가의 교육을 직접 눈으로 본다면 따라하겠다는 생각이 쏙 들어갈 정도로 수많은 논쟁거리를 마주하게 된다. 교육 이슈? 불편함 그 자체다. 미국, 영국, 프랑스, 독일, 일본 등 소위 경제적으로 우월한 국가들의 교육뿐만 아니라 핀란드, 스웨덴, 덴마크 등의 경우도 마찬가지다. 교육은 그 자체로 모순을 안고 있는 개념이고, 교육실천이란 그 모순을 둘러싼 수많은 이해관계가 맞부딪히며 싸움이 일어나는 쟁투의 장이다.

교육이 모순이라니? 창과 방패를 모두 다 잘 팔려는 무기상에게 던져진 질문, 즉 "당신 창이 당신의 방패를 뚫을 수 있나요?"에 어떻게 답할 수 있을까? 창이 모든 방패를 뚫어버릴 수 있다면 함께 파는 방패는 살 사람이 없을테고, 모든 창을 막아 내는 방패를 강조하면 창이 팔릴리 없기 때문이다. 어떻게 답하건 무기상은 거짓말한 것이 된다. 둘이 모두 성립되는 조건이란 없기 때문이다. 그런데 이에 어떤 답이 타당한지 확인하는 것은 그다지 어렵지 않다. 직접 창을 방패에 던져보면 된다. 그러나 무기상은 절대 자기 창을 자기 방패에 던져보지 않을 것이다. 문제는 여기에 있다. 무기상은 자신의 논리가 간파되는 것을 원치 않을 뿐만 아니라, 혹 그 '논리없음'이 누군가에게 간파된다고 하더라도 논리가 실증되지 않는 한 '논리없음'의 논리를 계속 떠벌리기 바란다. 어쩌면 자신의 '논리없음'을 간파한 사람(들)을 떠나 자신의 '논리없음'을 간파하지 못한, 아니 아직 간파할 여유가 없었던 사람들에게 옮겨갈 것이다. 어디선가 간파당한 '논리없음'은 다시 '논리적'인 외양을 띠고 울려퍼질 것이다.

그런데 흥미롭지 않은가? 이런 '논리없음'으로 치장한 무기상은 절대 망하지 않는다. 이 무기상은 어디서건 이런 성립하기 어려운 창과 방패의 논리를 들고 창과 방패를 팔아 먹고 산다. 어쩌면 누구보다 돈을 더 잘 벌 수 있다. 전쟁이 일어났던 곳이거나 전쟁이 일어날 기미가 보이는 곳이라거나, 무엇보다 전쟁이 한창 진행중인 지역이라면, 더 극단적으로 전쟁의 규모가 크고 그 전쟁터가 가까우면 가까울수록 이 무기상의 사업은 번창할 것이다. 그런 곳이라면 무기상에게 '당신 창으로 당신 방패를 뚫어보시오' 하는 모순의 '논리없음'을 따져묻는 사람들도 거의 없을 것이다. 간혹 그런 질문을 품는 사람들, 더 나아가 입밖으로 그 질문을 제기하는 사람이 있다고 하더라도 무기상의 사업에 별 영향을 미치지 않을 것이 분명하다. 즉, 무기를 구입하려는 사람에게 당장 중요한 것은 자기 몸을 보호하는 데 필요한 본능적 요구, 그 요구에 충실히 응하는 것이다. 자기 욕구(욕망)와 필요에 충실히 봉사한다면 그게 뭐든 그따위 '논리없음'은 굳이 문제가 되지 않는다. 그 '논리없음'을 문제삼다가 내가 죽는다면, 그처럼 허망한 일이 있겠는가? 우선 나부터 살고 봐야 하지 않겠는가? 이 일의 결과로 무기상의 사업은 번창하고, 따라서 '논리없음'은 결코 우리 삶의 주변에서 사라지지 않는다. 한마디로 우리 삶의 '모순'과 '역설'은 서로 다른 이해관계를 가진 개개인의 욕구(욕망)과 필요가 집단적으로 성찰되지 않은 결과로 생겨난 것이다.

교육을 한다는 건, 교육에 참여한다는 것은 이런 모순적인 상황 속에 자신을 위치지운다는 말이 된다. '교육개혁'과 '교육혁신'이란 말을 앞세우고 누구는 '학생중심'을 내세우고, 누구는 '성적향상'을, 누구는 '교사전문성제고'를, 또 누구는 '경제성장'을 앞세운다. '교육개혁'은 누군가에게는 '교육에 대한 더 많은 투자'를 전제로 하지만, 또 다른 누군가에는 '교육으로부터 더 많은 성과를 얻어내는 산출'을 가정하는 것으로 이해된다. 누구는 교육이 '혁신'되려면 교사를 존중하는 일이 선행되어야 한다고 피토하는 울음을 내뱉지만, 누군가는 교육을 '혁신'하는데 교사가 걸림돌이라며 교사에 대한 관리감독, 평가가 필요하다고 주장한다. 교육의 '개혁'은 '사회개혁'을 위한 출발점이고 이를 완성하도록 하는 과정으로 꼭 필요하다고 주장하는 사람들이 있는가 하면, '교육개혁'은 '사회개혁'에 부수적으로 따르는 것으로 '사회개혁' 없이 '교육개혁'은 의미없다고 단언하는 사람들도 있다. 도대체 교육이란 말이 무엇을 의미하고 또 교육을 통해 무엇을 기대하는지 떠돌아다니는 수많은 화법 속에서 길을 잃지 않는 것이 이상할 정도로 우리 주변의 교육은 온갖 대립되고 모순적인 말 잔치 속에 자리잡고 있다. 교육이 늘 시끄러운 난장인 이유가 여기에 있다. 그럼에도 불구하고 창과 방패를 팔아 먹고사는 무기상처럼 교육이란 이름으로 '개혁'과 '혁신'을 이야기하는 사람들은 날로 번창한다. 이들에게 부여된 '권한'과 '권력'이 우리 주변의 교육적 일상에 큰 영향을 미치면서 말이다.

우리는 흔히 '개혁'과 '혁신'이란 이름을 붙여 우리 삶의 미래를 새롭게 전망하는 그림을 쏟아낸다. 미국을 비롯한 서구사회가 신자유주를 이데올로기적 사회정책으로 실현해가면서 교육분야는 '개혁의 시대'를 맞게 되었다. 변화를 일구어내려는 개혁과 혁신의 채찍이 새로운 것은 아니었지만, 소위 '개혁의 시대'를 맞은 교육은 이때까지와는 상당히 다른 차원의 변화를 목도하게 된다. 교육의 내용은 지식의 표준화, 이런 지식의 전달방식은 선택과 개별화, 지식 습득의 평가방식은 일제고사화, 지식을 전달하는 학교의 유형은 다양화, 지식을 전달하는 교사는 능력에 따른 등급화, 교육을 관장하는 전체 시스템의 축소와 민영화였다. 개혁으로 내세워진 미래 교육의 청사진은 '글로벌교육개혁운동(Global Education Reform Movement, GERM)'으로 통칭되었고, '개혁의 시대' 화법은 교육 문제를 해결하는 답변으로 받아들여졌고, 이전 시대와는 차원이 다를 정도로 전지구적으로 확산되었다. 서로 다른 듯하면서도 교묘하게 얽혀 있는 통일된 교육개혁의 화법은 위에서부터 아래로 내리누르는 개혁의 동력에 의존했고, 이를 실현하려는 목소리는 대자본과 결탁해 작동했다. 이들의 화법은 집요하게 각 국가, 각 교육체제, 각 단위학교, 그리고 각 교육주체의 마음을 휘저어 놓았다. 깔끔하게 정리된 글로벌교육개혁운동이 교육이 실천되는 다양한 시공간에서 그 목표를 실현했는가 하면, 꼭 그렇지는 않아보인다. 그러나 이들이 성취해 낸 한 가지를 분명하게 짚어낼 수 있는데, 사람들은 이런 화법에 익숙해지면서 교육이 담고 있는 '모순적 의도'를 점점 더 읽어 내지 못하고 있다. 사람들은 교육을 통한 자기 욕망 충족에 만족하도록 이끌고 있다. '개혁의 시대'에 사람들은 교육의 사회적 의미가 아닌 개인의 욕망을 실현하는 수단으로 더 강하게 인식하게 되었다. 사람들은 세상에서 최고의 공격력을 부여할 수 있는 창과 세상에서 최고의 방어력을 보유할 수 있는 방패를 한입으로 동시에 내놓는 무기상의 말도 안되는 '논리없음'에 점차 무기력하게 빠져들어가고 있다.

    1990년대 중반부터 시작된 신자유주의적 교육개혁의 화법은 한국 사회에서 '잘 살아보세', '국가경쟁력제고', '경제성장'의 구호와 함께 뒤섞여 30여 년간 울려퍼졌다. 2009년 교육자치시대가 열리고 새로운 화법이 등장한 듯했다. 그러나 교육개혁의 화법들은 마치 다른 듯 보이지만 별 다른 차이점을 보이지 못하고 글로벌교육개혁운동의 연장선에서 아웅다웅거렸다. 교육개혁 30년의 성과는 우리를 옭죄어오고 있는 '능력주의의 덫'에서 실상을 발견하게 된다. 마치 난리난 듯 전국민의 시선을 사로잡은 수시 vs. 정시 대입전형 논란, 전 세계적 공중보건 위기 속에서 한 사회의 엘리트로 특권적 권한을 놓고 싶어하지 않는 의대생들의 집단 파업, '민중은 개돼지'라고 망언을 서슴지 않는 교육부 고위 관료의 고압적 태도, 정의와 공정을 외치지만 정치적 이데올로기에 쉽게 휘둘리고 타인에게 공감하지 못하는 청년세대의 태도, 졸업한 고등학교, 대학 및 학과별로, 그리고 수능 성적 1–2점으로 만들어진 점수 계급을 사회계층으로 고착화해내는 대학생들, 대입에 도움 안 되는 것은 필요없게 만드는 사교육 시장, 이런 좁은 삶의 통로를 헤쳐나가다 별 희망을 발견하지 못하고 봉오리 한 번 못피고 져버린 꽃송이들. 여기에 한 가지 더할 것이 있다. 교육이란 이름으로 이 사회는 더 이상 '지속가능하지 않은' 사회가 되었다. 지금 이 시대를 살아가는 청년세대는 이런 사회, 이런 시대, 이런 교육에서 다음 세대의 희망을 보고 싶지 않다고 한다. 결혼하지 않겠다고, 아이를 낳지 않겠다고 선언한다. 다음 세대가 없는 사회에서 교육의 희망을 이야기하고, 뭔가 새롭게 만들어보겠다고 하는 것이 역설적이지 않은가? 당시 강조하지만, 이런 '지속가능하지 않은' 대한민국의 면모는 지난 30여 년 지속되어 온 교육개혁의 '성과'라는 점이다.

자연 세계에서 대립과 갈등은 필연적이다. 그러나 모순은 존재하지 않는다. 혹 그렇게 보일지 모르는 현상이 있다면 아직 우리가 모르고 설명할 수 없는 뭔가가 우리가 모순적이라고 보이는 현상 뒤에 놓여있다. 따라서 자연 세계의 일부로서 인간 사회의 이런 '지속가능하지 않은' 현실은 전혀 모순적이지 않다. 그 요소가 충분히 드러났다고 보기는 어렵지만, 이 사회가 왜 '지속가능하지 않은' 방향으로 드러나는지 이유가 있기 때문이다. 더욱이 이런 불안함과 공포심, 지속가능할 수 없음에 목소리로 몸으로, 심지어 몸을 불살라 항의하는 이들을 통해 우리는 그 이유를 점차 더 분명하게 알아나가고 있다. 그러나 우리 주변의 사회에서 당연시하며 받아들여지고 있는 '교육개혁'은 온통 모순으로 가득차 있다. 모순은 인간 욕망 때문에 생겨난 것이고, 자연 세계가 아닌 자신만의 욕망을 실현하려는 인위적 사회 속에서 자리한다. 지속가능하고 행복한 사회를 청사진으로 내놓은 교육개혁의 결말이 지속가능하지 않은 사회라니. 더 많은 사람에게 희망과 평등한 사회, 차별없는 사회를 지향하는 온갖 정책과 개입이 혐오와 차별, 두려움을 가중시키고 있다니. 교육개혁은 모순, 그 자체다. 이런 교육개혁의 '논리없음'은 제대로 제어되지도, 그렇다고 심각하게 저항받지도 않은채 우리가 아닌 '나'와 '내 가족'의 욕망을 누구에게도 방해받지 않고 실현해 낼 화법으로 버티고는 우리 곁을 떠나지 않고 있다.

여기 광야의 한 목소리가 있어, 교육개혁의 모순을 목소리 높여 외치고 있다. 마치 신약성경의 한 구절을 연상케하는 표현으로 들릴 수 있겠다. 하지만, 이 책의 제목을 통해 이런 표현이 그다지 잘못되지 않은 것임을 말하고 싶다. 구약성경의 다윗과 골리앗이 이 책의 길고 풍부한 이야기의 큰 그림을 잘 표현해주고 있기 때문이다.

'골리앗 무찌르기: 미국의 교육개혁과 그 적들'이라는 제목의 이 번역서는 다이앤 래비치(Diane Ravitch) 'Slaying Goliath: The Passionate Resistance to Privatization and the Fight to Save America's Public Schools'(2020)를 우리말로 옮긴 것이다. 굳이 래비치 교수가 누군지 소개하는 것이 의미있을까 싶긴 하지만 간략하게 정리해 본다. 래비치 교수는 1938년생으로 올해(2022년) 한국 나이로 85세 할머니다. 한국 교육학자들은 래비치를 진보적이고 비판적인 교육학자로 읽고 있을지 모르겠다. 하지만, 그는 미국 공교육개혁의 역사를 탐구해 온 교육사학자로 1980년 이래 이어져온 신자유주의적 교육개혁의 최선봉에서 신보수주의적 학자로 명성을 날렸었다. 조지 W. 부시 정부에서 연방교육 부차관을 하게 된 이유이기도 하다. 이를 전후해 래비치 교수는 미국 보수주의 이데올로기를 대변하는 다양한 싱크탱크의 연구 및 활동에 관여하며 교육을 통한 미국 사회의 번영을 위한 개혁적 청사진을 옹호해왔다. 래비치 교수는 당시 개혁적 화법으로 내세워졌던 표준화된 교육과정, 더 많은 일제고사, 학생 성적에 따른 교사평가 및 인센티브를 통한 교사 동기부여, 차터스쿨 및 학교선택제를 통한 교육민영화에 찬성하는 입장이었다.

그러나 이전의 여러 책에서 고백하고 있듯 래비치 교수는 교육개혁에 대한 자신의 입장을 전면적으로 바꾼다. 일종의 사상 전향자가 되었다. 미국 교육개혁 정책에 대해 극단적이라고 하기는 어렵지만 중도우파적 지지를 보내던 래비치 교수는 이제 극단적 저항세력의 지도자로 자리매김해 있다. 이 책처럼 학자로서 책을 내고 연구하는 일을 통한 저항뿐만 아니라 교육민영화와 표준화 시험체제에 반대하는 시위를 찾아다니며 직접 피켓을 들고 거리 시위를 한다. 뿐만 아니라, 자기 이름으로 온라인 블로그를 만들고 이 공간을 통해 교육적 저항 운동에 나섰다. 그리고 온오프라인에서의 소통과 협력을 이어가며 교사, 학부모, 학생 및 시민들과 연대를 공고히 하는 전략가로 일하고 있다. 래비치 교수는 교육개혁에 대한 자신의 입장을 전면적으로 바꾼 이후 발간된 책에서 몇 차례 이런 입장 변화의 이유를 설명하고는 있다. 하지만 개인적으로 래비치 교수의 전향을 단순한 변화로 보지 않는다. "과거의 내가 잘못되었다"는 식의 짧은 설명으로 래비치 교수의 전향을 퉁치고 넘어가기 어렵다고 본다. (이에 대한 래비치 교수의 인식론적, 실천적, 윤리적 변화를 들을 수 있는 기회를 기대해 본다. 혹은 언젠가 래비치 교수를 뵙고 이에 대해 꽤 긴 이야기를 나누고 싶다.)

이 책은 이런 역동적 삶을 살고 있는 래비치 교수 자신에 관한 이야기가 아니다. 그가 교육사학자로 탐구한 교육개혁의 어제와 오늘을 연구성과로 내놓은 것도 아니다. 이 책은 미국 교육개혁을 둘러싼 큰 싸움터를 그림 그리듯 보여준다. 골리앗을 앞세워 싸움터를 채운 블레셋 진영에는 내노라할만한 재벌들(빌 게이츠, 마크 주커버그, 리드 헤이스팅스, 코크 형제, 드보스가문, 월마트 가문 등), 금융계의 큰 손들, 정계의 지도자들(버락 오바마, 부시대통령 부자, 빌 클린턴, 도날드 트럼프 등), 소위 교육개혁의 간판 스타들(미셸 리, 웬디 콥, 아른 던컨 등)이 뒤편에 자리잡고는 명문대 학맥과 인맥으로 연결된 정치인과 전문가들이 싸움꾼으로 전선에 배치되어 있다. 성인 갑옷조차도 헐렁해 입을 수 없을 정도로 작은 체구의 다윗이 나선 반대 진영에는 지도자라 할만한 인물이 뚜렷하지 않은채 그만그만한 교사, 학생, 학부모, 기타 시민들이 자리하고 있다. 각자의 역할이 전문적으로 배정되어 그 역할에 충실한 전략이 무궁무진하게 펼쳐지는 블레셋 진영과는 달리, 반대 진영의 병사들은 일인 다역을 하며 매순간 새롭고 창의적인 전략에 의존한다. 블레셋 진영의 군대가 전투복을 잘 갖춰입고 최첨단 무기로 무장한 상황이라면, 반대 진영에는 전투복은 둘째치고 과연 무기라고 볼 수 있을지 모를만한 것들을 들고 싸움에 임하고 있다. 어느 모로 보나 이 둘의 싸움이 어떤 결과로 이어질지는 뻔해 보인다. 그러나 이 책에서 래비치 교수는 이 싸움이 전혀 그렇게 끝나지 않을 것이며, 오히려 다윗이 골리앗을 물맷돌로 이긴 성경 이야기처럼 반대진영의 승리로 모아지고 있다고 전망한다. '진정한 교육개혁'을 바라보며 교육 대전환을 호소하는 사람들에게 이 책의 이런 결말은 '희망'으로 비춰질 수 있을 것이다.

나는 래비치 교수의 이런 전망에 동의한다. 그러나 한가지 덧붙여야 할 말이 있다. 거대 자본에 맞서 싸워 얻을 수 있는 '승리' 혹 '희망'은 어쩌다 우연히 발생하지 않는다. 갑자기 등장한 특출난 지도자에 의해 얻어지는 것도 아니다.

우리가 기억하는 많은 영웅이야기를 잘 보면, 대부분의 영웅은 치열한 싸움터에서 장렬하게 전사한다. 비록 영웅이 대단히 활약한 싸움에서 단기적으로 이겼을지 모르지만 역사상 전력이 높은 진영이 열세 진영의 사람들을 이기고 지배했다. 그렇다면 위에서 보여준 전쟁터의 양 진영간 우위를 보면 희망이 없는 것일까? 교육개혁이란 이름으로 자본가들이 쏟아붓고 있는 글로벌교육개혁운동 의제는 반대진영의 저항을 물리치고 승리하게 될 것인가? 그렇지 않을 것이다. 아니 그래서도 절대 안 된다. 전쟁터를 채우는 이 싸움의 명분과 싸움에 임하는 사람들의 무기는 고정값으로 우리에게 주어진 상수가 아니다. 지금 교육개혁을 둘러싼 싸움은 기원전 3000년경 칼과 창으로 무장하고 맞붙어 싸우는 그런 싸움이 아니다. 지금 전 세계적으로 벌어지는 교육개혁 전쟁은, 좀 더 많은 식량을 안정적으로 확보하고 이를 위한 지배체제를 구축하려고 땅 싸움, 노예 싸움을 벌였던 것과 다르다. 교육을 둘러싼 전쟁은 명분의 싸움이고, 얼마나 많은 개인과 사회가 이 명분을 이해하고 공유할 수 있도록 하는가의 싸움이다. 어떤 무기를 어떻게 누가 사용할 것인가는 그 다음의 문제다. 우리에게 닥친 교육의 '개혁'과 '혁신'이 담고 있는 화법에서 정당한 명분을 찾아내고 잘못된 명분을 찾아 비판하고 저항해야 한다. 이것이 다윗과 골리앗으로 보이는 싸움을 대등한, 혹은 더 정당한, 더 정의로운, 더 교육적인 싸움의 모습으로 다시 보게 할 것이다.

반가운 소식이 하나 더 있다. 교육개혁을 둘러싼 전쟁이 명분의 정당성을 둘러싼 싸움이라고 할 때, 한 진영을 형성하고 있는 특권적 카르텔 집단의 수가 소수라는 점이다. 이는 민주주의 사회에서 중요한 싸움 승리 전략과 연결된다. 즉, 이 시대를 살아가는 우리 사회에서는 다수의 인민이 정당하다고 판단하고 지지하는 교육의 화법이 실천된다는 점이다. 안타깝게 이 다수의 인민이 어떤 교육개혁 혹은 어떤 교육혁신의 화법이 정당한지를 검토하고 판단하고 비판하는 과정에 자본의 힘이 작동하고 있다. 각 개인의 인식과 실천이 주체적이고 자율적이지 못한 체제식민화의 함정이 곳곳에 자리하고 있다. 이런 문제 때문에 명분있는 교육의 화법이 더욱 지지되고 실천되어야 할 것이다. 래비치 교수의 이 책은 미국에서 지금 벌어지는 교육개혁을 둘러싼 전쟁을 소상히 설명하며, 누가 양 진영에 있는지, 전략은 어떻게 세우고 있는지, 이 전략을 성공시키기 위해 어떤 무기를 사용하고 있는지, 무엇이 효과적이고 그렇지 않은지,

왜 그런지 꼼꼼하게 보여주고 있다. 전쟁은 죽고 사는 문제다. 교육개혁을 둘러싼 전 세계의 전쟁은 우리 개개인의 죽고 사는 문제와 직결되어 있다. 그리고 우리 사회의 지속가능한 공존을 결정하는 문제이기도 하다. 이 전쟁에서 이겨야 하지 않겠는가?

출판사의 끈질긴 지원이 없었다면 이 책이 이렇게 번역되어 발간될 수 없었을 것이다. 역자가 연구년으로 미국에 머무는 동안 이 책의 출간 사실을 알게되었고 번역할 수 있도록 출판사를 통해 판권을 요청했었다. 그러나 출판사로부터 '안된다'는 소식이 전해졌다. 도대체 왜? 그런데 가만히 생각해보니 래비치 교수의 책은 국내에 거의 알려져 있지 않았음을 알게 되었다. 단 한 권, '미국의 공교육 개혁, 그 빛과 그림자'(지식의 날개)라는 제목의 책이 2011년 번역 출간된 것이 유일했다. 1974년 The Great School Wars를 출간한 이래 2020년 Slaying Goliath까지 총 22권의 단행본 중에 단 한권만 번역 소개되어 있었다. 전해들은 바로는 2011년도 래비치 교수의 번역서가 발간된 이후 다른 책의 번역을 시도했지만, 판권을 얻지 못해 결국 번역서 출간은 없었던 일이 되었다. 따라서 래비치 교수에 대한 세평은 미국 교육에 관심을 갖고 영어를 읽을 수 있는 학자들 사이의 평가에 국한되어 있었다. 앞서 래비치 교수를 진보적이고 비판적인 교육학자로 인식하는 한국 사회의 태도를 이해할만한 하지 않은가? 이런 상황에서 출판사는 여러 차례 판권을 얻을 수 있는 방법을 시도했고, 결국 번역 출간이 가능하도록 해주었다. 다시 한번 이 자리를 빌어 이선경 차장께 감사 인사를 드린다. 뿐만 아니라 편집과정에서 꼼꼼하게 운문과 교정작업을 해주었고, 본문 사진 문제를 잘 해결해 준 배근하 과장께도 감사인사를 드린다. 이 책을 통해 한국 사회의 교육과 개혁을 다시 성찰할 수 있는 작은 그림을 보여줄 수 있다면 출판사의 멋진 활약 때문임을 다시 강조하고 싶다. 긴 시간 번역과 교정 작업을 묵묵히 지켜봐주고 매 순간 이런저런 탈맥락적 이슈들에 대화로 함께 해준 아내에게 감사와 사랑의 마음을 전한다. 모쪼록 이 책이 미국 이야기로 끝나는 것이 아니라 교육과 더 나은 교육을 위해 애쓰는 모든 교육주체들에게 희망의 메시지로 읽힐 수 있기를 바란다. 부디...

2022년 2월
유성상 쓰다

차 례

제1장

파괴는 개혁이 아니다!

제1장

파괴는 개혁이 아니다!

이 책을 쓰는 지금은 2018년 봄으로 미국 역사에서 아주 보기 드문 순간이다. 여러 주에서 수 만명의 교사들이 학교를 벗어나 주 의회 건물로 행진 시위를 하고 있다. 낮은 임금, 열악한 근무 여건, 변함없이 형편없는 공교육 재정 수준을 규탄하면서 말이다. 교사들의 거리 시위와 파업은 한 학구에서 다른 학구로, 한 주에서 또 다른 주로 파급되면서 2019년 내내 이어졌다. 교사들은 자신들의 근무 환경에 대해서, 그리고 자신들이 가르치는 학생들을 위해서 거리로 나섰다. 한 학급에 지나치게 많은 수의 학생이 있다거나 여전히 낡은 교과서를 쓰고 있다거나 너무 오래되어 흉물스런 학교 건물에 머무르고 있는 아이들을 위해서 말이다. 교사들의 시위는 공화당이 정치를 장악하고 있는 주에서 시작되었는데, 이들 주에서 교육 재정은 지난 10여 년간 급격하게 줄어들었다. 학교 폐쇄로 잔뜩 화난 수천명의 교사와 상대하게 된 주 의회 의원들은 교사 시위대의 분을 가라앉히기 위해 협상안을 제시하고 있다. 교원노조가 약하고 교사들의 파업이 법으로 엄금된 주에서조차도 예외는 없었다.

많은 논평가들이 교사들의 투쟁적인 모습에 충격을 받았다. 이들은 교사가 즉각적으로 들고 일어서리라 예상하지 않았다. 그런데 그런 일이 일어나고 있다. 미 전역에 걸쳐 교사들은 어려움을 겪고 있다. 열악한 임금, 재정

삭감, 건강보험료 인상, 학급당 과다 학생수, 징벌과 연계된 평가 시스템, 교직 안정성 및 연금에 대한 공격, 그리고 공교육비 축소를 불러온 사립학교에 대한 공적 부조 등이 그 원인이다. 많은 교사들이 평생직업으로 선택했던 교직을 떠날 수밖에 없다고 결심했다. 연방법에서 규정하고 있는 아주 엄격한 표준과 시험 공화국이 몇 주, 어떤 경우에는 수개월 동안 교실 수업을 허비하도록 만들었고, 마땅한 교육의 목표를 왜곡시키는가 하면 재량과 열정을 담아 창의적인 방식으로 학생을 가르치지 못하게 만들었기 때문이다.

교직과 공립학교를 향한 끊임없는 모욕과 입법을 통한 공격은 은퇴가 한참 남은 경험 많은 고참 경력의 교사들을 학교에서 내쫓았다. 결국 교사 부족 문제가 야기되었고, 더 나아가 교사를 길러내는 교육대학의 예비교사 지원자 숫자가 급감했다. 가짜 "교육개혁가"들이 교사를 악당으로 내모는 동안 교직에 들어선 대다수의 교사들이 나락으로 떨어졌다. 도대체 어떤 정부가 제대로 자격을 갖추고 경험이 풍부한 교사도 없이 자기 나라의 청소년을 교육한단 말인가?

교사들의 거리 시위는 지난 20여 년 동안 잘못된 "교육개혁" 행태라는 관에 못을 박았다. 법이 엄격하게 금지하고 있음에도 불구하고 엄청난 수의 교사가 학교를 벗어나 주 의회사당으로 거리 행진을 하는 이 대담한 행동을 통해 교사들은 "교육개혁"이라는 겉치레 뒤에 감추어진 비열함, 무지, 단기적 눈속임에 대해 대중을 교육하고 있었다. 교사들은 자신들의 목표에 도달하기 위해 두세 가지 일을 하고 있었다. 몇몇 교사들은 정부에서 발행하는 무료식품교환권을 받아야 할 정도로 낮은 임금을 받고 있었다. 열악한 임금 상황에도 불구하고 교사들은 학생들에게 필요한 수업 필수 교구를 구입하려고 매년 수백 달러의 기금을 모아야 했다. 그렇지 않으면 해고되었다. 이런 상황은 신문, 잡지, 인터넷 블로그 등에서 생생하게 그려져 보도되었는데, 이런 이야기들이 대중에게 만연한 교사 부족문제와 공립학교에 대한 예산 삭감의 원인을 알려주는 역할을 했다.

이것이 소위 "교육개혁" 운동이 만들어 낸 파멸의 모습이었다. 이들은 교사를 희생양 삼아 교사가 학생들의 적이라도 되는 양 떠들어대고 이들이 자기 할 일을 소홀히 하지 않도록 끊임없이 평가할 것을 요구받는 꾀병쟁이로 취급해 왔다. 경솔하기 짝이 없는 억만장자들이 미국 공립학교를 뒤흔들고 공교육을 재창조, 재디자인하겠다고 마음먹었다. 그런데 이들의 이런 판단과 행동으로 인해 공립학교와 여기서 공부하는 학생, 그리고 교사들에게 엄청난 피해가 발생했다. 이들은 미국에서 내노라 할 정도의 가장 부유한 사람들이 었다. 월튼가(Walton family), 빌 게이츠(Bill Gates), 베치 드보스(Betsy DeVos), 코크 형제(Koch Brothers), 마이클 블룸버그(Michael Bloomberg), 로렌 잡스(Laurene Powell Jobs), 리드 헤이스팅스(Reed Hastings), 엘리 브로드(Eli Broad) 그리고 일단의 억만장자들이 여기에 포함된다. 이들 대부분은 월스트리트, 실리콘 밸리에서 혹은 기술정보산업에서 엄청난 부를 쌓았다.

지난 20여 년 동안 "교육개혁가"들은 미국 교육의 극적인 변혁을 약속해 왔다. 이들의 전략은 고부담시험, 학생 시험성적과 연계된 교사 평가, 차터스쿨, 성적이 낮은 공립학교의 폐쇄 등이었다. 이들은 확신에 차서 교육 분야의 모든 성가신 문제들을 해결하는 방법을 안다고 주장했다. 이들은 우리 시대의 시민권 운동을 이끈다고 주장하면서 억만장자, 재계 거물, 연방정부의 재정지원을 받았다. 이런 인물들이 마치 자기와 같은 권세가들에 맞서 시민권 운동을 벌이는 것처럼 말이다. 자신들의 방안이 처방되면 미국의 시험 성적은 국제비교평가에서 상위권으로 솟구쳐 오르리라고 주장했다. 가난한 아이들이 더 이상 "실패하는 학교에 갇혀"있지 않아도 되었다. 아이들의 성공이 더 이상 이들이 사는 지역 혹은 사회적 배경에 따라 좌우되지 않아도 되었다. 이들은 하나같이 공교육의 실패에 대해 동일한 찬가를 불렀으며, 모두를 위해 실패를 높은 시험성적으로 바꿀 수 있는 방법을 알고 있다는 자신감을 뽐냈다.

그런데 연방정부, 주정부, 지방 정부 및 자선사업가들의 수억달러에 해당하는 막대한 돈이 투입되었음에도 불구하고 이들의 사악한 노력은 아무것도 건지지 못했다. 이런 제스처를 취했던 지도자들은 확신에 차서, 성공이 단지 지평선 너머에 있을 뿐이라고 예측하곤 했다. 그러나 그 성공이란 것이 신기루에 지나지 않는다는 것이 자주 드러나면서, 그 지평선은 점차 희미해졌다.

이들의 약속도 그리고 확신에 찬 주장도 실현된 것이 없었다. 이들이 선택한 메트릭스(표준화시험점수)로 판단해본다 하더라도 거짓 "교육개혁가들"은 실패했다.

나는 이 책에서 이들의 행위와 이들의 지도자들을 그토록 명예로운 말인 '교육개혁가'란 말로 부르지 않을 것이다. 파렴치하게 이들이 그렇게 불려왔음에도 불구하고 말이다. 시험에 기반한 책무성, 학교 폐쇄, 학교 선택 등 낮은 학업성취를 위한 처방을 내세워 온 개인과 집단들은 교육개혁가들이 아니다. 그럼 이들을 뭐라고 불러야 할까? 어떤 사람들은 이들을 "훼손가"라고 부르는가 하면 혹자는 "재정 민영화 음모단" 혹은 "공교육운동의 파괴자", "정부가 승인한 해적들"이라고 부른다. 이들 집단과 개인은 자신의 목표가 공교육을 "파괴하는 것"이라고 말하곤 한다. 이 상황에서 이들은 자신들의 이름을 정확하게 잘 말해준다고 생각한다. 이들은 '파괴자들'이다. 이들은 혼란을 유발하는 자들로, 자기 자식이 아닌 다른 사람들의 아이들에게 해를 끼치고 있다. 마음의 그 어떤 양심의 가책도 없이 말이다. 그래서 나는 이들이 거짓으로 요구해 온 명칭인 교육개혁가라는 표현으로 이들을 부를 수 없다. 오래된, 그리고 진실된 개혁이란 말의 의미는 긍정적인 뜻이 담겨 있다. 대부분의 사람들이 이 말을 들으면 "향상", "진보", "상승"과 같은 말을 떠올린다. 최근의 파괴운동은 개혁이란 말이 가진 의미와 전혀 상관없다. 이들 파괴운동은 사실 정교하게 계산되어 교활하고 후하게 재정지원을 받고 있는 캠페인으로, 공립학교의 민영화, 교원노조 파괴, 지역사회 해체, 교사 전문성을 공격하려는 목표를 갖고 있다. 사방에서 사용하고 있는 이 캠페인이 사용되는 언어/표현들은 너무 비슷해서, 난 이 말들이 대중을 속이기 위한 마케팅과 브랜딩을 통해 교묘하게 만들어졌다고 생각한다. 이렇게 숨겨진 목표를 가진 사람들이 가로챈 "교육개혁"이란 말을 사용하도록 해서는 안 된다고 생각한다.

파괴자들은 민영화 옹호론자다. 이들은 공공 섹터를 신뢰하지 않는다. 지역사회가 공공 섹터 운영에 참여하는 것도 반기지 않는다. 이들은 공립학교를 폐쇄하기 바란다. 이들은 교사를 헐뜯고, 공공 재산을 민간 분야로 이동시키고, 낮은 임금과 열악한 근무 조건에도 불구하고 아이들을 가르치는 이들의 품위를 손상시키는 데 엄청난 돈을 쏟아 붓는다.

파괴자들은 학교가 기업과 같이 운영되어야 한다고 주장한다. 이들의 머릿속에 학생, 교사, 교장, 학교는 표준화시험점수와 연계된 당근과 채찍, 즉 상벌제도에 따라 밖에서 동기부여되어야 하는 존재들이다. 기업이 민간 소유권, 손익 계산서, 근거기반 의사결정 등으로 성공하기 때문에 학교도 그래야 한다고 믿는다. 이들은 표준화시험이 교사가 잘 가르치는지, 그렇지 않은지, 학교가 보상을 받아야 하는지 아니면 문을 닫아야 하는지에 대해 객관적 판단을 내리게 하는 데 핵심적인 도구가 되어야 한다고 믿는다.

파괴자들은 교육을 "저울로 잴 수" 있어야 하고 "투자한만큼 이익을 낼 수" 있어야 하는 기업 활동으로 본다. 이들은 새로운 기업이 교육 시장에 진출하라고 추동한다. 학교가 한때 가르치고 배우는 유일한 기관으로 보였던 데 비해 이제 학교는 기업과 기업가들에 의해 거래가 이루어지고 이익이 창출되는 장소로 재개념화되고 있다. 시험도구, 학교 기자재, 수업자료, 교사 연수, 새로운 교육과정, 데이터 분석 및 활용을 위한 새 방안, 앞서 모든 것들을 위한 컨설팅 서비스 등은 판매되는 것이고 여기에 돈이 쓰인다. 차터스쿨 분점을 내는 데 돈이 지불된다. 같은 이름의 학교로 부동산을 계약해 사들이고 다른 학교 이름을 사용하는 새 차터스쿨이 그 건물을 임대한다. 이들이 소유한 차터스쿨에 기자재와 서비스를 제공하는 관련 기업을 설립한다. 이들은 비행기 1등석을 이용하고 값비싼 식당에서 밥먹고 호화로운 차와 옷을 사는 데 차터스쿨 신용카드를 사용한다. 자주 열리는 콘퍼런스에서는 교육 산업에서 주식 투자자들이 어떻게 이익을 올릴 수 있는지에 대해 깨알같이 조언하는 강연이 이어진다. 이를 통해 많은 사람들이 공교육 영역에서 어떻게 돈을 벌 수 있는지 알게 된다. 물론 이런 사람들은 교사가 아니다. 교사는 하루에도 몇 번이나 자기 학급의 학생들을 만나고 평균 연봉 60,000달러를 받으며 자기 일을 해낸다. 이 임금 수준은 같은 학위를 가진 동일한 주의 다른 직업군에 비해 상당히 낮은 수준이다. 교사는 확실히 돈을 벌자고 교육에 임하고 있는 게 아니다.

이와 같은 파괴의 시대에, 교육의 목표라고 하면서 "배움에 대한 사랑"을 말하고, 교육을 개인 발달이라고, 그리고 민주사회에서 건전한 시민성을 기르기 위한 준비가 필요하다고 말하는 것은 유별나 보인다. 아니, 사실은 시대에 뒤떨어져 보인다. 어떤 경계도 명확하지 않은 교육의 이런 목표 어디에 금전적 이익을 찾아볼 수 있겠는가? 도대체 그 목표라는 것을 측정할 수는 있겠는가?

파괴와 민영화운동은 조지 부시(George W. Bush) 정부의 '아동낙오방지법(No Child Left Behind, NCLB, 2001년 의회에서 통과되어 2002년 대통령이 서명한 법안)'에 의해 법으로 공식화되었고 버락 오바마(Barack Obama) 정부의 '정상을향한경주(Race to the Top)'(2009) 프로그램에 의해 주정부 및 지방 정부 정책으로 확대 적용되었다. 파괴운동 마케팅은 2010년 개봉된 다큐멘터리 영화「웨이팅포슈퍼맨(Waiting for Superman)」을 통해 전국적인 호응을 얻었다. 이 영화는 미국 공립학교가 실패했고 민간이 운영하는 차터스쿨의 미덕을 칭송하는가 하면, 공립학교와 그곳에서 일하는 교사들을 조롱했다. 사실 이 모든 내용은 거짓이었다.

이렇게 새로운 운동이 등장하는 것과 관련해 나는 두 권의 책을 발간했다. 2010년에 출간된 책은「미국의 공교육 개혁: 그 빛과 그림자(The Death and Life of the Great American School System: How Testing and Choice are Undermining Education)」였다. 조지 W. 부시 정부에서 교육연구 및 개선을 위한 교육부 차관과 이후 수년 동안 보수적 색채가 강한 싱크탱크에서 활동해 오면서 난 민영화와 시험이 광범위하고 압도적인 개선/향상을 가져오리라, 특히 교육 결손이 가장 큰 아이들에게 결정적인 향상이 있으리라 희망했었다. 그런데 결과는 그렇지 않았다. 난 이런 사실을 부인하는 척 연기할 수조차 없었다. 그제서야 난 민영화운동이 지난 시기 공립학교를 싫어하는 우파 일당의 수십년에 걸친 캠페인의 연장선에 있는 계략임을 알아차렸다. 이들은 공립학교를 "정부학교"라고 부르며 조롱했다. 결국 내 지난 시각을 공식적으로 포기해야 했고, 미국 공립학교와 그 곳의 교사들에 맞서 막대한 돈을 소비한 캠페인의 정체를 공개하겠다고 마음 먹었다.

민영화 운동이 억만장자와 주요 재단의 지원에 힘입어 연방정부 및 주정부 정책에 깊이 박혀 하나의 사회적 현상으로 자리잡아가는 모습을 바라보면서 나는 2013년 또 한 권의 책을 발간했다.「오류가 이끄는 통치: 교육민영화운동의 기만과 위기에 처한 미국공립학교(Reign of Error: The Hoax of the Privatization Movement and the Danger to America's Public Schols)」라는 제목을 달고 말이다. 이 책은 민영화와 교사 폄훼에 대해 고발하는 내용뿐만 아니라 학교를 개선하고 가난하고 도움이 절실한 학생, 가정, 지역사회를 지원하는 연구기반 활동을 상세한 내용으로 보여주고 있다.

내가 이해하게 된 것은 학교에서의 낮은 성취도를 만들어내는 근원은 "나쁜 학교"라거나 "나쁜 교사"가 아니라, 빈곤 때문이었다. 학교 폐쇄 및 교사 혹은 교장을 해고하는 일은 학생들에게 도움이 전혀 되지 않는다. 이 일이 만들어낼 수 있는 일이라곤 학생들의 삶에 피해를 초래하는 불안정만 들여올 뿐이다. 민영화론자들은 파괴를 찬양하면서 이를 "창의적"이라고 칭한다. 알다시피 이는 전혀 창의적이지도, 도움이 되는 일도 아니다.

기업가로 파괴자에 속하는 사람들은 빈곤과 인종간 차별 분리에 아무 관심이 없다. 이들은 빈곤이 학생들의 삶에 어떤 영향을 미치는지 인정하려 들지 않는다. 이들은 빈곤이 "위대한 교사"와 "우수한 학교"로 치유될 수 있다고 주장한다. 교사가 학생들의 삶을 바꿀 수 있다. 물론 사실이다. 오랫동안 그리고 계속해서 멋지고 헌신적인 교사가 학생들로 하여금 어려운 환경 속에서도 빛을 발할 수 있도록 이끌어 왔다. 교사의 영향을 통해서 말이다. 그러나 사회이동이라는 개인의 이야기는 이런 처방이 큰 규모에서 통한다는 증거를 보여주지 못한다. 세대간 그리고 구조화된 빈곤이 교사와 학교에 의해 제거될 수 있다는 파괴자들의 믿음을 지지해주는 연구도, 증거도 없다. 사회변화를 지속하게 하는 데는 공공정책, 즉 경제적 불평등과 빈곤을 직접 감축하는 정책을 포함한 새로운 방향이 필요하다.

파괴자들은 도심 학구를 엉망진창으로 만들어버렸다. 이들 학교의 성취도 점수는 최하위 수준이고 빈곤과 인종간 차별 분리가 집중되어 있는 상황에서 말이다. 뉴올리언즈, 인디애나폴리스, 필라델피아, 워싱턴 D.C. 등과 같은 도시에서 공립학교의 존재는 차터스쿨 수가 증가하면서 위기에 처하게 되었다. 다른 도시, 예를 들면, 오클랜드와 같은 도시는 주정부의 공립학교 교부금이 차터스쿨로 전용되면서 지급불능의 파산상태에 직면해 있다. 민영화론자들은 두 가지 근본적인 사실을 뻔히 속이고 있다. 첫째, 차터스쿨에 투입되는 모든 돈이 공립학교에서 옮겨간 돈이라는 사실이다. 둘째, 공립학교는 절대 줄일 수 없는 고정 비용을 떠안고 있다는 사실이다. 따라서 예산이 줄어들면 교사 수를 줄여야 하고, 학급 규모를 키워야 하며, 운영하는 프로그램을 멈춰야 한다. 따라서 학생 대부분이 예산 축소로 인해 고통을 겪어야 하며 아주 적은 수의 학생만이 인근 차터스쿨에 다니게 된다. 결국 관리 부실 혹은 낮은 학생 등록으로 인해 공립학교는 갑자기 문을 닫게 된다.

파괴운동이 오바마 정부에 의해 촉진되었기 때문에 (오바마 정부를 지지했던) 공교육 지지자들은 허를 찔렸다. 전통적으로 공교육의 수호자였던 민주당원이 파괴운동 전략을 승인했다면, 이 얼마나 나쁜 상황이 된건가? 오바마 대통령의 교육부 장관이었던 던컨(Arne Duncan)은 성공적인 차터스쿨을 자주 거론했지만, 학생 자퇴 비율은 어떤지, 학교에 배제되고 있는 장애 혹은 영어가 어려운 학생은 얼마나 되는지, 성취도 수준이 형편없는 차터스쿨의 숫자가 얼마나 되는지, 학교 문을 열고 1년 혹은 2년이 안 되어 문을 닫는 차터스쿨이 얼마나 되는지 등의 이슈는 한 번도 언급하지 않았다.

오바마 정부가 추진한 처방은 부시 정부의 처방과 별 차이가 없었다. 실제로, 오바마 정부의 방안은 더 나빴다. 이 방안이 잘 되었다고 지지하는 그어떤 증거도 없다. 이들의 방안이 약속하고 내세웠던 성과는 제대로 실현된 것이 없다. 트럼프 정부가 오바마 정부의 뒤를 이어받았다는 점에서 실패한 부시-오바마 정부의 교육정책이 여전히 남겨져 있다. 파괴 어젠다는 변함없이 이어졌다. 페이지(Rod Paige), 스펠링스(Margaret Spellings), 던컨(Arne Duncan), 킹(John King), 또는 드보스(Betsy DeVos) 등 누가 교육부 장관을 했던 상관없이 말이다.

똑같이 실패한 연방 교육정책이 20년 정도 지나면서 파괴운동의 열기가 식어갔다는 점은 분명해졌다. 파괴자들이 너무 느리다고 느꼈을지 모르지만,

균형을 맞추고 있던 추가 부시―오바마 정부의 맥없고 인기없는 정책으로부터 서서히 옮겨가고 있었다. 시험 점수가 정체되어 있었기 때문에 일부는 목표 수준을 옮기면서 시험 성적이 실제 중요하지 않다고 말했다. 대신, 졸업률이 중요하다거나 학부모 만족도가 연관된다거나 선택의 자유 그 자체가 목표라거나 혹은 그 어떤 것도 중요하지 않다고 했다. 드보스 장관은 학부모가 자녀들이 다닐 학교를 선택하는 한 그에 따른 성과는 별로 중요하지 않다고 주장했다. 이제 이들의 끝이 다가왔다는 느낌이 선명해졌다.

파괴운동은 죽어가고 있다. 그러나 아직 죽지는 않았다. 파괴운동은 온몸에 죽음이 드리운채 비틀거리고 수세적인 모습을 보이고 있다. 고부담시험, 표준화, 민영화라는 이들의 전략은 전혀 성공하지 못했다. 그렇지만 이들의 고집스런 집착은 계속 이어지고 있다. 돈이 억만장자와 연방정부로부터 계속해 흘러들어오고 있기 때문이다. 파괴 연합체는 심장과 두뇌가 이미 죽은 거대한 괴물과 같다. 그러나 이들은 촉수를 계속 뻗쳐나가고 있고 잡아당길 수 있는 것이라면 뭐든 잡아끌어 짓눌러 질식시키고 있다.

이 책을 쓰면서 나는 뒤뜰에 나타난 방울뱀의 목을 자른 한 남자 이야기를 읽었다. 그는 10분을 기다려 몸에서 떨어져 나간 뱀의 머리를 집어 들었다. 그런데 그 뱀이 물어서 그는 거의 죽을 뻔 했다. 뱀은 죽었지만, 그 뱀에는 여전히 위험한 독이 남아 있어 중상을 입힐 수 있다. 이 뱀의 처지가 지금 파괴자들의 모습과 같다. 내가 이 책에서 보여주려는 것처럼 이들이 노력해 이루려던 것 중 하나도 성공한 것이 없다. 파괴운동은 찬란한 약속에 기대 공립학교를 민간이 관리, 운영하는 학교(차터스쿨)로 교체하면서 많은 도심 학구의 공교육을 훼손하거나 피해를 입히고자 애썼다. 하지만 통제력을 얻었다는 것이 곧 성공을 의미하지는 않는다. 파괴운동은 이룬 목표라고 할 게 아무 것도 없다. 파괴운동은 엄청난 돈과 연방정부 정책의 도움으로 아직 살아 있다. 모든 아이들은 매년 시험을 치러야 하고, 시험 결과는 교사, 교장, 학교를 책무성에 붙들어 두고 있다. 주정부는 학업성취도 최하위 학교를 폐쇄하거나 민영화하는 방법으로 개입해야만 한다. 학교 폐쇄는 학교를 개선하는 것도, 더 먼 거리의 학교에 다녀야 하는 아이들을 돕는 일도 아니다.

교육에서 파괴운동은 1980년대 말 소비에트연방(구 소련)에서 했던 것과 똑같은 냄새를 풍긴다. 헌신하던 사람들이 떨어져 나간다. 누구도 이제 옛날의 약속을 믿지 않는다. 사람들이 밀집대형 속에서 걷는다. 지난해 했던 것과 똑같은 방식으로 말이다. 이들에게 여전히 신심이 있어서라기보다는 늘 해오던 일이라 익숙해서 혹은 자기에게 주어진 일을 하고 (지난번과 똑같은) 행동을 해야만 월급을 받기 때문이다.

이 괴물은 계속 살아 있다. 이들이 소위 하나의 현상이 되었을 뿐만 아니라 뒤를 받쳐주는 사람들이 너무 엄청난 부자이기 때문이다. 이 괴물은 여기저기에서 몇백만달러의 돈을 허비하는데 상관하지 않는 억만장자의 지원을 받고 있다. 이 돈은 같은 생각을 가진 파괴자들이 지방 선거 혹은 주정부 선거에서 이길 수 있도록 돕고 새로운 단체를 후원해 아무도 없는 상황에서 대중 활동의 환상을 갖도록 해준다. 이들은 이 세계의 주인이기 때문에 그 어떤 실패도 용인하지 않는다.

이 책에서 나는 기업가 파괴운동의 실패를 조목조목 보여줄 것이다.

그리고 영웅적인 교사, 학생, 학부모, 활동가들이 무책임한 권력자들에게 맞서 일어서고 공동선을 위해 용감하게 싸우는 모습과 그 이야기를 들려줄 것이다.

파괴라는 괴물의 끔찍한 촉수 마지막 하나가 공립학교를 잡아채기를 멈추기까지 아직 가야 할 길이 많이 남아 있다. 그러나 이제 그 끝이 보인다. 부시 정부로부터 트럼프 정부에 이르기까지 파괴자들은 자기 생각을 증명하겠다며 거의 20여 년을 버텼다. 그리고 실패했다. 당분간 이들의 움직임이 계속되겠지만 이들의 시간은 이제 다 끝나간다. 그런데 지역사회와 이곳의 학교는 계속 압박을 받고 있으며, 수백만의 학생들은 배움의 즐거움을 상실한 채 기만당하고 있다. 그리고 수백만의 교사들 또한 자율성과 창의성을 박탈당한 채 표준화시험이라는 거짓 우상 앞에 무릎 꿇기를 강요당하고 있다.

민주적인 사회에는 강한 공적 영역과 강한 민간 영역 둘 다 필요하다. 공적 영역은 사회의 요구에 봉사하기 위해 존재한다. 공적 영역은 우리 모두에게 속한 것이다. 공적 영역에는 공립학교뿐만 아니라 경찰, 소방관, 병원, 도서관, 고속도로, 해변, 공원, 대중교통, 공기 및 물 단속 등이 포함된다. 주정부와 지역사회에 따라 공적 영역은 이런 필요란 게 좀더 많을 수도, 더 적을 수도 있다. 경찰 서비스에 만족하지 않는다면 우리는 보다 나은 경찰 서비스를 위한 사설 보안경비를 고용하는 데 공적 기금을 사용하지 않는다. 사람들이 지역 내의 공공 수영장이 맘에 들지 않아, 자신들만의 개인 수영장을 만드는 데 공공 재원을 쏟아붓지 않는다. 사람들이 동네 공립학교가 맘에 들지 않을 때, 이들은 자녀를 다른 공립학교에 보내거나 혹은 사립학교 혹은 종교계 학교에 보내겠다고 결정할 수 있다. 뭐, 이건 그들의 권리다. 그러나 이런 결정은 공적인 책임이 필요한 게 아니다. 난 가톨릭계 학교를 존중한다. 이들 학교는 가난하거나 중간 정도의 소득 계층 아이들에게 좋은 교육을 제공해온 오랜 역사를 지니고 있다. 그러나 이런 학교들이 정부의 재정지원을 받는 것이 그들의 관심이 된다거나 혹 공적인 관심사가 되어서는 안 된다고 생각한다. 그 학교들은 해당 학교의 졸업생과 부유한 자선사업가들, 특히 이들의 사명에 경의를 표하는 사람들의 재정지원에 의존해야 한다.

공립학교는 대중에게 속한 것으로, 이들은 대중에 의해 적절하게 지지받아야 한다. 왜냐하면 이들은 우리 민주주의 미래를 위한 우리의 투자가 되기 때문이다. 공립학교는 등록하는 모든 학생에게 적절한 교육, 그리고 충분히 재정 지원되는 교육을 제공해야만 한다. 모든 아이들은 공립학교에서 공공 비용으로 교육받을 권리를 가진다.

기업가들이 주도하는 파괴운동은 실패했다. 이 운동이 교직의 지위를 깎아내렸다. 전국적인 교사 부족현상이 나타났으며, 창의적이고 사려깊은 가르침을 단념시켰다. 역사, 과학, 문학, 외국어, 예술과 같은 교과 지식과 기술의 전수를 훼손했다. 체육 수업, 휴식시간, 놀이 시간이 줄어들었고, 대신 시험과 시험 준비 시간이 주어졌다. 학생과 교사의 사기를 똑같이 꺾어버렸다. 배움의 정신을 짓뭉개버렸고 이들이 약속한 기적과 혜택을 만들어내는 데 실패했다.

그러나 이들 파괴자들이 저지른 죄 중 가장 최악은 주제를 바꿔버린 것이다. 즉, 근본적인 원인에서 눈을 돌려서는 가짜 해결책으로 대체해버린 것이다. 우리 사회에서 곪아터진 종기는 인종간 차별분리가 내재된 가난과 불평등에 단단히 뿌리내려 있다. 전국빈곤아동연구센터의 자료에 따르면, 미국 전체적으로 19%의 아동이 빈곤선 아래에 놓여 있으며, 또 다른 22%의 아동은 빈곤선 바로 위에서 "거의 가난하다"고 할 만한 생활을 하고 있다. 이런 현실은 다른 어떤 현대 산업 사회보다 높은 수준이다. 파괴자들은 빈곤, 불평등, 인종 분리 등의 이슈에 대해 말을 꺼내려 하지 않는다. 이렇게 하면 볼 것도 없이 우리 사회의 질서를 고치기 위한 비용을 지불하는데 부자들에게 세금을 더 내라고 할 게 뻔하기 때문이다. 파괴자들은 고부담 시험과 학교 선택이 우리 모두가 이론적으로 보길 희망하는 정의롭고 훌륭한 사회로 이끌 것이라고 미국 정치 제도를 설득해 왔다. 파괴자들은 우리의 시선을 분산시켜 차터스쿨과 바우처제도가 평등과 정의를 향한 길이라고 믿게끔 노력했다. 물론 그렇지 않다. 비록 이런 것들이 학업성취도를 높인다고 하더라도 (실제로는 그렇지 않다), 차터스쿨과 바우처제도는 형평성을 증진하고 모든 미국 사람들을 위한 정당한 생활 수준을 제공하도록 하는 정책을 위한 거짓 대체제일 뿐이다.

오로지 학교만으로 사회 질서를 바꿀 수 있을까? 학교가 계속 이어져 온 거대한 규모의 정부 행위가 있어야만 하는 구조적 문제를 해결하겠다고 기대하는 것은 순진한 생각이다. 민영화 운동은 대중들의 시선을 흐트려 해결하는데 우리 모두의 결집된 노력이 요구되는 문제를 못 보도록 한다. 시민에서 소비자로 우리를 변화시키려는 노력은 개개인의 웰빙에 관한 관심일 뿐 공공선에 대한 관심은 아니다.

공립학교의 목적은 학생들에게 민주 사회에서 시민으로 생각하고 행동하도록 지지하고 격려하는 것이다. 이로써 모두를 위해 사회를 좀 더 낫게 만들고자 자신의 역할을 하게끔 준비시키게 한다. 공립학교는 대중에 속한 것이지 기업가나 기업체에 속한 것이 아니다. 공립학교는 우리 모두에게 속한 것이다. 감히 이것을 빼앗겨서는 안 된다.

우리에게 있는 평범한 영웅들이 기업가 파괴자들에 맞서 결연히 일어섰다. 계속해서 저항운동이 승리를 거뒀다. 그들은 목소리를 냈고 맞서 일어섰으며 조직을 만들고 또 투표에 나섰다. 난 이들이 이룬 성취를 이 책에서 축하할 것이다.

제2장

혐오스런 지금의 교육

제2장

혐오스런 지금의 교육

누구도 오늘의 지금 상태에 만족하지 않는다. 비지니스계 파괴자들은 공립학교를 날려버리고 무에서 시작하기를 바란다. 빌 게이츠(Bill Gates)는 공립학교가 시대에 뒤떨어져 있다고 말했고, 로렌 잡스(Laurene Powell Jobs), 마크 주버커그(Mark Zuckerberg), 찰스 코크(Charles Koch)는 공립학교를 다시 창조해내길 바란다고 했다. 여기에 다른 억만장자들이 합세했다. 흥미롭게 이들은 교육 분야에서 어떠한 것도 해본 경험이 없다. 19세기 중반으로 거슬러 올라가보면, 에머슨(Ralph Wlado Emerson)은 모든 개혁가들이 조끼 주머니에 사회를 다시 창조해내기 위한 계획을 하나씩은 갖고 있다고 했다. 운 좋게도 에머슨 시절의 그 어떤 개혁가도 검증되지 않은 사상을 그에게 별로 기대고 싶어하지 않는 사람들에게 강제할 수 있을만큼 부유하지도 혹은 권세가 강하지도 않았다. 이들은 자신의 개혁안을 채택하도록 만들기 위해 사람들을 설득하는 민주적인 과정을 거쳐야만 했다. 오늘날, 모든 억만장자 또한 자기 조끼 주머니에 공립학교를 다시 창조할 혹은 재정립할 만한 계획을 하나씩은 갖고 있는 듯하다.

「승자독식: 세계를 변화시키는 엘리트들의 놀이(Winners Take All: The Elite Charade of Changing the World)」라는 책에서 기리하라다스(Anand Giridharadas)는 이렇게 경고하고 있다. 억만장자들은 도움을 가장하고는 다른 사람들을 통제하기 위해 자선사업을 활용하고 있다고 말이다. 이들의 "기금"은 좋은 뜻으로 제공되는 것이기는 하지만 트로이 목마(Trojan horses)이기도 하다. 즉, 자신들의 현 상태를 유지하게 하는 수단을 의미한다. 이는 파괴자들에게도 해당한다. 대중에게 속해 있는 공립학교를 움켜쥐려는 이들의 노력은 민주주의를 훼손한다. 억만장자들은 공립학교를 좋아하지 않는다. 교원노조도 싫어하고 선출된 학교 위원회도 싫어한다. 이들은 풀뿌리 민주주의도 싫어하고, 따라서 주 단위의 지역 학교 위원회를 통제하고자 이들의 선거에 수백만달러의 돈을 쏟아 붓는다.

파괴자들로부터 공립학교를 수호하려 노력하는 사람들 또한 현 상태를 좋아하지 않는다. 이들은 표준화시험에 드는 시간과 돈에 염증을 느낀다. 매년 표준화시험 점수에 따라 학생, 교사, 학교의 등수를 매기는 것에도, 교사와 공립학교를 향한 끊임없는 혹평에도 염증을 느낀다. 이들의 공립학교가 훌륭한 학생과 귀중한 자원을 차터스쿨에 빼앗기고 이들 차터스쿨이 동네 공립학교와 경쟁하고 있는 모습을 지켜보는 데도 염증을 느낀다. 동네 공립학교가 기업형 차터스쿨로 바뀌는 것에도, 최근 기술적 유행에 따르라며 상품을 끈질기게 권유하는 것에도, 너무 어려 독서하기 어려운 자녀들이 컴퓨터 스크린 앞에 매여 있는 모습을 보는데도, 자녀들의 사적 정보가 대기업에 전달되고 또 다른 대기업에 팔려나가는 모습을 보는 데 염증을 느낀다.

누구도 현 상태를 좋아하지 않는다. 파괴자들은 현 상태를 반대한다고 주장하지만, 이들이 곧 현 상태를 유지하는 장본인이다. 결국 이들은 연방정부와 주정부에서 권력의 레버를 통제한다. 이들은 법과 명령체계를 만든다. 정책을 통제하고, 결국 (유지되어야 할) 현 상태를 규정한다. 이들이 바로 현 상태를 소유하고 있다.

애초 공교육의 목적은 세 가지로 정리된다. 첫째, 읽기, 쓰기, 셈하기 등 기초적인 배움을 제공하는 것이다. 둘째, 민주주의 사회에서 갖춰야 할 시민성의 기본을 가르치는 것이다. 젊은 세대에게 투표하고 배심원으로 봉사하며 지역사회 생활에 참여하도록 준비시키는 일이 해당된다. 셋째, 아이들이 학교교육을 마쳤을 때 현명한 선택을 할 수 있도록 해 자신과 가족을 돌보고

사회를 개선할 수 있도록 한다. 이런 목표를 추구하는데 가장 중요한 것은 인격을 도야하는 것, 즉 성실, 정직, 정중함, 부지런함, 책임감, 윤리의식 등의 성품을 계발하는 것이다. 당연한 이야기지만, 인격은 시험 성적보다 더 중요하다.

수세대에 걸쳐 미국인은 공립학교를 자랑스럽게 여겨왔다. 물론 공립학교가 완전무결한 게 아님은 누구나 알고 있었다. 그러나 미국인들이 자랑스러워하는 것은 모든 아동이 무상 공립학교에 갈 권리를 가진다는 사실에 있었다. 이러한 사실이 실현되기 훨씬 이전에 미국인들은 공립학교의 이상을 믿었다. 공립학교를 둘러싼 논쟁은 교문 안에서 한 번도 사라진 적이 없었다. 학교는 다양한 방법으로 미국 사회를 성찰하게 하는 장이었다. 사회는 인종차별주의자였고 학교는 인종간 차별, 분리되어 운영되었다. 1954년 미국 연방 대법원이 내린 역사적 판결에 따라 주정부는 인종에 따라 학생을 분리하기 위해 법 제도를 사용할 수 없다고 선언해야 했다. 분명히 말하는데, 법적으로 인정되고 강제된 차별 분리를 끝내는 것이 곧 실질적 차별 분리를 끝내는 것이 아니었다. 인종주의, 인종간 고립, 차별, 분리의 문제가 오늘날의 학교 및 사회에서 계속되고 있다. 법에 따라 영어가 모국어가 아닌 학생들을 학교가 교육해야 하며, 이와 유사하게 장애를 가진 학생들 또한 교육해야 한다고 요구했다. 파괴자들이 "정말 좋았던 지난날"을 향수에 젖어 이야기할 때면, 학교가 인종적으로 통합되어 있지 않았고 영어를 배워야 하는 학생 및 장애가 있는 학생이 학교에 등록하지 않았던 과거 시기에 귀를 기울이고 있다.

과거 어느 한 순간도 공립학교가 모두 탁월했던 적은 없었다. 그건 일종의 환상이다. 늘 훌륭한 교사, 좋은 교사, 나쁜 교사가 있었고, 이와 마찬가지로 우수한 학생, 평균적인 학생 및 학교 오기를 정말 싫어하는 문제학생 등이 늘 있었다. 환상에 젖은 생각을 깨우는데 유용한 교정 도구로 영화 「블랙보드 정글(The Blackboard Jungles, 1955)」와 카우프만(Bel Kaufman)의 「아래층의 위(Up the Down Staircase, 1964)」가 있다. 이 둘은 모두 당시 제대로 작동하지 않는 도심 공립학교의 모습을 그려보여 주고 있다. 여기에 등장하는 장면은 목가적이고 아름다운 것과는 거리가 멀다. 부유한 지역에 위치해 재정기반이 든든한 학교가 있고, 가난한 지역에 위치해 재정 형편이 아주 나쁜 학교가 있다. 이 당시 학생들이 오늘날의 학생보다 더 많이 아는지 그렇지 않은지 말할 수는 없다. 이 둘을 비교할 만한 통상적인 기준이란 게 없다. 교육사학자로서 가진 내 지식과 1950년대 고교생이었던 내 경험을 돌아볼 때, 여기에 연방정부 평가기관인 전국교육향상평가(The National Assessment of Educational Progress, NAEP)의 이사회 임원을 지낸 경험을 통해 나는 오늘날의 학생이 확실히 1940−50년대의 학생들보다 수학과 과학에서 더 뛰어나다고 생각한다. 그러나 오늘날 학생들은 조부모 세대보다 고전이라 할만한 문학작품을 확실히 덜 읽는 듯하다. 1930−40년대 그리고 1950년대의 영어 교사들은 틀림없이 고전 문학을 가르쳤을테고, 학생들에게 표준화시험을 준비하도록 할 작품의 일부 쪼가리만을 담고 있는 단일한 교과서에 의존하지 않아도 되었다.

당시 교육이 정점에 올라 있다고 여겨지는 시절의 환상이란 게 대단했다.

1980년대 초로 빠르게 이동해보자.

레이건(Ronald Reagan)이 1980년 대통령으로 선출되었다. 그는 유타주 출신의 오랜 교육 경력을 지닌 벨(Terrel Bell)을 연방 교육부 장관으로 등용했다. 벨은 닉슨(Richard Nixon)과 포드(Gerald Ford) 정부에서 미국 교육위원회 위원으로 활동했었다. 레이건 대통령은 교육분야에 세 가지 목표를 제시했다. 그는 (전임자인 카터(Jimmy Carter) 정부가 만들어 둔) 연방 교육부를 없애고자 했다. 그는 학교에서의 기도 시간을 회복시키고 싶어했다. (원래 미국 공립학교에서 기도는 통상적인 것이었지만 1962년 대법원 판결로 금지되었다.) 그는 종교계 학교나 기타 다른 사립학교에 등록할 수 있도록 공교육비를 바우처로 지원하고 싶어했다. 프리드만(Milton Friedman)이 대통령에게 한 조언을 실현하려는 것이었다. 프리드만은 자유지상주의 경제학자로 공립학교에 대한 신뢰가 없었고 바우처제도를 옹호해 왔다. 교육위원회 위원이었던 벨은 레이건 대통령의 바우처제도에 대한 열정을 그다지 반기지 않았다. 학교 내에서의 기도나 공립학교에 대한 경멸스런 태도에도 다른 입장을 취했다.

미국 연방 교육부의 존속을 희망하면서 벨은 1981년 국가교육수월성위원회(The National Commission on Excellence in Education, NCEE)를 설치했다. 이 위원회는 1983년 첫 보고서를 내놓았다. 그 보고서의 제목이 "위기에 처한 국가"(A Nation at Risk: The Imperative for Education Reform)였다. 벨의 희망대로 이 보고서에는 학교 기도도, 바우처제도도 추진 정책으로 포함되어 있지 않았다. 그러나 이 보고서의 핵심 주제는 국가적 경제 재앙에 대해 공립학교가 비난받아야 한다는 것이었고, 결국 공교육에 파괴적인 영향을 미치게 되었다. 이 보고서는 공립학교가 실패하고 있고 "그렇고 그런 평균적인 학생의 증가와 함께" 국가가 곤경에 처해있다며 과장된 수사법을 동원하고 있었다.

경고된 내용을 살펴보면,

그다지 친하지 않은 외국 정부가 미국에 오늘날 우리에게 있는 평균적인 학업성취수준을 강요하려 했다면, 우리는 이런 행태를 일종의 선전포고로 받아들였을 것이다. 그러할진대, 다른 사람도 아닌 우리가 이런 상황을 만들어내고 있는 셈이다. … 실제로, 우리는 아무 생각없는 행위, 즉 일방적인 교육 무장해제에 빠져있다.

미 전역이 이 보고서로 인해 크게 놀랐다. 공립학교가 국가의 경제적 재앙 상태에 책임이 있다고 비난하는 내용 때문이었다. 당시 미국의 산업이 일본, 독일, 심지어 한국에 뒤처지고 있던 상황이었다. 이 보고서는 바우처제도나 학교선택제는 언급도 하지 않았고 표준화시험은 아주 간단히 언급만 되어 있었으며, 일반적인 원칙으로 (학교교육에) 단지 표준이 필요하다고만 언급했다. (이 보고서에 따르면, 표준화시험은 "학교교육에서 급별 주요 전환시기, 특히 고등학교에서 대학 혹은 직장으로 전환하게 되는 때에" 치러져야 한다고 권고된다.) 이 보고서 어디에도 현재의 연방정부가 규정하고 있는 정책에서와 같이 모든 학생이 매년 시험을 치러야 한다고 권하는 내용이 없다.

2018년, "위기에 처한 국가"가 발간된 지 25주년을 기념해 미국공영라디오방송(NPR) 기자인 카메네츠(Anya Kamenetz)가 당시 위원회 위원들 중 생존해 있는 분들과 인터뷰를 가졌다. 이들은 솔직하게도 그 보고서의 결론이 미리 결정되어 있었으며, 해당 보고서에 인용된 데이터가 미국 공립학교를 가능한 나쁘게 보여질 수 있도록 "신중하게 선별" 되었다고 털어났다. 이게 레이건 정부가 원했던 바였다. 공립학교는 1980년대 초 경제 침체의 원인이 아니었다. 당시 디트로이트시는 기름을 엄청 잡아 먹는 자동차를 계속 생산하고 있었는데, 국제 유가가 상승하고 있던 시기 일본은 대중이 원하는 연료 효율성이 높은 자동차를 만들어냈다. 경제는 침체되어 있었고 공장을 다른 나라에 아웃소싱한다며 학교를 비난하기 좋았다. 이런 비난이 어처구니없는 것이었음에도 불구하고 말이다. 이후 경제 상황이 좋아졌지만 누구도 학교에 고마워하거나 학교를 중상비방한 것을 사과하지 않았다.

이 보고서는 교육을 국가적 정치게임으로 만들어버렸다. 주지사, 심지어 대통령까지 나서 자신들이 채 이해하지도 못하는 문제를 움켜쥐고 해결해야 한다는 의무감을 갖도록 했다. 남부지역 주지사들은 다른 주들과 비교해 어떤 상황에 처해있는지를 측정해 볼 수 있을만한 통상적 시험을 만들라고 요구했다. 부시(Goerge H. W. Bush) 대통령은 1989년 전국의 주지사협의회를 주재하는 자리에서 2000년까지 야심찬 "국가적 목표"라며 6개항의 개혁안을 제시했다. (당시 알칸사 주지사였던 클린턴(Bill Clinton)은 개인적으로 국가의 목표를 작성하는 데 관여했다.)

이를 반대하는 목소리들은 간단히 무시되었다. 미국 에너지부는 1990년 미국 교육의 현 상태에 관한 연구를 산디아연구소(Sandia National Laboratories)가 맡아 수행하도록 의뢰했다. 흥미롭게 이 연구는 위기에 처한 국가의 경종과 제기된 지표를 비판하고 있었다. 이 보고서는 (미국 전체적으로) 학업성취도는 이전 수준을 유지하고 있거나 서서히 향상되고 있으며, 미국이 당면하고 있는 가장 큰 도전적 문제는 도심지역의 가난한 소수계층 청소년들의 교육을 개선하는 것이라고 결론짓고 있다.

당시 나는 연방 교육부의 차관으로 교육연구 및 개선을 위해 일하고 있었고, 1992년 산디아 보고서(Sandia Report)에 대해 에너지부가 주관하는 발표자리에 참석했다. 이 자리에 난 컨스(David Kearns)라고, 전 제록스 CEO이자 당시 교육차관보를 대동했었다. 그는 산디아 보고서에 강한 분노를 보였다. 이 보고서의 내용이, 미국 공립학교가 실패하고 있으며 급진적인 변화가 필요하다고 강조하던 연방교육부의 입장과 정반대였기 때문이었다. 에너지부는 이 보고서를 외부에 공개하지 않았다. 그러나 곧바로 영향력이 있을 만한 수백명의 연구자들에게 새어나가 이 연구결과에 대한 논평이 쏟아져 나왔다. 되돌아보건데, 산디아 보고서가 옳았다. 이미 고인이 된 브레이시(Gerald Bracey)는 엄청난 수의 저작물을 통해 의견을 개진해 온 연구자로, 당시의 내가 옹호해 온 통상적인 이야기에 무척 비판적인 태도를 보였었다. 이 자리를 빌어 그에게 심심한 사과를 전한다. 그가 옳았다. "교육의 위기"는 정치적으로 기획된 기만이었다. 혹은 저명한 연구자였던 벌리너(David Berliner)와 비들(Bruce Biddle)이 나중에 명명한 것처럼 "만들어진 위기"였다.

어찌되었건, 이런 기만은 정치인들에게 호소력이 있었다. 왜냐하면 이들에게는 스스로 방어할 수 없는 희생제물이 제공되었고 교육 변화를 위한 운전석에 있던 교육가들을 교체할 수 있는 힘을 부여했기 때문이었다. 양 정당은 위기 담론을 받아들였고, 해결책을 찾아내라고 요구했다. 여기에 표준, 시험, 책무성 등 모든 것이 관련되었다. 공화당과 민주당은 공히 당시가 아이들에게 상당히 힘든 시기라는 데 합의했다. 교사에게도 이 시기는 힘들기는 마찬가지였다. 높은 표준에 도달하도록 하던가, 그렇지 않으면 가차 없는 결과를 맞게 되는 책무성을 지게 되는 시기였다.

법률과 전통에 따라 연방정부는 교육 문제에 대해 거의 아무런 통제가 이루어지지 않았었기 때문에, 이런 일이 어떻게 일어나게 된 것인지 그다지 분명하지는 않다. 그러나 단계적으로 서서히 최고위 권력자들이 힘을 행사했다.

부시 정부는 1991년 '아메리카 2000(America 2000)'이라는 프로그램을 시작했다. 이 프로그램은 1989년 샬롯빌에서 부시 대통령 주재로 열린 주지사협의회에서 합의된 야심찬 국가 목표에 자발적으로 협력할 것을 촉구했다.

이 목표 중 몇 개는 대략 달성하기 어려운 것이었다. 예를 들어, "2000년이 되면 미국 학생의 과학 및 수학 성적이 전 세계 1위를 차지한다" 등의 내용 말이다. 그러나 다른 목표들은 나름 실현가능한 것이었다. "2000년까지 모든 아동이 학습할 준비가 되어 학교교육을 시작한다"처럼 말이다. 이런 이유로 모성 건강, 아동 영양 및 건강, 영유아 교육 등의 프로그램이 촉진되었다. 이런 필수적인 프로그램들은 결국 재정 부족으로 제대로 실현되기 어려웠지만 말이다.

1992년에 선출된 클린턴 정부는 앞선 부시 정부의 표준-시험-책무성 공화국을 있는 그대로 계승해 받아들였고 자신들만의 프로그램, 즉 '목표 2000(Goals 2000)'으로 바꾸어 진행했다. 이를 추진하기 위한 법률이 만들어졌고 모든 주에 교육 표준을 정하고 이에 맞는 시험을 선택하도록 재정지원을 시작했다. 이는 연방정부 법률에 따르면 어떤 연방 기구라도 단위 학교의 교육과정 혹은 교수학습을 지시하거나 통제하려는 행위를 금했기 때문에 취한 방식이었다. 충분히 예상할 수 있듯이, 각 주의 표준과 시험에 대한 질적 수준, 그리고 엄밀함의 정도는 상당히 달랐다.

파괴운동의 원판이 플로리다주 주지사였던 젭 부시(Jeb Bush, 조지 W. 부시 대통령의 동생)에 의해 만들어졌다. 1998년 주지사로 선출된 부시는 바로 자신이 에이플러스(A+) 계획으로 지칭한 것을 내놓았다. 이 계획에는 학교선택제, 경쟁, 고부담 시험, 학교 등급제(A-F), 책무성(교원평가) 등을 버무려 교육의 "수월성"을 위한 공식으로 삼았다. 부시 주지사는 평등하고 적절한 재정지원 대신 학교선택제와 시험을 채택했다. A+ 계획이 시행되고 20여 년이 지난 후 충분한 재정이 투입된 선전 기계는 이를 "플로리다의 기적(Florida Miracle)"이라고 불러댔다. 그러나 기적이랄 게 있다면, 누구도 그 말을 믿지 않았다는 점이다. 플로리다의 공립학교는 여전히 형편없이 관리되고 있었고, 학교 건물에 학생들은 지나치게 많았으며, 높은 교사 이직률, 낮은 교사 봉급, 만성적인 교사부족문제로 골머리를 앓고 있었다. 플로리다주 공립학교는 매년 수십억 달러의 돈을 개인이 운영하는 차터스쿨과 종교계 사립학교를 위한 바우처 프로그램에 빼앗겼다. 플로리다주는 성취도가 낮은

3학년생의 진급을 막고 유급시켰다. 충분히 예상할 수 있듯, 플로리다주의 4학년 성적은 전국 평가에서 부풀려졌다. 그러나 8학년의 성취도는 NAEP에서 평균 이상의 수준에 지나지 않았다. 기적은 없었다. 오로지 사기와 선전만이 있었다. 그러나 공화당 주지사가 있는 다른 주들은 이 "플로리다 모형(Florida Model)"의 정신을 열성적으로 채택하고자 했다.

자신을 "인정 많은 보수주의자"라고 부르는 부시가 2000년 근소한 차이로 대통령에 당선되었다. 그의 첫 행보는 연방 교육법을 개정하는 것이었다. 부시 정부는 소위 "아동낙오방지(NCLB)"법안이라고 칭해지는 27쪽짜리 문서를 내놓았다. 이 문서의 핵심은 3-8학년의 모든 학생이 읽기, 수학 교과목 시험을 매년 치러야 한다는 것이었다. 이들 성적은 아동의 학력이 증진되고 있는지, 학교가 제대로 기능하고 있는지 보여주리라고 주장했다. 부시 대통령 자신이 강조하고 있듯, 이 간단한 공식은 텍사스주에서 기적을 일구어 왔다. 그는 이 캠페인이 진행되는 동안 매년 치러지는 시험이 학업성취도, 졸업률을 높이고 있고 백인 학생과 비백인 학생 간의 학력격차를 줄이고 있다고 주장했다. 이 캠페인이 전개되는 동안, 몇몇 학자들은 딱 잘라 텍사스 기적 같은 것은 없다고 말했다. 물론 아무도 이 말에 귀를 기울이지 않았다. 2001년 가을, 의회는 부시의 "아동낙오방지" 법안을 통과시켜 발효시켰다. 장장 1,000페이지에 이르는 법률로 변화된 것이다. 상하원의 다수 의원들이 참여해 이 법안을 통과시켰는데, 매사추세츠주의 케네디(Ted Kennedy) 상원의원, 캘리포니아주의 밀러(George Miller) 하원의원 등이 포함된 지도자격인 민주당 의원들이 법안 통과에 적극적인 지원을 아끼지 않았다. 부시 대통령은 2002년 1월 8일 의회에서 통과된 이 법안에 서명했다. NCLB법은 2007년 재승인받아야만 했다. 그러나 의회는 무엇을 바꾸어야 하는지에 대해 합의할 수 없었다. 그래서 2015년 12월까지 재승인 유예 상태로 남아 있었다. 정말 오래전에 시한 만료가 지난 채로 말이다. 그 법안에서 약속했던 목표란 게 아무것도 달성되지 않았는데도 말이다.

미국의 43대 대통령인 조지 부시(George W. Bush). 그의 NCLB 프로그램은 교육에서 연방정부의 역할을 광범위하게 확장하도록 했으며, 많은 공립학교의 폐쇄로 이어지게 만든 시험과 책무성 공화국을 만들어냈다. 폐쇄되는 공립학교의 가장 큰 문제였다면 많은 수의 가난한 학생들을 등록시켜 가르치고 있었다는 점이다.

  NCLB는 각 주가 표준을 정하도록 허용한다. 모든 주는 개별적으로 채택한 시험에서 학업성취수준을 '기초', '능숙', '탁월'로 정해야 했다. 이 법률에 따르면 100%의 학생이 2014년까지 이 기준상 '능숙' 단계까지 이르도록 해야 했다. 법이 시행된 지 12년이 지난 시점에 말이다. 뭐, 확실히 말도 안되는 목표였다. 그러나 이 법률의 후원자들은 별로 신경쓰지 않았다. 당시, 나는 워싱턴 D.C.의 윌라드호텔(Willard Hotel)에서 열리는 행사에 참여했다. 보수주의적인 후버재단(The Hoover Institution)이 후원하는 행사였다. 이 자리에 부시 정부에서 내 상사였던 테네시주 상원의원이었던 알렉산더(Lamar Alexander)가 새로 시행되는 법안에 대해 패널 토론자로 참여했다. 나는 청중석에 자리하고 있었는데, "모든 학생"이 2014년까지 '능숙' 단계에 도달할 수 있다고 진짜 기대하는지 그에게 질문했다. 그는 "아뇨, 다이앤. 우리는 그렇게 기대하지 않습니다. 이런 목표를 가진다는 것이 멋진거죠." 말도 안 되게 불가능한 것을 성취하지 못해 많은 학교가 폐쇄될 것이고, 많은 수의 교사 및 교장이 해고될 것이라는 것을 그는 거의 몰랐다.

이 법은 모든 주가 100%의 능숙도 도달이라는 불가능한 목표에 도달하도록 매년 적정한 향상 수준을 정하라고 요구했다. 주정부는 시험 성적을 인종, 민족, 젠더, 장애유무, 경제수준, 빈곤정도 등에 따라 분해하고 대중에게 이 내용을 알리도록 했다. 분해는 특정 성취도가 낮은 그룹에 좋은 결과를 낼 수 있도록 교육자들에게 압박을 높이려는 것이었다.

NCLB가 토대하고 있는 활동이론은 기대되는 결과를 얻지 못한 학교와 교육청이 처벌받아야 한다는 것이었다. 처벌받는 것에 대한 두려움, 실패할지 모른다는 두려움, 직장과 경력을 잃을지도 모른다는 두려움이 교직원들에게 좀 더 열심히 노력하도록 하고 결국 학교가 좀 더 나아지게 되리라 보았다.

이 법은 소위 "계단식 처방"이라 불리는 것을 포함하고 있었다. 학교가 해당 목표에 도달하지 못한 1차년도에 학생들은 다른 공립학교에 전학할 수 있는 옵션을 제공받았다. 점진적으로 점수를 올려야 하는 목표를 계속해 달성하지 못하면 학생은 개인학습지도, 즉 튜터링을 제공받게 된다. 학교의 목표 달성 정도가 여전히 낮으면, 학교는 "교정 처방"을 받게 된다. 여기에는 새로운 교육과정 제공, 수업시간 및 출석일수 연장, 교직원 교체 및 학교관리법 수정 및 기타 등 학교를 뒤흔들 만한 방안이 포함되어 있었다. 5년에 걸쳐 설정된 목표 도달에 실패한 경우, 연방정부의 도끼가 학교에 휘둘러지게 된다. 그 학교는 폐쇄되거나 차터스쿨로 다시 문을 열게 된다. 그 학교에서 근무하던 교직원은 해고되고 교체되게 된다. 주 정부는 "교육 관리 기구"를 고용해 학교 개선을 맡긴다. 결국 주 정부가 해당 학교를 넘겨받게 된다.

이런 처방의 어떤 것도 성공했다는 사전 증거가 없었다. 입법가와 정책결정자가 2014년까지 학생의 학업성취도를 능숙 단계에 100% 달성하겠다는 NCLB의 시간표에 묶여 있었다면, 미국의 거의 모든 공립학교가 실패를 선언할 수밖에 없었고 민영화나 학교 폐쇄에 봉착할 수밖에 없었다. 전 세계의 그 어떤 의회도 국가가 운영하고 있는 학교를 가리켜 비정상적으로 가혹하게 징벌하는 법을 통과시키지 않았다.

NCLB는 주정부와 지방정부의 교육에 대한 통제에 연방정부가 강력하게 침입해 들어가도록 길을 열었다. 미국 역사에서 처음으로 연방정부는 주정부와 지방정부를 지원하는 역할에서 해야 할 일, 일하는 방법에 대해 직접 조언하는 역할로 옮겨갔다. NCLB는 이 정책과 시행지침이 성공할 것이라는 그 어떤 증거도 없이 이 일을 추진하도록 했다.

NCLB는 전국의 공립학교를 두 개의 기본 교과목을 모든 3−8학년 학생이 매년 시험을 치러야 하는 견고한 체제에 가두었다. 거기다 연방정부와 주정부의 정책결정자들을 결코 헤어날 수 없는 정신상태로 몰아넣었다. 이들이 학교를 떠올릴 때면, 오로지 책무성, 시험성적, 인센티브, 처벌 등으로, 희망컨대, 좋은 결과를 만들어낼 수 있을 것들뿐이었다. NCLB가 주류 현상이 되면서, 학생들의 시험 성적은 신경써야 할 모든 것이었다. 성취도 측정이 곧 교육의 목표가 되었다. 학교는 도덕, 역사, 예술, 체육 교과 시간을 감축했다. 심지어 휴식시간도 줄였다. 시험과 시험준비에 더 많은 시간을 쓰려고 말이다. 교육청은 이어지는 연간 시험을 준비시키기 위해 모의평가지를 구입했다. 시험과 시험 준비는 K와 1학년생에게까지 확장되었다. 심지어 취학전 유아에게도 적용되었다. 다음 해에 오는 고생스러움을 매년 준비시켜야 했기 때문이었다.

전국단위의 학생 학업성취도 평가는 단 한가지, 국가학업성취도평가(NAEP) 뿐이었다. 이는 1960년대 말에 시작된 평가 프로그램으로 연방정부가 관장해 왔다. NCLB는 국가학업성취도평가가 매 2년마다 읽기와 수학 교과의 평가를 실시하도록, 그래서 각 주별 향상 정도를 보고하기 위한 감사격으로 기능하도록 했다. NAEP는 학생의 시험 성적에서 가장 두드러진 향상은 NCLB 시행 이전에 있었다는 것을 보여준다. 2003−2007 동안 추가적인 성적 향상이 있었는데, 이는 시험과 시험 준비에 많은 학교가 추가 시간을 들였기 때문이었다. 2007년 이후에는 이 향상 정도가 정체되어 있었고, 성취도 격차는 다루기 어려울 정도로 크게 유지되었다. 기업가 파괴자들이 가장 사랑하는 방법, 즉 표준 시험 성적에 따르면, NCLB는 실패했다. 처참하게 말이다.

오바마가 2009년 대통령이 되면서, 오바마 정부 교육부 장관인 던컨(Arne Duncan)은 미국 공립학교가 재앙이라 할 정도의 피폐한 상태에 처해 있음을 분명히 했다. 그는 반복해서 교사와 행정가들이 학교의 학업 향상에 대해 학생들에게 "거짓말 하고"있다고 주장했다. 던컨이 추진한 정책, 즉 오바마 정부의 프로그램은 정상을향한경주(Race to the Top)로 불렸다. 이 프로그램은 NCLB의 맨 꼭대기에 놓인 것과 같았다. 즉, 이 프로그램이 내세우는 최우선 목표는 NCLB와 똑같았다. 시험성적을 올리는 것 말이다. 던컨은 더 많은 시험과 더 높은 수준의 책무성이 국제 학업성취도 비교평가에서 미국을 "정상"에 분명히 올려다 줄 것이라고 주장했다.

2009년 미국은 심각한 경기 침체의 늪에 빠져 있었다. 의회는 경제 회복을 촉진하기 위해 수십억달러의 예산을 쏟아 부었다. 의회는 학교가 경제 침체에서 살아남도록 연방 교육부에 1,000억달러를 제공했다. 이 중 950억달러는 학교로 보내져 교직원 급여와 학교 운영비로 쓰여졌다. 남은 50억달러는 교육부 장관에게 보내졌는데, 교육개혁을 추진하도록 그가 원하는 일을 할 수 있도록 말이다. 역사상 연방 교육부 장관이 자유재량으로 쓸 수 있는, 즉 의회의 입법으로 걸리적거릴 것이 없는 돈이 50억달러에 이른 적이 없었다. 던컨은 교육가가 아니었다. 시카고시의 학업성취도가 낮은 공립학교 지역에서 교육감을 수행하기는 했지만 말이다. 교육감 재임시에 그는 이 지역에서 2004년 소위 르네상스 2010이라는 프로그램을 시작했다. 그 일환으로 던컨은 시험성적이 낮은 학교를 폐쇄하고, 차터스쿨을 포함해 새로운 학교를 설립했다. 시카고에서의 경험을 통해 인근 공립학교가 폐쇄될 때 학부모와 학생의 시위를 무시하는 법과 학생을 분산시켜 민간 차터스쿨 기구가 새로운 학교를 설립하게 하는 방법을 배웠다.

던컨 장관과 연방 교육부 동료들(이들 중 많은 사람들이 게이츠재단(Bill&Melinda Gates Foundation) 및 브로드재단(Eli & Edythe Broad Foundation)에서 차출되어 왔다)은 정상을향한경주라고 불리는 주 정부 간의 교육경쟁을 고안해 냈다. 정상을향한경주 법안은 주 정부에 긴축 재정이 펼쳐지는 시기에 수십억 달러의 기금을 제공했다.

기금을 두고 경쟁하는 데 있어 주정부는 우선 법률을 수정해 바꾸고 특정한 조건에 동의해야 했다. 거의 모든 주가 정상을향한경주에서 약속한 기금을 얻기를 기대하면서 던컨이 하라는대로 했다. 그러나 단 18개 주만이 횡재의 운을 차지할 수 있었다. 표준, 시험, 책무성, 선택에 관한 던컨의 제안이 광범위하고 빠르게 채택될 수 있도록 하는데 상당히 똑똑한 계획이었다. 그러나 궁극적으로는 실패했는데, 왜냐하면 이 처방은 부시 정부의 NCLB에서의 것보다 더 나은 효과를 발휘하지 못했기 때문이었다.

기금 수혜 자격을 얻기 위해, 모든 주는 개인이 관리, 운영하는 차터스쿨의 수를 증가시킬 것에 합의해야 했다. 각 주는 "대학-직장-준비 표준"을 수용해야만 했다. 모든 사람들이 이해하기로 이것은 주별공통핵심표준(Common Core State Standards)로, 경쟁이 공지된 2009년에 채 끝나지 않은 읽기와 수학의 국가 표준 세트였다. 각 주에서 성취도가 낮은 학교를 폐쇄하거나 그 학교들을 민영화하는 등의 재구조화에 동의해야만 했다. 학생들이 치른 학업성취도 결과에 터해 교사들의 성과를 평가하는데 동의해야 했다. 또한 모든 학생의 데이터를 모으고 종단적 "데이터 창고"를 만드는 데 동의해야 했다.

정상을향한경주는 스테로이드가 가미된 NCLB였다. 정상을향한경주의 핵심 목적은 시험성적을 높이는 것이었고 던컨은 이런 정책이 그 목적을 이룰 것이라고 믿었다. 연방정부법에 따르면 연방교육부는 단위학교에 교육과정이나 교수학습에 대해 개입할 수 없다. 그래서 연방교육부는 각 주 정부에 뇌물을 써서 각 주의 표준, 교육과정, 평가방법, 교과서, 교원 및 교장 평가 방식을 예외 없이/반드시 변화시키는 새로운 표준을 채택하도록 했다. 의회의 승인 없이, 던컨은 전국의 학교에 대한 연방정부의 통제를 가까스로 높일 수 있었다. 흥미롭게도 공화당원들이 오랫동안 편들어 왔던 바로 그 처방을 강제함으로써 말이다.

정상을향한경주의 결과가 궁금한가? 차터스쿨이 더 늘어났고, 고부담 시험 횟수가 늘었다. 학생들의 평가 결과에 토대해 교사와 교장의 평가가 이루어졌다. 매년 해야 할 일에 대한 평가와 함께 말이다. (이 일을 하는데) 단

두 개의 서명만이 필요했다. 주지사와 교육감 각각의 서명이었다. 대부분은 관련된 문건을 채 읽어보지도 않고 공통핵심를 채택하는 데 동의했다. 주의 최고위 의사결정자 두 명이 서명하던 시점에 공통핵심은 아직 완성되지 않았기 때문이었다.

정상을향한경주는 (NCLB와 마찬가지로) 전국의 공립학교가 위기에 처해 있고 오로지 과감한 파괴만이 공립학교를 구해낼 수 있다고 여겼다. 학업성취도가 낮은 학교들은 문을 닫아야만 하거나 개인이 운영하는 차터스쿨로 넘겨져야 했다. 모든 사람들이 국가 공통표준을 채택해야 했다. 이 표준은 전국단위의 기본 시험, 교사교육, 전문성개발, 교수학습자료 등과 단단히 제휴되어 있었다.

정상을향한경주 프로그램을 관리하고 궁극적으로는 그의 비서실장으로 삼기 위해, 던컨은 바이스(Joanne Weiss)를 고용했다. 그는 전 뉴스쿨벤처기금(New Schools Venture Fund) 운영책임자였는데, 이 단체는 차터스쿨과 교육기술에 자금지원을 하는 기관이었다. 하버드비지니스리뷰 블로그에 올린 기고문에서, 바이스는 정상을향한경주의 경쟁을 교육자료를 위한 새로운 시장을 개발하도록 하는데 일종의 자극이 되는 것이라고 설명했다. "똑똑한 자본"과 혁신과 조화시키면서 말이다. 그녀가 쓴 글이다.

> 공통표준과 합의된 평가를 개발하는 것은 교육과정 개발, (교사)전문성 개발, 형성평가에서 혁신을 위한 시장을 급진적으로 바꾼다. 이전에는 이런 시장이 주 단위, 혹은 학구 단위로 이루어졌었다. 그러나 이런 공통표준과 합의된 평가를 채택하게 되면, 교육 기업가들은 전국적인 시장을 갖게 될 것이고 여기서 최상의 상품이 거래될 것이다.

교육 시스템의 모든 부분이 공통의 틀 속에 얽혀 짜이게 되고, 모두가 동일한 공통표준과 시험을 사용하게 되면, 실력없는 교사가 쫓겨나고, 형편없는 학교가 문을 닫게 되며, 기업가들을 위한 전국 시장이 생겨나게 되면, 미국 학생들의 시험 성적은 국제학업성취도 비교평가에서 꼭대기로 치고 올라갈 것이었다. 미국이 또다시 전 세계 1등을 거머쥐게 될 터였다. 혹은 아른 던컨과 교육부 내 동맹자들, 기업가 동지들, 자선사업가들, 언론 및 월스트리트는 그렇게 믿었다.

NCLB과 정상을향한경주는 친한 사촌 사이였다. 이 둘 사이에는 10센트 정도의 가치라고 할 만한 차이도 없었다. 정상을향한경주가 NCLB에 비해 좀 더 징벌적인 규정을 갖고 있다는 것을 빼면 말이다. 이 두 방안의 배후에 있는 사상은 연방정부 정책에 구체화되어 "교육개혁운동"라고 알려지게 되었다. 그러나 사실 이 운동은 공교육을 파괴하고 민영화하려는 운동이었다. 이 운동은 미국의 공교육과 그 안의 학생 및 교사에 대혼란을 초래하면서 민주당내 중도파와 보수적인 공화당원들 사이의 공통된 대의로 결합시켰다.

2015년 말까지 의회는 마침내 실패한 NCLB법을 교체하기 위한 타협안에 합의했다. 공화당 테네시주 상원의원인 알렉산더(Lamar Alexander)과 민주당 워싱턴주 상원의원인 머레이(Patty Murray), 그리고 이들의 보좌관들이 '모든학생의성공법안(Every Student Succeeds Act, ESSA)'의 초안을 작성했다. 이 법안은 NCLB에서 가장 처벌조항을 축소시켰다. 예를 들어, 결코 달성할 수 없을 것같은 100% 능숙 단계 도달 목표에 도달하기 위해 모든 학교가 매년 적정한 수준의 성적 향상을 만들어야 한다고 요구한 것들 말이다. 물론 그 어떤 주도 이 목표에 도달하지 못했다. 그러나 이 법은 3-8학년생이 읽기와 수학 교과 시험을 매년 치르라고 요구하는 사항을 유지했다. 이런 요구는 국제적으로 학업성취도가 높은 국가에서는 발견되지 않는 것이다. 다른 국가들은 전형적으로 서로 다른 학교급 간 이동이 생기는 지점에서 학생들에게 시험을 치르도록 한다. 초등학교에서 중학교, 중학교에서 고등학교, 고등학교가 마치는 시점 등에서 말이다.

이 새로운 법은 이전에 비해 온건한 구제방안을 제시하고는 있다. 그렇다고 아주 많지는 않다. 여전히 연방정부의 거대한 손에 큰 비중을 두고 있다. 2002년에 시행되기 시작한 연방정부 법은 "그 어떤 아이도 낙오시키지 않는가?" 그렇지 않다. 2002년도에 뒤처져 있던 아이들은 수년이 지난 시점에도 여전히 뒤처져 있었다. 정상을향한경주가 시험 성적 수준을 "꼭대기로" 올리는데 성공했는가? 그렇지 않다. NAEP의 시험 성적은 수년동안의 처벌과 보상 방식에도 불구하고 대체로 변동폭이 없이 유지되고 있다. 국제학업성취도비교평가 결과도 마찬가지다.

모든학생의성공법(ESSA)이라 불리는 연방정부법이 만들어졌으니 이제 "모든 학생은 성공할까?" 아닐 것이다. 역설적인 내용을 더하자면, 새로운 ESSA 법안 하에 주별 계획의 추진 상황을 판단하는 첫 교육부장관이 바로 드보스다. 그는 공립학교의 개념에 아주 완강히 반대하고 꽤 오랜 시간 차터스쿨, 바우처제도, 영리추구학교, 종교계학교, 온라인학교 등을 지지해온 비교육자 아닌가? 더욱이 이런 자기 생각을 공유할 수 있는 정치인을 당선시키기 위한 재정지원을 아낌없이 하면서 말이다.

1990년대의 텍사스 기적이라고 칭해지는 것이 이런 오도된 정책의 눈사태 밑바닥에 있었다. 이것이 부시가 대통령에 당선되도록 도운 게 아니던가? 텍사스의 기적은 없었다. 2017년 NAEP의 결과에 따르면, 텍사스주 학생들은 전국 평균보다 약간 낮은 수준의 성취도를 보였다.

표준, 시험, 책무성 공화국이 실패했다는게 분명해지고도 꽤 오랜, 즉 수년이 지났는데도 신화적인, 즉 근거없는 텍사스 기적은 국가 정책을 계속 견인하고 있다. 미국의 모든 공립학교가 연방정부법에 따라 기만 위에 만들어진 법의 문구를 계속 따라야 한다고 강제되었다. 국가차원의 그 어떤 인물도 이에 맞서 "당장 멈춰"라고 말할 지혜도, 지성도, 용기도 없었다.

오히려 수없이 많은 학부모, 교사들이 이 일을 했다. 심지어 학생들이 나서기도 했다.

도대체 우리 지도자들이 잘도 비켜갔던 것을 이들은 어떻게 알아낼 수 있었던 것일까?

제3장

파괴자들이 원하는 것

제3장

파괴자들이 원하는 것

파괴자들은 미국의 공교육이 고쳐쓸 수 없을 정도로 망가졌다고 믿는다. 그리고 대중들 또한 이를 믿기 바란다. 이들은 대중선전의 세계에서 FUD(두려움(fear), 불확실성(uncertainty), 의심(doubt)의 앞글자를 딴 표현)라고 불리는 전술을 구사한다. FUD의 목표는 상대를 제압하기 위해 경쟁 상대에 대해 의심의 씨앗을 뿌리는 것이다. 파괴자들은 대중이 오랫동안 가지고 있던 가치로운 지역사회기관으로서의 공립학교에 대한 믿음을 훼손하기 위해 아주 능숙하게 FUD를 활용해 왔다. 공립학교를 폐쇄하고 민간 관리통제로 전환할 필요가 절실하다고 대중이 동의해주도록 설득시키고 싶어한다. 파괴자들은 집 가까운 동네에 위치한 공립학교를 좋아하지 않는다. 학구 전체를 가로지르는 지역의 여러 학교에 학생들을 분산시키고 싶어한다. 심지어 다른 학구 지역에까지 이런 분산이 이루어지기를 원한다. 학교, 가정, 지역사회가 서로 연계되어 유대관계를 갖는 가치를 전혀 인정하지 않는다.

이전 시대의 진정한 개혁가들은 공립학교를 보다 낫게 만들고 싶어했다. 공립학교에 더 많은 재정지원이 이루어져야 한다고 생각했고, 좀 더 잘 준비된 교사, 더 나은 교육과정, 더 효과적인 교수학습자료들이 제공되어야 한다고 보았다. 교사들에게 더 많은 봉급을 줘야 하고, 학급당 학생수는 더 줄어야 한다고 요구했다. 각 교육청은 학교건물을 좀 더 근대적으로 개량하고 더 나은 운동장을 만들어주고 체육활동에 필요한 기구를 더 많이 제공해주길 바랬다. 학교는 인종간 통합이 이루어져 다른 배경을 가진 아이들끼리 부대끼며 모든 학생이 서로에게서 배울 수 있는 기회를 가져야 한다고 생각했다. 학교에는 간호사, 보건소, 사회복지사, 심리상담가, 도서관과 사서, 최근의 발달된 기술을 보여줄 수 있는 것, 장애아와 이중언어학습자들을 위한 프로그램이 필요하다고 보았다. 이들은 모든 학생이 교육 기회란 측면에서 평등하기를 바랬다. 훌륭한 교사가 가르치는 훌륭한 학교에서 모든 학생이 배워야 한다고 여겼다.

이것이 소위 과거 개혁가들의 면모였다.

요즘 파괴자들은 이런 개선 사항을 위해 싸우는 것이 아니다. 이들은 교육을 새로 만들고 싶어하고, 새로운 상상력을 동원해 다른 접근을 통해 교육을 교체하고 싶어한다. 여기에 최근 개발된 기술이 동원되거나 시장기반 학교선택제가 이용된다. 시장기반 학교선택제에서 정부는 재정을 지원하고 학부모는 자신이 원하는 학교에 자녀들을 보내게 된다.

뭐, 그렇다고 모든 파괴자들이 파괴운동의 매뉴얼 하나하나에 정확하게 똑같이 동조하는 것은 아니다. 어떤 이들은 시험 성적이 교육의 유일한 목표여야 한다고 믿는다. 이들이 보기에 시험 성적이 높은 학교라면 설립형태와 규모에 상관없이 공적 재원이 투입될만큼 충분히 좋은 학교가 된다. 드보스를 포함한 어떤 이들은 학교 선택 그 자체가 중요한 목표라고 여긴다. 학생이 종교계 학교, 사립학교, 공립학교 중 어디를 다니건, 혹은 홈스쿨링을 하건 상관없다. 학생이 그 학교에서 높은 성적을 내건 그렇지 않건 상관없이 한 가족이 학교를 선택할 수 있었다면 그것으로 충분하다.

이런 캠페인을 이끄는 기업 지도자들은 파괴적 혁신을 찬양한다. 왜냐하면 첨단기술 비즈니스가 이런 파괴적 혁신을 추동하기 때문인데, 이들이 한다면 그건 분명히 좋아야만 한다. 파괴운동이 학생에게 좋은지 그렇지 않은지는 이들의 고려사항이 아니다. 파괴자들은 우버(Uber)나 에어비앤비

(Airbnb)와 같은 긱(gig) 경제[1]를 칭송하며, 새롭게 만들어진 학교는 필요에 따라 움직이며 고용된 사람들의 직업 안정성은 일소되어야 한다고 생각한다. 이들은 차터스쿨을 사랑하는데, 마치 현대 기업 세계에서 새롭게 등장한 많은 비즈니스처럼 말이다. 차터스쿨이 아무런 역사가 없는 일종의 스타트업이기 때문이다. 정말 많은 수의 차터스쿨이 매년 문을 닫고 있다는 사실로 인해 이들이 걱정하는 것은 없다. 비즈니스 세계에서 잦은 창업과 폐업은 일종의 현대 경제를 특징짓는 하나의 일상적 일이기 때문이다. "창조적 파괴"란 개념은 오스트리아 경제학자였던 슘페터(Joseph Schumpeter)의 저작에서 유래했다. 이 말이 비즈니스 세계에서 유용한 것이든 그렇지 않건 간에, 아이들의 삶에서 이 말은 전혀 유용하지 않다. 이들이 필요로 하는 것은 안정성이지 결코 파괴가 아니다.

기업가 파괴자들은 교사 훈련이라곤 받아본적 없거나 있더라도 아주 적은 훈련에 그치는 무경험 교사들을 학교가 채용해도 된다고 생각한다. 5주간의 교사훈련으로 충분하다고 보는 티치포아메리카(Teach for America, TFA)의 교사 훈련 및 채용의 예에서처럼 말이다. 비용을 절약할 수 있기 때문이다. 이렇게 채용된 교사 대부분은 경력직 교사보다 급여가 적으며 연금이나 비싼 의료보험혜택을 제공해야 할만큼 오래 교직에 머물지 않는다. 파괴자들은 교사가 하던 일을 컴퓨터로 교체하기를 바란다. 이렇게 되면 무경력 교사들을 채용해 가르치는 것보다 비용이 더 적게 든다. 기계를 매개로 한 교수학습은 은유적으로 "혼합 학습"이라거나 "개별화 학습"으로 불린다. 여기서 "개별화"라는 말은 아주 독특하게 사용되고 있는데, "개별화"라는 말은 오로지 인간 대 인간의 상호작용에서만 정확하게 쓰일 수 있기 때문이다. 학생이 기계와 하는 상호작용은 개념상 비인격적이며, 제대로 부르려면 컴퓨터 기반 교수법 혹은 "몰개성적 학습"이라고 해야 한다.

---

1) (역자주) 긱경제(gig economy). 긱경제는 자유시장경제시스템을 보여주는 대표적인 사례로, 노동자가 사업주체와 독립적이고 단기적인 계약관계가 특징이다. 2017년 기준으로 미국의 긱경제체제에는 55백만명의 노동자가 등록되어 있는데, 전체 노동자의 36%, 전체 회사의 33%에 해당한다. 긱경제에서 일하는 노동자들은 프리랜서, 컨설턴트, 독립계약전문가, 임시계약노동자 등으로 불린다.

파괴자들은 빠르게 이동해가는 것, 뭔가를 깨부수는 것을 좋아한다. 학교 시스템, 역사적 학교, 지역사회, 학생의 삶, 가정, 교직도 여기에 포함된다. 이들은 잘 정리되어 있는 사회제도와 사람들의 삶을 뒤흔들어 파괴하는 일에 자부심을 느낀다. 흥미롭게도 이들은 사람들이 자신의 삶, 사적 클럽, 자기 자녀들이 다니는 엘리트 학교를 뒤흔드는 것은 아주 싫어한다. 파괴자들은 교사와 교장이 이들의 전략에 반대하든 말든 신경쓰지 않는다. 전문가는 자기 이익을 보호하려 한다고 확신하기 때문이다. 이때 파괴자들은 자신들이 "학생을 최우선에 놓는다"고 주장한다.

파괴자들은 학생과 학부모가 폐쇄 명령이 내려진 동네 학교를 폐쇄하지 말아 달라는 청원에 별 감흥을 느끼지 않는다.

기업가 파괴자들은 교사라는 직업을 존중하지 않는다. 이들은 누구나 가르칠 수 있다고 생각한다. 누구나 학교를 경영할 수 있고, 누구나 교육감이 될 수 있다고 믿는다. 파괴자들은 교사들에게 부여되는 직업 안정성을 없애버리기 원한다. 그래서 교사가 언제든 해고될 수 있다는 두려움을 안고 살기 바란다. 그래야 교사에 대한 통제가 쉬워지기 때문이다. 학업성취수준이 낮은 학교에는 "무능한" 교사가 많다고 믿는다. 이들은 교원노조의 보호를 받으면서 학생들에게 최선의 이익에 반하는 행동을 한다고 여겨진다.

파괴자들은 선출된 지역 학교위원회가 교육을 민주적으로 통제하는 것을 좋아하지 않는다. (그래서 이들은 학교위원회 통제를 위해 선거를 돈으로 사려고 애쓴다.) 학교교육을 시장이 통제하는 것을 선호한다. 오로지 한 사람이 책임지고 이끄는 상태를 원하는 것이다. 시장은 기업 지도자들의 말에 귀를 기울이고 학부모들의 요구를 외면하며 이들이 가진 권한을 이용해 파괴자들이 원하는 변화를 강제하는 방법을 쓸 수 있다. 파괴자들은 주 정부가 학구 전체를 통째로 인수해 운영하길 바라는데, 실제 이런 일이 뉴올리언즈, 오하이오, 미시간주에서 일어났다. 혹은 주정부가 낮은 학업성취도를 보이는 학교들만 묶어 특별 학구를 만들고 이 학구를 기업형 차터스쿨에 넘기는 방안을 지지한다. 이런 일이 실제 테네시주에서 있었다. 억만장자로 넷플릭스 설립자인 리드 헤이스팅스(Reed Hastings)는 캘리포니아주에 수백만달러를 써서 파괴자들이 주정부 및 지방정부의 선출직 공무원에 당선되도록 도왔다. 그는 모든 학교가 선출된 학교위원회가 아니라 거대한 비영리기업에 의해 관리, 통제되는 날이 오기를 학수고대한다고 말했다.

파괴자들은 교사정년보장제와 연공서열 임금제를 반대한다. 이런 제도가 무능한 교사를 학교에서 쫓아내는데 방해물이라고 이들은 여긴다. 이들은 별도의 수당 없이 더 오랜 시간 일하려고 하고 2-3년 학교 현장에서 가르쳐본 후 직업을 바꾸려는 정년보장 안 된 교사들을 선호한다. 더욱이 교사들이 받게되는 연금을 싫어한다. (이 연금을 지원하는데) 엄청난 비용이 소요되고, 교직에서 더 오래 일할 동기를 부여하기 때문이다. 아놀드재단(Laura&John Arnold Foundation)은 공공 분야에 고용된 사람들이 받게 되는 연금 혜택을 없애고자 꽤 노력한다. 아놀드는 공무원의 연금혜택이 국가의 지급능력을 갉아먹는 위협이라고 생각한다. (15개 주의 교사들은 퇴직시 연금을 받는다. 그렇다고 이게 사회보장은 아니다.) 파괴자들은 교원노조도 싫어한다. 교사들을 조직해 더 높은 임금, 더 적은 학급당 학생수, 직장 생활에 필요한 합당한 권리를 위해 싸우도록 하기 때문이다. 파괴자들이 다 반대하는 것들이다. 파괴자들은 표준화시험 성적이 최고의 교사와 최악의 교사를 판가름하는데 믿을 만한 도구라고 믿는다. 일단 최악의 교사가 해고되면 모든 교사가 훌륭한 교사가 되리라고 이들은 추정한다.

2018년 초 시작된 교사의 파업과 가두시위는 10년이 넘는 기간 동안 이어져 온 열악한 교육재정에 관심을 기울이도록 촉구했다. 여러 주의 교사가 받는 급여가 교육 수준과 경력 등을 기준으로 비교할 만한 다른 직업에 비해 낮은 수준이라는 점을 넘어, 일반적으로 공립학교는 호된 예산감축 지대에 있었다. 파업이 벌어진 주에서 주지사와 주의회 의원들은 기업의 법인세를 체계적으로 깎아주고 학교 예산을 줄였다. 이런 정치적 의제를 지지해 온 대기업들과 억만장자들은 유사한 각본에 따랐다. 실패했다면서 공립학교를 폄훼하는 것 말이다. '공립학교의 예산을 축소하라. 주정부 예산이 줄었기 때문이다. 학급당 학생수는 늘어났고, 공립학교의 교육 프로그램이 줄어드는 상황에서 좀 더 좋은 학교를 찾기 원하는 사람들에게 긴급피난처 중 하나로 학교선택제를 제공하라. 돈 잡아먹는 공립학교에 비해 우월한 차터스쿨과 바우처제도를 강권하라. 공공 재정이 공립학교에서 차터스쿨과 바우처 수급 학교로 흘러가도록 하라. 학교선택제가 월등한 성과를 내지 못한다는 증거는 무시하라.'

존 아놀드(John Arnold)는 엔론사의 천연가스 사업과 헤지펀드 매니저로 큰 돈을 벌었다. 그는 차터스쿨 설립과 공립학교 민영화를 촉진하는 데 단체에 막대한 투자를 해 왔다.

도대체 교육민영화에 돈을 쏟아붓는 억만장자들은 무엇을 원하는가? 이들의 대외적인 논평에서 이들은 "수월성"과 "학업성취도 격차 완화"를 거론한다. 그러나 이들의 행동은 이런 목표들과 모순된다. 이들은 세금감면, 공립학교 예산 감축을 위해 열성을 쏟아붓고 있으며, 공립학교에 대한 관리, 통제권을 교육 경력이라곤 없는 민간 기업 혹은 개인에게 넘기는 것, 혹은 (교사) 자격증에 상관없이 누구나 고용할 수 있고 최소의 책무성, 아니 책무성에 구애받지 않고 학교를 운영할 수 있는 개인들에게 학교 통제를 맡기는 것에 헌신한다.

도대체 파괴자들은 누구인가?

우선 정부 관계자들부터 거론해보자.

도널드 트럼프(Donald Trump)는 파괴자다. 그는 2016년 대통령선거운동을 하면서 연방정부의 200억달러의 재원을 학교선택 프로그램을 시행하는 데 쓰게 하겠다고 약속했다. 그리고 자주 공립학교를 "재앙"이라고 혹평했다. 트럼프 정부의 교육부 장관인 드보스는 일평생 파괴자의 삶을 살고 있다. 그는 수십 년 동안 공립학교의 대안적 방안을 옹호, 지지하고 있다. 그가 수장으로 있는 '미국아동연맹(American Federation for Children, AFC)'은 공립학교가 아닌 학교선택제를 펀드는 정치 후보들에게 로비하고 또 지지함으로써 자신의 정치적 목표를 진작시켜왔다. 그는 극우적 시각을 법안으로 개발하는 단체인 '전미입법교환협의회(American Legislative Exchange Council, ALEC)'에 활발하게 참여하는 위원이자 후원자다. 이 단체가 드보스의 시각을 지지하고 있기 때문이다.

베치 드보스(Betsy DeVos)의 가계는 암웨이(Amway)를 통해 부를 축적했다. 도널드 트럼프(Donald Trump) 대통령은 2016년 대통령 선거에서 이긴 후 드보스를 연방 교육부장관에 지명했다. 드보스는 차터스쿨과 종교계학교를 위한 바우처 프로그램을 열렬히 지지, 옹호한다. 공화당 정치계에서 오랫동안 적극 참여해 오면서 학교선택제에 관한 자신의 견해를 지지하는 정치인들에게 후원을 아끼지 않았다.

부시 정부에서 연이어 연방 교육부장관을 역임한 로드 페이지(Rod Paige)와 마가렛 스펠링스(Margaret Spellings) 또한 파괴자들이다. 이들은 표준, 시험, 책무성이 곧 높은 성취도를 낳는다고 철석같이 믿는다. 이 둘은 모두 (부시 대통령의 교육 자문관이었던 크레스(Sandy Kress)의 도움을 받아) 자신들이 디자인한 NCLB법안의 시험-처벌 공화국에 헌신했다.

오바마 대통령의 연방 교육부 장관으로 장장 7년 동안 재임했던 던컨 또한 파괴자다. 재임시절동안 그는 미국 공립학교가 얼마나 최악의 상황에 처해 있는지, 교사들이 얼마나 무능한지, 교원노조도 없고 주정부의 규정에서도 대체로 자유로운 차터스쿨이 얼마나 대단한 기적을 일구어내고 있는지 자주 토론했었다. 그는 바우처제도를 공식적으로 승인하지는 않았지만, 교육부 장관으로 있으면서 여러 주에서의 바우처제도 확산을 막고자 아무런 노력도 기울이지 않았다. 그는 표준화시험, 공통핵심표준, 표준화시험의 교원평가 연계 활용에 열성적인 후원자였다. 던컨과 오바마는 교원노조에 좋은 말을 하기는 했다. 뭐, 입에 발린 소리였다. 그러나 위스콘신 주지사 스콧 워커(Scott Walker)가 2011년 단체교섭을 금지하는 법안을 도입하자 이에 항의해 수천명의 주 공무원들이 주의회 건물을 에워싸고 시위에 나섰을 때, 위기에 처한 교원노조를 지원하기 위한 유세에 던컨도 오바마도 나서지 않았다. 위스컨신주는 "노동할 권리가 있는(right to work)"[2] 주가 되었다. "노동할 권리(Right to Work)"는 우파들이 사용하는 애매한 말이다. "개별화 학습"이란 말이 교사를 컴퓨터로 교체하는 상황을 가리킨다며 사용하는 은유인 것과 같이 말이다. 노동할 권리는, 고용의 조건으로 노조 가입이나 노조회비 상태를 요구하는 합의를 금한다. 이 말이 목표하는 바는 노조가입을 대폭 줄이고 직장에서 노동자의 정치적 입지를 없애버림으로써 노조를 무력화하려는 것이었다.

모든 공화당 출신 주지사들은 파괴자다. 이들은 아주 적극적으로 차터스쿨과 바우처제도를 통해 학교 민영화를 지지하기 때문이다. 사실 공화당은 한때 공립학교를 지역에서 관리, 통제해야 한다는 입장을 견지했었다. 그러나 지금은 인디애나, 미시간, 오하이오, 테네시 등에 상관없이 지역/학구가 관할, 통제하는 공립학교를 주정부가 넘겨받는 방안을 지지한다. 시골 학구에서 선출된 위원들을 제외하고, 공화당은 공립학교를 완전히 없애버리려는 듯하다. 자기들 지역구에서 80-90%의 아동인구가 공립학교에 다니고 있는데도 불구하고 말이다. 시골지역 공화당원들은 공립학교가 자기 지역사회가 안정적으로 유지되게끔 의지해야 할 닻이 된다는 사실을 잘 이해하고 있는 듯하다. 따라서 차터스쿨이나 바우처제도를 지지하므로 공립학교를 배신해서는 안 된다고 생각하는 듯하다. 공화당 파괴자들의 목록은 엄청 길다. 그 유명한 위스콘신 주지사인 워커(Scott Walker), 플로리다 주지사인 스콧(Rick Scot)과 드산티스(Ron DeSantis), 미시간 주지사인 스나이더(Rick Snyder), 루이지애나 주지사인 진달(Bobby Jindal), 인디애나 주지사인 다니엘스(Mitch Daniels)와 펜스(Mike Pence), 오하이오 주지사인 카지크(John

---

2) (역자주) 노동할권리(right-to-work). 미국의 노동관계 법령으로, 채용계약과정에 비노동조합원이 노동조합비를 내도록 협상하지 못하도록 하는 규정을 특징으로 하고 있다. 즉, 이 법에 따라 노동자와 노동조합간 노조안전협약(union security agreement)이 금지되고 있다. 미국 전체에서 27개주에서 이 법을 채택하고 있으며, 주로 남부, 중서부 및 내륙서부 등 정치적으로 보수적인 곳에서 주로 채택하고 있다. Tracy Roof(2011)의 American Labor, Congress, and the Welfare State, 1935-2010 참조할 것.

Kasich), 아리조나 주지사인 두시(Doug Ducey), 일리노이 주지사인 라우너(Bruce Rauner), 조지아 주지사인 딜(Nathan Deal), 켄터키 주지사인 베빈(Matt Bevin), 테네시 주지사인 하슬람(Bill Haslam)과 리(Bill Lee) 등. 여기에 연방 상원과 하원의 공화당 의원들, 그리고 트럼프 정부의 내각은 거의 전부라 할만큼 파괴자들이다. 그러나 교육민영화 옹호는 의회 내 공화당 의원들 간에 공동으로 합의된 의제는 아니다. 연방정부 차원에서 학교선택제를 시행하는데 학생들에게 제공해야 할 재원이 200억달러에 달한다고 추정하는 트럼프 정부의 급진적 예산안 승인을 이들이 거부했기 때문이다.

선출된 민주당 출신 공직자 중에는 공립학교 대신 차터스쿨을 옹호하는 파괴자들이 있다. 이들 숫자는 공화당만큼 대단하지는 않다. 여기에는 시카고 시장인 에마누엘(Rahm Emanuel), 2021년 일본주재 미대사로 임명되었다. 캘리포니아 주지사였던 브라운(Jerry Brown)(이 사람은 오클랜드 시장 시절 2개의 차터스쿨을 시작하도록 했다), 콜로라도주 상원의원인 베넷(Michael Bennet), 콜로라도 주지사인 폴리스(Jared Polis), 뉴욕 주지사인 쿠오모(Andrew Cuomo), 코넷티컷 주지사였던 말로이(Dannel Malloy), 그리고 뉴저지주 상원의원인 부커(Cory Booker) 등.

자 이제, 자선사업가들 차례다.

파괴자들이 자선사업계를 지배하고 있다. 많은 재단들이 빌 게이츠, 드보스가, 월튼가, 브로드(Eli Broad), 블룸버그(Michael Bloomberg), 코크 형제와 같은 억만장자의 주도를 용인하고 따르고 있다. 게이츠는 마이크로소프트사를 공동설립하면서 이후 1,000억달러의 부를 쌓았다. 월튼가는 월마트와 샘스클럽(Sam's Club) 창고형 매장 사업을 통해 거의 2000억달러의 부를 축적했다. 월튼가는 10억달러의 재원을 투자해 차터스쿨 설립과 운영을 지원하고 있다. 미 전역의 모든 차터스쿨의 1/4을 자신들이 지원해 설립했다고 주장한다. 우파적이고 반노조적 색채를 드러내는 월튼가재단은 KIPP 차터스쿨 설립과 TFA 운영을 지원하는 핵심 후원자이기도 하다. TFA는 많은 공립학교 및 차터스쿨에 낮은 임금의 임시 교원을 제공하는 역할을 맡고 있다.

마이클 블룸버그(Michael Bloomberg)는 전임 뉴욕시장이자 거대 기술, 미디어기업인 블룸버그사의 CEO이다. 빌 게이츠는 마이크로소프트사의 공동 창업자이자 빌앤멜린다게이츠재단의 설립자이기도 하다. 그는 교육 정책에 많은 약탈행위를 저질러왔다. 리차드 브랜슨(Richard Branson)은 영국의 부호이자 기업가로 수많은 벤처기업을 세웠다.

브로드재단은 차터스쿨의 주요 후원자 중 하나다. 엘리 브로드(Eli Broad)가 디트로이트시의 공립학교 출신임에도 불구하고 말이다. 브로드(그의 재산은 대략 70억달러에 이른다)는 주택건축 및 보험산업을 통해 부를 축적했다. 그는 브로드아카데미(Broad Academy)를 만들었는데, 이는 공립학교를 폐쇄하고 차터스쿨을 열게 한다는 하향식 교육운영 철학에 동조할 미래 교육감을 훈련시킨다는 비공식적인 프로그램이다. 이 프로그램을 수료한 사람들을 소위 "브로드파(Broadies)"라고 하는데, 이들의 경력상 성적은 지금까지 형편없다.

드보스 부부(Dick & Betsy DeVos, 이들의 재산은 대략 50억달러를 상회하는듯)는 학교선택제를 지지, 후원한다. 선택된 학교가 영리를 목적으로 하는 것이든 그렇지 않은 이들은 상관하지 않는다. 드보스의 재산은 암웨이 기업에서 주로 얻은 것이다. 찰스 코크(Charles Koch)와 고인이 된 데이비드 코크(David Koch)의 재산은 1,000억달러를 넘어서는 것으로 추산되는데, 이들은 자유지상주의자로 교육민영화를 옹호, 지원한다. 이들의 부는 화석연료 산업을 포함해 다양한 사업체에서 축적되었다. 아마존 기업을 대표하는 억만장자 베조스(Jeff Bezos)(자산 규모는 대략 1,000억달러의 정도로 추산)의 베조스가재단은 파괴자들의 대의에 헌신하고 있는데, 역시 차터스쿨 설립과 TFA 후원이 포함되어 있다. 페이스북의 주커버그는 자산 규모가 500억달러가 넘는 파괴자다. (그의 아내인 프리실라 찬(Priscilla Chan)과 그의 이름을 딴) 찬주커버그재단(Chan Zuckerberg Initiative, CZI)은 학교에서 컴퓨터 기반의 "개별화 학습"을 촉진하고 있다. CZI는 재단은 아니고 실제로 유한책임회사다.

마크 주커버그는 페이스북의 창업자로, "개별화 학습"을 촉진하는 데 자신의 엄청난 부를 쏟아 붓는다. 이는 컴퓨터기반 교수학습 방법으로 실제로는 "비인격적 학습"이다. 많은 지역사회에서 학생들이 주커버그의 교수법 방안에 저항하고 있다.

전임 뉴욕시장인 블룸버그(Michael Bloomberg)는 기술산업 분야에서 수십억원의 재산을 모았다. 대략 500억달러의 자산규모를 가진 블룸버그는 차터스쿨에 지원을 아끼지 않으며, 전국적으로 주정부 교육위원 및 지방 학교위원 선거에서 같은 생각을 가진 후보자들을 지원하고 있다. 잡스(Laurene Powell Jobs)는 애플사의 전설적인 설립자 스티브 잡스(Steve Jobs)의 미망인으로 대략 200억달러의 자산을 가진 것으로 추산된다. 그녀는 공교육을 다시 만드는 일에 매진하고 있는 에머슨자선재단(Emerson Collective)을 설립했다.

차터스쿨과 바우처제도를 통해 공립학교를 민영화하는 계획을 많은 재단들도 지지, 후원하고 있다. 이런 재단이 얼마나 많은지, 그들이 쏟아 붓는 돈이 얼마나 되는지 알면 깜짝 놀랄 것이다. 브래들리재단(Lunde & Harry Bradley Foundation), 블룸버그자선기구(Bloomberg Philanthropis), 햄슬리자선신탁(Leona M. & Harry B. Helmsley Charitable Trust), 맥아더재단(MacArthur Foundation), 릴리자선기구(Lilly Endowment, 인디애나), 쿠어스재단(Adolph Coors Foundation, 콜로라도), 아놀드재단(Laura & John

Arnold Foundation), 델재단(Michael & Susan Dell Foundation, 델컴퓨터 제조업 소유주), 카우프만재단(Ewing Marion Kauffman Foundation, 캔사스시티), 피셔기금(Doris & Donald Fisher Fund , 갭, 바나나리퍼블릭, 올드 네이비 소유주), 안슈츠재단(Anschutz Foundation, 필립 안슈츠는 반동성애 운동에 자금을 지원하는 기독교계 억만장자로, 다큐멘터리 영화 웨이팅포슈퍼맨 제작에 참여했고, 화석연료산업 및 셰일가스산업을 이끄는 인물), 토마스로재단(Thomas A. Roe Foundation, 로는 성공한 비즈니스맨으로 대단한 보수주의자로 알려져있다), 퓨렛패커드재단(William & Flora Hewlett Foundation, 통상적으로 자유주의적 색채를 띤 재단이다), 켈로그재단(W. K. Kellogg Foundation), 스카이프재단(Scaife Foundation, 억만장자이자 열렬한 보수주의자인 리차드 스카이프(Richard Scaife)가 설립한 재단이다), 그리고 조이스재단(Joyce Foundation) 등.

필립 안슐츠(Philip Anschutz)는 다양한 사업을 통해 재산을 쌓은 억만장자로, 원유, 천연가스 및 셰일가스 등의 사업을 통해 성공적인 기업가가 되었다. 많은 이들에게 영향을 끼친 다큐멘터리 영화 Waiting for Superman을 제작한 사람이다. 이 영화는 차터스쿨의 확산 및 반교원노조 메시지를 강하게 전달하고 있다.

여기에, 슈왑재단(Charles & Helen Schwab Foundation, 중개매매 브로커 거물), 오번도르프재단(Bill & Susan Oberndorf Foundation, 공화당 자본가), 미국상공회의재단(U.S. Chamber of Commerce Foundation), 슈스터만가재단(Charles & Lynn Schusterman Family Foundation, 원유 및 천연가스 사업 소유지), 자클린흄재단(Jacqulin Hume Foundation, 우파 및 자유지상주의적 대의를 지원하는 단체), 다니엘기금(Daniels Fund), 허로자선재단(David Herro Charitable Foundation), 볼머그룹(Ballmer Group), 칼더재단(Louis Calder Foundation), 로버트슨재단(Robertson Foundation, 줄리안 로버트슨(Julian Robertson)은 자산이 40억달러가 넘는 금융업자다), 와서만

재단(Wasserman Foundation), 헌트가재단(Hunt Family Foundation, 엘파소), 마르쿠스재단(Marcus Foundation), 루미나재단(Lumina Foundation), 오버덱가재단(Overdeck Family Foundation), 사이먼재단(William E. Simon Foundation), 코브너재단(Kovner Foundation, 브루스 코브너(Bruce Kovner)는 뉴욕에 기반을 두고 있는 금융업자로 자산 규모는 50억달러가 넘는다), 도넬케이재단(Donnell－Kay Foundation, 콜로라도), 하이드가재단(Hyde Family Foundation, 멤피스), 헤이스팅스킬린기금(Hastings/Quillin Fund), 알버트슨가재단(J. A. & Kathryn Albertson Family Foundation, 아이다호), 카쉬가재단(Karsh Family Foundation), 컨가재단(Kern Family Foundation), KLE 재단, 파크에버뉴자선신탁(Park Avenue Charitable Trust), 오미야르네트워크(Omidyar Network, 피에르 오미야르(Pierre Omidyar)는 이베이를 설립한 창업주로 자산 규모가 100억달러가 넘는다), 라이크스재단(Raikes Foundation, 제프 라이크스(Jeff Raikes)는 전 게이츠재단 대표다), 뉴욕카네기법인(Carnegie Corporation of New York), 새클러재단(Sackler Foundation, 이 재단의 소유자는 향정신성 약품인 Opioid를 생산, 유통하는 제약회사인 퍼듀제약회사(Purdue Pharmaceuticals)를 운영하고 있다), 캘리포니아지역재단(California Community Foundation), 트리아드재단(Triad Foundation), 시티브리지재단(CityBridge Foundation), 젠넥스트재단(Gen Next Foundation) 등.

보수주의적 성향의 재단들은 자기들만의 단체, 소위 자선사업가회합(Philanthropy Roundtable)이라고 부르는 것을 갖고 있다. 자선사업가회합은 연례 행사를 개최하고, 이 자리에서 기금 후원자들은 학교선택제 및 반교원노조적 시각을 촉진하기 위해 어디에 기금을 제공하는 것이 좋을지 논의한다.

게다가, 파괴운동을 위해 기부금을 내는 기업들도 있다. 엑슨모빌, AT&T, 타겟, 피어슨백화점, JP모건체이스, 시티그룹, ETS, 대학위원회(The College Board), 뉴스코퍼레이션(머독의 미디어그룹) 등. 이들이 차터스쿨에 제공하는 기금은 세금감면의 대상이 된다. (원유, 천연가스, 석탄, 셰일가스 등) 화석연료산업은 차터스쿨과 바우처제도를 후원, 지지하는데, 그 이유는 이들이 공립학교에 대한 재정지원 대신 세금을 덜 내도 되기 때문이다.

거대 재단들의 힘은 공화당 및 민주당 양쪽의 돈 많은 이들로부터 많은 기부금을 받아 더 세졌다. 여기에는 벤처금융업자인 코크 형제, TFA에 아낌없는 후원을 해 온 록(Arthur Rock). 넷플릭스 설립자인 헤이스팅스(Reed Hastings), 전 LA 시장인 리오단(Richard Riordan), 히브리어 차터스쿨 회사를 설립한 스타인하르트(Michael Steinhardt) 등이 있다.

헤지펀드 매니저, 벤처금융업자, 기술산업 지도자라 할 수 있는 다수의 사람들이 파괴자에 속한다. 이들은 경쟁과 자유시장의 교의를 신봉하고, 스타트업을 좋아하며 정부의 규제를 싫어한다.

2005년 뉴욕 맨하탄 센트럴파크에서 열린 포시파티3)에서 헤지펀드 매니저 몇 명(틸슨(Whitney Tilson), 보이킨 커리(Ravenel Boykin Curry IV), 페트리(John Petry), 레들리(Charles Ledley))이 교육개혁을위한민주당원모임(Democrats for Education Reform, DFER)이라는 단체를 시작했다. 첫 모임을 갖는 자리에 초대된 연사는 일리노이주의 젊은 상원의원이었다. 그의 이름은 버락 오바마였다. 기만적으로 DFER라고 불리는 이 단체는 전략적인 캠페인 지원을 통해 학교 민영화를 후원, 지지하기 위해 민주당에 영향을 미칠 수 있는 월스트리트의 헤지펀드 매니저들이 설립한 것이다. DFER에 영감을 받아 차터스쿨은 월스트리트의 잘나가는 열정이 되었다.

DFER는 정치행동위원회(political action committee, PAC)가 되었다. DFER는 차터스쿨과 고부담시험에 있어 생각이 비슷한 정치 후견인들을 키웠다. 매 선거철이 되면, 전국적으로 선호하는 후보의 목록을 내놓고 자신들이 기부금을 낼 모임 참가자를 격려, 후원하는 자리를 만들었다. DFER의 호소가 선거운동에 필요한 자금을 모으는 중요한 동력이 되었다. 캘리포니아와 콜로라도주의 민주당은 이들이 기업의 미국지배에 선봉장이라 비난하고 이들의 이름인 DFER에서 D를 떼내 버리라고 요구했다. 물론 DFER은 이를 무

---

3) (역자주) 포시파티(posh party). 포시마크(Poshmark)라는 미국의 중고거래 플랫폼에서 패션을 중시하는 사람들끼리 만나 의류 및 장신구를 사고파는 실시간 직거래 쇼핑을 말한다. 현재 캐나다와 호주에까지 진출하며 인기를 구가하고 있다.

시했다.

DFER에게는 당장교육개혁(Education Reform Now, ERN)이라는 쌍둥이 501(c)3가 있다. 여전히 DFER가 정치적 후견인들을 위해 자금을 모으는데 열을 올리는 한편, ERN은 몇몇 핵심적 역할을 하는 주에서 학교 민영화 대의의 지지를 호소해 왔다. ERN 이사회에도 헤지펀드 매니저들이 다수 자리하고 있었는데 이들 또한 정치적 후견인들의 선거 캠페인을 지원했다. ERN은 콜로라도, 뉴욕, 매사추세츠, 워싱턴 D.C., 루이지애나, 코네티컷, 뉴저지 등의 주에서 활발하게 활동했다.

헤지펀드 세계에서는 차터스쿨을 후원하고 KIPP, 모스코비치(Eva Moskowitz)가 세운 석세스아카데미, 혹은 다른 차터스쿨 기업의 운영 이사회 임원으로 봉사하는 것이 곧 사회적 명성을 수여받는 것과 같았다. 이런 일들이 다른 헤지펀드 매니저들을 만나게 되고 '당신도 우리와 한패'라는 것을 보여주는 길이 되었다. 차터스쿨을 사랑하는 채권투자자들과 헤지펀드 매니저들에는, 로버트슨(Julian Robertson) (석세스아카데미 차터스쿨 체인에 2500만달러를 기부했음), 로업(Daniel Loeb) (석세스아카데미 차터스쿨 체인의 의장을 역임했고 수백만달러 기부했음), 폴슨(John Paulson) (트럼프 지지자로 석세스아카데미에 850만달러를 기부했음), 전 애플사 CEO 스컬리(John Sculley), 다인혼(David Einhorn), 가브리엘리(Christopher Gabrieli), 그린블랏(Joel Greenblatt), 존스(Paul Tudor Jones), 하나우어(Nick Hanauer), 발머(Steve Ballmer), 블룸필드(William Bloomfield), 드러큰밀러(Stanley Druckenmiller), 란곤(Ken Langone) (Home Depot의 창업자), 클라르만(Seth Klarman), 도어(John Doerr), 이칸(Carl Icahn), 신커필드(Rex Sinquefield) (미주리주 억만장자), 그 외 수십명의 개인 부호들이 포함되어 있다. 아마도 성공한 기업가와 월스트리트 금융인들 중에 차터스쿨 혹은 차터스쿨체인에서 임원이 아닌 사람을 찾아내기는 정말 어려울 것이다. 이들은 국가의 교육 시스템을 재디자인하는데 참여하는 일이 주는 즐거움, 오락, 흥분됨을 정말 사랑하는듯하다. 이 일에 가장 필요한 것이 인센티브, 경쟁, 파괴, 탈규제, 혁신 등이라고 믿으면서 말이다.

왜 이토록 많은 개인과 단체가 공립학교의 파괴운동을 지지하고 있는 것일까? 일부는 세금감면 때문에, 일부는 정부 지출 축소라는 측면에서 지지한다. 또 일부는 현재의 시스템을 날려버리고 싶어하고, 또 어떤 이들은 개인이 운영하는 학교로 바꾸고 싶어한다. 또 일부는 정부가 운영하는 학교를 정말 싫어하는데, 그 이유는 이들이 정부가 운영하는 그 어떤 것보다 자유 기업이 더 좋다고, 이를 더 선호하기 때문이다. 파괴가 현대 기업이 가능한 자주 해온 일이라고 믿는 이들도 있고, 자유시장이 곧 모든 문제를 효과적으로 해결한다며 학교교육의 자유시장을 도입하길 원하는 사람들도 있다.

극단적인 우파적 성향을 띤 전미입법교환협의회(American Legislative Exchange Council, ALEC)는 파괴운동을 옹호하는 전 세계에서 가장 핵심적인 단체다. 수십개에 이르는 주요 기업체가 이 단체를 후원한다. ALEC의 회원은 대략 2000명의 주의회 의원들로 구성되어 있다. 「The One Percent Solution: How Corprations Are Remaking America One State at a Time (1%의 해결책: 한 번에 한 주씩 기업은 어떻게 미국을 다시 만들어가는가?)」라퍼(Gordon Lafer)는 이 책에서 ALEC의 이전, 그리고 현재 회원이 되는 100개의 주요 기업 목록을 제시하고 있다. (일부 기업들은 대중홍보에 불리하다는 판단 때문에 ALEC에서 탈퇴했다.) 이 목록에 들어 있는 주요 기업들에는, AT&T, 알트리아(Altria), 아마존, 블루크로스 블루쉴드(Blue Cross Blue Shield), 보잉사, 포드, GE(General Electric), 홈디포(Home Depot), IBM, 맥도날드, 머크(Merck), 마이크로소프트 등이 있다. ALEC는 차터스쿨과 바우처제도를 옹호하는, 그리고 교원자격제도반대, 교원노조반대, 반규제 등을 포함한 법률안의 초안을 작성한다. ALEC의 회원들은 자기 소속 주의회에 돌아가 이 법률안 초안을 자기 주의 법안으로 상정한다. ALEC법이 씌어져 있는 곳에 해당 주의 이름을 집어넣는 수정을 통해서 말이다. ALEC는 탈규제와 법인세 감축에 열렬히 헌신한다. 이들의 법안들에는 환경 규제, 총기 규제, 사업을 규제하는 일련의 정부 규제를 반대하는 내용이 들어 있다. ALEC는 자유지상주의적 법안 공장이다. 보수적인 주 의회 의원들은 일종의 자선단체인 국세청(Internal Revenue Service, IRS)에 의해 지명되어 왔기 때문이다. 이는 IRS에 기부금을 내면 세금 감면 혜택을 받게 된다는 뜻이다. 이런 일이 입법과정에 직접적인 영향을 미치는 상황인데도 불구하고 말이다. ALEC는 자신들의 활동에 지속적으로 재정을 아끼지 않은 드보스가와 코크 형제에게 꽤 오래 의존해 오고 있다.

드보스의 미국아동연맹(AFC)은 학교선택제를 지지하는 옹호단체인 그레이트레이크교육프로젝트(Great Lakes Education Project, GLEP)와 세금감면, 노동할 권리법안(right-to-work law), 학교선택제를 촉진하려는 매키낙공공정책센터(Mackinac Center for Public Policy)(미시간)에 재정지원을 한다. 코크형제는 번영을위한미국인들(Americans for Prosperity, AFP)이란 단체를 설립했는데, 이 단체는 찰스코크연구소(Charles Koch Institute)와 함께 미국 전역의 공공지출 및 공립학교에 반대하는 운동을 전개하고 있다. 찰스 코크와 돈 많은 동료 기부자 네트워크는 2019년 공립학교를 파괴하고 민영화한다는 계획을 발표하고 예스에브리키즈(Yes Every Kid)라는 이름의 새로운 기관을 설립했다. 코크 형제는 300개 이상의 대학에 자신들의 자유주의적 이데올로기를 전파하는데 활용될 연구소를 세우는 데 자금을 지원해 왔다.

주정책네트워크(State Policy Network, SPN)은 차터스쿨과 바우처제도를 옹호하는 네트워크다. 극단적 성향의 단체를 감시하는 미디어 매체인 소스워치(SourceWatch.org)는 이 SPN을 "49개주, 푸에르토리코, 워싱턴 D.C., 캐나다, 영국 등에서 활동하는 우익 싱크탱크이자 세금감면운동을 벌이는 단체들의 조직망"이라고 설명한다. SPN은 1992년 설립된 이후, 스스로를 "공공정책 문제에 대해 자유시장적 해법을 도입하는데 헌신된 주/지역기반 자유시장 싱크탱크 운동"이라고 말한다. 소스워치는 이 SPN이 "미리 만들어진 ALEC 어젠다에 학술적 논리와 주 기반 지원이라는 화려한 옷을 입히는 방식으로 ALEC의 정책, 커뮤니케이션, 법정 소송을 대리하는 임무를 맡는다"고 말한다. SPN에 가입되어 있는 단체는 ALEC에 필요한 법안을 작성해주고, "미리 만들어진 ALEC 어젠다를 뒷받침해 줄 수 있는 전형적인 '연구'를 퍼뜨린다". 이들의 어젠다가 해당 주에 고유한 것이라고 누누이 이야기하면서 말이다. 소스워치는 SPN이 코크형제, 드보스가 및 빅토바코앤빅오일(Big

Tobacco&Big Oil), 월튼가재단, 로재단(Roe Foundation), 쿠어스가(Coors family), 브래들리재단(Bradley Foundation), 썰리자유신탁(Searle Freedom Trust) 등 ALEC를 똑같이 후원하는 기업들로부터 지원받는다고 보고한다.

찰스 코크(Charles Koch)는 미국에서 가장 영향력 있는 자유지상주의적 자선사업가다. 작고한 그의 형 데이비드 코크(David Koch)와 더불어 그는 1,000억달러의 자산을 가진 거부다. 이들은 초기 유전 및 화학산업을 통해 부를 축적하기 시작했지만, 이후 다양한 사업체로 확장되었다. 코크 형제는 작은 정부를 향한 이들의 신념을 지지하도록 전략적으로 대학 및 거대연구소에 자금을 투입해 자유지상주의적 지식인들을 양성하고 있다.

보수주의 싱크탱크는 공교육을 향한 공격에 학술적 형식(겉치레 장식)을 공급한다. 이들은 학교선택제를 내세우며 싸우는 전사들에게 무기로 활용할 수 있는 연구와 정책 문서를 제공한다. 이 목록의 꼭대기에는 극우적 단체인 헤리티지재단(Heritage Foundation)과 자유지상주의적 성향의 카토연구소(Cato Institute)가 있다. 그리고 오하이오주와 워싱턴 D.C.의 토마스포드햄연구소(Thomas B. Fordham Institute)와 교육개혁센터(Center for Education Reform, CER)가 있다. 이들은 학교교육을 위한 모든 학교에 대한 선택을 좋아한다고 하면서 공립학교는 선택에서 제외하고 있다. 다른 두드러진 보수주의 싱크탱크로는 미국기업연구원(American Enterprise Institute), 하트랜드연구원(Heartland Institute), 골드워터연구원(Goldwater Institute), 파이오니어연구원(Pioneer Institute), 맨하탄정책연구원(Manhattan Institute for Policy Research), 공교육재창조연구소(Center on Reinventing Public Education, University of Washington), 프리드만교육선택재단(Friedman Foundation for Educational Choice, 지금은 EdChoice라고 불린다), 리즌재단(Reason Foundation), 메르카투스센터(Mercatus Center, George Mason University) 등이 있다. 거의 모든 주에 자유시장을 신봉하는 보수주의 싱크탱크들이 있다. 특히 공공정책재단(Public Policy Foundation, 텍사스), 오클라호마공무협의회(Oklahoma Council of Public Affairs), 블루그래스공공정책연구원(Bluegrass Institute for Public Policy Solutions, 켄터키), 카디날연구원(Cardinal Institute, 켄터키), 존로크재단(John Locke Foundation, 노스캐롤라이나), 쇼우미연구원(Show-Me Institute, 미주리) 등이 유명하다. 주 수준의 싱크탱크는 SPN과 연계되어 있으며 ALEC가 활동하고 있는 자유기업, 반규제, 반과세 의제를 증강시킨다. 주 수준의 싱크탱크는 이들의 미션 내용에서 확인해 볼 수 있다. 대체로 자유, 자유시장, 자유기업활동을 찬양하는 내용일 것이다. 이들은 차터스쿨과 바우처제도, 공립학교에 대한 예산감축을 위한 주 입법을 촉진하고, 교사들의 근무 여건과 직업 안정성을 낮추게 하는 입법을 추진한다. 노스캐롤라이나주에서는 2010년 티파티(Tea Party) 급진적 보수주의자들이 주 의회를 장악하게 되었는데, 이들이 한 첫 번째 입법 내용 중 하나는 노스캐롤라이나티칭펠로우(North Carolina Teaching Fellow) 프로그램을 없애는 것이었다. 이 프로그램은 주립대학교에서 경력교사를 길러내는 것으로 6년 동안 성공적으로 운영되었었다. 이 프로그램이 없어지고 주정부의 6백만 달러에 해당하는 돈이 TFA로 넘어갔다. 이들은 대체로 2년 내외의 기간 동안만 교직에 있게 되는 사람들로 다른 주에서 옮겨오는 경우가 많았다. 이런 변화를 일으키는데 그 어떤 정당한 논리도 없었다. 단지 노스캐롤라이나주의 경력 교사를 길러내는 체제를 잘라낸다는 것 말고는 말이다.

우파와 보수주의 싱크탱크가 하는 일은 요즘 소위 "신자유주의적" 사상이라고 불리는 것을 대표하는 중도적 성향의 싱크탱크에 의해 강화되었다. 이들은 이념적 분리 상황에서 기회를 엿보고 있다가 학교교육의 민영화를 지원한다. 그런데 이들은 바우처제도는 빼고 차터스쿨만 옹호한다. 이런 집단의 지도자격인 단체는 고부담 시험과 차터스쿨을 옹호하는 교육신탁(Education Trust)과 미국진보연구소(Center for American Progress)이다. 특히 후자는 오바마 정부의 신념과 뜻을 있는 그대로 전달하는 역할을 했으며, 지금은 학생 평가와 연계된 교원책무성 시스템을 지지하고, 차터스쿨에 박수를 보내고 있다. 이들이 얼마나 심하게 기존의 공립학교를 훼손하는지 상관없이 말이다. 이 두 단체 모두 워싱턴 D.C.에 자리잡고 있으며, 의회의 민주당 의원들과 각 보좌관들에게 상당한 영향을 끼치고 있다. 역시 워싱턴 D.C.에 자리잡고 있는 브루킹스연구원(Brookings Institute)은 자유주의적 싱크탱크라고 오랫동안 여겨져 왔다. 그러나 이 단체의 교육 프로그램은 2010–2015년 동안 그로버 화이트허스트(Grover (Russ) Whitehurst)라고, 부시 정부에서 교육연구책임 맡았던 인물이 이끌었다. 이 시기 동안 이 단체는 학교선택제를 옹호하는 교육정책을 촉진해 왔다. 심지어 공립학교를 대체하는 대안학교 정책을 채택할 것인지 그렇지 않은지의 여부를 기준으로 지방정부의 등급을 부여하기도 했다.

새클러가(the Sackler family)는 옥시콘틴(OxyContin)을 만드는 퍼튜제약사(Purdue Pharmaceuticals)의 창립, 운영을 통해 억만장자 대열에 오르게 되었다. 이 회사에서 만든 진통제가 중독성이 강하다는 경고를 제대로 알리지 않았다는 이유로 제약사를 상대로 한 수건의 고소, 고발이 재판으로 이어지고 있다. 이 일로 거의 200,000명이 사망했다고 알려져 있다. 조나단 새클러(뒷줄 오른쪽에서 두 번째)는 코넥티컷주 및 기타 여러 지역에서 차터스쿨을 설립, 운영하도록 하는데 주요 자금후원자로 활동하고 있다.

몇몇 활동가 단체들은 대놓고 정치적인 행보를 보였다. '스탠드포칠드런' (Stand for Children)의 경우 IRS(C3)에 의해 자선단체로 지정되어 있는가 하면, 동시에 정치활동단체(C4)로도 지정되어 활동한다. '스탠드포칠드런'은 조나 에델만(Jonah Edelman)이라고 시민권 운동의 상징으로 불리는 마리안 에델만(Marian Wright Edelman)의 아들이 설립했다. 이 단체는 초기에 진보적 입장을 취하는 단체였지만, 성공한 기업가들로 구성된 파괴자들의 지원을 받기 시작하더니 차터스쿨 촉진과 교사정년제에 부정적인 입장을 견지한 정치인들을 위한 선거 캠페인을 지원하는 단체로 변모해 버렸다. '스탠드포칠드런'은 지방 선거 캠페인을 통해 차터스쿨에 우호적인 인사가 학교위원회에 당선될 수 있도록 지원한다.

돈 많은 재단들은 차터스쿨 스타트업에 필요하다고 하면 다양한 용도로 쓰일 수 있는 기금을 제공해 왔는데, 이 기금을 받는 단체들은 다음과 같다. 뉴스쿨벤처기금(New Schools Venture Fund), 실리콘밸리재단(Silicon Valley Foundation), 차터스쿨성장기금(Charter School Growth Fund) 등. 게이츠재단, 월튼재단, 브로드재단 등이 주요한 기부자들이다. 미 전역에 차터스쿨의 설립을 촉진하는 단체를 돕기 원하는 이들이 있다면, 50CAN을 지원할 수 있다. 50CAN은 2011년 콘캔(ConnCAN)의 설립과 함께 만들어졌다. 콘캔은 코네티컷주에 기반을 둔 단체로 2005년 이 주에서 차터스쿨에 관한 정치적 지지를 얻기 위해 만들어졌다. 부유한 페어필드 카운티 지역(그리니치, 다리엔, 뉴가나안)에 상당히 많은 헤지펀드 매니저들이 있었던 상황을 염두에 둔다면, 코네티컷은 나름 이런 운동에 좋은 토양을 이미 갖추고 있었다고 볼 수 있다. 억만장자로 오피오이드(마약성신경제)[4] 제조사를 갖고 있는 새클러(Jonathan Sackler)는 콘캔과 50CAN 모두에 기부하는 핵심인물이다.

파괴운동과 공립학교 민영화를 촉진시키려는 억만장자들이 기금을 대고 있는 단체들은 마치 버섯처럼 갑자기 등장한다. 한 팀에서 다른 팀으로 옮겨 다니는 운동 선수들에게 비슷한 배역이 주어지는 것과 마찬가지다. 이들을 먹여 살리는데 필요한 돈은 끝이 없어 보인다. 주식회사교육도시(Education Cities, Inc.) 마찬가지로 억만장자가 기금을 대는 단체로 30개의 도시에서 차터스쿨을 홍보하고 있다. 이 단체는 마인드신탁(Mind Trust)이라는 단체에서 성장했는데, 마인드신탁은 인디애나폴리스시에서 차터스쿨을 옹호하는 단체로 발족했다. 마인드신탁은 인디애나폴리스시에서 상당히 성공적인 성

---

4) (역자주) 오피오이드(Opioid). 오피오이드는 마약성 식물인 양귀비에서 채취되는 아편에서 유래된 용어이다. 일반적으로 마약성 진통제를 통틀어 일컫는 표현이다. 뇌에서 보내는 통증 신호를 차단해 고통을 못느끼게 하는 성분으로 모르핀, 헤로인, 펜타닐 등이 있다. 2021년 7월 미국의 경우 이 오피오이드를 과다 복용해 숨진 50만명의 소송으로 관련 제약사들이 거의 30조원에 이르는 보상금을 지급해야 했다. 관련된 다수의 소송은 아직 진행중이다.

과를 보여왔다. 이에 차터스쿨이 늘어나고 다수 공립학교가 문을 닫게 되면서 공립학교와 차터스쿨 간의 균형이 이루어지게 되었다. 주식회사교육도시는 도시기금(City Fund)이라는 형태로 바뀌었는데, 도시기금은 목표한 도시 지역에 "시범학구(를 세운다)"는 생각을 확산시키려는 목적을 내세웠다. 이 단체는 차터스쿨을 옹호하는 사람들이 학교위원회의 통제권을 행사할 수 있도록 지방선거에 자금을 댔다. 공립학교 지지지들보다 더 많은 정치자금을 확보할 수 있도록 돕는 방식으로 말이다. 시범학구는 지방위원회(혹은 이를 대리해 일을 하는 단체)가 주식 중개상처럼 행동하는 장을 의미한다. 승자(높은 학성성취도를 내는 학교)는 유지시키고, 패자(낮은 성취도를 내는 학교)는 없애버리고, 이 패자들 대신 차터스쿨을 들어 앉히는 내용의 일을 맡아 한다. 도시기금은 통상적인 억만장자 기부자들로부터 2억 달러의 기금을 모아 일을 시작했다. 차터스쿨을 옹호하는 정치 후견인에게 자금을 지원하는 방식으로 지방정부 학교위원회 선거에 개입한다는 명시적 목표는 심각하게 비민주적이다.

차터스쿨에 우호적인 재단들은 자신들의 어젠다를 후원, 지지하는 교사 단체도 발족했다. 전형적으로 이런 단체들은 TFA 수료생들이 주도했다. 이 TFA 수료생들은 (공립학교) 파괴운동의 어젠다를 옹호하면서 새로운 경력을 쌓게 된다. 이들을 대표하는 지도자들은 정년보장제, 경력호봉제, 교원노조 및 기타 (교직에 부여되는) 특전 등 교사 대부분이 가치롭게 생각하는 것들을 비판하는 의회 청문회에서 증언하도록 불려나온다. 티치플러스(Teach Plus)와 탁월함을위한교육가들(Educators for Excellence)과 같은 단체는 이런 역할을 맡아 온 기관으로, 역시 게이츠재단과 월튼재단으로부터 아낌없는 기금을 지원받았다.

오로지 차터스쿨의 교사에게 고급 학위 과정을 제공하는 대학원이 궁금하다면 릴레이대학원대학교(Relay Graduate School of Education)를 확인해 보시라. 이 학교는 좀 이상한 "대학원"이다. 여러 도시에 사무실을 갖고 있지만, 대학원 캠퍼스는 없다. 도서관도 없고, 박사학위를 가진 교수진도 없다. 연구도, 교육사, 교육사회학, 교육경제학 등의 비판적인 학문도 교과목으로 제공되지 않는다. 이 학교의 교수진은 주로 전직 차터스쿨 교사, 행정가들로 학자들은 없다. 릴레이대학원대학교는 향후 차터스쿨의 교사가 되려는 사람들에게 석사학위를 수여한다. 이들이 전공한다고 하는 내용은 엄격한 학생 훈육 기술과 학업성취도 향상이라는 애매하고 불가사의한 것들 뿐이다.

TFA는 파괴운동에 우호적인 재단이 정말 사랑하는 단체다. TFA는 월튼재단, 게이츠재단, 브로드재단 및 기타 여러 단체로부터 후한 자금 지원을 받고 있다. 자산 가치는 3억 5천만 달러를 넘어서는데, 재단 및 기업 후원자들의 기부금뿐만 아니라 이들이 배출하는 무경력 "부대원(예비교사들을 지칭)"을 고용하는 학구로부터 일정한 수수료를 챙기기 때문이다. TFA는 대학 졸업을 앞둔 혹은 최근 대학을 졸업한 청년들, 에너지와 이상에 대한 열정을 듬뿍 제공해 줄 수 있는 총명한 젊은 사람들을 불러모은다. 그리고 이들에게 여름방학 동안 5주의 훈련을 제공하고 정말 감당하기 어렵다는 도심학교, 시골학교의 교실로 내보낸다. TFA는 이렇게 새로 훈련받은 교사들이 2년에 걸쳐 교실에서 보여준 헌신은 기존의 경력 교사들보다 훨씬 더 성공적이었다고, 가난한 아이들의 "굴곡진" 삶에 변화를 가져오게 하는데 이들의 독특한 능력이 발휘되어 "역사를 만들 것"이라고 자랑스레 말했다. 그러나 이런 잘난체하는 그들의 태도는 최근 사라져버렸다. 성공의 사례라고 하는 것이 숫자상 확연히 줄어들었고 그럴 수 있는 가능성도 감소했다. 일부 TFA 교사들은 이들이 계약한 2년 이후에도 교실에 남아 있기는 하지만, 대부분의 TFA 출신 교사들은 이 2년 동안의 경험을 TFA 연줄을 타고 더 높은 교육관련 직위나 금융업, 혹은 다른 전문분야로 향하는 발판으로 활용한다. TFA의 정치적 단체인 '교육평등을위한리더십(Leadership for Educational Equity)'은 TFA 출신 교사들을 훈련해 주정부 혹은 지방정부의 공무직에 선출될 수 있도록 지도한다. 이들은 그곳에서 차터스쿨에 우호적인 정책을 촉진하게 된다.

TFA 수료생들은 (루이지애나, 노스캐롤라이나, 테네시, 로드아일랜드 등의 주) 정부 위원회 위원 혹은 주정부 혹은 지방정부의 학교위원회 위원으로 활동해 왔다. 주로 이들은 차터스쿨 촉진을 위해 간혹 바우처제도 확산을 위한 지원 세력이 된다. 억만장자인 록(Arthur Rock, 캘리포니아)으로부터 수백만 달러의 기금을 지원받은 TFA는 TFA의 이익을 보호하고 차터스쿨에 대한 공공기금 확보를 목적으로 의회의 핵심적인 사무를 담당하는 곳에 인턴을 배치하고 있다. TFA는 티치포올(Teach for All)로 불리는 국제단체도 설립해 전 세계에 지부를 두고 있다. 이 단체가 각 지역에서 진행하는 교사 선발(인재 및 과정)은 그 사회의 자격 교사와 교원노조를 허물고 있다. 프로퍼블리카(ProPublica)는 2019년 TFA와 차터스쿨 운동 간의 밀접한 관련성에 대해 탐사한 기사를 실었다. TFA의 이사회에는 전국적으로 대단한 권력가들이 이사진으로 포진해 있다. 여기에는 월튼가 출신 임원과 공화당 출신 전임 테네시 주지사인 하슬람(Bill Haslam)이 포함되어 있다. 하슬람은 바우처제도를 옹호하는 억만장자 정치인이다. '교육평등을위한리더십'은 상대적으로 소수의 이사진으로 구성되어 있는데, 여기에는 2명의 억만장자, 엠마 블룸버그(Emma Bloomberg, 블룸버그(Michael Bloomberg)의 딸)와 록(Arthur Rock)이 포함되어 있다.

전미교사의질협의회(National Council on Teacher Quality, NCTQ)는 2000년 보수적인 성향의 토마스포드햄재단이 대안적인 교사자격제도를 촉진하고 기존 교사교육 기관(주로 대학기반)의 평판을 손상하려는 목적으로 설립되었다. 사실 보수주의 정치인들은 교사교육을 담당하는 대학 기관을 싫어하는데, 그 이유는 소위 "다루기 까다롭고" 너무 급진적이기 때문이다. 나는 당시 이 단체(지금은 토마스포드햄연구원이라고 명칭을 바꿨다)의 이사진 중 한 명이었다. 처음에 NCTQ는 추진 전략에 대한 혼선으로 버둥댔다. 그러나 2001년 부시 정부의 연방 교육부장관이었던 페이지(Rod Paige)에게서 5백만 달러의 자금을 지원받아 구조되었다. 2001년까지 NCTQ는 게이츠재단을 포함해 정말 긴 목록의 후원 단체들로부터 재정지원을 받았다. 이 단체의 자문위원회에는 파괴운동의 스타라고 할 수 있는 미쉘 리와 클라인(Joel Klein)이 포함되어 있다. 클라인은 당시 시장이었던 블룸버그가 재임하는 2002-2010년 동안 뉴욕시 공립학교를 책임지는 통합학구 교육감을 역임했다. NCTQ의 가장 큰 쿠데타가 발생한 것은 유에스뉴스가 NCTQ를 전국의 교육대학을 평가하는 위원회에 불러들이는 상황이 연출되면서였다. 유에스뉴스는 매년 정기적으로 대학, 고교, 대학원 등의 순위를 발표해 왔다. 기존의 유명한 교육대학들이 NCTQ의 자료협조를 거부하는 사태가 발생했다. 이 학교들은 아무런 정치적 이해관계가 없는 알 만한 협회로부터 신뢰할 만하다고 인정받았기 때문이었다. NCTQ는 이 학교들을 방문하지 않은 채 이 학교에서 제공하는 교과 카탈로그만 참고해 거의 대부분의 교육대학 순위를 형편없이 매겼다.

파괴자들은 주요 언론매체에서도 아주 강한 존재감을 발휘하고 있다. 여기에는 보수주의 성향의 폭스뉴스라던가, 월스트리트저널 및 다른 보수주의적 견해를 옮겨 전파하는 미디어(예를 들어, 머독(Rupert Murdoch)은 석세스아카데미에 재정지원을 해왔고, 공립학교를 민영화하는 프로젝트를 사랑한다)들만 있는 것이 아니다. 파괴자들은 뉴욕타임즈와 워싱턴포스트에 올라오는 개인 운영 차터스쿨과 표준화시험의 가치를 찬양하는 사설을 잘 활용한다. 크리스토프(Nicholas Kristof), 리온하트(David Leonhardt), 브룩스(David Brooks), 차이트(Jonathan Chait), 알터(Jonathan Alter) 등의 기고작가들은 차터스쿨을 대놓고 선전하는 사람들이다. 타임지와 뉴스위크는 파괴운동의 영웅인 미쉘 리의 이야기를 커버 이야기로 다루었다. 미쉘 리의 경력이 만들어내는 성과를 확인할 수 있는게 아무것도 없는 상황에서 말이다.

2007-2010년 동안 워싱턴 D.C.의 교육감이었던 미쉘 리는 전국적으로 소위 "교육개혁" 운동의 상징과도 같은 인물이었다. 교육감으로 재임하는 동안 미쉘 리는 교사와 교장의 품위를 모욕했고, 이들의 직업적 자율성을 축소시키는가 하면, 표준화시험 성적을 모든 것의 질을 판단하는 기준으로 삼도록 하고, 교원노조에 대한 공격과 함께 공립학교 민영화를 촉진했다.

미쉘 리(Michelle Rhee)는 2007-2010년 동안 워싱턴 D.C.의 교육감을 역임했다. 교사 및 교장을 상대로 한 공격적인 정책으로 인해 전국적으로 유명한 잡지의 표지를 장식하기도 했다.

미쉘 리를 등용시킨 휀티(Adrian Fenty) 시장이 2010년 시장선거에서 패한 이후 미쉘 리는 교육감을 그만두고 스튜던트퍼스트(StudentFirst)라는 단체를 만들었다. "스튜던트퍼스트"라는 이름은, 학생과 교사가 서로 적대하는 관계에 있고, 경력많은 교사들이 학생들의 이익에 반한다는 뜻을 담고 있다. 미쉘 리가 뜻하는 바는, 미쉘 리와 그의 동맹자들만이 학생의 이익에 관심을 기울이고 있고, 교사들은 그렇지 않다는 것이다. 미쉘 리는 자신이 새로 설립한 단체에 100만명의 회원을 모아 자신만의 파괴운동을 펴나가는데 10억 달러의 기금을 모을 것이라고 선언했다.

미쉘 리가 워싱턴 D.C.의 학교교육을 책임지는 교육감으로 주목을 끌었던 언론의 아첨이 어느 정도였는지 말하기 어려울 정도로 컸다. 미쉘 리는 전국 규모의 잡지 커버를 장식하는가 하면 전국에 방송되는 텔레비전 프로그램에 출연해 기업가 파괴운동의 메시지인 반공립학교, 반교사, 반교원노조에 대해 똑똑하게 전달했다. PBS의 매로우(John Merrow)는 워싱턴 D.C. 공립학교를 개혁하려는 미쉘 리의 공격적인 노력을 12개의 프로그램으로 만들었다. 오프라쇼에서 미쉘 리는 미국 교육의 구세주로 등장했고 웨이팅포슈퍼맨(Waiting for "Superman")에 스타와 같은 역할로 참여했다.

그런데 2009년 저 지평선에 구름이 일기 시작했다. 이 일은 시험대비 문제지 출판사인 맥그로우힐이 워싱턴 D.C.의 40개 이상의 공립학교에 경고를 보내면서 시작되었다. 이 학교들이 보낸 답안지에는 통상적인 수준보다 아주 높은 오답수정 흔적이 있었다. 학구 담당자는 이 일을 따로 조사하지 않았고 언론은 이 사건을 무시했다. 2011년 유에스투데이가 이렇게 의심스런 오답 수정 흔적 정황을 보이는 103개 학교 명단을 내놓았다. 한 학교는 놀라울 정도의 성적 향상을 보였다. 크로스비-노예스초등학교로, 미쉘 리는 이 학교를 학구의 "샛별"이라고 지칭했다. 그리고 이 학교의 교장인 라이언(Wayne Ryan)을 다른 교장들에게 교수학습법을 장학하는 책임자로 승진, 임용했다. 코손(Adell Cothorne)이 라이언의 뒤를 이었다. 코손은 학구에서 가장 상위의 학업성취도를 보이는 학교의 지도자가 되는 감격을 맛보았다. 이 학교의 교실을 방문하게 된 새 교장('코손')은 "통상적인 수준의 교수법과 형편없는 학생들의 성취수준"을 보고 놀라지 않을 수 없었다. 2010년 11월, 학생들이 모의고사를 치르고 몇시간이 지나지 않아 코손은 사전에 알리지 않고 시험 문제지가 탁자에 이리저리 쌓여있고 "세 명의 교사가 학생 답안지 위에서 자세를 취하고 있는" 방에 들어왔다. 코손은 이들이 답안을 고치고 있는 중이라고 믿었다. 코손은 두 명의 고위 관료들에게 자신이 본 내용을 보고했다. 이들은 코손의 보고를 무시하고 나중에는 자신들에게 아무것도 전달하지 않았다고 주장했다. 2011년 4월, 다음 시험이 치러지는 상황에서 코손은 시험 문제지와 답안지가 보관된 방의 자물쇠를 바꿨다. 워싱턴포스트의 매튜스(Jay Matthews)는 "시험성적이 극적으로 떨어졌다. 이 학교의 읽기 과목의 능숙 단계 학생 비중은 61%에서 32%로, 수학 과목의 능숙단계 학생 비중은 54%에서 28%로 곤두박질쳤다"고 기사에 실었다. 눈속임(부정행위) 문화에 용감하게 도전한 것에 대해, 코손은 따돌림을 받았다. 코손은 2011년 봄학기를 끝으로 학구에서의 교장직을 떠났다. 학구의 수석 장학관이 조사를 벌였고, 눈속임(부정행위)한 흔적을 발견할 수 없었다고 보고했다. 이상하게도 그는 코손과 아무런 면담도 하지 않았다. PBS에서 방영된 미쉘 리에 관한 프로그램 마지막 편, "미쉘 리의 교육(The Education of Michelle Rhee)"에서, 매로우는 이런 부정행위 스캔들을 발설했고, 코손과 인터뷰했으며, 미쉘 리의 업적이 갖는 정당성에 의문을 던졌다.

미쉘 리는 이런 부정행위에 관한 고발을 일축했다. 그럼에도 불구하고, 그녀의 워싱턴 D.C. 교육감으로서의 경력은 용두사미로 끝나게 되었다. 아주 짧은 동안의 전성기를 누리면서 그의 단체는 2012년 올림픽이 열리는 동안 케이블방송을 운영하는 텔레비전 방송사에서 광고를 내보냈다. 그 광고에서 미국의 학생들을 무기력하고 나약한 운동선수와 같은 사람으로 묘사하고 있다. 여자 체조 선수들을 위한 경쟁 종목에서 묘기를 부리다가 뒤로 넘어지는 상황을 보여주면서 말이다. 이것이 바로 미국 학생들을 향한 미쉘 리의 조악하고 반동성애적이며 성차별적인 묘사다. 자신의 어젠다를 지지하는 우파 정치 후견인에 정치 자금을 댄 이후, 미쉘 리는 이 단체를 떠났고, 이 단체는 바로 50CAN에 흡수되었다.

스타였던 미쉘 리의 존재가 스러지면서, 브라운(Campbell Brown)이 파괴운동의 대중적 얼굴로 등장했다. 브라운은 전직 텔레비전 뉴스 앵커로 교사의 정년보장과 연공서열에 따른 봉급 문제에 맞서 싸웠다. 공립학교에서 학창시절도, 교사로서의 경력도, 그렇다고 학부모로서의 경험도 없는 브라운은 교육에서 가장 큰 문제라고 자신이 판단한 것에 대해 전쟁을 벌이겠다고 선포했다. 즉, 교원노조와 정년보장으로 보호받고 있는 게으르고 무능한 교사들에 대한 전쟁 말이다. 브라운은 머독이 발행하는 신문사들(뉴욕타임즈와 월스트리트저널)의 사설란에 엄청난 수의 성범죄 교사들을 노조와 정년보장제도가 방패막이 해주고 있다고 주장했다. 그녀는 캘리포니아주에서의 베르가라 소송(주 내의 공립학교에서 교사 정년보장제를 없애고자 했던 사건)5)을 지지하는가 하면, 주 법원에서 정년보장과 재직연수에 따른 봉급 문제에 맞서는 싸움을 이어가기 위해 '교육정의를위한파트너십(Partnership for Educational Justice)'이라는 단체를 만들었다. 베르가라 소송은 주 대법원에서 최종 기각 판결이 났다. 그녀가 제기한 소송들은 이후 미네소타, 뉴저지주로 옮겨가 다시 공방이 이어졌다. 이들 주에서는 교원 정년보장과 학생 시험성적은 아무런 관련성이 없다고 했는데도 불구하고 말이다. 브라운은 소위 "The 74"라는 온라인기반 미디어채널을 만들었고, 여기에 친차터스쿨 억만장자들이 기부금을 보냈다. "74"가 의미하는 바는 미국 전체적으로 18세 이하 아동의 숫자(74백만)를 의미한다. 브라운이 페이스북에 고용되어 언론과의 연계 업무를 담당하게 되면서 'The 74'는 차터스쿨과 파괴운동을 지지하는데 적극적으로 활약했다.

퇴임한 미쉘 리, 그리고 이후의 브라운과 함께 "교육개혁"운동의 새로운

---

5) (역자주) 베르가라 소송(the Vergara vs. California lawsuit). 2012년 5월, 캘리포니아 공립학교 학생 9명이 교원신분보장(정년보장, 일시해고, 해고 등)에 관한 캘리포니아법령이 자신들의 학습권을 침해한다며 소송을 제기했다. 이들은 이 법령에 따라 능력없는 교사들이 계속 학교에 머무르면서 자신들을 가르치게 된다고 주장했다. 2014년 6월 1심에서는 원고의 주장이 모두 받아들여져서 법령이 위헌이라고 판결되었고, 2016년 4월 열린 2심에서는 원고 패소로 1심이 뒤집혔으며, 2016년 8월 주대법원은 원고들의 상고를 기각하며 최종적으로 2심 판결이 유지되었다.

얼굴은 트럼프 정부에서 교육부장관을 맡은 드보스였다. 이 사람은 한 번도 미국 공립학교 시스템에 대한 경멸적 태도를 감추려고도 하지 않았던 사람이 아니었던가?

차터스쿨의 확산과 노조 및 경력직 교사에 대한 전쟁은 멈출 수 없는 현상이 되었다. 이런 활동에 기금을 쏟아 붓는 부자들과 정치인들 때문이다. 공립학교 지지자들은 이런 지속적인 공격에서 살아남기는 할 것인지 걱정하기 시작했다.

이 책의 후반에서 주장하겠지만, 이들은 살아남을 뿐만 아니라 주도권을 쥐게 될 것이다. 이 싸움에서 이들이 승리하게 될 터인데, 왜냐하면 파괴운동은 내부 문제로 몰락할 것이기 때문이다. 이들이 내세운 의제들 중에 그 어떤 것도 성공하지 못했다. 이들의 모든 약속은 한가지도 달성된 것이 없다. 이들이 시작한 그 어떤 일도 실패했다. 이들의 승리는 일시적일 뿐이다. 대부분의 일과 상황은 대중 선전과 마케팅에서의 화려한 승리였을 뿐이다.

우파 주위에서 진짜로 자기 신념을 가진 사람들을 제외하면, 파괴운동은 지적 소진과 도덕적 고갈 상태에 이르렀다. 이 운동을 따르는 추종자들은 전부 돈을 받고 일하는 사람들이다. 이 운동을 지속하는 연료는 곧 돈이다. 가끔 이런 생각을 하곤 한다. 만약 파괴운동이 매디슨스퀘어(Madison Square Garden, 뉴욕시)나 이와 비견되는 거대 경기장에서 집회를 열고 이 자리에 유급 직원들을 전부 뺀다면 어떤 일이 발생할까? 아마도 억만장자들, 다음번 큰 거래를 위해 안면 익히는 게 중요한 헤지펀드 매니저들, 몇몇 호의적인 언론인 등이 앉아 있는 좌석 몇 줄 정도가 아닐까 싶다. 그리고 그 집회의 나머지는 텅텅 비어 있을 것이다.

기업가 파괴운동은 사실 '운동'이라고 할만한 게 아니다. 그냥 '운동'인 척하는 것이다. 엘리트와 부자들이 돈을 써대면서 만들어낸 망상일 뿐이다. 미국 역사에서 있었던 그 어떤 사회 운동도 가장 부유한 사람들의 지갑과 리더십으로 전개된 적이 없다. 진정한 사회운동은 권세가들이 아니라 평범한 사람들에 의해 만들어져 왔다.

에드워즈(Michael Edwards)는 전직 포드재단의 경영자로, 정말 훌륭하다고 생각하는 「작은 변화: 비즈니스는 왜 세상을 구할 수 없는가?(Small Change: Why Business Can't Save the World)」라는 책에서 "자선적 자본주의를 휩싸고 있는 과대선전이 실제 결과를 만들어 내는 능력보다 훨씬 앞서 달린다. … 삶의 영역에서 경쟁, 가격, 이익, 비용 등의 좁은 계산식으로부터 신중하게 보호해야 하는 것, 예를 들어, 가족과 사회적 연결 등이 늘 있기 마련이다. 그러나 사회적 행동, 활동을 민영화하고 상품화하기 바쁜 상황에서는 이런 방화벽이 잊혀질 위험이 크다. … 학교가 어떻게 개혁되어야 하는지 도대체 왜 부자와 유명인들이 나서서 결정하려고 하는가? 어떤 종류의 약이 가난한 사람들에게 적정 가격에 제공되어야 한다고 왜 이들이 나서서 의견을 내놓는가? 도대체 왜 이들이 어떤 시민사회단체가 자기 일을 하는데 기금을 받는 문제에 대해 관심을 기울이는가? … 사회 변혁은 시장이나 억만장자의 변덕에 맡겨질 일이 아니다."

에드워즈는 다음의 말을 덧붙이고 있다. 자선적 자본주의자들이 미국의 시민권 운동에 재정 지원을 통해 도움을 줄까? 어떤 이는 그러기를 바랄 것이다. 그러나 자선적 자본주의자들의 의제 중 그 어떤 상위 목록에도 이런 것은 들어맞지 않는다. 데이터에 기반한 것도 아니고, 경쟁에 의해 전개되는 것도 아니며, 많은 돈을 창출해내지도 않기 때문이다. 또한, 이 일의 결과를 매일 도움을 받는 사람들의 숫자에 따른 영향력으로 평가하지도 않기 때문이다. 그러나 분명한 것은 이것이 세상을 영원히 바꿔놓았다. 진정한 사회변화는 이런 부류의 광범위하고 민주적인 운동을 진정성 있게 할 때 일어난다. 무엇보다 소외받는 사회그룹이 정치와 경제에 구조적 변화를 가져올만큼 충분한 권력을 갖게 될 때 말이다.

그럼에도 불구하고, 이 세상은 정말 큰 돈을 가진 사람에게 절을 한다. 이들은 공적인 정책결정에 과도한 영향력을 행사하고 있는데, 다 이들의 재산 때문이다. 이런 상황이 우리 민주주의, 즉 우리 인민이 1인 1표로 우리 지도자를 뽑는다는 아주 기본적인 개념을 좀먹고 있다.

억만장자, 헤지펀드 매니저, 이들의 동맹자들이 돈을 쏟아붓고 있는 한, 사람들이 이 돈 주위에서 늘 줄서고 있을 것이다. 그러나 이런 돈의 흐름은 사회운동으로 방해를 받게 될 것이다. 수년이 지난 이후, 역사가들은 이 시대를 되돌아보고 도대체 왜 그렇게 많은 부자들이 공교육을 훼손하고 민영화하려고 쓸데없이 그 많은 돈을 썼을지 의아해할 것이다. 왜 이 부자들은 미국 사회의 생명력을 먹어 없애는 소득 불평등과 부의 불균형에 그토록 무심했는지에 대해서도 말이다.

제4장

저항에 직면하다

제4장

저항에 직면하다

누가 저항하고 있는가?

저항에 참여하고 있는 사람들은 교사, 교육행정가, 학생, 학부모, 학생의 할머니/할아버지, 공립학교 졸업생들, 학자, (교회와 국가가 분리되어야 한다고 믿는) 종교 지도자, (공립학교가 민주사회의 중요한 초석이 되어야 한다고 생각하는) 시민 등 교육에 진실된 연관성을 갖고 있다.

저항운동은 다음과 같은 몇몇 핵심적 생각에 동의한다.

첫째, 공립학교의 민영화에 반대한다.

둘째, 표준화시험의 오남용에 반대한다.

셋째, 교직을 존중하고 학교 교직원들이 적절한 직업적 보상을 받아야 한다고 믿는다.

넷째, 공립학교 학생들에게 필요한 자원(재정)이 충분히 제공받기를 바란다.

다섯째, 학교는 가르침과 배움의 즐거움을 배양하는 곳이기 바란다.

여섯째, 아동의 필요와 지식의 가치를 정치인 혹은 자선사업가들의 변덕과 이론보다 우위에 둔다.

마지막으로 학생의 삶이 학교가 통제할 수 없는 외적 환경(좋은 주택에 사는 것, 보건 서비스를 이용하는 것, 영양가 있는 음식을 먹는 것, 안전한 이웃을 갖는 것 등)에 영향받는다는 것을 잘 알고 있다.

저항운동은 도움을 줄 만한 엄청 큰 현금 저수지를 갖고 있지 않다. 저항운동은 주로 자원봉사와 공립학교에 대한 신념, 그리고 학교 민영화에 반대하는 개인의 기부금에 의존한다. 저항운동에 참여하는 대부분의 사람들은 아무런 금전적 보상없이 일한다. (여기서 교원노조 직원들은 해당되지 않는다. 이들은 성공한 기업이나, 억만장자, 돈많은 재단 혹은 월스트리트로부터 재정지원을 받는 것이 아니라 교사들의 회비에서 급여를 지급받는다.) 저항운동을 지원하는 재단의 수는 한 자리수에 그친다. 이들 단체는 쇼트공교육재단(Schott Foundation for Public Education)이 이끌고 있다.

정말이지 골리앗과 다윗의 싸움이 아닐 수 없다. 잘못 짝지어진 싸움이 있었다면 그건 분명 파괴자들과 저항운동가들 사이의 싸움이었을 것이다.

그런데, 흥미롭게 저항운동가들이 이 전쟁에서 승리하고 있다. 이 승리는 두 가지 이유로 설명할 수 있다. 첫째, 파괴자들이 공립학교에 강제하는 모든 조치들은 실패했다. 사실과 증거가 중요하다. 파괴자들의 정책은 학구 차원이든 주차원이든 별 뾰족한 대안을 가져다주지 않았다. 이들이 완벽하게 통제, 관리하게 된 주(루이지애나, 뉴멕시코, 플로리다 등의 주와, 워싱턴 D.C., 밀워키, 디트로이트 등의 도시)에서도 상황은 마찬가지다. 파괴자들은 특정한 차터스쿨 체인이 보여주는 시험성적을 자랑스레 발표하고 있지만, 소위 잘나가는 차터스쿨 체인 중 어느 곳도 학구의 모든 학교를 성공적으로 관리, 운영하고 있지 못하다. 영리를 목적으로 하는 교육회사인 에디슨프로젝트(Edison Project)[6]는 1999년 미시간주의 잉크스터에 있는 학구를 인수했고 실패했다. 이어 2001년 에디슨프로젝트는 펜실베니아주의 체스터업랜드의 10개 학교 중 9개 학교를 인수했는데, 학생의 거의 절반에 해당하는 학생을

---

6) (역자주) 에디슨프로젝트(Edison Project). 교육기업체인 에디슨사(EdisonLearning Inc.)는 크리스 휘틀(Chris Whittle)에 의해 1992년 설립되었다. 에디슨사는 공립학교의 혁신을 내세우며 학교 운영모델을 제시했는데, 이를 실제로 수행한 것이 에디슨프로젝트다. 초기 스쿨바우처프로그램을 이용해 학교재원을 마련하다가, 이후 지역교육청과의 계약에 따라 차터스쿨설립 및 운영, 기자재 납품 등의 내용으로 영리를 내세운 기업의 학교 관리, 운영을 해왔다. 2015년 기준 10,417명이 에디슨사에서 관리하는 학교에 등록되어 있다.

정학처리하게 된다. 결국 실패한 것이다. 차터스쿨 모델은 학교가 자신이 원하는 학생을 선발하고 원치않는 학생들은 받아들이지 않거나 내보낼 수 있을 때 가장 잘 작동한다. 일부 차터스쿨은 학생들이 등록을 포기하도록 유도한다고 알려져 있는데, 통학버스를 제공하지 않는다거나, 에세이를 써서 제출하라고 한다거나, 혹은 학부모들에게 학교에 기부금을 내라고 하는 방식을 사용한다. 추첨을 통해 학생을 선발하기는 하지만, 이들은 원치 않는 학생(장애아 혹은 학업성취도가 낮은 학생 등)이 등록하지 못하도록 유도할 수 있다. 이들에게 자기 학교가 "딱 맞지"는 않는다고 말하는 방식을 통해서 말이다. 이런 학교에서는 행동 문제를 이유로 학생에게 반복해 정학 처분을 내리고 날이면 날마다 부모를 불러 면담을 갖는가 하면 이들을 압박하는 다른 전술을 구사하는 방식으로 학생을 쫓아 낼 수 있다. 소속된 모든 학교가 차터스쿨인 학구는 전국에서 단 한 곳, 뉴올리언즈(루이지애나주)에 있다. 이곳은 미 전역에서 가장 낮은 학업성취를 보이는 지역 중에서도 평균 이하의 성취도 수준에 머무는 학구다. 파괴운동의 이야기는 다른 사람의 자녀들을 상대로 벌인 실패한 실험에 관한 이야기다.

둘째, 저항운동가들은 끈질기고 상당히 고무된 상태에 있다. 이들은 돈이 아니라 열정과 신념에 따라 움직인다. 저항운동은 파괴운동이 갖고 있지 않은 것을 갖고 있다. 한 뜻을 나누는 수백만의 운동가들이 아무런 금전적 보상없이 기꺼이 활동하고자 한다. 이들의 가치와 이상은 수백만명의 교사, 교장 등 매일같이 미국 사회의 학교교실에서 일하고 있는 이들의 것과 같다. 이들은 학교 폐쇄와 지역사회 파괴를 반대하고 이제는 연방법으로 성문화된 표준화시험에의 폭좁은 강조를 거부하는 수백만 학부모들의 지원에 환호한다. 저항운동가들은 공립학교가 공공선이어야 한다는 원칙에 헌신한다. 이런 원칙은 기업가, 영리단체, 기업 체인 및 아마추어에게 절대 넘겨주어서는 안 된다. 저항운동가들은 교육가가 전문적 직업인이 되어야 한다고, 아이들이 데이터가 아닌 한 명의 개인으로 대우받아야 한다고, 진정한 교육은 표준화시험으로 평가되어서는 안 된다고 믿는다.

저항운동가들은, 미국 교육은 실패했고 이를 바로 잡는 유일한 방법이 표준화, 시험, 경쟁, 책무성 등에 있다고 주장하는 거대 양당 정치인들과 기업 지도자들이 만든 합의에 도전한다. 파괴자들은 학교가 학생들을 위해 경쟁해야 한다고 믿는다. 마치 회사가 소비자를 위해 경쟁하는 것과 마찬가지로 말이다. 이들은 학교와 신발가게 사이의 차이가 뭔지 전혀 알지 못한다. 이들은 경쟁이 몇몇의 승자는 만들어낼지언정 엄청난 패자도 양산한다는 것을 이해하지 못한다. 이들은 오로지 측정될 수 있는 것만을 관리해야 한다고 믿는다. 이들에게 측정은 모든 성공한 비즈니스의 핵심에 있다. 대기업 총수들은 성공과 실패를 판가름하고, 보상과 제재를 구분해 처방할 수 있는 데이터, 경성 데이터, 빅 데이터를 필요로 한다. 기업 세계에서 아마도 작동했던 것들이 (각자가 정말 고유한 특성을 지닌) 아이들을 측정하는데 적절하지 않다는 것에 대해, 그리고 (표준화시험으로 평가될 수 있는 것보다 정말 복잡하고, 미묘한 차이가 있으며, 또 독특한 성질을 지닌) 배움을 측정하는데 적절하지 않다는 것에 대해 이들은 전혀 받아들이지 않는다. 결국 배움을 측정한다고 할 때 무엇이 표준 단위가 되는가? 던컨 교육부장관의 대변인으로 있었던 커닝햄(Peter Cunningham)이 했던 다음의 말을 절대 잊을 수 없다. "우리는 정말 소중하게 여기는 것을 측정합니다" 나는 당황하지 않을 수 없었다. 도대체 내가 소중하게 여기는 것을 어떻게 측정하는지 알지 못하기 때문이다. 내 가족, 내 친구, 내 애완동물, 내 동료, 내 일, 내가 수집하고 사랑하는 예술품과 책들. 도대체 당신이 정말로 소중하게 생각하는 것을 측정할 수 있는가?

앞서 내가 인용한 에드워즈(Michael Edwards)는 (데이타, 산출물, 시험성적, 측정가능한 성과 등) 자선사업 자본가들이 가치롭게 여기는 것과 시민사회가 가치롭게 여기는 관계성과 특질을 비교, 대조해 보여준다. "돌봄, 연대, 동정심, 관용, 상호부조에는 어떤 표준 메트릭스도 없다." 이런 것들은 지속되는 변화를 만들어내는 시민 사이의 유대다.

2001년 NCLB가 진전되기 훨씬 이전에 저항운동의 씨앗이 저명한 작가와 학자들에 의해 심겨졌다.

1960년대, 코졸(Jonathan Kozol)은 빈곤, 직무태만, 인종 간 분리 등 미국 도심학교에서 아이들에게 해를 끼치는 것들에 대해 파급효과가 강력한 책을 저술했다. 그의 베스트셀러인 「어린 나이의 죽음(Death at an Early Age)」은 이미 고전이 되어 있다. 오하니안(Susan Ohanian)은 버몬트주의 교사이자 많은 책의 저자로, 표준화시험의 오용, 표준화시험이 교사 자율성에 끼치게 될 위험성, 표준화시험이 가져올 아동 웰빙에 대한 위협에 대해 경고했다. 알피 콘(Alfie Kohn) 또한 자신의 책에서 표준화시험, 등급, 경쟁, 외부적 학습유인책 등에 대한 오도된 강조를 공격했다.

마이어(Deborah Meier)는 진보주의 교육운동의 열렬한 지도자로 표준화시험, 교육의 표준화에 저항하는 모습을 몸소 실천했던 교사이자 교장이었다. 마이어는 학부모/학생이 선택할 수 있는 학교를 열었는데, 뉴욕과 보스턴의 공립학교 시스템 내에서만 선택할 수 있도록 했다.

저명한 학자들 또한 미국 공교육이 망가졌고 이를 바로잡을 수 있는 방법은 시험, 경쟁, 징벌적 책무성이라는 주장을 비판했다. 학자들은 스스로 저항운동가라고 대놓고 말하지는 않지만, 많은 수의 학자들이 강하고 평등하며 든든하게 재정지원을 받는 공립학교 시스템이 국가에 가장 큰 혜택을 가져다 줄 것이며 표준화시험은 효율적이지 않고 심지어 교사 및 학생에게 해로운 평가방식이라는 알찬 연구를 발간해왔다.

두 명의 저명한 연구자들(벌리너(David C. Berliner) & 비들(Bruce J. Biddle))이 1995년 「만들어진 위기: 신화, 사기, 미국공립학교에 대한 공격(The Manufactured Crisis: Myths, Frauds, and the Attack on America's Public Schools)」에서 "실패하고 있는 학교"라는 통상적인 생각에 도전장을 내밀었다. 벌리너와 존경받는 또 다른 학자인 글라스(Gene V. Glass)는 「미국공립학교를 위협하는 50가지 신화와 거짓말: 교육의 진짜 위기(50 Myths and Lies That Threaten America's Public School: The Real Crisis in Education)」라는 책을 발간했다. 이 책은 공교육의 실패를 둘러싼 통상적 주장을 비판하고 있다. 로드스타인(Richard Rothstein)은 「우리가 걸어온 길: 미국학생학업성취도의 신화와 진실(The Way We Were: The Myths and Realities of America's Student Achievement)」에서 허점투성이의 주류 담론

을 꼬챙이에 끼듯 한꺼번에 정리했다. 이 책에서는 과거의 학교가 현재의 학교보다 더 탁월한 능력을 보여준 것이 아니라고 밝히고 있다. 로드스타인은 「빈곤이 학생들의 삶에 어떻게 부정적으로 영향을 미치는지에 대해서도 계급과 학교: 흑인-백인 간 학업성취도 격차를 줄이기 위한 사회, 경제, 교육개혁(Class and Schools: Using Social, Economic, and Educational Reform to Close the Black-White Achievement Gap)」에서 보여주고 있다. 루비인스키 부부(Christopher A. Lubienski & Sarah Theule Lubienski)는 「공립학교의 장점: 공립학교가 왜 사립학교보다 더 잘하는가?(The Public School Advantage: Why Public Schools Outperform Private Schools)」라는 책에서 사립학교보다 공립학교가 더 탁월하다는 점을 설명하고 있다. 경제학자인 라드(Helen F. Ladd)는 저명 논문집에 실은 논문을 통해 논증하는데, 예를 들어 NCLB와 같이 시험에 기반한 책무성은 "상당히 비현실적이며" 빈곤의 짐을 극복하기에 불충분하다고 논증한다. 베이커(Bruce Baker)는 평등하고 적절한 재정지원이 가장 중요하다고 자신의 연구에서 밝히고 있다. 오바마 대통령의 정상을향한경주 경쟁 기금이 개시되고 나서 바로 후에 일군의 저명한 교육학자들은 오바마 프로그램의 핵심적인 부분, 즉 학생들의 학업성취도로 교사를 평가하겠다는 것에 문제가 있다며 비판하는 합동성명서를 발표했다. 즉, 교육 평가 분야에서 탁월한 지도자로 잘 알려진 해어텔(Edward H. Haertel)은 학생성적에 따라 교사를 평가하는 것의 신뢰도와 타당도에 의문을 제기했다. 그는 학생 성적이 보여주는 분산에서 단 10% 정도만 교사 변인으로 설명된다고 적고 있다. 하지만 이 정도의 비중은 학교 바깥의 요인으로 묻혀버리게 된다. 코리츠(Daniel Koretz)는 시험에 관한 전문가로 자신의 책, 「시험 놀이: 학교가 더 낫게 보이게 하기(The Testing Charade: Pretending to Make School Better)」에서 책무성의 수단으로 표준화시험의 유효성을 삼는 것이 맞는지 질문을 던지고 있다. 암린비어즐리(Audrey Amrein-Beardsley)의 연구는 교사 효과가 학생들의 성적에 의해 판단될 수 있다는 생각의 정체를 폭로하고 있다. 웰너(Kevin Welner, University of Colorado) 교수가 이끌고 있는 미국교육정책연구소(The National Education

Policy Center)는 일군의 연구팀이 파괴자들의 전략을 홍보하고 촉진하는 겉만 번지르르한 연구를 비판하도록 한다.

파시 살베리(Pasi Sahlberg)는 핀란드의 교육자이자 연구자, 여러 책의 저자다. 그의 책, 핀란드의 교훈(Finnish Lessons)은 핀란드에서 교사 전문주의, 학생 창의성, 표준화시험의 최소화가 갖는 중요성을 강조하고 있다.

핀란드의 연구자인 살베리(Pasi Sahlberg)는 「핀란드의 교육: 세계는 핀란드교육변화에서 무엇을 배울 수 있나?(Finnish Lessons: What Can the World Learn from Educational Change in Finland?)」에서 미국과 대조적인 모습을 보이는 사례로 핀란드를 소개하면서 파괴자들의 생각에 도전했다. 핀란드는 교사를 전문가로 예우하며 학생의 창의성을 북돋아주고, 표준화시험을 최소화하고 있다. 살베리는 GERM(세계교육개혁운동, Global Education Reform Movement)이라는 말을 만들어냈는데, 이 말을 통해 전 세계에 표준화와 교육시장을 확산하려는 운동이 전개되고 있다고 지적한다. 중국에서 태어나고 자란 자오(Yong Zhao)는 미국으로 건너와 교육분야 연구자로 자리매김했다. 그는 높은 성적을 올리는 아시아 사회가 미국이 따라야 할 모범이 되어야 한다는 파괴자들의 신념을 비판했다. 살베리와 마찬가지로 그는 순응과 표준화가 아닌 발산적 사고와 창의성을 배양시켜야 한다고 강조했다. 린다 달링해몬드(Linda Darling-Hammond)는 「평평한 세계와 교육: 미국의 형평성에의 헌신이 우리 미래를 어떻게 결정하는가?(The Flat World and Education: How America's Commitment to Equity Will Determine Our Future)」에서 미국의 미래는 모든 학생을 교육하는 데 달려있다고 주장했다. 단지 백인이라거나 혹은 부유한 지역에 사는 학생들에 집중해 교육하는 것이어서는 안 된다고 말이다. 룩스(Noliwe Rooks)는 흑인교육사에 관해 상당히 비판적인 입장을 취하는 「학교 잘라내기: 민영화, 분리차별, 공교육의 종말(Cutting School: Privatization, Segregation, and the End of Public Education)」에서 "segrenomics(segregation+economics, 분리차별체제를 극복하는 경제학)"이란 말을 만들어내, 가난한 사람들을 살려내는 것이 매우 이익이 나는 비즈니스가 되는 시스템을 묘사하고 있다.

용 차오(Yong Zhao)는 중국에서 태어나고 자란 연구자로 지금은 미국 시민으로 활동하고 있다. 그는 교육과정 표준화와 시험기반 책무성에 반대하고 창의성과 발산적 사고를 촉진하는 교육에 호의적인 방대한 양의 글을 써왔다.

바르칸(Joanne Barkan)은 디센트(Dissent)라는 매거진에 학교 민영화를 재정지원하는 억만장자에 대해 꼼꼼히 연구된 논문을 실었다. 2012년 발간된 「복음 클럽: 기독교권리가 미국 아이들을 은밀히 공격하고 있다(The Good News Club: The Christian Rights Stealth Assault on America's Children)」에서 스튜어트(Katherine Stewart)는 미국 공립학교의 세속적 특성을 잠식해 무너뜨리려는 시도와 노력에 대해 비판적 경고를 담고 있다. 브라이언트(Jeff Bryant)는 살롱(Salon)과 더프로그래시브(The Progressive) 매거진 및 다른 발간물들에 미국의 여러 도시에서 벌어지는 공립학교에 대한 반민주적이고 돈을 많이 쓴 공격에 대해 비판적인 글을 정말 많이 싣고 있다.

아마추어가 포함되어 있기는 하지만, 일군의 다큐멘터리 전문 제작자들이 나서 청중들에게 보다 파급력있는 다큐멘터리 영화를 제작했다. 아벨레스(Vicki Abeles)는 「쓸데없는 경주(Race to Nowhere)」라는 제목의 다큐멘터리를 제작해 고부담 표준화시험에 대한 뼈아픈 비판을 담았고, 「측정을 넘어(Beyond Measure)」라는 제목의 또 다른 영화에서도 반 표준화시험 메시지를 전하고 있다. 아벨레스(Abeles)는 자신이 제작한 영화를 전국의 길거리에 방영해 지역주민들이 관람할 수 있도록 했다. 전문적 영상제작자인 몬데일(Sarah Mondale)과 페이튼(Sarah Patton)은 2000년 4부작 다큐멘터리 영화 「스쿨(School)」을 제작했다. 우수 다큐멘터리 부문에서 수상 경력도 있는 이 영화는 PBS에서 전국에 방영되었다. 2014년 「스쿨: 미국공교육의 역사 1770-2000」으로 번역 출간되었다. 이 둘은 기업가 파괴자들에 대한 신랄한 비판을 담은 「돈이 잔뜩 든 가방(A Backpack Full of Cash)」이라는 영화를 만들었다. 데이몬(Matt Damon)이 나레이터로 참여하기도 한 이 영화는 자금 부족에 시달렸으며 앞서 「스쿨(School)」을 방영한 것과는 달리 방영하기를 거부했다. 아벨레스와 마찬가지로 이들은 수백 곳의 지역사회와 다양한 영화제를 찾아다니며 거리에서 자신들의 영화를 상영했다. 브라이언과 말론(Cindy Malone)은 「주식회사 교육(Education, Inc.)」을 제작해 학교위원회 선거에 부정하게 흘러드는 검은 돈(Dark Money)을 파헤친다. 특히 콜로라도주의 더글라스카운티에서 우파 후보가 이기는 모습에 초점을 맞추고 있다.

홀(Mark Hall)의 영화 「죽이는 교육(Killing Ed)」은 비밀스런 귤렌(Gulen) 운동7)을 비판적으로 조명하고 있다. 이들이 관장하는 거의 200개가 넘는 차 터스쿨은 펜실베니아주 포코노산지에서 은둔해 살고 있는 이맘(이슬람지도 자)과 연계된 터키 남성들이 주로 학교직원으로 운영과 관리하는 학교가 공 립학교를 대체해 왔다. 은퇴 교사인 스콧(Norm Scott)의 「웨이팅포슈퍼맨 뒤의 불편한 진실(The Inconvenient Truth Behind "Waiting for 'Superman'")」은 뉴욕의 블룸버그 시장과 그의 재임 시 교육감이었던 클라 인이 만들어 낸 대혼돈의 공화국에 학부모와 교사가 어떻게 저항했는지를 다큐멘터리로 제작했다. 이 영화에서는 다수의 학교체제 개편, 공립학교 폐 쇄, 작은 학교 확산, 차터스쿨 수 증대, 교장 해고 등 이들이 시행한 일들을 고발하고 있다. 인디애나주의 가장 훌륭한 학구 중 한 곳에서 교육감을 역임 한 킬리안(Rocky Killian)은 공립학교에 대한 기업가들의 공격을 영화로 담 아내고 있다. 웨스트라파옛 학구의 정말 훌륭한 학교들이 차터스쿨과 바우처 제도를 옹호하는 인디애나주 의회의 결의안에 따라 예산이 감축된 후 어떻 게 해를 입었는지 묘사하고 있다.

아주 어린 아이의 챔피언들이 어린시절의지킴이(Defending the Early Years, DEY)라는 저항운동 단체를 만들었다. 이 단체의 지도자 그룹에는 맥 로린(Geralyn Bywater McLaughlin), 칼슨페이지(Nancy Carlsson-Paige), 번디(Blackeley Bundy), 존스(Denisha Jones), 레빈(Diane Levin), 카미 (Constance Kamii), 카츠(Lilian Katz), 사이크스(Maurice Sykes), 건더슨 (Michelle Gunderson), 오크숀(Susan Ochshorn) 등이 있다. DEY는 이들의 관점에서 아동 학대라고 여겨지는 엄한 훈육, 컴퓨터기반 수업, 너무 어린

---

7) (역자주) 귤렌운동(the Gülen Movement). 1999년부터 미국에서 거주하고 있는 페툴라 귤 렌(Fethullah Gülen)에 의해 조직되고 운영되는 이슬람 조직운동을 일컫는다. 히즈메트 (Hizmet, 서비스라는 의미) 혹은 세마트(Cemaat, 커뮤니티라는 의미)라고 불리는데, 터키 정부는 이 운동을 귤렌을 따르는 테러조직이라고 했다. 일부 수니파로 구성된 터키 이슬 람으로 불리기도 하는데, 교육을 강조하며 전 세계 180여 개국에서 사립학교를 통한 교의 확산에 활발히 임하고 있다. 일반적으로 이슬람 교의의 근대화와 대안적 실천에 관심을 기울이고 있다.

아동들의 표준화시험 등을 강요하는 주정부의 노력에 맞서 싸웠다.

2008년 오바마가 대통령으로 선출되었을 때, 교육가들은 NCLB가 통째로 사라지리라 기대했었다. 그러나 오바마 대통령이 연구자인 달링해몬드가 아닌 시카고 교육감인 아른 던컨을 연방 교육부장관에 지명하면서 부시 정부의 재앙과도 같은 교육의제가 변하지 않고 계속되리라 예측하게 되었다. 던컨 장관이 2009년 6월 25일 오바마 정부의 정상을향한경주 프로그램을 발표할 때, 교육가들은 이 정부가 자신들을 기만했다는 사실을 깨닫게 되었다. 고부담시험은 계속되었다. 매년 더 높은 성적을 내지 못하는 학교에 대한 징벌도 계속되었다. 차터스쿨의 확산도 이어졌다. 오바마 프로그램에서 볼 수 있는 새로운 아이디어라는 건 학생들의 성취도에 따라 교사들이 평가되어야 한다고 요구한 점이었다. 어떤 증거도 이를 지지해줄만한 것이 없는 상황에서 국가연구협의회(The National Research Council) 소속 연구자들은 즉각 비판 성명서를 냈다.

신정부(오바마 정부)에 가장 먼저 일침을 날린 사람은 코디(Anthony Cody)였다. 그는 UC버클리에서 교사교육을 받고 오클랜드에서 빈곤에 시달리는 지역의 학교에서 과학교사였다. 코디는 정말 많은 사람들이 구독하고 있는 블로그("대화하는 삶(Living in Dialogue)")에 오바마 대통령에게 공개서한을 보냈다. 코디는 선거기간 동안 오바마의 열렬한 지지자였다. 후보자였던 오바마가 했던 약속 "표준화시험을 치르면서 답안지 공간을 채우라고 학생을 준비시키는 시스템"을 끝내겠다는 약속을 진지하게 받아들였다. 그는 오바마가 학교를 처벌하지 않고 학교를 지원하기 원한다고 말할 때의 오바마를 믿었다. 코디는 정상을향한경주 프로그램 때문에 몸이 오싹했다. 이는 오바마가 선거 캠페인 중에 했던 약속을 부정하는 것이었다. 그는 시험 성적을 기준으로 할 때 5,000여 개에 이르는 "최악"의 학교를 바꾸려 하고 (예를 들어, 재구조화나거나 민영화하는 등, 혹은 폐쇄하려는, 심지어 학교 폐쇄가 학생들에게 이롭다는 증거가 전혀 없는데도 불구하고 말이다), 학생 성적을 교사 평가와 연계하려 한다거나(교사가 시험에 대비한 수업에 집중하게 하고 교육과정을 좁게 이해, 가르치게 한다는 것을 잘 알고 있음에도 불구하고 말이다), 차터스쿨의 수를 확대하려는 것 등 던컨의 계획을 반대했다. 코디는 교사들이 개혁의 파트너가 될 준비가 되어 있다고 썼다. 그러나 (던컨의 계획에서 보듯이) 교사들이 조롱당하거나 무시당하고 혹은 옆으로 비껴나있도록 개혁의 주체에서 제외된다면 그렇지 않을 것이라고 했다.

안소니 코디(Anthony Cody)는 캘리포니아 주의 오클랜드에서 가난한 지역의 중학교에서 20년 가까이 과학교사로 근무했다. 그는 공교육을위한네트워크(Network for Public Education)라는 단체를 공동 설립했고, 고부담 시험과 민영화에 맞서는 저항운동의 열렬한 활동가였다.

코디는 "오바마에게 보내는 교사들의 편지(Teachers' Letters to Obama)"라는 페이스북 그룹을 개설했다. 2009년 말, 그는 수십통의 편지들을 모아 복사하고 묶어서는 대통령에게 보냈다. 수개월이 지난 후 코디는 던컨 장관과 30여 분의 전화 면담 제안을 받게 되었다. 그는 11명의 다른 경력 많은 교사들을 불러모았고 던컨 장관을 어떻게 상대할지 사전연습도 거쳤다. 마침내 전화 면담이 성사되었을 때, 던컨 장관은 6명의 직원들을 대동해 전화면접에 임했고, 이들은 30분의 면담 중 장장 15분 동안 일방적인 이야기를 전달했다. 교사들이 발언할 차례가 되었을 때, 이들의 유선상 목소리는 잡음이 가득해 거의 알아듣기 어려웠다. 나중에 코디는 이 전화 면담을 "3,000마일 떨어진 곳에서 양쪽이 줄로 연결된 깡통을 들고 이야기하는 것"과 같다고 말했다. 이 자리에 참석한 교사들은 NCLB 스타일의 표준화시험 말고 개별화되고 발달에 있어 적절한 교실평가를 원했다. 전화면담이 끝난 이후, 코디는 다음과 같이 결론내렸다. "이 대화에 있어서 우스운 일은 면담 시간 내내 그들은 우리는 질문하는 사람들이고 자신들은 그에 답변한다고 생각하는 듯했다는 점이다. 우리는 실제로 좀 다른 입장에서 이 대화에 접근했다. 아마도 우리는 그들이 우리에게 질문해주기를 바랬다. 혹은 어떻게 하면 공립학교를 개선할 수 있는가에 대해 우리 생각을 들어주기를 바랬다."

이 일을 계기로 코디는 아주 중요한 교훈을 얻었다. 던컨 장관은 겉으로는 경청하고 마치 동의하는듯한 태도를 취하는 데 도사였다. 물론 자신의 생각을 전혀 바꾸지 않은채 말이다. 던컨은 미국 교육이 재앙과도 같으며 많은 교사들이 (자기 책임을 회피하는) 게으름쟁이라고 믿었다. 그는 학생들이 자기 교사들 때문에 "바보 천지"가 된다고 자주 말했다. 즉, 교사가 학생들에게 교사 지식이 얼마나 떨어지는지 거짓말한다는 것이었다. 그는 표준화시험, 고부담 책무성, 차터스쿨, 성취도가 낮은 학교의 폐쇄 조치 등을 믿었다. 던컨은 열정적으로 주별 공통핵심표준 교육과정을 만들도록 지원했다. 미 전역의 교수법을 표준화하려는 노력의 일환이었다. 즉, 던컨은 파괴운동을 사랑했다.

터너(Jesse Turner)는 코넷티컷주의 교사교육가로 코디가 개설한 그룹에 참여했다. 그는 코넷티컷주에서 워싱턴 D.C.까지 도보로 걸으면서 NCLB와 정상을향한경주에 대한 자신의 반대 운동에 주목하도록 이끌었다. 그가 D.C.에 도착했을 때, 그는 다른 50여 명의 반항적인 교사들과 만났고 2011년 여름동안 워싱턴 D.C.에서의 거국적인 행진 계획을 세웠다. 이렇게 조직된 그룹은 우리학교살리기(Save Our Schools, SOS) 운영위원회가 되었다. 전국의 교육가들이 이 단체에 모여들었다. SOS에서 벌인 캠페인은 전국의 교원노조로부터 자금을 지원받았다. 그렇다고 이 단체가 교원노조가 나서 주도한 것은 아니었다. 교육가들은 거의 13,000달러의 기금을 모았다. 이중 50,000불

정도가 AFT(미국교사연맹, American Federation of Teachers)와 NEA(전미 교육협회, National Education Association)에게서 왔다. 수백만달러, 아니 수십억달러의 돈을 가진 파괴자들에게 이 정도의 돈이라면 껌값 정도밖에 되지 않나 싶다. 엄청나게 쌓아 놓은 책상에서 떨어진 부스러기 정도에도 미치지 못하는 수준이다. 파괴자들은 월스트리트와 억만장자들에게서 돈을 받는 것을 으스대면서 아주 적은 기금이라도 교원노조가 자금을 지원한 저항운동을 비난할 수 있는 기반을 제공할터였다. 어떻게 교사로부터 모금한 돈을 창피하게 받는단 말인가.

SOS 행진은 2011년 7월 8일 저항운동을 형성하는 과정 중의 행사로 개최되었다. (교육에 대해) 가치를 공유하는 사람들은 처음으로 만나서는 새로운 단체의 시작에 대해 의견을 나누었다. 그 이후 등장한 주요 단체들에는 시험거부연합(United Opt Out, UOO, 표준화시험에 맞서 절대 양보하지 않는 입장을 가진 단체), 공교육을위한네트워크(Network for Public Education, 전국적으로 다양한 그룹의 연결을 촉진하고 종국적으로 거의 40만명의 사람들이 참여하는 단체로 성장하게 됨), 악당교사연합회(Badass Teachers Association BATs) 등이 있었다. 특히 마지막의 악당교사연합회는 학교위원회의, 의회 청문회에 참석하거나 소셜미디어를 활용해 민영화, 교직에 대한 공격, 고부담 시험 등에 맞서 거침없이 의견을 쏟아 내는 일군의 대담한 교사들이 모인 단체였다.

SOS 행진은 잔인할 정도로 뜨거운 날 D.C.에서 개최되었다. 자기 학교의 파괴 행위에 맞서 시위하고자 미 전역에서 버스를 타고 도착한 참가자가 7,000명이 넘었다. 코졸, 노게라(Pedro Noguera, 대학교수), 코디(교사), 달링해몬드(대학교수), 마이어(교육가), 발렌수엘라(Angela Valenzuela, 대학교수), 쿤(John Kuhn, 텍사스의 교육감, 어떤 학생이든, 장애를 가지고 있건 그렇지 않건 "모두 내게 보내라"며 모든 학생을 당당히 수용하겠다고 감명깊은 연설을 했다) 등이 이 행사에서 연사로 나섰던 인물들이었다. 특별하게 이 행사에 참석한 사람을 언급하지 않을 수 없다. 영화배우인 맷 데이몬. 그의 어머니 칼슨-페이지(Nancy Carlsson-Paige)는 오랜 경력의 유치원 교사로 이날 행사를 위해 그가 영화 촬영지에서 D.C.까지 비행해 날아가도록 설득했다. 당시 데일리쇼의 진행자였던 스튜어트(Jon Stewart)는 교사와 공립학교에게 경의를 표하는 짧은 동영상을 보내왔다. 그의 어머니 또한 뉴저지주에서 교사로 일했었다. 그는 영상에서 이 행사에 정말 참석하고 싶었는데, "개가 자신의 차를 먹어버렸다"고 말했다.

SOS 집회에서 만들어진 연대는 저항운동을 만들어내는데 정말 중요한 역할을 담당했다. 많은 주의 교사, 학부모, 교사교육가들이 자기 주의 SOS 그룹을 조직했다. 자기 주에서 벌어지고 있는 파괴운동에 맞서 저항하기 위해서 말이다.

UOO은 단 6명의 사람들로 시작했다. 이 그룹을 시작한 사람들은 교사, 교사교육가, 지역사회 활동가들로, 로버트슨(Peggy Robertson, 콜로라도), 슬래카(Tim Slakar, 펜실베이니아), 맥더몬트(Morna McDermontt, 메릴랜드), 존슨(Shaun Johnson, 메릴랜드), 스미스(Ceresta Smith, 플로리다), 머피(Laurie Murphy, 플로리다)였다. 이 운동의 지도자가 된 이들은 스카이프를 통해 매주 회의를 열고 2012년 봄 D.C.에서 대규모 집회를 다시 조직했다. 이번 집회는 '교육부를 장악하라(Occupy the Department of Education, ODE)'였다. 이 행사는 쇼핑몰이 아니라 연방 교육부 건물 바로 앞에서 열렸다. 이들은 메가폰을 들고는 던컨 장관에게 자신들의 분노를 전달하고자 했다. 시위 참석자들은 각자의 비용을 지불했다. 이와 거의 같은 때, 뉴욕주의 롱아일랜드에서 학부모인 도이터만(Jeanette Deutermann)에 의해 만들어진 그룹이 자신들만의 시험거부 운동을 계획하기 시작했다. 이 단체는 결국 주지사인 쿠오모와 그가 추진하는 파괴적인 교육정책에 도전장을 내밀었다.

2013년 UOO는 D.C.에서 ODE 2.0이라고 부르는 또 다른 시위를 단행했다. 학부모이자 교사인 로버트슨은,

> ALEC, 대기업, 정치인들, 남성 억만장자 클럽, 미쉘 리, 매킨지(McKinsey), 피어슨(Pearson), 버락 오바마 대통령, 던컨 장관을 (비난했다). … 우리 대통령의 정책은 우리 공립학교를

민영화하는 것입니다. 여러분들이 생각하기에, 우리 공립학교 시스템을 파괴하는 것이 올해의 새로운 뉴스거리가 될겁니다. 안 그런가요? 그러나 돈이 관련되고 자기 스스로 변호하지 못 하고 우리 젊은 아이들이 될 우리 아이들의 등에 수십억달러 가 쓰여질 수 있는데, 우리 메시지는 청각장애자의 귀에 들리 는 소리 같습니다. 우리는 오늘 이 메시지가 전달되기를 요구 하며 이 자리에 있습니다.

저항운동은 2011년 SOS 행진, 2012 & 2013 ODE, 그리고 2012년 시카 고 교사파업 이후 급속히 커졌다. 아무런 재정 지원이 없음에도 불구하고, 새로운 저항운동은 소셜 미디어로 옮겨 전개되었다. 뭐, 이를 이용하는데 비 용이 들지 않기 때문이었다. 교육관련 논평을 블로그에 올리는 사람들이 모든 주에서 등장했다. 코네티컷주에 사는 펠토(Jonathan Pelto)는 이런 블로거 중 한명으로 전직 주의회 의원이었다. 그는 교육블로거네트워크(Education Bloggers Network)를 조직했고, 교육 관련 블로그가 300개가 넘는다는 사실 을 알게 되었다. 대부분의 블로거들이 경력이 많은 교사, 교사교육가, 공립학 교 학부모, 연구자 등의 배경을 가지고 있었다. 이들은 자신의 교육 논평을 주로 소셜 미디어를 통해 공유하고 자신의 학구, 주에서 벌어지는 공립학교 에 대한 공격을 다루는 뉴스를 확산, 전파했다. 그러면서 함께 할 수 있는 동지들을 찾아내고 저항운동의 사기를 북돋아주었다. 소셜 미디어에서 저항 운동가들이 서로 배운 것이라면 바로 이것이었다. '당신은 혼자가 아니다' 이 런 통찰은 많은 이들에게 희망과 힘의 원천이 되었다. 공교육을 옹호하는 블 로거들이 페이스북과 트위터를 장악하게 되었다.

돈과 권력을 부여받은 파괴자들은 뉴욕타임즈와 워싱턴포스트 등과 같은 전국적으로 가장 강력한 신문사의 사설을 통해 결집된 지원을 받았다. 이 신 문사는 주기적으로 차터스쿨, 고부담시험, 학생 학업성취도에 따른 교사평가 연계 등의 내용을 칭찬하는 사설을 실었다. 파괴운동이 공립학교를 민영화하 려는 교활한 노력이란 점을 이해했던 몇 안 되는 언론인 중에 스트라우스

(Valerie Strauss)가 있다. 이 사람은 "답안지(The Answer Sheet)"라는 교육 논평을 담은 워싱턴포스트 블로그를 운영했다. 브란틀리(Max Brantley)는 알칸사타임즈의 선임편집 기자로 해당 주의 월튼가를 비판하는 기사를 쓸 정도로 담대하게 행동했다. 프란시스코(Karen Francisco)는 인디애나주의 포트웨인에 있는 저널가제트의 편집 작가로 수치심 없이 공립학교와 공립학교의 교사를 공격하는 주의회 공화당 의원들을 자주 힐난하는 기사를 내보냈다.

"규칙 없는 학교(Schools Without Rules)"는 플리로다주 바우처프로그램을 제공받는 학교에 대해 만들어진 다큐멘터리다. 일반 공립학교는 시험성적에 기반해 엄격한 책무성을 요구받는 반면, 이 학교들은 주교육표준, 시험 및 책무성으로부터 모두 면제되고 있다.

4개의 주요 신문사가 학교선택제 스캔들을 두려움없이 까발리는 기사를 실었다. 올랜도센티넬은 2018년 "규칙없는 학교(Schools Without Rules)"라는 제목의 바우처 수혜 학교에 관한 일련의 기사를 실었다. 마이애미헤럴드는 2011년 "애들을 두고 돈을 걸다(Cashing In on Kids)"라는 제목하의 기사 시리즈를 내보내 플로리다주에서의 차터스쿨 사기사건을 다뤘다. 디트로이 트프리프레스는 수년에 걸쳐 차터스쿨 사기 사건을 탐사 취재해 2014년 이를 폭로했다. 아리조나리퍼블릭은 아리조나주의 차터스쿨 스캔들을 파헤친 기사를 통해 2018년 영예로운 폴크상(Polk Award)을 수상했다.

저항운동의 위대한 힘이라고 하면 정말 박식한 일군의 블로거들이 아닐 수 없다. 슈나이더(Mercedes Schneider)는 루이지애나주의 고등학교 영어 교사로 통계학과 연구 방법을 전공한 박사학위 소지자다. 그는 자주 공통핵심표준, 게이츠재단, 뺑 튀겨진 뉴올리언즈의 "기적", 다른 파괴자의 프로젝트, 기관/단체, 개인 성향 등을 보기좋게 꿰어 설명하는 글을 올린다. 슈나이더는 IRS 발표문을 분석하고, 재정 관련 문서를 해독해 낼만큼 여러 방면의 전문적 지식을 갖추고 있다. 블로그에 글을 쓰는 것 말고도, 그녀는 기업가들이 포진한 파괴운동과 관련해 3년 동안 3권의 책을 출판했다. 한 번도 수업에 빠진 적 없이 말이다.

루빈슈타인(Gary Rubinstein)은 1990년대 초 TFA의 원년 멤버 중 한 명으로 뉴욕시 공립 고등학교에서 오랜 경력의 교사로 있었다. 그는 파괴운동에 맞서는 운동가로 변했다. 블로거 운영자로 그는 "기적" 이야기를 자료에 근거해 기운을 빼는 데 도사였다. 부풀려진 TFA 및 차터스쿨의 주장들이 여기에 포함되는데, 모든 학생이 한 명도 예외없이 졸업과 동시에 대학에 진학했다는 등의 이야기 말이다. 이런 모든 사례를 다루는 데 있어 루빈슈타인은 이런 "기적"을 만들어내는 근원에 퇴학, 자퇴라는 것이 있음을 보여주었다. 즉, 100%라는 숫자가 가리키는 것은 12학년까지 남아있는 학생들만을 포함하는 것으로 이보다 일찍 차터스쿨에 입학학 모든 학생을 의미하는 것이 아니었다.

웨버(Mark Weber)는 블로그상에 재즈맨(Jersey Jazzman)이라고 알려진 인물로 음악 교사다. 그는 뉴저지주의 뉴어크, 캄덴 및 소외계층 지역에서 차터스쿨이 이룬 성취에 대한 부정직한 주장에 몹시 분노한 사람이었다. 그는 통계자료를 검토하고 통계사의 속임수를 폭로하는데 필요한 능력을 심화하기 위해 러트거스대학교에서 교육정책학 박사학위를 취득했다. 브라운(Bob Braun)은 은퇴한 언론인으로 뉴저지주의 스타레저지에서 거의 50여 년의 시간을 언론계에서 보냈다. 그는 자신의 블로그에 기사들을 차곡 차곡 쌓아 소개하면서 학교를 민영화하고 공립학교에서 영리를 구하고자 주지사였던 크리스티(Chris Christie)의 초대를 이용하는 정치인들과 흥정꾼들의 음모를 혹평했다.

그린(Peter Greene)은 펜실베니아의 고등학교 교사로 가장 위트가 넘치는 교사 블로거다. 그의 블로그는 "커머저케이션(Curmudgucation)"이라는 제목을 달고 있는데, 그는 정기적으로 파괴자들의 보고서와 오만한 태도/거드름을 비웃고 조롱한다. 그는 파괴자들의 말투를 이렇게 읽어주므로 다른 누가 또 나서 조롱할 필요가 없다고 말한다.

싱어(Steven Singer)는 펜실베이니아의 교사로 학교선택제(한때는 페이스북이 그의 반 학교선택제 관련 그를 싣지 못하게 했다.)와 파괴자들이 보이는 인종차별과 빈곤 문제에 대한 무관심으로 촉발된 파괴운동에 대해 블로그를 운영한다. 레시저(Jan Resseger)는 오하이오주 그리스도연합교회(United Church of Christ)를 대표하는 공교육의 평신도 목회자로 은퇴했다. 그는 아동, 빈곤, 학교에 대해 심오한 지식과 통찰을 담아 블로그에 글을 실었다. 울티칸(Tom Ultican)은 캘리포니아에서 물리학과 고급 수학을 담당했던 은퇴 교사다. 그는 여러 도시에서 똑같은 억만장자들이 자금을 대는 "공교육파괴운동(Destroy Public Education Movement)"의 파괴 행위를 보고하고 있다. 에간(Stuart Egan)과 파멘터(Justin Parmenter)는 노스캐롤라이나의 교사 블로거들로, 티파티가 장악한 주의회에 반대하는 독립적 목소리를 내고 있다. 남부에서 한때 가장 진보적인 정치성향을 보였던 노스캐롤라이나주 공립학교를 파괴하는 것이 이들 정치인들의 의도였기 때문이다. 30여 년을 음악교사로 보내고 있는 플라나간(Nancy Flanagan)과 음악교육 전공 교수인 로빈슨(Mitchell Robinson)은 교사 블로거로 이들이 사는 미시간주의 파괴운동이 어떻게 실패하고 있는지에 대해 날카로운 논평을 제공하고 있다.

안소니 코디는 게이츠재단을 설득해 그와 일련의 교류를 갖도록 했다.

그 자리에서 코디는 교육에 대해 이들이 얼마나 피상적인 관점을 갖고 있는지, 학생들의 학업적 탁월을 결정하는 요인으로 빈곤이 얼마나 중요한지에 대해 인정하지 않고 완강히 거부하는지 보여주었다. "불평등의 위장(Cloaking Inequality)"이라는 제목의 그의 블로그에서, 헤일리그(Julian Vasquez Heilig, 대학교수)는 파괴자들의 주장을 반박하는 데 증거와 함께 유머를 섞어 사용하고 있다. 차터스쿨과 TFA와 관련된 자신의 정확한 연구를 통해서 말이다. 그는 NAACP 캘리포니아 지부에서의 지도적 역할을 통해 NAACP 회원들에게 파괴자들의 부풀려진 주장을 알리고자 애썼다. 버크쇼(Jennifer Berkshire)는 "에듀샤이스터(Edushyster)"라는 제목을 단 블로그를 운영했다. 나중에 이 이름을 버리고 블로그가 아닌 팟캐스트 형식으로 바꿔 "이거 들어봤어?(Have You Heard?)"라는 제목의 채널을 운영했다. 이를 통해 버크쇼는 차터스쿨과 관련된 신화를 하나씩 뒤흔들어 놓았다. 매사추세츠 주의 차터스쿨들이 학생 정학 처벌 비중이 가장 높은 학교 상위를 휩쓴다고 보고하면서 말이다. 특히 "무관용정책(No-Excuses)"을 내세운 차터스쿨의 경우 단 1년 동안 전체 학생의 56%를 정학시켰다. 무관용정책 차터스쿨은 엄한 훈육 규정과 재빠른 처벌로 유명하다.

그 외에도 더 많은 교사 블로거, 학부모 블로거, 일반 시민 블로거들이 있다. 이들은 정말 알찬 정보와 열정을 담아 블로그를 운영하며, 민영화옹호자, 기업가, 창업가, 억만장자, 헤지펀드 매니저 등이 자신의 학교와 지역사회에 쳐들어 온 것에 분노하는 사람들이다.

몇몇 학구에서는 용감한 개인들이 저항운동을 이끌고 있다. 오하이오주의 필리스(Bill Phillis)는 부교육감으로 경력을 마치고 은퇴한 후 공교육 재원이 공립학교에서 무책임한 차터스쿨로 흘러가는 모양새를 면밀히 감시하고 있다. 그가 주기적으로 게시하는 인터넷 글을 보면서 학부모 그룹은 차터스쿨 산업에서 일어나는 사기/기만/속임수를 알게 되고, 수십억달러의 자금이 공립학교에서 잘못 빠져나가는 손실의 문제에 관심을 갖게 된다. 전직 주의회 의원이었던 다이어(Stephen Dyer)는 차터스쿨과 공립학교의 재정지원과 학업 성취도에 대해 주기적인 보고서를 게시하고 있다. 그는 "차터스쿨에 대해 잘 아시오(Know Your Charter)"라는 제목의 웹사이트를 만들어 운영하는데, 그곳에서 이 주제에 관심있는 시민들은 지역의 차터스쿨에 대해 많은 것을 배울 수 있게 된다.

애틀랜타에 사는 존슨(Edward Johnson)은 질 관리 컨설턴트로 종종 애틀랜타 학교위원회에 여러 사람들이 함께 받아볼 수 있는 이메일을 보낸다. 이로써 파괴운동에 열중하고 있는 위원회 위원들을 혼쭐낸다. 존슨은 비즈니스계의 그루인 데밍(W. Edwards Deming)의 철학에 푹빠진 사람인데, 데밍은 파괴적 변화보다 협력과 점진적 개량을 더 가치롭게 여겼다. 스티븐슨(Sarah Stevenson)은 텍사스 오스틴의 중학교 도서관 사서로 월스트리트저널에 나오는 모든 반 공립학교적 사설을 반박하는 것을 자신의 사명으로 삼았다. 흥미롭게도 이 신문사는 그녀의 반박문을 자주 실어주는데, 그래서 그녀는 신문사 담당 편집자와 친구가 되었다. 초등학교 교사인 설리반(Angie Sullivan)은 정기적으로 네바다주 의회의 모든 의원들에게 이메일을 보낸다. 이런 이메일을 통해 자신이 가르치고 있는 클라크 카운티의 학교처럼 빈곤율이 높은 학교에 재정지원을 높이고 실패하고 있는 차터스쿨에 돈을 유출하지 말 것을 의원들에게 사정한다. 침례교단에서 목사 안수를 받은 위트필드(Anika Whitfield) 박사는 족병학자이자 알칸사주 풀뿌리 시민운동의 지도자다. 그녀는 리틀록에서의 저항운동을 강력하게 이끌고 있는데, 막강한 월튼가의 도움으로 학구가 주정부로 넘어간 것에 맞서서 공립학교를 민주적인 통제관리 체제로 되돌려 놓으라고 요구하는 싸움을 벌이고 있다. 저항운동의 일부 개인들은 여러 싸움터에서 아주 활발하게 활동하고 있다. 존스(Denisha Jones)가 대표적인 예로, 유아교육분야의 대학 교수이자 악당교사연합회(BATs), 어린시절지켜주기(DEY), 공교육을위한네트워크(NPE)를 이끄는 지도자이자 변호사로 활동하고 있다.

데니샤 존스(Denisha Jones)는 교사악당연합회(BTA), 어린시절지켜주기(DEY), 공교육을 위한 네트워크(NPE)에서 동시에 활동하고 있는 변호사다.

아니카 위트필드(Anika T. Whitfield) 박사는 개신교 성직자이자 족병학자이다. 알칸사주의 리클 록에서 공립학교를 적극 지지하는 활동가다. 그녀는 주정부와 지방정부에 학교의 민주적 통제를 회복시키라며 자주 도전장을 내민다.

교사 블로거들은 파괴자들을 상대하는데 상당한 이점을 갖는다. 교사들은 학생들을 잘 안다. 이들은 가르치고 배우는 것이 무엇인지 잘 알고 있고 수백만달러의 시험도구에 의존하지 않고도 학생들이 배운 것을 어떻게 평가할지 안다. 교사들은 컴퓨터가 한 명의 인간으로서 교사를 대체할 수 없다는 것을 잘 안다. 협력적으로 이들은 자신의 블로그를 대중을 교육하는데 사용한다. 교사인 자신들에게, 학생들에게, 학교에 인정머리 없는 억만장자들이 무슨 일을 했는지에 대해서 말이다. 2012년 난 내 이름으로 된 블로그를 시작했다. 그리고 이를 학교 민영화, 고부담 시험에 맞서 벌이는 투쟁을 전국화할 수 있는 플랫폼으로 사용하고, 보다 많은 대중들에게 와닿을 수 있도록 하기 위해 다른 블로거들의 글을 함께 보여주고 있다.

억만장자들은 소셜미디어에서 자신들의 영향력이 그리 크지 않다는 사실에 분개한다. 저항운동을 전개하는 사람들의 블로그 글이 온 사방에 나돌아 다니는 것에 대항하기 위해, 파괴자들은 차터스쿨, 고부담 표준화시험, 다른 기업가 파괴자들의 신조를 수호해주는 블로그에 수백만달러의 돈을 쏟아부었다. 억만장자 블룸버그, 엘리 브로드, 월튼가재단, 로렌 파월 잡스가 재정 지원하는 "에듀케이션포스트(Education Post)"라는 블로그가 2014년에 시작했다. 오바마 정부 첫 임기시 던컨 장관 임기 중 차관이었던 커닝햄이 사직 후 이 일을 맡았다. 브라운(Campbell Brown)이 운영하는 "The 74"는 드보스재단, 브로드재단, 게이츠재단, 블룸버그자선재단, 월튼가재단, 조나단 새클러, 피셔기금(Doris & Donald Fisher Fund), 찬주커버그재단(Chan-Zuckerberg Initiative) 및 다른 억만장자들이 재정 지원을 하는 블로그로, 학교 민영화를 지지하고, 교사 권리 및 교원노조에 맞서 싸운다.

저항운동을 전개하는 블로거들 중 누구도 재정지원을 받거나 올린 글로 인해 보상을 받지 않는다. 그럼에도 논의의 신뢰성, 폭넓은 지식, 열정, 정확한 숫자들로 인해 이들이 소셜미디어계를 지배하고 있다.

2011년 열린 첫 우리학교살리기(SOS) 행진에서 서로 처음 만난 이후 코디와 나는 2012년 모든 부류의 저항운동 활동가들을 한 자리에 불러들일 수 있는 새로운 전국 조직을 만들자고 결의했다. 억만장자들은 친민영화 성향의 후보가 당선될 수 있도록 엄청난 자금을 주정부와 지방정부 선거에 쏟아붓는다고 알고 있었고, 그래서 우리는 공립학교의 민영화를 반대하는 후보들을 지지하는 정치행동위원회(PAC, political action committee)를 만들고 싶었다. 그러나 우리는 나름 순진했다. 곧 우리는 모든 주가 각각 PAC를 설립하도록 하는 독자적인 법을 갖고 있었으며, 많은 주에서 이들 PAC이 작동하도록 하기 위한 법적 지위를 얻는데 터무니없이 많은 돈이 든다는 것을 알게 되었다. 안타깝게도, 우리에게는 돈이 없었다. 아무런 재원도 없이 PAC이 되는 것은 요원해 보였다. 전국적으로 새로운 공교육을위한네트워크(NPE)를 위한 전국위원회를 소집하는 데 거의 1년이 걸렸다. 그런데 이 NPE는 비영리자선기구로 PAC이 아니었다. 우리의 목표는 다양한 주 혹은 같은 주 내에서 모인 친공립학교그룹을 연결하는 것이었다. 제 때에, 우리는 아무런 자금 지원을 해줄 수는 없지만 같은 생각을 가진 후보를 승인, 지지하는 NPE 행동 계획을 만들 수 있었다. 우리 생각에 우리가 해주는 승인, 지지는 공립학교 분야의 "선한 살림살이"상으로 공립학교를 지지하는 정치 후견인을 확인시려는 것이었다. 첫 번째 운영 책임자는 힐러(Robin Hiller)였다. 힐러는 투싼에서 교육을지키는소리(Voices for Education, VOE)라고 불리는 저항운동 그룹을 이끌었던 학부모 활동가였다. 이어서 버리스(Carol Burris)가 책임을 맡았는데, 그녀는 능숙한 작가이자 연구자로 뉴욕주 롱아일랜드에서 교장으로 은퇴한 베테랑 교사였다.

아주 적은 예산과 한 명 밖에 되지 않는 집행부 인력으로도 NPE는 2016년 11월까지 22,000명의 회원을 거느리게 되었다. 새롭게 당선된 트럼프 대통령이 드보스를 새로운 연방 교육부장관으로 선택하자 채 며칠이 지나지 않아 NPE의 회원은 350,000명을 넘어섰다. 집행부 인력이 운영책임자인 버리스와 파트타임 지원인력인 시마러스티(Darcie Cimarusti)(뉴저지주의 학부모이자 학교위원회 위원)로 늘어났다. 우리에게는 한 번도 사무실이 있었던 적이 없었는데, 귀중한 자원을 낭비한다고 여겼기 때문이었다. 회원이 정말 많아지면서, NPE는 새롭고, 예산이 적게 드는, 그러면서도 고도로 효과적인 전략을 이행할 수 있게 되었다. 우리는 이메일 경고 시스템을 만들어

캐롤 버리스(Carol Burris)는 뉴욕주에서 은퇴한 교장으로, 학생들의 학업성취도에 따라 교사를 평가한다는 뉴욕주의 방침에 교장들이 반대하도록 하는 활동을 벌였다. 교장을 은퇴하고 NPE의 운영책임자가 되었으며 민영화에 반대하는 저항운동을 지지하는 영향력있는 보고서를 썼다.

회원들에게 발송했다. 즉, 회원들이 있는 주 의회가 공립학교 및 교사에 해를 가하는 입법 활동을 하려고 하거나 처벌과 연계된 시험을 공식화하려고 할 때 해당 주의 회원들에게 이메일을 발송한다. 이 경고 이메일은 공립학교를 지지하는 수천통의 이메일, 편지, 의회 직접 방문 등을 만들어낸다. NPE는 주의 SOS 그룹 및 다른 지방 단체들과 협동해 활동한다. NPE는 민영화의 위험에 관한 전국 단위의 보고서가 흐트러짐 없이 유통되도록 하고 차터스쿨과 관련된 스캔들 관련 일간 뉴스를 트위터(hashtag#AnotherDay AnotherChaterScandal)를 사용해 공유한다. 연례 콘퍼런스에는 각 주를 대표하는 저항운동의 지도자들이 수백명이 참여한다. 이들 참석자는 각자의 상황들을 비교하고 서로의 노하우를 배우게 된다. NPE는 연구와 보고서를 통해 저항운동을 구축하고 대중을 교육하는데 초점을 맞추고 있다. 한 보고서에서는 「억만장자에게 가로채였다: 어떻게 엄청난 부자들이 공립학교를 허물어뜨리는 선거를 돈 주고 사는가?(How Super Rich Buy Elections to Undermine Public Education?)」라는 글을 통해 이름들을 거명했다. 「차터스쿨과 그 결과(Charters and Consequences)」라는 제목의 또 다른 보고서에서는, 캘리포니아와 몇몇 다른 주의 차터스쿨 스캔들의 실상을 조목조목 밝혀주고 학생과 공공재원을 보호하기 위한 감시, 단속의 필요성에 대해 적시하고 있다. 2019년 버리스와 브라이언트(Jeff Bryant)는 NPE 보고서 하나를 발간하면서 「바퀴에서 잠들다: 연방정부의 차터스쿨 프로그램은 어떻게 납세자와 학생들을 별 생각없이 마차에 태우고 있는가?(Asleep at the Wheel: How the Federal Charter Schools Program Recklessly Takes Taxpayers and Students for a Ride)」라는 제목을 달았다. 이 보고서는 연방정부 차터스쿨 프로그램으로 거의 10억달러에 달하는 예산 낭비가 발생했다는 사실을 폭로하고 있다. 이 프로그램은 아직 문을 열지도 않은 혹은 열자마자 폐쇄하게 된 거의 1,000여개의 차터스쿨에 재정지원을 했다. 상원의 세출위원회 의원들은 이 보고서를 인용하며 드보스 장관이 내민 이 프로그램에 대한 추가 재정요구를 일축했다.

저항운동에서 또 다른 주요 세력은 악당교사협회(BATs)이다. 일반적으로 점잔빼는 성격에 여성들이 대부분을 차지하는 직업이라는 점을 고려해볼 때, 이 단체의 이름은 그야말로 충격적이다. 그러나 BAT은 저항운동에서 아주 중요한 위치를 차지하게 되었다. 이들의 목적은 분명하다. "우리 단체는 빈곤과 불평등을 지워 없애기 위해 우리 사회의 실패 책임을 뒤집어 쓰기를 거부하고 진정한 가르침과 배움을 위해 남을 경멸하는 사람들이 강제하는 평가, 시험, 측정을 수용하기 거부하는 모든 교사들을 위해 존재한다."

이 단체는 2013년 6월에 설립되었다. 뉴욕시의 포드햄대학교에서 아프리카·흑인연구전공의 교수인 나이슨(Mark Naison)과 오클라호마주 학부모 활동가인 산스테드(Priscilla Sanstead), 두 사람이 공동 설립자였다. 이 둘에 더해 롱아일랜드에 사는 학부모이자 교사였던 킬로포일(Marla Kilfoyle)이 동참했다. BATs는 "억만장자 민영화론자"들과 양당의 협력자들에 맞서 저항하겠다고 결의를 다졌다. 킬로포일은 학교 수업을 계속하면서도 전국 책임자가 되었다. BATs는 홈페이지와 페이스북에 계속 글을 올렸다. 3주가 지나지 않아 18,000명의 회원이 등록했고, 2년 안에 회원수가 5만명을 넘어섰다. D.C.를 포함한 모든 주에서 회원이 참여한 BAT 그룹은 철저히 자원활동으로 움직였다. 각자의 페이스북 페이지를 개설해 운영하면서 말이다. BATs는 전국적으로 가장 큰 두 교원노조 내에 자체의 지도자 그룹을 두고 있었다. 킬로포일이 2018년 BAT의 전국 책임자에서 물러나고 공교육을 위한 네트워크(NPE)의 직원으로 들어와 풀뿌리 활동을 조정하는 역할을 담당했다.

BATs는 고부담표준화시험, 민영화, 학생 성취도에 연계된 교사평가, 영리기업의 공립학교 침범, 주별 공통핵심표준 등의 기조를 반대했다. BATs는 이런 것들이 하향적인 명령조로 내려오는 것이고 비교육적이며, 영리를 쫓는 기업가들이 시험, 시험준비자료, 교과서, 교육과정에 덤벼들도록 내버려 두는 연방정부의 명령이라고 본다. BATs는 주의회가 교사들의 권리를 위협하는 상황에 회원들에게 경고 메시지를 보내고, 회원들이 교사와 공립학교에 가하는 공격 뒤에 어마어마한 돈을 둘러싼 이해관계가 있음을 교육한다.

BATs는 교사에 대한 공격에 대응하기 위한 창의적 전술을 개발한다. 던컨은 2013년 캘리포니아의 베가라 재판 사례(교사의 정년보장을 없애려 했던 것임)를 칭찬했는데, BATs는 던컨의 사임을 요구하며 "백악관에 전화걸기 시위를 벌였다.", "BATs가 떼지어 모이다"는 단 하루 동안 수 천통의 분노한 전화통화, 이메일, 페이스북과 트위터의 글 등을 이끌어내는 방식으로 대중 활동을 위한 효과적인 도구가 되었다. 비용은 전혀 들지 않으면서도, 이 일에 수천명의 사람들이 참여해 자신들이 분노를 표출하는 대상에게 부정적으로 주목하게 만들었다. 자동차 제조사인 수바루가 휴일 기간 동안 TFA에 기업 기부금을 제공했을 때, BAT는 또 다시 떼지어 나타나 TFA 운영진들은 수십만달러의 연봉을 받으면서도 단 5주 동안의 교사훈련만으로 자격없는 교사를 학교 교실로 보낸다며 시위를 이어갔다. 수바루는 기업의 자선 기부금 목록에서 TFA를 뺐다. (TFA 자산은 이미 수억 달러에 이르렀다.) BATs 회원들에게 말을 전파하는 방식으로 교사들의 파업에 재정지원을 한거나 가끔은 직접 파업을 주도하기도 했다.

BATs는 조지아주의 한 교사로부터 다음과 같은 이야기를 전해들었다.

저는 70여 명 정도의 중학교 학생 및 20여 명이 동료 교사
들과 함께 제 교실이 있는 건물에서 밤을 지새고 있습니다. 다
름 아니라 얼음과 눈이 이 북조지아카운티 지역을 폐쇄시켰기
때문입니다. 학교 통학버스는 운행할 수 없었고 학부모들 또한
길을 뚫고 올 수 없었습니다. 우리는 아주 이른 시간인 오후
1:00에 수업을 마쳤습니다만, 버스가 없이는 이른 학교 종료
가 별 의미가 없습니다. 이 학생들에게 먹일 것도 없어요. 요
리를 할 수도 없구요. 자, 이 상황을 평가해보세요.

곧 "자, 이 상황을 평가해보세요"라는 말은, 표준화시험으로 절대 측정할
수 없는 헌신을 대표하는 모든 BATs 회원들에게 트위터 해시태그가 붙어 전
해졌다. 많은 교사들이 이 이야기를 공유했고 BATs#Evaluatethat 밈의 영향
력이 더해졌다.

BATs는 전문적으로 잘 준비된 교사들이 발달상 적절한 방식으로 맘껏
가르칠 수 있고, 학생들이 균형잡히고 온전한 교육과정을 갖게 되는 재정 지
원이 건전한 학교를 위해 싸웠다. 이들의 목표는 아무런 예외 없이 모든 학
생들에게 탁월한 공교육을 제공하는 것이었다. BATs는 저항운동 중 아주 효
과적인 회원 단체였다. 참여하는 회원수 면에서도 그렇지만, 수천명의 회원
들을 동원해 짧은 시간 동안 시위, 데모, 'BAT의 떼지어 모이기' 등의 수법을
동원해 행동하는 대담무쌍함과 이들의 능력 때문이었다.

텍사스의 종교 지도자들 또한 저항운동에서 중요한 역할을 담당했다. 텍
사스아동을위한목사들(Pastors for Texas Children, PTC)은 매년 주의회에서
추진하려는 바우처제도를 패퇴시키려는 싸움을 성공적으로 이끌어 왔다. 이
들은 도심 민주당원들과 시골 공화당원들 사이의 동맹관계를 잘 만들어 바
우처제도에 맞서 공립학교를 보호하고자 했다. 이 연맹체에서 성직자들은 교
회와 정부가 서로 분리되어 있어야 한다고 믿었다. 이들은 종교 교육에 정부

존슨(Charles Foster Johnson) 목사는 텍사스주에서 공립학교 옹호운동을 벌이고 있으며 텍사스아동을 위한 목사들(Pastors for Texas Children, PTC)라는 조직을 설립했다. 이 단체는 바우처제도의 도입을 반대하도록 하는데 중요한 역할을 담당해 왔다. 존슨 목사와 다른 주에서 활동하는 동료 목사들은 종교의 자유가 교회와 정부의 분리에 달려 있다고 강력하게 믿는다.

가 재정지원하는 것은 적절하지 않다고 여겼다. 교회와 정부가 서로 얽히고 설켜있는 상황은 종국적으로 종교의 자유를 위험에 빠뜨린다고 보았다. 종교는 정부의 재정지원 없이도 충분히 번영할 수 있어야 한다는 것이 이들의 신념이었다. PTC의 설립자는 존슨(Charles Foster Johnson) 목사였다. 이 일에 루크(Charles Luke) 목사가 동참했다. 이들은 다른 주를 포함해 거의 2000여 명의 종교지도자들을 조직했는데, 이들은 각 지역사회에서 선출된 공직자들을 존중해야 한다고 보았다. 존슨 목사는 선출된 공직자들에게 침착하면서도 강력하게 설명을 이어나갔다. 왜 바우처 제도가 끔찍한 방안인지, 어떻게 이것이 모든 학생이 다니는 공립학교를 해칠 수 있는지, 왜 종교지도자들이 공립학교를 지지하고 있는지에 대해서 말이다. PTC의 메시지는 시골 지역 공화당원들에게까지 가닿았다. 시골의 공화당원들은 지역 공립학교가 지역사회의 허브 역할을 하고 있으며, 자신들의 스포츠팀과 디베이트팀의 후원자이고, 자기 동네 역사의 저장고라는 사실을 잘 알고 있다. PTC는 오클라호마, 켄터키, 테네시주에서도 유사한 단체를 조직하도록 도왔으며 남부 및 중서부 지역의 다른 주에서 목사 연합체를 만들어 교회와 정부 간의 분리를 주장한 '제퍼슨추종자의 벽'을 수호하고자 했다.

테네시주는 정상을향한경주 기금에서 자그마치 5억달러를 받았는데, 고부담 시험 및 차터스쿨에 저항하는 학부모와 교사 운동이 일어났다. 맘마베어스(Momma Bears), 테네시교육탁월성개선(Tennesseans Reclaiming Educational Excellence), 녹스빌 지역 단체인 SPEAK(녹스빌 카운티의 학생－학부모－교사들, Students Parents Educators Across Knox County) 등의 그룹이 대표적이었다. 노스캐롤라이나주에는 노스캐롤라이나공립학교우선(Public Schools First NC)라는 단체가 있다. 인디애나주에는 인디애나북동부공교육의친구들(Northeast Indiana Friends of Public Education)이 있다. 텍사스주에는 여러 저항운동 단체들이 있는데, 텍사스공립학교친구들(Friends of Texas Public Schools), 공교육을 위한 텍사스인들(Texans for Public Education), 텍사스여, 손을 들어라(Raise Your Hand Texas), 텍사스아이들은기다릴수없다(Texas Kids Can't Wait) 등이 있다. 여러 자원활동 그룹들이 있는데, 전미학부모회(Parents Across America), 일리노이공교육을 위해 손을 들어라(Raise Your Hand for Illinois Public Education), 오하이오공교육의협력자들(Ohio's Public Education Partners), 매사추세츠공립학교를위한시민들의모임(Citizens for Public Schools in Massachusetts), 공교육을위한아이오와인들(Iowans for Public Education), 아동청소년을위한공적시민들(Public Citizens for Children and Youth), 플로리다교육연합(Keystone State Education Coalition), 펜실베니아교육유권자들(Education Voters PA in Pennsylvania), 네브라스카 SOS, 켄터키 SOS, 아리조나 SOS, 뉴저지 SOS 등. 거의 모든 주에는 공립학교와 학생들을 지지한다며 자연발생적으로 설립된 유사한 단체들이 있다.

교육가, 학부모, 학생들은 기업가 파괴자들의 비전과는 맞지 않는 학교교육의 비전을 위해 싸운다. 학부모들은 자기 자녀들은 "경쟁력있는 글로벌 인재"로 보지 않고, 아이들로 본다. 유아교육가들은 어린 자녀들이 잘 놀고 표준화된 시험의 부담, 컴퓨터 매개 수업, 데이터 채굴 및 상업주의에서 자유롭게 되는 교육을 원한다. 교육가와 학부모는 학생들이 읽기와 수학 등 표준화 시험을 위한 준비 과목 이외에도 과학, 외국어, 역사, 문학, 체육, 예술, 공민 등이 포함된 충만하고 균형잡힌 교육과정이 갖춰진 진짜 교육을 누리기 바란다. 교사들은 자신들의 전문적 판단과 경험에서 우러나오는 지혜를 자유롭게 사용할 수 있기 바란다. 단지 시험 감독관으로 쭈그러들지 않고서 말이다. 교사는 기업가들이 아닌 교사가 시험 문제를 내야 한다고 믿는다.

이런 것들은 아동과 교육의 개념으로 파괴자들이 생각하는 것과 정반대다. 이 두 상대는 전혀 어울리지 않는다. 한쪽은 돈과 권력을 쥐고 있고 다른 한 쪽은 열정과 경험으로 가득찬 사람들이 많은 정보를 움켜쥐고 있다. 오늘날 우리 사회에서 돈과 권력은 늘 상대를 제압하기에 충분한 조건이 된다. 그러나 이런 일이 아직 일어나지 않았으며 앞으로도 일어나지 않을 것이다. 왜냐하면, 파괴자의 정책은 태생적으로 흠이 많기 때문이며, 이들의 실패는 무시하기 어려울만큼 너무 명백해지고 있다.

저항운동의 역할은 우선 계속되는 파괴운동 정책과 아동, 교사, 공립학교에 이들이 가한 해에 대해 대중들에게 알리는 것이다. 둘째, 좋은 교육이 무엇인지에 관한 비전을 제시하는 것이다. 즉, 아이 한명 한명의 개별성을 인정하고 교육을 시험 성적이 측정하는 것보다 훨씬 더 광범위하게 인식하는 것 말이다. 민주사회의 교육은 지적으로, 인격적으로, 시민적 이해의 폭을 성장시킬 수 있도록 아이들과 청소년들의 필요를 채워주어야 한다.

제5장

파괴운동 끝의 시작

제5장

파괴운동 끝의 시작

1983년부터 지금까지 상대적으로 짧은 역사를 거쳐오면서 기업가 파괴운동은 이들의 주장을 별 비판없이 받아들이는 주요 언론에 의존할 수 있었다. 미국 교육이 "실패하고 있다"는 주장은 별도의 엄밀한 조사없이도 그냥 받아들여졌다. 학교가 무능하고 게으른 교사들로 구성되어 있고 탐욕스런 교원노조에 의해 보호되고 있다는 주장이 아무런 의심없이 받아들여졌다. 억만장자들이 자금을 대는 기관에서 흘러나오는 보도자료들은 연구업적처럼 대우받았고 이런 의제를 가진 게이츠재단, 브로드재단, 월튼 재단 및 기타 재단들이 서명한 싱크탱크의 보고서들은 (독립적인 연구자들이 아무런 동료 검토를 거치지 않은 자료) 마치 뉴스나 엄밀히 수행된 진짜 연구의 결과라도 되는 양 정성껏 보도되었다. 잘 속아 넘어가는 컬럼니스트들은 학생 100%가 인종이나 가정의 수입 수준과 상관없이 고등학교를 졸업하고 모두가 대학에 입학하게 되었다고 주장하는 차터스쿨에 대해 지껄여댔다. 그러나 이런 언론은 이런 주장의 진실함에 대해서는 아무 것도 확인하지 않았다. 이런 학교들이 주장하는 성공담은, 모든 학교가 차터스쿨이 취한 방법을 복제한다면 같은 결과를 만들어 낼 수 있다는 가정을 하고 있었다.

저항운동은 파괴자들이 내놓은 이야기를 반박하는 사실과 증거를 악착같이 계속 들이댔다. 블로거들과 독립 연구자들은 표준, 시험, 교사평가시스템,

무경험 교사, 학교 민영화 등에 관한 선전활동을 쉬지 않고 비판했다. 그러나 주류 언론은 기적 이야기를 좋아했고 이를 계속 쏟아 냈다. 그러나 결국 증거가 무시하기 어려울만큼 너무 위세등등했다.

어떤 점에서, 민영화 운동에 맞선 반대 진영은 전진하기 시작했으며 파괴운동과 민영화에 반대하는 반발이 형성되기 시작했다. 제때, 아무것도 지켜지지 않은 약속이 너무 많아져 민영화 운동은 신뢰도에 큰 타격을 입게 되었다.

뉴욕타임즈의 자유기고가인 크리스토프는 소위 "개혁"운동이라고 불리는 것을 오랫동안 지지해 온 사람이다. 그러나 2015년 그는 이 운동이 정점에 달한 것 아닌지 의문을 제기했다. 이때가 소위 전국적인 비평가가 자칭 "개혁"운동이 혼란스럽게 허둥대고 있다는 점을 처음 눈치챈 때였다. 이들을 후원하는 부자들이 있었음에도 불구하고 말이다. 다른 모든 사람들이 계속해서 바뀐 게 없다며 모른척 했음에도 불구하고 크리스토프는 이를 보았다. 그는 "대단한 부자들이 상처입었다. 이상주의자들은 사기가 꺾였다. TFA에 지원하는 젊은이들의 수가 지난 2년 동안 줄어들었다. 15년간 이어온 성장세가 멈춘 것이다. 공통핵심교육과정은 이제 고아가 되었다. 정치인들이 이들의 부권적 지지를 완강히 거부하고 있기 때문이다. K-12 교육은 탈진한 상황이고, 핏물에 젖은 전쟁터가 되었다. 마치 1415년 10월 25일 영국-프랑스 전투가 있었던 다음 날의 아진코트(Agincourt)[8]와 같다."라고 쓰고 있다. 그는 "개혁가들"이 유아교육에 "이들의 열정을 다시 초점을 맞춰야 한다"고 제안했다. 아무런 이견없이 K-12 논쟁의 다양한 진영들로부터 모두가 의기투합할 수 있는 아주 중요한 개혁운동이기 때문이었다.

뭐, 나름 좋은 조언이었지만 아직 무르익지 않은 것이었다.

---

8) (역자주) 아진코트 전투(Battle of Agincourt). 이 전투는 1415년 10월 25일(St. Crispin's Day)에 프랑스 북부지역의 아진코트(Azincourt)에서 벌어진 영국과 프랑스 사이의 전투로, 100년전쟁에서 영국이 승리하도록 이끄는 계기가 되었다. 영국의 헨리5세와 프랑스의 찰스6세 간 협상 결렬로 시작된 전투는 영국의 대형활부대가 활약해 100년전쟁 중 가장 큰 공적을 기록한 전쟁으로 기록된다. 1599년 세익스피어가 쓴 헨리5세(Henry V)라는 작품의 배경이 되기도 한다.

수년이 지나, 파괴자들은 자신들의 운동이 문제에 봉착했다고 공개적으로 인정하기 시작했다. 일부는 지금 겸허해지고 이전과 똑같은 생각을 갖고 다시 시작해야 한다고 말했다. 또 다른 일부의 사람들은 사기가 꺾인 동지들이 포기하지 말고 똑같이 싫증나는 의제를 계속 압박해야 한다고 말했다. 누구도, "우리는 실패했다. 이제 이 점을 인정하자. 우리 시간과 돈을 아이들, 이들의 가족의 삶이 더 좋아질 수 있도록, 이들이 훌륭한 의료서비스와 적절한 음식, 거주지를 가질 수 있도록 하는데 온전히 바치자. 우리 모두 재정이 열악한 공립학교 시스템을 재건할 수 있다"고 말하지 않았다.

이들이 분석한 (실패의) 직접적인 원인은 다음과 같다.

첫째, NAEP 성적은 2015년에 변화가 없었고, 다시 2017년에도 변화가 없었다. 심지어 파괴자들조차 2007년 이후 학생들의 학업성취도가 근본적으로 변하지 않았다는 점을 안타까운 마음으로 인정하지 않을 수 없었다. 일부 주에서 혹은 학구에서는 성적이 약간 오르거나 혹은 약간 줄어들었다. 그러나 전체적인 결론은 피할 수 없었다. 파괴자들이 약속한 높은 성적, 더 높은 학업성취도는 일어나지 않았다. 성적은 오르지 않았고 백인과 흑인 학생 간의 성취도 격차는 여전히 크게 남아 있었다. 전국 평가에서 성적이 낮은 학생들의 성적은 변화가 없었다. 확실한 것은 이런 상황은 개혁가들이 약속한 내용이 아니었다. 보수적인 정치성향의 싱크탱크인 토마스포드햄연구원의 페트릴리(Michael Petrilli)는 2017년 성취도 결과를 보고는 "미국의 교육 향상에 있어 "잃어버린 10년"을 특징짓는 쓸쓸한 뉴스 내용이라고 반응했다. 하버드대학교의 웨스트(Martin West)는 이 결과를 두고 "실망스럽다. … 지난 10년 동안 계속되는 침체의 시기가 이어지고 있다"고 기술했다. 이들은 누구도 고부담표준화시험을 확고부동하게 강조해 온 것과 전국적인, 그리고 주차원의 감사보고서, 즉 종종 "국가 통지표(The Nation's Report Card)"의 신통찮은 결과 사이에 아무런 관련을 짓지 않았다.

둘째, 파괴운동의 후견인들은 종종 워싱턴 D.C.를 가리켜 자신들이 기울인 노력의 왕관 보석이라고 했다. 이들은 2007년 미셸 리를 교육감으로 만든 이후 지속적인 리더십이 자신들이 선호하는 전략을 이행해 왔고, 그래서 성공이 확실해진 듯하다는 것에 자부심을 느꼈다. 자선사업가들은 D.C. 학구의 급진적 변화에 거의 1.2억달러의 기금을 쏟아부었다. 교사 평가에 고부담평가를 활용, 의존하는 것, 차터스쿨의 광범위한 확장, 학교 교장 계약을 단 1년으로 하는 것 등이 여기에 포함되었다. 던컨은 학구의 이런 노력을 이렇게 말하며 하나의 모범적 사례로 치하했다. "학교가 혁신적인 개혁을 받아들이고 모든 학생이 대학 및 직장에 준비되어 졸업하게 하는데 필요한 일을 열심히 할 때 무슨 일이 일어나는지를 보여주는 사례"라고 했다.

거품은 2018년 초 걷히기 시작했다. 어떤 공립고교 하나가 2017년 거의 불가능하다고 여겨지는 100%의 졸업률을 올렸다고 했다. 이 학교 졸업률이 57%였다고 한 바로 다음 해의 결과였다. 이렇게 마음이 따뜻해지는 이야기가 NPR에서 방송되었다. 이 학교의 교사 한명이 내부 고발자로 사실을 털어놨다. 지방 NPR 방송은 이 학교로 다시 돌아가 졸업하는 학급의 60%가 넘는 학생이 오랫동안 결석하고 있어 졸업 자격이 없다는 것을 발견했다. FBI가 조사를 시작했다. 시정부는 이 학구 전체에 대해 독립적인 감사에 착수했다. 이 독립적 감사 결과는 대략 졸업생의 1/3이 졸업장을 받기에 학점이 부족하다는 것을 밝혀냈다. 이 학구는 2017년 예상 졸업률이 73%였다고 했다. 그런데, 감사 결과에 따르면 단 42%만이 졸업할 수 있을 뿐이고 다른 19%의 학생은 "대체로 졸업하기 어려우며" 졸업하는데 필요한 학점을 이수할 수 있다고 했다. 이 학구는 "모든 학생이 대학과 직장에 준비되어 있다"고 보증하지 않고 있다고 던컨은 단언했다. 졸업률 스캔들은 파괴자들이 2007년 이래 계속 통제, 관리해 온 이 학구의 급격한 변화에 대해 보였던 자부심에 찬물을 끼얹었다.

셋째, NAACP(전미유색인지위향상협회, National Association for the Advanced of Colored People)는 2016년 새로운 차터스쿨에 국가적 모라토리엄(일시정지) 명령을 내리라고 요구했다. NAACP는 전국의 도심 학구에서 청문회를 개최하고 차터스쿨에서 자행되고 있는 배타적 행태에 대한 학부모들의 불만을 들었다. 이 단체는 "새로운 차터스쿨이 공립학교와 마찬가지의 투명성과 책무성을 보인다고 하기 전"에는, 더 이상 공교육재정이 "공립학교 시스템을 희생하면서" 차터스쿨로 전용되지 않을 때까지, 공립학교에서는 법적으로 교육해야 할 의무가 있다고 하는 학생을 쫓아내고 퇴학하는 만행을 멈추기 전에는 절대 어떤 차터스쿨도 새로 설립되어서는 안 된다고 했다. NAACP의 결의는 역사적으로 이 단체가 공립학교를 지지해 왔다는 점, "공공재정을 비공립학교 선택제를 지지하기 위해 전용하도록 하는 학교 민영화 운동"을 비판해 왔다는 점을 보여주었다.

넷째, 교사가 자신이 가르치는 학생들의 학업성취도에 의해 평가되어야 한다는 파괴자들의 신념은 2018년 게이츠재단이 기금을 지원해 이루어지는 활동에 대해 다시 게이츠재단이 연구비를 대 이루어진 연구로 뒤집혔다/파괴되었다. RAND(랜드연구소)와 AIR(미국종합연구원, American Institute for Research)는 세 개의 학구(힐스보로 카운티/플로리다, 멤피스, 피츠버그)와 4개의 차터스쿨 체인 학교들을 대상으로 지난 6년 동안 실시해 온 교사평가 프로그램에 대한 연구결과를 발표했다. 이 프로젝트는 학생들의 학업성취도를 높이지 않았다. 그렇다고 무능한('잘 가르치지 못하는') 교사를 골라내지도 못했다. 한마디로 이 프로젝트는 실패했다.

다섯째, 교사들의 시위와 파업 사태가 휘몰아치면서 교육에의 열악한 재정 상황이 얼마나 만연한지 다시 조명받게 되었다. 교사파업은 2018년 봄 웨스트버지니아에서 시작되어 교사 임금이 아주 열악한 다른 주로 급속하게 퍼져나갔다. 이들 교사파업은 많은 주 의회들이 이전 10년 동안 감액해 왔던 공교육재원을 회복시키지 못했다는 사실을 뼈저리게 드러냈다. 교사파업은 계속 이어졌고 전국의 교사들은 오로지 대중 행동만이 학급당 학생수 축소, 모든 학교에 양호교사 및 사서교사 배치, 더 많은 학생 상담사, 새로운 차터스쿨 개교 중지 등 자신들의 요구가 의회 의원들에게 전달될 수 있는 방법임을 깨달았다. 교사들은 학교선택제가 공립학교의 열악한 재정 상황에 한몫하고 있다고 생각했다.

여섯째, 차터스쿨, 영리추구를 목적으로 하는 기업형 학교, 종교계 학교에 대한 바우처제도 확대를 통한 학교 민영화를 위한 운동은, 억만장자의 상속녀로 억만장자 대열에 든 드보스를 트럼프 정부가 연방 교육부 장관으로 지명, 임명하면서 가장 극단적인 성격을 드러내게 되었다. 더불어 드보스의 등장으로 전국적으로 재정이 열악한 공립학교가 학교 민영화로 인한 위험 정도가 더 분명해졌다. 드보스는 민주당 인사들이 갖고 있는 학교선택제에 대한 열정을 무디게 만들었다.

파괴자들은 자신들 앞에 놓인 다수의 실패를 방어하는 데 급급했다. NAEP 성적에 큰 변화가 없다는 사실이 발표되고, 차터스쿨에 대한 연구가 그다지 신통치 않다는 점이 밝혀지면서, 그리고 바우처제도에 대한 연구로 이 제도에 따라 공립학교 이외의 바우처 학교에 다닌 학생들이 공립학교의 또래 아이들보다 학업성취도가 낮다는 점이 드러난 이후 민영화론자들은 지금까지 내세웠던 목표 내용을 바꾸기 시작했다. 파괴주의자들의 전술이 내세웠던 목표는 시험 성적 향상이라는 점이 분명해 보였었는데, 몇몇 핵심적인 파괴운동의 인사들은 시험 성적이 파괴운동의 진짜 목적이 아니라는 의견을 피력했다. 파괴운동의 핵심적인 신조가 통째로 버려지는 상황이 벌어진 것이다. 파괴주의자들은 NCLB가 발효된 이후 줄곧 매년 치러지는 학력평가가 시험 성적을 올릴 것이라는 주장해왔고, 이 성적을 활용해 공립학교를 폐쇄하고 대신 차터스쿨 문을 열게 하겠다고 공언해 왔기 때문이었다.

심지어 파괴자들 중에 표준화시험 성적의 가치에 의문을 제기하는 사람이 생겨나기 시작했다. 월튼가재단이 기금을 대는 "교육개혁학과(Department of Education Reform, 알칸사대학교)"의 학과장인 그린(Jay P. Green) 교수는 시험 성적은 이후 학생 삶의 성공과 거의 혹은 아무런 관련성이 없다고 경고했다. 그는, 시험 성적은 "고등학교를 졸업하고 대학에 진학하는 거라든지, 좋은 삶을 영위한다든지, 감옥에 가지 않는 것" 등의 산출물에 어떤 일관된 방식으로 영향을 미치지 않는다고 썼다. 결론적으로 그는, "시험 성적의 변화 방향과 정도는 이후 삶의 상황을 바꾸도록 하는 것에 별 관계가 없다"고 했다. 더욱이 그는 "무관용정책" 차터스쿨이 더 높은 시험 성적을 내기는 하지만 그렇다고 해서 고등학교 졸업률이나 대학 진학률에 아무런 효과를 가져오지 않는다고 했다. ("무관용정책" 차터스쿨은 아주 엄격한 훈육 규정을 두고 있는 학교로, 이 규정을 따르지 않는 학생들을 아주 높은 비율로 정학 처벌을 내리는 것으로 유명하다.) 그린 교수는 학교선택제를 옹호하는 대표적인 학자로 바우처제도가 더 높은 학업 성취도를 가져도록 하지 않지만, 고교 졸업가능성과 대학 진학 가능성을 향상시키는 방식으로 좀 더 나은 "삶의 상황"을 갖도록 해준다고 주장했다.

교육부장관인 드보스는 2017년 연방정부에서 수행한 평가연구에서 워싱턴 D.C. 학구에서 이루어지는 바우처제도가 시험 성적에 부정적인 결과를 가져온다는 것을 듣고는, 시험 성적은 그다지 중요한 문제가 아니라고 대응했다. "학교선택제가 완전히 이행된다면, 서로 다른 학교 유형 사이에 학업 성취도는 아무런 차이가 없어야 한다"고 말했다. 다른 말로 해보자면, 바우처제도를 이용하거나 차터스쿨을 다니는 학생들이 공립학교 학생들보다 높은 학업성취도를 가지리라 기대할 이유가 없다는 뜻이다. 어느 학교를 다니건 다 비슷한 성적을 낼 것이란 말이다. 비록 드보스 장관이 발언하지는 않았지만, 이는 밀워키(위스콘신주)에서 일어났던 일이기도 했다. 이 도시는 지난 30년 동안 공립학교, 차터스쿨, 바우처제도 등 학교선택제도를 경험한 곳이다. 결론적으로 밀워키의 학생들은 어느 학교를 다니건 다 비슷한 수준의 시험 성적을 내고 있다. 전부 낮은 수준으로 말이다. 밀워키는 학교선택제가 완전히 휩쓴 곳이자 전국적으로 NAEP 성적이 가장 낮은 도심 학구가 있는 곳이다.

보수적인 성향의 미국자유기업원(AEI)은 다음과 같은 연구 결과를 내놓았다. 이 조사 연구의 설문 문항에는, 시험 성적이 학교를 평가하는 적절한 방법이라고 생각하는지, 학교선택제가 시험성적을 높이는지에 대한 문제가 포함되어 있다. 학교선택제에 우호적인 세 명의 연구자들은 시험 성적이 교육 프로그램의 성공을 판단하는 최상의 기준이어야 한다는 파괴자들의 교의를 깨뜨렸다. 「시험성적은 중요한가? 학교선택제연구의 장기성과에서 얻은 교훈(Do Test Scores Even Matter? Lessons from Long-Run Outcomes in School Choice Research)」이라는 연구는 이렇게 시작한다. "지난 20여 년 동안 거의 모든 주요 교육개혁은 다음과 같은 일반적 가정 하에 추진되어 왔다. 표준화시험 성적은 성공과 실패를 가늠하는 정확하고 적절한 측정이다." 연구자들은 다음과 같이 결론짓고 있다. "학교선택제 프로그램에 있어, 시험성적과 이후 삶에서 획득하는 상황 사이에는 아주 약한 관련성이 있을 뿐이다. 시험성적이 학교 선택의 성공과 실패를 아주 단기적으로 측정하는 상황에서 시험성적이 자동적으로 학부모의 요구와 만족보다 특권적인 자리를 차지해서는 안 된다." 이들은 표준화시험성적은 학생의 성공을 예측하는 아주 형편없는 측정도구라고 말했다. "학생의 행동과 비인지적 기술을 향상시키는 교사가 시험성적을 높이는 교사들과 동급으로 취급되어서는 안 된다"라고 이들은 주장했다.

이렇게 인정하는 이들이 겨냥하는 것은 던컨과 게이츠 등이 내세우는 주장으로, 교사를 평가하는 최선의 방법이 학생들의 시험 성적이어야 한다는 것이었다.

그래서, 학교선택제가 고교 졸업률, 대학 진학률, 사회에서의 임금 수준에 어떤 영향을 미치는지 확인해보자고 앞으로 수십년을 더 기다려야 하는가?

전혀 그렇지 않다. 텍사스주의 두 경제학자가 차터스쿨에 다녔던 학생들의 장기적 효과에 대한 연구를 수행했다. 프라이어(Roland G. Fryer Jr., 하버드대학교)와 도비(Will Dobbie, 프린스턴대학교), 이 두 경제학자는「차터스쿨과 노동시장의 결과(Charter Schools and Labor Market Outcomes)」라는 제목의 연구 결과를 내놓았다. (프라이어가 속한 하버드대학교의 교육혁신연구소(Education Innovation Lab)는 주로 차터스쿨에 광적인 집착을 보이는 브로드재단에서 기금 지원을 받았다. 그런데 2019년 동료 교수가 프라이어 교수를 성희롱으로 수차례 고발한 이후 대학측이 프라이어 교수를 정직에 처하면서 연구센터는 문을 닫게 되었다.) 프라이어와 도비의 연구 결론은, "평균적으로 텍사스주의 차터스쿨은 시험 성적에 아무런 파급효과를 미치지 않으며 심지어 이후 삶에서의 임금 수준에는 부정적인 관련성을 가진다"였다. 엄격한 훈육 규율을 채택하고 이를 위반하는 학생에게 정학 징계를 내리는 "무관용" 차터스쿨은 "시험성적을 높이고 또 4년제 대학 진학률을 올리기는 하지만 이후 삶에서 임금 수준에는 아주 낮은 수준의, 즉 통계적인 의미가 없는 수준의 영향만 미친다. 다른 유형의 차터스쿨은 오히려 시험 성적, 4년제 대학 진학가능성, 이후 삶에서의 임금 수준에 부정적인 상관성을 보인다." 다른 말로 해보면, 차터스쿨에 다니는 장기적인 효과는 전혀 없었다.

시험 성적은 중요하지 않다거나 학교선택제가 시험 성적을 높이는 것이 아니라는 등의 주장을 내세우며 새롭게 부상하는 파괴자들에 반대하는 유명 인사가 있다. 던컨은 지금까지 이어온 파괴운동의 모든 전략을 여전히 고수한다. 국가 표준, 1년 단위의 시험, 징벌적 책무성, 시험점수 연계 교사 평가, 차터스쿨 등. 이는 그가 만들어 온 유산으로, 그는 이런 것들이 실패하고 있다는 사실을 인정하길 거부했다. 2018년 초, 전국의 시험 성적 수준에 아무런 개선이 없다는 보도자료가 나가기 전에 그는 (전임 교육부 장관에게 허락되는 특권에 따라) 이 사실을 알고 있었다. 그럼에도 그는 워싱턴포스트에 자신이 추진해 온 정책을 방어하는 내용의 오피니언글을 기고했다. 그는 교사들의 행진과 파업을 무시했다. 당시 모든 언론매체를 도배하다시피 했던 뉴스 거리를 말이다. 신문에 기고한 그의 글 제목은 방어적인 느낌을 잘 보여주고 있다. "사람들은 교육개혁이 제대로 작동하지 않는다고 말합니다. 그 말을 믿지 마세요.(People Are Saying Education Reform Hasn't Worked. Don't Believe Them.)"였다. 그는 누가 그렇게 이야기하는지에 대해서는 밝히지 않았다. 단지 "워싱턴에 있는 많은 사람들"이라고만 했다. 그는 1971년 이래 NAEP 성적이 올랐다는 것으로 최근의 정책이 평가되어야 한다고 했다. NCLB가 시행되기 장장 30년 전이자 자신이 주도했던 정상을향한경주가 시행되기 40년 전을 기준으로 삼은 것이다. 그는 매년 시험을 치도록 한 NCLB를 치켜세웠다. 이게 어떤 효과를 가져왔는지에 대한 증거가 없음에도 불구하고 말이다. 그리고 차터스쿨에 대한 지지를 다시 한 번 강조하면서 대부분의 학구에 차터스쿨이 없다는 점을 안타까워했다. 학생 성적에 연계된 교사 평가를 칭찬하는가 하면 이 정책이 시도된 곳에서 있었던 실패에는 눈감았다. 그는 자신이 몸담았던 연방 교육부가 실시한 정상을향한경주 프로그램의 성과 평가 결과를 무시했다. 이 자료에 따르면 던컨 장관이 미국 학교의 "개혁"을 위해 쏟아 부은 70억달러의 돈은 시험성적, 고교졸업률, 대학진학률

등에 아무런 영향을 미치지 않았다고 결론짓고 있다. 이 연구는 오바마 정부가 백악관을 비우기 하루 전날 대중에 공개되었다. 그는 자기 의견에 우호적인 연구 결과를 인용했는데, 무려 6년 전인 2012년의 연구결과였다. 정상을 향한경주 프로그램은 2010 - 2015년 동안 시행되었음에도 불구하고 말이다. 그는 더 많은 것들이 작동할 수 있었는데 (교육계) 지도자들이 자신이 주었던 것과 같은 "담대한 개입"을 추진하는데 필요한 용기를 내지 않았다고 했다. 그가 발주한 배는 가라앉고 있었다. 그럼에도 그는 영웅적인 지도자들이 세간의 비판과 증거들을 무시해야 한다고, (배에 탄) 모든 사람들이 더 열심히 노를 저어야 한다고 주장했다.

던컨은 바락 오바마 정부에서 장장 7년 동안 연방 교육부의 장관으로 재임했다. 그는 정상을향한경주(Race to the Top)라는 교육프로그램을 만들었는데, 이는 부시 정부에서 시작한 NCLB 법의 시험기반 접근에 토대하고 있다. 던컨은 학생 평가를 위한 고부담시험, 주별공통핵심표준, 학생 성적에 연계된 교사평가체제, 차터스쿨 등의 정책을 지원했다. 차터스쿨에 대한 그의 옹호, 지지는 드보스의 학교선택제 정책을 위한 발판을 마련했다.

보수적인 성향의 미국자유기업원(AEI)에서 교육 프로그램을 이끈 헤스(Frederick Hess)는 교사들의 시위는 부시-오바마 정부의 파괴적인 "개혁"이 제대로 추진되었다는 신호라고 주장했다. 그는 글에서, 교사는 "엄청나게 공감을 자아내는 행위자"라고 썼다. 이들은 "신뢰받고 있고 인기있다." 헤스는 교사들의 대규모 파업과 시위의 원인이 대체로 파괴운동이 펼쳐온 교사에 대한 부정적인 이미지, 이들의 임금수준 혹은 전문직으로서의 지위에 무관심했던 데서 기인한다고 보았다. 이런 상황은 "부시-오바마 정부의 학교 개혁의 본질이 '버려진 학교 개혁'의 바다 밑바닥으로 가라앉으면서 왜 교사들의 생계적 요구가 치솟는지 보여"주고 있다. 그는 교사파업 및 새로운 교사운동의 급진성이 "부시-오바마 시대로부터 학교 개혁의 추가 갈지자 행보를 보이면서 앞으로 어떤 일이 일어날지 살짝 보여주는 장면"인지 묻고 있다. 그의 칼럼을 읽고 있노라면, 마치 신비한 묘약으로 이야기되는 파괴운동을 한편으로는 지지하고 다른 한편으로는 회의적인 태도를 보였던 수많은 파괴운동원 중 한 명이 파괴운동의 장례식에서 읊는 장송곡 같다.

파괴운동의 실패를 솔직하게 인정하는 또 다른 파괴운동의 지도자가 있었다. 두 명의 학교선택제 옹호자들로, 앞서 언급한 그린과 바우처제도를 옹호하는 EdChoice(인디애나폴리스)의 국가연구책임자인 맥쉐인(Michael Q. McShane)이었다. 이들은 도대체 뭐가 잘못 돌아가고 있는지, 어떤 교훈을 얻어야 하는지에 관해 논의하는 학술 회의를 열었다. 이들이 제출한 발표문의 요약은 다음과 같다.

지난 20년 동안 연방정부 및 주정부 정책결정자들은 많은 수의 야심차고 규모가 큰 교육개혁에 착수했다. NCLB, 정상을 향한경주, 주별공통핵심표준 등. 그런데 이런 것들은 시끄러운 잡음을 내더니 결국 실패했다. 2017년 우리 저자들은 왜 이런 방안들이 실패했는지, 이런 실패에서 무엇을 배워야 하는지에 대해 탐색하기 위해 많은 수의 선도적 학자들과 학술회의를 열었다. 이 자리에 참석한 사람들은 향후 미래에 좀 더 성공적이기 위해서는 개혁가들이 겸손함, 정치적 통찰력, 속도를 늦추거나 규모를 줄여야 할 시기가 언제인지 알 수 있는 능력을 겸비해 야망과 시급성 사이의 균형을 맞춰야 한다는데 의견을 같이 했다. … 미국 교육은 실패한 개혁으로 버려졌다. 미 전역에 걸쳐, 우리는 차터스쿨의 문이 닫혀가고 있고, 연방정부의 기금이 점점 줄어들고 있으며, 자선사업가들의 구상이 한번도 성공하지 못했으며, 새로 도입한 교사평가 시스템이 벌써 뒤뜰 쓰레기장에 처박혔음을 보게 된다. 물론 실패가 나쁜 것이라고 말할 필요는 없다. 학교 개선이라는 시급하고 복잡한 목표를 추구하는데 일정 정도의 실패는 불가피할 것이다. 그럼에도 불구하고 문제는 정책결정자들, 재단 관계자들, 기타 전문가들은 자신들이 옹호해 온 방안이 아주 쓸모없게 되었다는 점을 부인하면서 엄청난 인센티브를 취하고 있는가 하면, 다음 단계의 개혁으로 나가가기 전 이 실패를 제대로 인정하지도, 그렇다고 이 실패에서 그 어떤 것도 배우지 못한 듯하다. 결과적으로 이들은 자신들의 실수를 다시 반복할 공산이 크며 이들이 이뤄야 할 것에 비춰 진전이란 거의 만들어지기 어려울 게다.

이렇게 반복되는 실패에도 불구하고, 새로운 자선사업가들의 주요 자금은 찬주커버그재단, 로렌파월잡스의 에머슨자선재단, 찰스코크재단 등 미국 공교육을 파괴하고 다시 창조해낸다는 의도를 내놓는 단체들의 파괴적 개혁운동에 투입되었다. 지속적인 자금의 이런 흐름은 학생, 교사, 공립학교를 대상으로 하는 채 무르익지도 않았고 징벌적인 정책들이 확실히 만들어질 것이라는 점이다. 시험, 학교선택, 온라인수업을 핵심내용으로 하는 주의회의 입법으로 시행되고 있는 파괴적인 파괴운동에 더해서 말이다.

그린과 맥쉐인은 다음과 같이 조언하고 있다. 부디 겸손해라. (공통핵심표준 주창자들이 그랬던 것처럼) 개혁의 목적이 민주주의를 유예시키지 않도록 조심해라. "연구가 보여주고" 혹은 "전문가가 동의하는" 등의 과장된 주장 뒤에 숨지마라. 실제하는 교육 세계의 논쟁거리는 너무 복잡해서 단일한 행동경로로 환원되거나 혹은 관련된 변인을 통제할 수 있도록 허용하지 않는다. "최선의 실천"은 한 학교 혹은 한 학구에 합당할 수 있다. 그러나 다른 학교 혹은 다른 학구에게까지 '최선'이라고 할 수는 없다.

그린과 맥쉐인이 제안하는 조언은 나름 현명한 것이었다. 그러나 이런 조언은 던컨의 장밋빛 관점, 즉 과거 20여 년간 이어져 온 파괴적 정책은 아주 근사한 것으로 열매를 맺기까지 좀 더 많은 시간과 더 많은 용기가 필요하다는 생각을 지지하지 않는다. 이 두 반대자들은 만병통치약이나 비법소스를 찾아다니거나 뭔가 때려 부수려 달려드는 일이 얼마나 위험한지 경고했다. 왜냐하면, 파괴자들은 자신들이 파괴하려는 것, 그것을 바꾸는 방식에 있어 정말 일말의 존중도 없이 너무 경솔하게 일을 해왔기 때문이었다. 그린과 맥쉐인은 파괴운동 의제를 행하는 행위주체들은 자신이 선호하는 방안을 교사, 교장, 학부모의 입에 쑤셔 밀어넣어서는 안 된다는 점을 현명하게 알고 있었다. 정책은 일종의 효과를 낼 수 있다. 그러나 이를 이행하리라 기대되는 사람들이 열정적으로 지지할 때에만 가능하다.

지금까지의 20년, 혹은 30년 동안 파괴자들은 한꺼번에 모든 사람에게 다 같이 적용될 수 있는 만병통치와도 같은 정책을 찾아다녔다. 그린과 맥쉐인은 다른 접근을 취해야 한다고 주장한다. 즉, 지지를 얻기 위해 시간을 들이라는 것이다. 한 곳에서 나름 성공했지만 다른 곳에서는 그렇지 않은 혁신을 깔보지 말라는 것이다. 지역사회에서 만들어 낸 표준을 업신여기지 말라는 것이다. 간단히 말해, 내가 이들의 의견을 제대로 이해했다면, 모든 변화는 규모를 키울 수 있어야 한다는 환상을 버리라는 것이다. 성공한 변화 사례는 수천개까지는 아니더라도 수백개의 학교에 적용할 수 있어야 한다거나, 전체 학구 혹은 주 전체, 더 나아가 국가 전체에 걸쳐 적용할 수 있어야 한다는 환상 말이다. 온 맘을 다해 표준화를 받아들인 파괴자들과는 달리 그린과 맥쉐인은 다양성, 다원주의, 규모가 작은 개선 등의 가치를 인정하는 접근을 취하라고 요구했다.

이는 지난 20년 동안의 거창하고 대담하며 실패한 파괴운동에서 한 발 물러선 겸손한 모양새가 아닐 수 없다. 그러나 맞는 말 아닌가?

던컨은 자기 동지들로부터 들려오는 한탄의 소리를 귀담아 들었어야 했다. 전직 프로 선수 출신으로 그는 군대를 다시 한 번 정비하는게 자신에게 달려있다고 느꼈다. 이 군대의 군인들은 격려 연설이 필요했다. 그래서 2018년도의 어느 슬픈 봄날에 파괴운동에 매달린 실패의 향기를 흩뿌리고자 그는 스펠링스를 자기 군대에 불러들여 실패하고 있는 프로젝트를 위해 기운을 북돋는 기사를 쓰도록 했다. 어찌 이리 둘이 잘 어울리는지. 오바마 정부 교육부 장관이었던 던컨과 부시 정부 교육부장관이었던 스펠링스. 어깨를 나란히 하고 둘이 서서는 자기 수준의 사람들 중 반대하는 사람들을 향해 성벽을 지키려는 모습이 어찌 이리 잘 어울리는가 말이다. 비평가들은 흔히 이렇게 말한다. 부시 정부의 하향적이고 침략적인 NCLB법과 오바마 정부의 징벌적 정상을향한경주 사이에는 구분할 만한 차이가 없다고 말이다. 이 두 개혁 구상은 의심할 것도 없이 미국 역사에서 가장 인기 없고 연방정부의 교육체제를 가장 심하게 피해입힌 것들이다. 이들은 미국 교육의 질을 떨어뜨렸고, 숫자를 헤아릴 수 없이 많은 교사들을 강제로 해고했다. 이들의 유일한 잘못이라면 피폐한 학구에서 가르쳤다는 것뿐인데 말이다. 이들은 수백, 어쩌면 수천개의 공립학교 문을 닫게 했다. 빈곤이 판을 치는 지역에서 학교 문을 열고, 정말 많은 수의 장애학생 및 영어가 모국어가 아닌 학생을 등록해 가르친 학교들이었는데 말이다.

던컨과 스펠링스는 35년(레이건의 「위기의 국가」 보고서로부터 오바마의 정상을향한경주에 이르기까지)이나 이어져 온 시험기반 정책에 대한 초당적 지지가 무너진 것을 슬퍼했다. 이들은 "학업성취도 격차를 줄이자"라거나 교육에서 균등한 기회를 만들자는 말라는 비틀어진 주문을 반복했다. NCLB에서도 정상을향한경주에서도 구현하지 못했던 것들을 말이다. 이들은 NAEP의 시험 성적이 저조한 채 침체되어 있는 것에 불만을 토로했다. 이런 변화없는 성적이 이들의 재임시기에 일어난 것이고, 딱한 교사와 학교에 강제한 그것도 연방정부의 막강한 힘으로 밀어붙여 실시한 바로 그 정책의 결과였다는 사실은 인정하지 않으면서 말이다.

이들은 자신들이 지지했던 몰락한 정책에 대해 그 어떤 책임도 지지 않았다. 대신, 이들은 "선견지명의 부재, 의지 박약, 진보에 반대하는 정치적 지형"에 관한 최근의 (대중적) 각성(미몽으로부터의 깨어남)을 비난하고 있다. 이들은, 자기 동지들 사이의 우울함의 원인이 이들 프로그램이 실패했다는 것, 그것도 자기들이 중요하다고 생각하는 가치, 즉 시험 성적으로 평가된 상황에서 실패했다는 점을 받아들일 수 없었다. 시험 성적은 변화가 없었고 많은 곳에서 오히려 떨어졌다. 부유한 계층과 그렇지 못한 계층 사이의 학업성취도 격차는 줄어들지 않았다. 국가를 막다른 궁지의 길로 내던졌음에도 불구하고 "이탈하지 말라"는 이들의 간청은 슬펐다.

오랜 경력 기자인 메로우(John Merrow)는 한때 열정적인 파괴운동 지지자였다. 뭐, 나도 한때는 그랬었다. 그는 두 명의 전직 연방 장관이 다음과 같은 말로 한탄하기 시작했다고 쓰고 있다. "우리는 꽤 오랫동안 미국 교육 시스템을 향상시키기 위한 대담한 행동을 진전시켜 온 광범위한 연합/제휴의 덕을 봤습니다." 물론 당연하다. 이들의 "대담한 행동"은 거의 20여 년 가까운 궤적 속에서 성공했다는 아무런 증거를 만들어내지 못했다. 정말 기나긴 시험의 기간이 아닐 수 없다. 메로우는 던컨과 스펠링스가 언급하는 "우리(we)"가 누군지, 이들의 정책으로 도대체 누가 "덕을 봤다는" 것인지 궁금해했다.

NCLB와 정상을향한경주로 혜택을 입지 않은 사람이 누군지 확인하는 게 훨씬 더 쉽다. 학생부터 시작해보자. NAEP에서의 평가 성적(누구나 이것이 교육을 측정할 수 있는 최고의 기준이라고 동의한다)은 기본적으로 부시 정부와 오바마 정부를 포함해 20여 년이 넘는 기간 아무런 변화가 없었다. 다음은 교사들이다. 이들의 봉급, 사기는 사지선다형 시험과 "시험과 처벌" 정책에 점차 더 의존하게 된 지난 수년 동안 내리막길을 걷고 있다. 이로 인한 부수적 피해가 가르치는 직업에 더해졌다. 즉, 교사의 위신은 사라졌고 자격있는 교사들로 교실을 채울 수 있을만한 충분한 예비교사들을 끌어들이지 못하고 있다. 자, 그럼 덕을 본 사람을 헤아려보자. 여기 5부류의 사람들이 있다. 시험 평가기관(이들의 이익은 자그마치 5,000%가 성장했다.), 자신들의 정치적 의제를 만족시키기 위해 공교육을 파손하려는 이데올로그들, 차터스쿨 설립으로 돈을 버는 사람들(영리를 목적으로 하든 그렇지 않든 상관없이 차터스쿨을 설립하는 것은 대단한 이윤을 내는 것으로 이 둘 사이에는 별 차이가 없다), 여기에 놀랍게도 두 명의 전직 연방 교육부장관이 있다. 한 사람은 현재 노스캐롤라이나대학교라는 고등교육

시스템을 지휘하는 사람이고 다른 한 사람은 에머슨자선재단이라고, 로렌파월잡스의 아주 돈많고 활발하게 활동하는 교육 벤처를 운영하는 세 명의 책임자 중 하나다.

파괴운동의 기세는 소진되어 없어졌다. 이제 역습이 시작되었다. 실패한 정책의 두 기둥을 제외하고는 누구도 승리가 아주 가까이에 있는지 아니면 너무 멀어 보이지 않는지조차 예측하지 않았다. NAEP 성적은 파괴자들의 홍보 기계에서 젖은 담요(사기를 꺾게 만드는 것, 즐거움을 방해하는 것)였다. 거의 20여 년 동안 연방정부와 대부분의 주정부를 휘어잡았으면서도, 파괴자들은 별로 자랑할 게 없었다. 이들은 언론을, 억만장자를, 헤지펀드 매니저들을, 자선사업가들을 꽤 오랫동안 기만해 왔고, 이들이 좀 더 많은 시험, 더 많은 처벌, 더 많은 학교 선택이 시험 성적을 높이고 국가적 탁월함과 형평성을 회복시킬거라는 생각을 하도록 속여 왔다. 뭐, 그런 일은 일어나지 않았다. 돈을 많이 들인 엘리트들은 학교가 싼 값에 새로 만들어질 수 있다는 약속을 사랑했다. 새로운 세금을 걷지 않아도 된다. 학교에 돈을 쑤셔넣지 마라. 그러나 교사들이 주의회사당으로 행진해 가는 모습은 이런 생각을 집어치우도록 했다. 교사에게 걸맞는 전문가적 임금을 지불하기 거절하는 국가는 전문가다운 교사를 고용하고 계속 머물도록 붙잡아둘 수 없다. 교육은 값이 많이 드는 일이다. 지금 당장 여기에 돈을 쓰지 않으려는 국가는 앞으로도 돈을 쓰지 않을 것이고, 그 비용은 무지와 절망의 만연으로 나타나게 될 것이다.

제6장

고부담표준화시험에 대한 저항

제6장

고부담표준화시험에 대한 저항

조지 W. 부시의 NCLB와 버락 오바마의 정상을향한경주는 서로 공유하는 전제가 있다. 매년 치러지는 표준화시험은 만병통치약이라는 점, 모든 학생의 학업성취 수준을 "능숙"까지 기적적으로 올려줄 것이라는 점.

진짜 말도 안 되는 아이디어가 아닐 수 없다.

표준화시험은 기능과 낮은 수준의 지식을 측정하는 방법이다. 개혁이 아니다. 수업을 대체할 만한 것이 절대 아니다. 사실, 이 시험을 준비한다고 수업 시간을 빼앗기고 있다. 단기간에 시험 성적을 올리겠다는 생각에 말이다. 그러나 장기적으로는 교육의 질이 훼손되는 일을 피할 수 없게 된다. 시험은 진단 차원에서 활용된다면 도움이 될 수 있다. 학생이 이미 알고 있는 것이 무엇이고 뭘, 어떻게 배워야 하는지 확인시켜주기 때문이다. 수업내용이나 방법을 개선하기 위해 교사들은 이런 정보를 활용할 수 있다. 시험을 치르고 바로 이 정보를 손에 넣을 수 있다면 말이다. 그러나 시험이 단지 학생들을 줄 세우고, 낙인찍고, 비난거리로 만들고, 학교, 학구, 주 및 전국의 다른 또래들과 비교해 "실패했다"고 말하기 위한 도구로 쓰인다면 절대 유용하지 않다.

의회 의원을 포함해 교육에 종사하지 않는 사람들은 전형적으로 주요 교육 관련 출판사들이 만들어낸 시험이 정확하고 또 객관적이라고 가정한다. 똑같은 학생이 문제가 같은 표준화시험을 서로 다른 날 치러도 다른 성적이

나올 수 있다. 모든 표준화시험(SAT, ACT, 주시험, 전국시험, 국제비교평가 등)은 전형적으로 가계 수입 정도와 부모의 교육 수준을 반영한다.

애초에 모든 표준화시험은 정상분포곡선으로 평가 결과가 나오리라는 전제하에 만들어졌다. 유리한 가정배경을 가진 학생들은 이 분포곡선의 상위 절반에 항상 몰려 있다. 표준화시험은, 부유하고 잘 교육받은 가정의 아이들이 승자로, 이런 가정배경을 가지지 못한 아이들은 패자로 공식 인정되도록 성적 분배 양상을 만들어낸다. 아주 신뢰로운 방식으로 말이다. 표준화시험의 결과는 기존 사회 질서의 구조가 어떠한지 확인시켜주고, 이것이 성공한 부모에게서 물려받은 행운(영국의 사회학자였던 마이클 영(Michael Young)은 「능력주의」라는 책에서 이를 '운좋은 정자 클럽'이라고 불렀다)[9]때문이 아니라, 자신의 지적 능력(IQ 혹은 타고난 재능)의 결과라는 생각을 갖게 해준다. 물론 높은 성적을 올리는 가난한 집 출신 아이들도 있고, 부자집 배경을 갖고 있으면서도 성적이 낮은 아이들도 있다. 그러나 이는 아웃라이어에 불과하다. 표준화시험에서 낮은 성적은 전형적으로 가계수입 정도가 낮은 집 아이들이 누구고 가난한 지역사회에 있는 학교가 어느 곳인지 확인시켜준다. 이를 통해 "나쁜 교사" 혹은 "실패하는 학교"를 찾아 낼 수 없다. 그럼에도 이런 결과를 바탕으로 학생, 교사, 학교를 처벌하고 있는 것이다.

표준화시험은 군인을 선발하며 지원자들을 걸러내기 위해 1차 세계대전 동안 대규모로 처음 사용된 지능검사에서 발달해 왔다. 이 검사에서 높은 성적을 낸 사람들이 장교로 선발되었고 낮은 성적의 지원자들은 보병이 되었다. 심리학자들은 이 검사에서 낮은 성적을 내는 사람들의 지능이 낮다고 가정했다. 물론 아주 잘못된 판단이었다. 이 분야의 지도자가 된 동일 심리학자들은 아리안인과 노르딕 사람들의 타고난 정신 우월성에 대해 책을 썼다. 비교 대상이 되었던 사람들은 흑인과 남부에서 동부 유럽에서 건너온 이민자

---

9) (역자주)「능력주의: 2034년, 평등하고 공정하고 정의로운 엘리트 계급(The Rise of the Meritocracy)」. 마이클 영(Michael Young)이 1958년 쓴 미래공상소설로, 능력주의(meritocracy)라는 말을 처음으로 사용한 책이다. 이 책에서 능력주의는 원래 디스토피아(dystopia)에서 작동하는 능력최우선 사회이데올로기를 지칭하고 있는데, 이후 다양한 방식으로 능력을 정당화하고 이에 따른 체제 구현을 합리화하는 방식으로 변형되어 왔다.

들이었다. 이들은 틀렸다. 북부 지역의 흑인들은 애팔래치아 산간 지역의 백인보다 지능검사 점수가 높다. 이 검사에서 도출된 결과는 가정의 교육수준, 영어 능숙도, 수입 정도 등의 환경 요인을 측정하고 있었다. 오늘날의 검사도구들이 그렇듯 말이다. 교육수준이 높고, 영어를 사용하는 가정에서 태어난 아이들은 이탈리아, 러시아, 유대인, 헝가리, 폴란드 등에서 건너온 이민자들보다 지능검사 점수가 높다. 역설적으로, 20세기 초기에서 지능검사를 수행했던 사람들이 저능아라고 낙인찍었던 사회적 그룹들 중 많은 사람들이 지금은 표준화시험에서 높은 성적을 내고 있다. 이 검사들은 실제로 능력을 재고 있는 것이 아니다. 오히려 언어 능력, 경제적 수준을 재는 측정도구로 사람들의 이런 배경이 향상되면 시험 성적 또한 향상된다.

파괴자들은 이런 역사를 무시하고는 여기서 아무것도 얻지 못했다. 이들은 오로지 측정이자 학교교육의 목표가 되는 연간 표준화시험의 타당도에 의존했을 뿐이다. 이들은 시험이 어려워지면 어려워질수록 학생들은 더 똑똑해질 것이라고 생각했다. 그래서 종종 이렇게 말했다. "기준을 높여라. 학생들은 더 높은 성적을 거두게 될 것이다." 그러나 이전보다 더 어려운 시험문제로 학생에게 시험을 치르게 한다고 해서 학생이 더 똑똑해지는 일은 일어나지 않았다.

연방법은 매년 치르는 시험을 학교교육의 고정 업무로 만들었다. 시험 성적은 가장 낮은 성취도를 내는 학교들을 골라내는데 이용되었고, 이 학교들은 폐쇄, 혹은 민간운영으로 전환되었다. 학교의 모든 교직원들은 해고되었다. 왜냐하면 시험 성적이 너무 낮았기 때문이었다. 시험 성적은 교사가 잘가르치는지 못가르치는지 판단하는데 활용되었다. 높은 능력을 발휘한 교사에게는 포상을 수여하는 데도 활용되었다. 이 시험은 교육의 질, 교사의 질, 학생의 성공과 실패를 측정하고 판단하는 것이었다. 학생들은 가난하다고 혹은 부모가 영어를 잘 읽지 못한다고 처벌을 받았다. 이들을 가르친 교사도 이들이 다닌 학교도 벌을 받았다. 자기와 같은 처지의 학생이 많이 등록했기 때문이다. 교사와 학교가 자기 할 일을 정말 못해서가 아니라 말이다.

그렇다면 연방정부의 법에 따라 매년 시험을 치는 상황에서 도대체 누가 이득을 보고 있는걸까? 학생도, 교사도, 학교도 아니다. 이들이 시험을 치러 얻게 되는 정보는 전혀 도움이 안 된다. 학생들은 봄에 시험을 치고 결과는 8월 혹은 9월이 될 때까지 도착하지 않는다. 그러면 학생을 담당하는 교사가 바뀌는 시점이 된다. 교사는 학생들의 성적이 어떤지 다른 학생에 비해 어떤 수준인지 알게 된다. 그러나 교사는 개별 학생이 무엇을 알고 모르는지, 무엇을 할 수 있고 또 할 수 없는지에 대한 정보를 이 시험 결과로 얻을 수 없다. 시험은 진단 평가가 아니기 때문이다. 일단 시험을 치고 나면, 교사도 학생도 시험지 속 문항을 다시 확인, 검토, 재풀이하도록 허락되지 않는다. 학생이 어떤 답을 썼는지 검토하는 것도 할 수 없다. 이것을 할 수 있어야 학생의 잘못과 오해를 확인하고 교사가 이 문제를 해결하도록 도울 수 있다. 주정부 인사는 주의 시험 점수가 올랐는지 아니면 내려갔는지, 혹은 시험을 통과한 학생 수가 많아졌는지 혹은 적어졌는지 말할 수 있다. 그러나 시간과 돈이라는 엄청난 비용을 들여 정확성이 의심스럽고 학생에게 아무런 혜택이 돌아가지 않는 이런 하찮은 정보나 얻고 있는 셈이다. 시험 출제를 맡는 출판사는 시험 문제와 답안을 철저히 비밀에 붙이고, 어떤 질문문항이나 답안도 외부로 유출되지 않도록 학생 및 교사의 소셜 네트워크를 감시한다.

그런데, 우리에게 더 많은 정보가 필요한가? 실제로 전국의 모든 3−8학년 학생들에게 매년 시험을 치르지 않고도 우리는 필요한 정보를 다 갖고 있다. 미국에서는 2년 주기로 연방정부에서 주관하는 NAEP가 외부 감사 기능을 담당하고 있다. NAEP 평가는 전국단위, 주단위, 학구단위에서 학생들을 표집해 이루어진다. 어떤 학생도 전체 과목의 시험을 다 치르지 않는다. 어떤 학교도 NAEP 성적이 얼마나 되는지 알려지지 않는다. 학생에게도 그리고 학교에게도 NAEP 시험과 결부된 부담(시험 성적에 따른 결과)이 없다. 이 시험은 순전히 정보를 얻기 위한 것으로 학생과 주 차원의 학습 성과(혹은 부족한 부분)와 평가에 참여한 일부 도심 학구의 학습 성과(혹은 부족한 부분)를 확인하려는 것뿐이다. NAEP는 주별로 그리고 참여한 도심 학구들 간의 학습정도를 비교하고, 모든 주와 많은 학구에서 나타나는 성취도 격차를 측정하기에, 그리고 인종, 젠더, 장애교육 유무, 영어학습자 유무, 빈곤 수준 및 기타 배경에 따른 데이터를 보고하기에 충분한 정보를 제공한다.

NCLB가 발효된 직후 NAEP 성적은 상승하고 있었다. 아마도 시험 준비에 추가적인 시간을 들이기 때문이었을 것이다. 그러나 2007년 이후, 거의 10년이 지나도록 NAEP의 평가 결과는 거의 완전히 평평하다. 즉, 아무런 변화가 없는 상태에 머물러 있다. 수십억원의 돈이 시험을 치르고 또 시험을 준비하는데 쓰였다. 누구도 이야기하지 않지만 학생들은 정말 긴 시간 동안 시험을 준비하는 데 몰두한다. 그런데도 10년 동안의 시험 성적은 아무런 변화 없이 침체되어 있다. 외부 감사는 매년 수백만명의 학생들이 치르는 시험에 바쳐진 방대한 국가적 노력은 엄청난 시간과 돈의 낭비였다고 밝히고 있다.

사실 측정 및 평가에 대해 의회와 미국 시민들이 가진 강한 신념이 더 큰 문제였다. NAEP는 1969–1970년 첫 평가를 시작했는데, 그 결과는 0점에서 500점 사이의 "척도 점수(scale score)"로 보고되었다. 이 척도는 학생이 무엇을 할 수 있는지를 보여주는 자료가 되었다. 이것이 곧 학생의 성적표를 의미하는 것이 아니었다. 이 척도 점수로 이야기 할 수 있는 것이라고 해봐야, 척도 점수가 올라갔느냐, 내려갔느냐 정도였을 뿐, 성적에 대해 이미 선판단된 내용으로 신문의 헤드라인을 장식할 수 없었다.

1992년 NAEP의 운영이사회는 "성취 수준"을 사용한 시험을 점수화하는 방식으로 NAEP 평가체제를 바꾸었다. 성취 수준은 학생이 무엇을 알아야 하고 또 무엇을 할 수 있어야 하는가를 보여주는 것이라 기대되었다. NAEP의 성취수준은 탁월(advanced), 능숙(proficiency), 기초(basic), 기초 미달(below basic)로 정해졌다. 전형적으로 탁월 수준에 주어지는 비중은 상당히 적었는데, 대략 10% 이하였다. 학생들의 1/3 정도가 능숙 수준이었고 또 다른 1/3이 기초 수준, 그리고 대략 1/4 정도의 학생이 기초 미달 수준이었다.

"기준 점수/경계 점수", 즉 탁월 수준과 능숙 수준, 능숙 수준과 기초 수준, 기초 수준과 기초 미달 수준을 결정하는 기준 점수가 인간의 판단 문제라는 점에 대해 제대로 아는 사람이 거의 없었다. 이 점수는 객관적으로 만들어지는 것이 아니었다. 교육가, 일반 시민 중 선발된 사람들을 포함하는 위원회가 서로 마주 앉아 4학년과 8학년이 반드시 알아야 하는 것이 무엇인지 결정했다. 이 과정을 집단 추정작업이라고 한다. 1992년 이런 단계적 성취 수준이 마련되었을 때, 누구도 미국 학생 모두(100%) 능숙 수준에 도달해야 한다고 기대하지 않았다. 지금까지 오로지 1개 주(매사추세츠)에서만 학생의 50%가 능숙 수준에 이른 게 다다. NCLB가 언어능숙 정도, 빈곤 정도, 장애유무에 상관없이 모두(즉, 모든 학생)가 법에 따른 교육정책이 실행되는 12년 내에 능숙 수준에 다다라야 한다고 승인했다. 이런 맥락에 대한 이해가 없이, 언론은 능숙 수준을 마치 (시험) 통과－실패와 같은 말로 취급했다. 즉, 능숙 수준에 이르지 못한 학생은 실패자가 된다. 간단히 말해 아주 잘못된 이해다. 모든 학생이 모든 과목에서 A 학점을 받기를 기대하는 것과 같은 일이다. 이런 일은 절대 일어나지 않는다.

의회가 2015년 마침내 NCLB 법안의 개정 작업에 돌입했다. 그리고 새로운 법안을 마련했다. 그렇지만 매년 치러지는 시험 내용은 빠지지 않았다. ESSA는 3－8학년의 모든 학생들에게 매년 의무적으로 시험을 치르도록 했다. 새로운 법을 만드는 데 참여했던 상원의 해당 상임위 위원은 연방법이 마술과도 같이 "모든 학생"의 학업적 성공을 마치 보증이라도 하는 듯 젠체했다. 정말 어처구니 없는 상황이 아닐 수 없는데, 마치 "어떤 아이들도 뒤에 내처지지 않을 것(NCLB)"이라고 믿는 듯했다. 2015년까지, 의회의원들은 이런 시험이 학업성취도의 격차를 결코 줄이지 못한다는 점을 확실히 알고 있었다. 그럼에도 불구하고 의회는 이런 연방정부의 지시를 유지시켰다. 기껏해야 학생 성취도와 관련된 데이터를 만들어내고 이를 기준으로 어느 학교를 문 닫게 하고 또 민영화할 것인지에 관한 정보 정도의 가치밖에 안되는 것을 위해서 말이다.

매년 시험 준비에 허비하는 시간이 얼마나 많은지에 대해 교사와 학부모들은 불평을 쏟아냈다. 일부 학교들은 수주 혹은 수개월에 걸쳐 시험 준비에 시간을 썼다. 연간 시험이 봄에 있기 때문에 각 과목당 한 시간 혹은 두 시간만 투입한다고 해서 될 일이 아니었다. 읽기와 수학 등 각 과목은 시험을 치르는데만 수일 혹은 수주에 걸쳐 여러 시간이 소요되었다. 8세(3학년)의 경우 대학입학시험이나 로스쿨입시에 요구되는 시험 시간보다 더 긴 시간이 소요되어 가혹한 시험을 치러야 했다. 일부 교사들은 시험을 치르는 아이들 중 혹시 시험지 위에 토할까봐 "구토용 봉지"를 손에 들고 있기도 했다. 이 구토용 봉지는 학생들을 보호하기 위한 것이 아니라 시험지를 보호하기 위한 용도였다. 혹시 아이들이 용변을 가리지 못해 옷에 실례한 경우를 대비해 별도의 비상옷을 구비해 놓기도 했다.

그런데, 누가 표준화시험 질문에 대한 답안지를 채점하는가? 객관식 문항은 기계가 채점한다. 그러나 주관식 답안의 경우 컴퓨터가 하거나 대체로 훈련받지 않은 저임금 노동자들이 맡아 한다. 최근, 주요 평가 기업들은 크렉스리스트(Craigslist)[10]와 같은 온라인 사이트를 통해 광고를 내고 시험 채점 인력을 모집한다. 팔리(Todd Farley)의 「점수매기기(Making the Grades)」라는 책을 보면, 시험 답안 채점이 얼마나 변덕이 심한지 알 수 있다. 팔리는 이 업계에서 소위 내노라하는 주요 평가 기업체에서만 15년을 일했다. 훈련 수준이라고는 형편없는 채점자들이 다섯 단락 정도 되는 에세이를 성급하게, 그리고 임의적으로 평가하는 모습을 기술하는 장면을 보노라면 충격 그 자체다. 이들의 순간적 판단이 다음 학년으로 진급하도록 할 것인지, 그렇지 않을지, 어떤 학생이 고등학교를 졸업할 수 있는지 그렇지 않을지, 누가 대학에 입학할 것인지 그렇지 않을지 판정하도록 한다는 점을 알고 있다면 더 그렇다. 그는 이렇게 묻는다. 왜 학생에 대한 모든 상황과 정보를 잘 알고 있는 교사들의 판단을 버리고, 대신 "학생의 답안을 흘깃 보는 것이 전부인 이 일을 지루해하는 사람의 순간적 판단"을 신뢰하고 있는가?

당신이 시험 전문가의 말에 귀를 기울인다면 미래라는 파도는 컴퓨터가 에세이 채점을 맡을 것이다. 전문가의 예측이 잘못되었다고 바래보자. 학생의 글쓰기 답안을 채점하는데 컴퓨터는 이 형편없는 인간보다 더 형편없다. 은퇴한 MIT 글쓰기 분야 교수였던 페렐만(Les Perelman)은 컴퓨터 글쓰기

---

10) (역자주) 크렉스리스트(Craigslist). 1995년 Craig Newmark이 시작한 미국의 온라인 홍보 안내 사이트로 주소는 craigslist.org이다. 해당 지역의 광고 및 홍보를 범주화(구직, 주택, 판매, 서비스, 지역봉사, 긱회사, 기타)하여 홍보를 돕고, 관련 논의를 이끈다.

채점에 관한 연구를 수행했다. 그리고는 컴퓨터 채점의 알고리듬을 얻었다. 뉴욕타임즈의 위너립(Michael Winerip)은 페렐만과 그가 발견한 점에 대해 기사를 작성했는데, 컴퓨터 글쓰기 채점은 속이기 쉽단 내용이었다. 페렐만은 SAT에서 치러지는 글쓰기 답안을 채점하는 ETS(Educational Testing Service)[11]에서 활용되는 컴퓨터기반 프로그램을 분석했다. ETS의 컴퓨터 채점가는 16,000건의 에세이를 채점하는데 단 20초 밖에 걸리지 않는다. 페렐만은 이 컴퓨터 채점가(e-rater)가 좋아하는 단어(둘다 '나쁜'이라는 뜻이지만, 'egregious'는 높은 점수로, 'bad'는 낮은 점수로 매기는 등)가 따로 있고, 긴 문장에 점수를 높게 부여하고 있었다. 그러나 사실과 소설 사이를 구분하지 못했고, 상식적인 문장과 비상식적인 문장을 구분하지 못했다. 위너립은 페렐만이 "글을 쓸 때 자기 문장 속 내용이 정확한 사실인지에 대해 걱정하느라 시간을 허비하지 마라. 잘 구조화된 문장에 통합되어 있는 내용이라면 어떤 사실이든, 심지어 사실이 아니어도 상관없다. 컴퓨터 채점가는 1812년 전쟁이 1945년에 시작되었다고 해도 신경쓰지 않는다고 말한다"고 썼다.

페렐만은 "바벨 생성기(BABEL Generator)"라고 부르는 컴퓨터 프로그램에 대해 고등교육신문(Chronicles of Higher Education)의 콜로비치(Steve Kolowich)와 대담을 가졌다. 그가 직접 디자인한 것으로, 자기 학생을 위한 프로그램이었다. 이 바벨 생성기는 완전히 말이 안 되는 비상식적 문장을 쓸 수 있다. 그런데도 컴퓨터 채점에서 아주 높은 점수를 받았다. 예를 들어보면 이렇다.

"사적 은밀함은 칭찬받거나, 불안정하다거나 혹 적합하지
도 않았고 의심할 필요없이 그렇게 되지도 않을 것이다 … 인

---

11) (역자주) ETS(Educational Testing Service). 1947년도에 설립된 미국의 시험 주관 기업. ACE, SAT 등의 미국 시험과, Toefl, Toeic, GRE 등 우리에게 익숙한 국제영어능력 시험을 치르며, 미국 K-12 및 대학교육에 필요한 각종 표준화시험을 개발, 관장한다. 대략 미국과 180개국가에서 연간 2천만건의 시험을 운영한다.

류는 사적 은밀함을 복종시킬 것이다." 이는 정확하게 화이트 (E. B. White)의 글이 아니다. 다시 페렐만은 1초도 안 되어 이 글을 썼다. 기초적인 수준의 자동에세이생성기(Basic Automatic B.S. Essay Language Gernerator, BABEL Generator)를 가지고 말이다. 그는 이 새로운 기계를 가지고 자동화된 에세이 채점 소프트웨어를 계속 공격하고 있다.

NCLB가 시행되기 전에는 연간 치러지는 표준화시험을 대체할만한 것들이 모든 학생에게 선택으로 주어졌었다. 그러나 정책결정자들은 이를 무시했다. 1990년대 초, 뉴욕시에서 많지 않은 진보적 교육가들이 고교졸업시 치러야 하는 주정부 차원의 의무적 표준화시험에서 학생들을 면제해주는 주정부 방안을 관철시켰다. 오랜 경력의 교육자인 쿡(Ann Cook)의 지도하에, 이들은 뉴욕학업표준컨소시움(New York Performance Standards Consortium)이라는 단체를 만들었는데, 이는 학생들의 기능과 지식을 평가하는데 표준화시험보다 "수행평가"가 훨씬 나은 방법이라고 천명하는 학교 그룹이었다. 뉴욕에서, 주 교육위원회는 소위 이사회(Board of Regents)라고 불렸는데, 고교생들은 졸업을 위해 반드시 소위 "이사회주관 시험(Regents' Examination)"으로 불리는 평가를 통과해야 했다. 뉴욕주에서 다른 학생들이 반드시 치러야 하는 통상적인 다섯 가지 표준화시험을 대신해, 이 컨소시엄 학교에 소속된 학생들은 이사회주관 영어시험(Regents' English Language Art Examination)만 치르면 되었다. 다른 네 가지 시험을 대신해, 학생들은 "실험을 디자인하거나, 발표자료를 만들어 발표하고, 보고서를 작성하고, 외부 전문가 앞에서 자신들의 작품을 옹호하면 되었다." 학생들의 과업은 교사가 승인하고 외부 참여자들이 평가했다. 20여 년 동안 컨소시움에 참여하는 학교수는 점차 늘어 초기 28개교에서 38개교로 늘었다. 지역도 뉴욕시, 로체스터, 이타카 등으로 확대되었다. 뉴욕시에서는 이 컨소시엄 학교에 다니는 학생들은 일반 공립학교에 다니는 학생들의 인구학적 특성과 정확하게 똑같았다. 그러나 이들의 고교 졸업률은 일반 공립학교보다 훨씬 높았으며, 중도탈락률은 더 낮았고, 대학에서 계속 공부하는 비율은 더 높았다. 성공과 책무성에 대한 이런 인상적인 보고에도 불구하고, 주정부는 컨소시엄의 혁신적이고 효과적인 활동에 참여하는 학교수를 더 늘리려는 아무런 노력도 기울이지 않았다.

저항운동에 활발하게 참여하고 있는 학부모와 교사는 매년 시행되는 시험공화국이 교실에서 발생하는 일을 왜곡하고 있다는 점을 잘 알고 있다. 학부모는 교사들보다 표준화시험에 반대하는 운동을 이끄는 것이 더 유리했다. 왜냐하면 교사는 시험공화국에 반대한다는 입장을 표명하는 것으로도 경고를 받거나 심하면 해고될 수 있었기 때문이었다.

남용되는 표준화시험에 저항하는 운동은 전국적으로 퍼지게 되었다. 텍사스주에서는 학부모들이 나서 의미있는학생평가를지지하는텍사스인들(Texan Advocating for Meaningful Student Assessment, TAMSA)이라고 불리는 단체를 만들었다. 이 단체는 "미친시험에반대하는엄마들(Mothers Against Drunk Testing)"로 텍사스주에 더 잘 알려져 있다. TAMSA는 고교 졸업을 위해 통과해야 하는 15가지의 시험을 학생들에게 필수로 지정하는 의회 제출 법안에 반대하기 위한 것이었다. TAMSA는 이 시험을 15개가 아니라 5개로 줄이라고 설득했다. 이런 가혹한 법안을 통과시키려는 의원들 중에 도대체 몇 명이나 모든 텍사스주 공립학교 학생들에게 부과되길 바라는 15개의 시험을 통과할 수 있었겠는가? 여전히 남겨지는 5개라도 전부 통과할 수 있었겠는가?

거의 모든 주에는 표준화시험을 완화하거나 원천봉쇄하려고 애쓰는 학부모 및 교사 조직이 있었다. 페어테스트(FairTest)라는 단체는 이들의 반대운동을 추적, 지원했다. 페어테스트는 메사추세츠주에 소재한 단체로 1973년 이래 표준화시험의 오남용에 맞서 싸워왔다. 이 단체는 "시험을 선택으로 하는" 전국의 대학의 목록을 만들었다. 연구에 따르면 학생들의 고교 졸업 GPA가 SAT나 ACT등과 같은 대학입학시험보다 대학에서의 미래 학업성취를 더 잘 예측하는 자료가 된다고 밝히고 있기 때문이었다.

이 장에서 나는 남용하는 표준화시험에 저항하는 사람들의 세 사례를 골라 보여줄 것이다. 뉴욕주에서 시험을 선택하지 않겠다는 운동을 벌였던 학부모들, 로드아일랜드의 프라비던스에서 졸업 요건으로 고부담시험을 지정하는 것에 맞서 싸운 학생들, 불필요한 표준화시험을 보이콧한 시애틀 교사들. 이들은 전부 다른 운동가들이 따를 수 있는 훌륭한 모범적 사례가 된다.

전국적으로 가장 중요한 시험포기운동은 2011년 뉴욕주에서 시작되었다. 이때는 뉴욕주에서 주별 공통핵심역량표준이 처음으로 도입되었던 해였다. 뉴욕주는 연방정부로부터 정상을향한경주 프로그램에 따라 7억달러의 기금을 받았고, 주 교육위원회는 던컨이 제시한 요구조건에 흔쾌히 동의한 상황이었다. 즉, 공통핵심표준을 채택하고, 이 표준에 따라 표준화시험을 치르며, 차터스쿨의 수를 늘리고, 교사와 교장을 학생들의 성적에 따라 평가하는 내용 등등.

2011년 1월, 교육위원회는 주차원의 정비된 교육과정과 시험방식을 승인했다. 이들을 공통핵심표준 및 연방차원의 NAEP 방식과 유사한 통과 점수와 맞추면서 말이다. 뉴욕주의 교육부는 교육개혁의 정점으로 공통핵심을 공격적으로 추진했다. 주정부 관료들은 교육감, 교장, 교사들을 위한 연수훈련세션을 소집, 개최했으며, 이 자리에 참가한 교육가들은 "우리는 공중을 날면서 비행기를 만드는 중이"며, 공학자가 하늘 한가운데서 낙하산을 걸치고 낙하산 없이 승객으로 꽉 들어찬 비행기를 만들고 있는 비디오를 시청했다. 확실히 끔찍한 시나리오가 아닐 수 없다. 학생, 교사, 교장, 행정가들은 갑작스레 파괴운동의 손에 붙잡혔다는 사실을 깨닫게 되었다. 새로운 표준, 새로운 시험체계, 새로운 교육과정, 학생 성적을 기준으로 하는 새로운 교사 평가방식 등.

공통핵심표준에 따른 시험 및 학생 성적에 기초한 교사평가에 반대하는 운동은 교사, 교원노조 혹은 학부모가 아니라 교장에게서 비롯되었다. 반란은 2012년 캐롤 버리스, 션 피니(Sean Feeney), 두 명의 롱아일랜드 소재 고교 지도자들의 리더십으로 시작되었다. 롱아일랜드는 뉴욕주에서 최고의 학교들이 위치한 지역이었다. 이들은 교사를 학생들의 성적에 따라 평가하는 새 정책에 문제를 제기하는 대중 서한을 마련했다. 이 서한에 뉴욕주 전체 교장의 1/3이 서명했다. 학교 교장에게서 나오게 된 이 엄청난 항의는 과거한 번도 없었다. 이 교장들이 반대하는 것은, 교사평가에 대한 이런 접근이 아무런 연구 성과 없이 시행된다는 점이었다. 즉, 아무런 근거 없이 추진된다는 점을 반대하고 있었다. 항의 대열에 있던 교장들은 교사들의 사기저하와 표준화시험을 이토록 중요한 것으로 만듦으로써 학생들에게 돌아갈 해로움을 걱정했다. 이러한 새 정책이 교육과정의 폭을 좁히게 되고, 결국은 예술, 공민 등의 교과와 시험에 포함되지 않는 다른 교과를 소홀히 여기게 되는 결과를 가져오리라 염려했다.

2012년 봄, 교장들의 반란에 힘 입은 뉴욕주의 학부모들이 전국적으로 가장 중요한 시험거부운동을 조직하기 시작했다. 롱아일랜드의 학부모였던 도이터만(Jeanette Deutermann)은 당시 4학년이던 자기 아들이 재미없는 학습지와 끝도 없는 시험준비가 넘쳐나면서 학교를 싫어하게 되자 잔뜩 화가 났다. 도이터만은 많은 교장들이 서명한 공개 서한을 읽게 되었고, 자기 아들의 학교 혐오가 여기저기에 등장하게 된 고부담시험과 연계된다는 점을 알게 되었다. 그녀는 다른 학부모들에게 이 사실을 알리고, 곧 같은 생각임을 확인하게 된다. 이들은 자기 자녀들이 교사에게 가해질 처벌의 책임 소재가 되기를 원치 않았다. 이들은 주별 공통핵심표준 혹은 주정부의 표준화된 교수법을 지향하는 움직임이 맘에 들지 않았다.

도이터만은 자기 아들이 주정부에서 주관하는 시험을 치지 않으리라고 결정했다. 그녀는 곧 롱아일랜드시험포기(Long Island Opt Out)란 명칭의 페이스북 그룹을 시작해, 첫해 1,000명이 참여하는 그룹으로 성장했고, 다음 해에는 16,000명의 회원이, 그리고는 다시 23,000명으로 커갔다. 학부모는 강력한 무기 하나가 있었다. 이들은 자기 자녀들이 의무적으로 치르라고 하는 주정부 시험을 거부할 수 있었다. 즉, 시험거부를 선택할 수 있었다. 시험거부는 누구에게도 해를 가하지 않는 시민불복종의 단순한 행동이었다.

주정부의 강력한 교원노조는 처음에는 이 시험거부운동과 거리를 두는가 하면 뉴욕시 교원노조는 공통핵심표준을 강하게 지지했다. 전국단위 교원노조인 AFT의 입장과 같이 말이다.

자넷 도이터만(Jeanette Deutermann)은 뉴욕주 롱아일랜드의 학부모로, 뉴욕주 시험거부운동의 주요 리더로 활동했다.

그러나 많은 교사들은 이 운동의 학부모들과 의견을 같이 했고, 처음부터 시험에 대한 강조가 세지는 것은 미친 아이디어라고 생각했다. 실제 아이들을 가르치는 것에 대해 아무것도 모르는 사람들만이 생각해낼 수 있을만한 미친 아이디어라고 말이다. 뉴욕주 북부지역에서 사회과교사였던 세론(Chris Cerrone)은 2012년 자신의 자녀들은 주정부 시험을 치르지 않을 것이라고 선언했다. 뉴욕주 버팔로에서 발간되는 신문 기사에서, 그는 왜 자기 아이들이 시험을 치르지 않을 것인지에 대해 설명하고 있다.

저는 제 아이들의 배움이 나아지고 있는지 보자고 시험을 치를 필요가 없다고 생각합니다. 아이들이 주기적으로 책을 읽는 소리를 듣고, 자기 일을 잘하고 있는지 간단히 확인하는 것으로, 저는 아이들 공부의 강점과 약점을 파악할 수 있습니다. 제 아이들의 교사는 새 학년도가 시작되고 수주 내에 아이들에게 별도의 읽는 연습이 필요한지 혹은 수학공부에 별도의 도움이 필요한지 결론내릴 수 있습니다. 이런 판단을 하자고 그 비싼 돈을 들여 시험을 치를 필요가 없습니다. … 우리에게 는 학부모와 교사가 교육적 판단에 관여하는 학교 시스템으로 되돌아가고, 우리 학교에서 기업가 교육개혁론자 및 정치인들 을 몰아낼 필요가 있습니다. 내 아이들의 학구는 아주 중요한 예술(음악, 미술) 프로그램에 투입되어야 할 재원이 대폭 감소 한 상황이고, 학급당 학생수는 점차 커지고 있습니다. 그나마 크지 않은 예산인데, 이 돈을 표준화시험과 비싼 데이터 시스 템에 써버리고 있기 때문입니다.

2013년 7월 도이터만과 세론은 이 문제에 관심있는 다른 학부모들을 만 나 공교육을위한뉴욕동지들(New York State Allies for Public Education, NYSAPE)이라는 뉴욕주 단체를 결성했다. 이 단체는 고부담표준화시험, 공 통핵심표준, 주정부가 부과하는 시험점수기반교사평가법(APPR, Annual Professional Performance Review)에 맞서 싸웠다. 도이터만, 세론, 러들리 (Lisa Rudley, 오씽 지역의 학부모이자 지역활동가), 부데(Danielle Boudet, 학부모), 미헬버거(Eric Mihelberger, 학부모), 그리핀(Lori Griffin, 학부모이 자 교사), 타니스(Bianca Tanis, 학부모이자 교사), 닐센(Kris Nielsen, 학부 모이자 교사) 등이 NYSAPE의 공동설립자로 참여했다. NYSAPE의 이사회는 시간이 지나면서 뉴욕주 각 지역을 대표할 만한 학부모와 교사들로 채워지 면서 확대되었다. 60개에 이르는 풀뿌리 단체들이 NYSAPE에 동참했고 곧 강력한 정치적 영향력을 발휘하게 되었다. 이 단체의 지도자들이라면 학부모 였는데, 이들은 자녀들을 위한 최상의 것이 무엇인지에 대해 정치인들과 협 상을 할 의도가 없었다.

NYSAPE는 곧 학부모−교사로 이루어진 전국에서 가장 활발한 그룹이 되었다. 이 단체는 학부모 및 교사들을 주의회 의원들을 만나보도록, 그리고 의회 내 청문회에서 증언하라고 보냈다. 시험을 치르는 시즌이 되면, 차가 많이 다니는 대로변의 광고판에 광고를 내고, 대형 화물차 벽면을 빌려 학부모들이 시험거부를 선택하도록 종용했다. 시험거부를 통보하는 서한 샘플을 학부모들에게 나누어주었다. NYSAPE 회원들은 주정부 인사들이 이런 상황을 무시한다고 해서 하던 일을 멈추지 않았다. 엄벌하겠다는 주차원의 위협에도 불구하고, 학부모들의 자녀 시험거부를 막기 위해 할 수 있는 일이라곤 아무것도 없었다.

뉴욕주 교육부장관이었던 킹(John King, 나중에 오바마 정부 마지막 1년 동안 연방 교육부장관을 역임)은 공통핵심과 새로운 주별 공통핵심시험을 열렬히 옹호하는 사람이었다. 그는 이런 변화를 권유하는 대중 포럼을 주관하느라 지역 순회를 시작했다. 그러나 킹은 자신이 가는 곳마다 성난 학부모들과 맞부딪히지 않을 수 없었다.

새로운 공통핵심과 연계된 주평가는 2012년 시범적으로 개시되었다. 주정부가 영국계 대기업인 피어슨사와 자그마치 3,200억달러의 계약을 체결하고 나서 말이다. 학생과 교사는 학생들이 발설하는 이상하리만치 터무니없는 질문을 해댔다. 8학년 국어(영어) 시험에서 출제된 한 문제는 소위 "파인애플게이트(Pineapplegate)"라고 알려진 전국적이자 국제적인 스캔들이 되었다. 이 질문은 말하는 파인애플과 토끼 사이의 경주에 관한 읽기 문제였다. 곧 학부모 활동가인 하임슨(Leonie Haimson)의 블로그에 이 내용이 올려졌다. 그녀는 똑같은 문제가 다른 주의 시험에도 출제되었고, 그곳의 학생들 또한 이 질문이 참 어이없다고 생각한다는 것을 발견하게 된다. 원작의 저자인 핑크워터(Daniel Pinkwater)는 자기 이야기를 제멋대로 바꿔 놓은 피어슨사를 비웃었다. 학부모와 학생들은 맨하튼에 위치한 피어슨사 건물 앞에서 시위를 벌였다. 파인애플을 휘두르면서 말이다. 피어슨사는 새로운 시험공화국을 싫어하는 학부모들에게 다용도 펀칭백이 되었다. 뭐 그럴 만 했다.

2013년 봄 공통핵심시험이 공식적으로 시작되자, 학부모들의 반대운동은 더 격렬해졌다. 일부 학부모들은 시험에 연계된 고부담에 반대했다. 일부는 너무 어린 자녀들에게 과한 압박에 대해 걱정했다. 일부는 휴식시간, 예술 교과 등이 시험 준비로 희생되어 줄어들거나 사라지는 것에 반대했다. 일부는 시험 준비에 소요되는 엄청난 시간에 대해 불평을 쏟아냈다. 2주에 걸쳐

한 주당 거의 5시간이 소요되었으니 말이다. 아마도 이들은 자신의 학창시절을 떠올렸을 것이다. 수학 혹은 읽기 시험을 치르는데 4-5시간이 아니라 대략 45분이면 충분했던 때 말이다.

시험거부운동은 2013년 새로운 공통핵심평가(시험) 결과가 공개될 때까지 더 강해졌다. 주 교육부장관이었던 킹은 주 전체적으로 시험 통과율이 급격하게 떨어질 것이라고 예측했다. 실제 그랬다. 뉴욕주 학생의 단 31%만이 영어와 수학 교과에서 능숙 단계에 도달했다. 2012년에는 능숙단계 도달율이 영어 교과에서 55%, 수학 교과에서는 65%였었다. 뉴욕타임즈는 던컨의 말을 떠올리면서 "대부분의 주가 형편없어진 공립학교의 질에 대해 대중을 속이고 있다. 이들 학교는 학교가 해온 것보다 아이들을 더 잘 가르치도록 할 것이라는 가슴 아프게도 약한 학습표준을 채택했었다"며 기사화했다. 뉴욕타임즈는 이전에 한 번도 시험의 타당성이나 통과점수의 임의성에 대해 의문을 제기한 적이 없었다. 공통핵심시험을 관장하는 평가기관은 "능숙도"의 개념을 NAEP 기준을 사용하겠다고 결정했다. 해당 기관 입장에서는 얼굴을 구기는 결정이 아닐 수 없었다. 뉴욕타임즈의 사설 담당자도, 일반 대중도 알지 못하는 것이 하나 있는데, 시험 컨소시엄은 학생 대부분이 도달할 수 없는 수준의 "통과 점수"를 정하고, 이들은 이를 너무 잘 알고 있다는 점이다. 시험을 만드는 사람들은 의도적으로 학생 대부분이 얻을 수 없는 목표를 선택한다. 마치 모든 학생이 1마일을 5분 내에 뛰리라 기대하는 것과 같이 말이다. 결국 대부분의 학생은 실패자가 될 운명에 처한다.

러들리(Lisa Rudley)가 이끄는 NYSAPE의 풀뿌리 조직활동 덕분에 시험거부운동은 계속 커갔다. 이 일은 결코 쉽지 않았다. 매년 8학년 학생들은 시험군에서 빠져나갔고 새로운 3학년 학생들이 시험군으로 들어왔기 때문이었다. 시험거부운동은 매년 구성원을 새로 채워넣어야 했다.

뉴욕주의 핵심 인물, 특히 쿠오모 주지사는 시험거부운동에 무척 당황했다. 이에 대해 아주 잘 안다고 할 수는 없었지만, 그는 공통핵심과 학생들의 시험점수에 기반한 교사 평가를 정말 좋아했다. 이를 통해 많은 수의 "형편없는 교사"를 걸러낼 수 있다고 보았다. 그는 파괴자들의 선전선동, 즉 성공

리사 러들리(Lisa Rudley)는 뉴욕에 거주하는 학부모로 공교육을위한뉴욕동지들(New York State Allies for Public Education, NYSAPE)의 지도자다. 이 단체는 60여명의 학부모 및 교사들로 이루어진 그룹으로, 수업에 도움을 주기보다는 학생, 교사, 학교 등급을 매기는데 오로지 목적을 두고 있는 표준화시험에 대한 해로운 강조에 저항하기 위해 자녀들의 주정부 주관 시험을 거부하도록 지원하고 있다.

의 핵심은 "형편없는 교사"를 찾아내 해고하는 것이라는 생각을 믿었다. 그는 교사평가요소가 가능한 까다롭기를 바랐다. 뉴욕주에서 겨우 1%도 안 되는 교사들만이 "비효과적"이라는 등급이 부여되었을 때, 그의 실망은 컸다.

2015년까지 뉴욕주 내 시험 대상이 되는 모든 학생의 20%가 시험을 거부했다. 거의 200,000명에 이르는 학생들이다. 시험거부운동은 더 이상 무시할 수 없는 수준이 되었다. 쿠오모 주지사까지 말이다. 대부분의 시험거부는 롱아일랜드와 뉴욕주 북부의 농촌지역에서 일어났다. 이곳의 학부모(심지어 교장 및 교육감조차도)들은 시험에 강력하게 반대하고 있었다. 일부 학교 및 학구에서 무려 전체 학생의 80%가 시험을 거부하기도 했다. 뉴욕시의 경우에는 (시험거부운동에 참여하는) 학생숫자가 가장 낮았는데, 교육청직원이 학생, 교사, 학부모들에게 시험거부가 학생 수준을 떨어뜨린다거나 자신들이 선택하는 중학교 혹은 고등학교 입학 기회를 빼앗아갈 수 있다고 경고했다. (블룸버그 시장 재임시절, 학생을 선발하는 공립학교의 수가 늘어났다.)

학부모들의 저항에 직면하자, 쿠오모 주지사는 일단 못 본체 했다. 그는 뉴욕주의 표준과 시험을 검토하게 할 위원회를 만들었고, 위원회의 제안에 따라 주 교육위원회는 2019년까지 교사평가법(APPR) 시행을 유예했다. 이 법은 2019년에 개정되었다.

이는 절대 완벽한 승리가 아니었다. 그러나 학부모 시위가 얼마나 강한 지 보여준 사건이었다. 매우 강경한 입장의 뉴욕주 교육부장관이었던 엘리아(Mary Ellen Elia)는 2018년 표준화시험의 가치를 학부모들에게 "가르치기" 위해 타이틀 1(Title 1)[12] 연방정부기금(주로 취약계층 학생의 교육을 지원하기 위한 것임)을 활용해 시험거부 학생 수가 많은 학교를 제재하겠다고 엄포를 놓았다. 그러나 학부모 지도자들은 주정부의 강요에 계속 저항했고, 시험거부는 계속 이어졌다. 결국 뉴욕주 교육부 장관은 이전의 위협을 거둬야 했고, 2019년에 사임하게 된다.

아무런 진단적 가치를 지니지 않는 시험을 왜 학생들에게 강제해 치르도록 하는걸까? 전 세계의 학업성취도가 높다고 하는 나라에서는 왜 매년 시험을 치지 않는 것일까? 매년 시험을 쳐서 학업성취도가 높아진다면, 뉴욕주의 NAEP 점수는 2003년 이래 아무런 변화없이 그대로인걸까? 매년 시험을 치르게 되었는데도 불구하고 2007년 이래 전국의 NAEP 평균은 왜 더 올라가지 않고 계속 그 자리에 있는 것일까? 뉴욕주의 교육부라던가, 연방정부의 교육부, 혹은 연방 의회에서 이에 대해 답변하리라고 기대하지 마시라. 이

---

12) (역자주) 타이틀 I(Title One). 타이틀 I은 1965년 미연방교육부가 제정한 미국 초중등교육 지원 프로그램을 의미한다. 당시 대통령이었던 린든 존슨(Lyndon Johnson)의 지시에 따라 취약계층 출신 학생들의 읽기, 쓰기, 수학의 격차를 줄이도록 지원을 강화하는 프로그램으로 만들어졌다. 이 프로그램에 따라 저소득 및 취약계층 출신의 학생 비중에 큰 학구 및 학교 등 특별한 교육지원이 필요한 곳에 더 많은 교육재정을 투입해 학생들의 학습결손을 보완하도록 한다. 단위학교의 학생 중 취약계층 출신 비중이 40%가 넘으면 타이틀 I 지원 대상 학교가 된다.

기관들이 시험을 치라고 명령한 곳이 아니던가?

뉴욕의 학부모들과 마찬가지로, 시애틀의 가필드고교 교사들은 불필요한 시험을 보라는 압력에 잔뜩 화가 났다.

2013년 1월 10일, 이들은 2층에 위치한 기쉬(Adam Gish)의 영어 교실에서 기자회견을 열어 주정부에서 지시한 학생용 MAP 시험을 보이콧하겠다고 선언했다. MAP 시험은 학생들이 1년에 3번 치러야 하는 시험으로 컴퓨터 기반 읽기와 수학 시험이다. 이 시험은 시험 간의 향상 정도를 측정하도록 계획된 것으로 이 결과를 토대로 교사들의 효과성(얼마나 잘 가르치는가)을 평가하는 잣대로 활용되었다. 교사들은 이 시험이 수업 시간을 빼앗을 뿐만 아니라 자신들이 가르치는 교육과정이 시험에서 평가되는 내용이 아니라고 불만을 표출했다.

역사교사인 헤고피안(Jesse Hegopian)은 기자회견에서 "가필드고교의 교사들은 투표를 통해 만장일치로 MAP 시험을 치르라는 지시를 거부할 것"이라고 선언했다.

헤고피안은 고부담시험 및 학교민영화에 대해 격렬히 비판하는 사람으로 단호한 활동가였다. 그는 차터스쿨에 대해 던컨과 논쟁을 벌였는가 하면 공립학교에 적절한 재정지원을 하지 않았다며 워싱턴 의회를 시민 체포할 것을 시도하다가 실제 체포되기도 했다. 2010년 헤고피안과 다른 시애틀의 발라드고교 교사인 건들(Noam Gundle)은 MAP 시험에 대한 비난 성명을 승인했다. 이 성명은 이들이 소속된 교원노조, 시애틀교원노조(Seattle Education Association, SEA)에서 채택되었다.

가필드고교 교사들은 MAP 시험에 맞서 행동을 취하기로 결정했다. 이들은 표준화시험에 관한 논문과 책을 찾아 읽고 표준화시험의 장단점에 대해 공부했다. 이들이 함께 공부한 논문 중 하나는 시애틀의 학부모 활동가로 나중에 학교위원회 위원으로 선출된 피터스(Sue Peters)가 쓴 것이었다. "시애틀 학구가 MAP 시험을 없애야 하는 15가지 이유"라는 제목의 이 논문은 MAP 시험의 가치, 정확성, 타당성에 대해 혹평하는 내용이었다. 피터스는 시험을 치르는데 드는 학구의 지출이 대략 1,000만달러 정도로 추정하면서,

이를 "아무런 자금지원 없는 지시"라고 불렀다. 그녀는 유치원생부터 9학년까지 모든 학생이 이 시험을 치러야 하는데 K－2학년 학생들에게는 이 시험이 완전히 부적절하다고 문제를 제기했다. 그녀에 따르면, 유치원생들은 컴퓨터를 사용하는 방법도, 심지어 글을 읽을 능력도 제대로 갖춰지지 않았다. 더욱이, 이 시험은 교육과정의 폭을 좁히도록 하고, 수업 대신 시험 준비에 몰두하게 하며, 시애틀 교사들이 가르치리라 기대되는 것을 제대로 반영한 문항으로 구성되지 않았다.

제시 해고피안(Jesse Hagopian)은 워싱턴주 시애틀의 고등학교 역사 교사로 불필요한 시험에 맞서 가필드고교 교사들의 파업을 이끌었다.

가필드고교의 교사들은 MAP에 대해 각자 할 말이 많았다. 오랜 경력의 영어 교사인 맥코믹(Kit McCormick)은 "enjambment"[13]가 무엇을 뜻하는지 묻는 고교 1학년생들에 대해 다른 교사들에게 말했다. 이 말이 MAP 시험에 등장한 단어였기 때문이었다. 그녀는 이 말이 "시적 기술을 표현하는 말로

---

13) (역자주) 시의 한 행의 뜻, 구문이 다음 행에 걸쳐 이어지는 것으로, 구 걸치기 등으로 해석된다. 흔히 사용하지 않는다.

시의 한 행이 사고의 흐름 혹은 구두점에 의해 중단되지 않고 다음 행으로 걸쳐 이어지는 것으로 통상적으로 일어난 행동의 불가피성이나 마음 상태를 의미하는 의식의 흐름"을 가리킨다고 설명했다. 이 개념은 11-12학년의 AP 반 수준에서나 가르쳐지면 적절하다 할 수 있을게다. 1학년이 아니라. 수학과 교사인 쇼네트(Mario Shaunette)는 대수(수학) 분야 시험을 치르는 9학년 시험 문항을 어깨너머로 들여다보다가 기하 문제가 섞여 있음을 알아챘다. 마치 스페인어 교사가 시험지에서 프랑스어 문제를 발견한 것과 비슷한 상황이었다. 영어를 배우고 있는 학생 및 장애 학생을 가르치는 교사들은 MAP 시험이 이 학생들에게 모욕감을 준다고 말한다. 이 시험은 "언어학적으로, 그리고 문화적으로 전혀 적절하지 않기" 때문이다. 역사를 가르치는 헤고피안처럼 시험에 포함되지 않는 교과를 담당하는 교사들은 학교 도서관이 일년에 세 차례 문을 닫는다고 불평이 많은데 MAP 시험을 치른다며 한 번에 수주에 걸쳐 도서관 문을 열지 않는다. 이렇게 되면, 학생들은 책을 대출하지 못할 뿐만 아니라 조사를 위한 학교 컴퓨터 사용도 불가능하다. (별 문제가 없어 보이지만) 이렇게 되면 저소득 가정 학생들은 큰 타격을 입게 되는데, 집에 컴퓨터가 없기 때문이다.

MAP 시험은 교사 평가를 위한 도구가 된다. 비록 시험을 내는 당사자(노스웨스트평가협회, Northwest Evaluation Association)가 교사 평가를 위한 목적으로 이 평가의 내용/결과가 타당하지도 신뢰할만하지도 않다고 했음에도 불구하고 말이다.

시험 과목에 든 교과 교사들은 그렇지 않은 교사들의 지지를 얻었다. 시험에 포함되지 않는 교과를 담당하는 교사들은 학생들에게 과도한 시험이 강제되고 있고, 학생들의 향상을 평가할 수 있는 보다 나은 방법을 강구해야 할 책임이 교사에게 있다는 생각을 공유했다. 이들은 원칙적으로 시험에 반대하지 않았고 심지어 일부 교사들은 표준화시험에 반대입장을 취하지도 않았다. 그러나 이들은 모두 MAP 시험에 반대하는 입장으로 똘똘 뭉쳤다. 이들은 이런 입장을 취함으로 인해 자기 직업과 경력에 위험을 초래할 수 있음을 잘 알았다. 그러나 다함께 이 일에 나선다면 절대 처벌받지는 않으리라고 믿었다. 단 한 명의 반대자를 해고하는 것은 아주 쉬운 일이지만, 학교 전체의 교사들을 해고하는 일은 결코 쉽지 않다. 90명의 교사들은 학구에서 지시한 시험을 학교 교사가 보이콧 하는 전국 최초의 상황을 개시하자는데 동의했다.

일부 교사들은 MAP 보이콧이 시애틀 교육감인 반다(Jose Banda)로부터 부정적인 대응을 이끌어내자 흔들리는 모습을 보였다. 반다 교육감은 MAP는 의무적으로 반드시 치러야 하는 것으로 선택사항이 아니라며 학구 전체 교사들에게 경고장을 날렸다. 가필드고교 교사들은 이런 교육감의 경고가 자신들이 말을 듣지 않는다고 선언하기 위한 전단계, 즉 자신들을 해고하는 과정의 첫 단계가 아닌지 걱정했다.

교육감의 경고가 전달되고 채 몇분이 지나지 않아, 작금의 보이콧을 이끌고 있는 교사는 인터콤(내부 방송망)을 통해 모든 교직원들은 점심 식사를 위해 회의실로 초대한다는 안내방송을 했다. 플로리다의 한 학교에서 교사들을 위해 피자를 보냈기 때문이었다. 미 전역의 교사들로부터 인사와 경의가 전달되기 시작했다. 헤고피안은 "초콜렛, 화환, 각종 카드, 서적, 기금후원, 이메일, 'Scrap the MAP[MAP을 쓰레기통에 처박아라]'이란 말이 쓰인 판을 들고 찍은 사진들, 그리고 지지를 알리는 각종 결의안이 전국에서, 그리고 나중에는 전 세계에서 쇄도해 오면서 교사들의 사기와 결의는 점점 높아졌다."

이때 정말 놀라운 일이 발생했다. 교사들의 보이콧을 가필드고교의 학부모-학생-교사협회(Garfield High School Parent Teacher Student Association)가 지지하고 나선 것이다. 시애틀의 다른 고교 및 심지어 초등학교조차 MAP 보이콧에 동참했다. 확실한 것은, 이 보이콧에 대해 모두가 좋은 감정을 가졌던 것은 아니었다. 시애틀의 대표적인 신문인 시애틀타임즈는 교사들을 비난하며 교육감이 나서 이들을 해고해야 한다며 단호한 입장을 내비쳤다. 헤고피안은 게이츠재단이 기금을 대는 그룹들이 표준화시험에 대한 그 어떤 저항도 막아서라며 교육감을 몰아세운다고 확신했다. 보이콧을 멈추려는 노력을 위해, 반다 교육감은 학구의 모든 학교 교장에게 교직원 회의를 반드시 개최하고 MAP 시험을 치르기 거부하는 어떤 교사라도 무급 10

일의 정직에 처한다며 경고하라고 전달했다. 만약 교사들이 MAP 시험을 치르기 거부한다면 각 학교 교장들이 직접 시험을 주재하게 했다.

미 전국적으로, 심지어 전 세계로부터 이 보이콧에 대한 지지와 격려에 자극받은 가필드고교의 교사들은 연합된 모습을 보였다. 교육감은 가필드고교 교사의 보이콧 지도자들과 만남에서 그 해 봄에 치러지는 시험을 치른 후 MAP를 재평가하는 TF를 만들겠다고 약속했다. 보이콧 지도자들은 MAP를 교사들이 거부하는 이유에 대해 설명했다. 이 설명으로 교육감이 설득되지는 않았다.

헤고피안은 교육감에서 간단하게 자신들의 입장을 전달했다. 교육감이 자기 입장을 바꾸기를 바라면서 말이다.

> 당신은 이 학구에 오신지 얼마 안 되셨어요. 24시간 내에 당신이 내리게 될 결정은 우리 학구에서 당신이 남길 족적에 엄청난 효과를 가져올 겁니다. 당신이 교장들에게 학생을 교실에서 없애버리고, 이들을 컴퓨터실로 옮겨가라고 요구하는 계획을 시행하겠다고 결정한다면, 장사꾼 교육개혁가 및 전 세계 사람들이 아는 돈많은 부자들 편에 서겠다고 선택하는 셈이 됩니다. 이들은 공립학교가 표준화시험을 통해 교사들을 평가하기 원합니다. 그렇지 않다면 이 계획을 추진하기 포기하고, 가필드고교 교사들이 만장일치로 결정한 내용, 가필드고교 학생회가 만장일치로 결정한 내용, 가필드고교 PTSA가 만장일치로 결정한 내용에 동참하시겠다고 정하시는 겁니다.

정말 강력한 제안이 되기를 헤고피안이 바란 것에 반다 교육감이 그다지 감흥을 느끼지 못했다고 느낀 헤고피안은 CNN이 인터뷰 때문에 학교에 왔을 때, 반다 교육감은 "진정한 교육 지도자"라고 말하겠다고 약속했다. 물론 이런 제안도 그에게는 통하지 않았다.

자기 자리를 뺏길까 걱정하는 학교장 및 행정직원들이 보이콧을 해치지 않을지 교사들은 걱정했다. 실제 이들은 그런 일을 감행했다. 학교장 및 행정 직원들은 학생들을 교실에서 이끌어 내 도서관으로 이동하게 했다. 시험을 치르게 하려고 말이다. 그러나 학생들은 이 사태에 대비하고 있었다. 고교 3-4학년생들은 1-2학년생들에게 전단지를 나눠주고는 이 시험을 거부할 권리가 자신들에게 있음을 공지했다. PTSA 또한 학부모들에게 이메일을 보내 MAP 시험을 포기할 권리가 학생들에게 있음을 알렸다. 학교장이 일부 학생을 지정해 MAP를 치르라고 하자, 몇몇 학생들은 그냥 자기 자리에 앉아 있었다. 이들은 시험을 거부할 권리를 행사하고 있었다. "일부 다른 학생들은 컴퓨터실에서 행진해 나갔다. 일부 학생들은 답안에 'A' 표시만 쭉 달면서 창의적인 방식으로 항의를 표하기도 했고, 또는 단 수초 동안 시험을 다 쳤다고 하고는 시험 점수가 무효가 되도록 했다."

양자간의 강경한 입장이 유지되면서 가필드고교 지도자들은 2013년 2월 6일 "전국 행동의 날"을 조직해 보이콧을 지지하도록 했다. 시애틀의 NAACP는 기자회견을 열고 MAP가 인종차별적인 시험으로 흑인학생들이 AP 수업을 듣지 못하게 한다며 이 시험을 비난했다. 캘리포니아주의 버클리고교는 이들의 보이콧에 연대한다는 의미로 점심 시간에 시위를 열었다. 시카고에서 "성적보다더중요(More Than a Score)"라고 불리는 단체의 학부모들은 가필드고교의 보이콧을 지지한다는 성명을 발표했다. 오레곤주의 포틀랜드학생연합(Portland Student Union)은 시애틀에서 벌어지는 또래 학생들의 시험거부를 지지한다고 선언했다. AFT 대표인 와인가르텐(Randi Weingarten)과 다른 교원노조인 NEA의 대표인 뢰클(Dennis Van Roekel) 또한 이 보이콧을 옹호, 지지했다. 보이콧에 참가한 교사들은 "MAP를 쓰레기통에 처박아라[Scrap the MAP]"란 구호를 활용했다. 여기에 "시험을 멈춰라, 교사 말고 [Suspend the Test, Not the Teachers]"라는 새 구호를 추가했다.

2013년 5월 13일, 반다 교육감은 항복했다. 그는 시애틀 학구의 모든 교직원들에게 장황한 말 속에 묻혀 있는 다음과 같은 한 문장 내용이 담긴 이메일을 보냈다. "2013-14학년도에는 고교에서 MAP를 선택사항으로 운영할 겁니다." 헤고피안은 한창 수업을 하던 중이었음에도 불구하고 껑충 뛰어 오르며 좋아했고, 이 사실을 학생들에게 알렸다. "우리가 이겼다. 우리는 MAP를 쓰레기통에 처박은거야." 학생들은 좋아 어쩔 줄 몰라했다.

하지만 이 승리는 불완전한 것이었다. 초등학교 및 중학교의 학생들은 이 시험을 의무적으로 계속 치러야 했다. 교사들이 이 시험을 쓸데없고, 타당하지 않으며, 신뢰하기 어렵고, 실제 유해하다고 했음에도 불구하고 말이다. 그러나 헤고피안의 어린 아들을 포함해 일부 저학년 학생들은 시험 포기를 선택했다.

시애틀고교는 더 이상 MAP 시험을 의무적으로 치르지 않아도 되었다. 그러나 이 시험 이외에도 정말 많은 다른 시험을 보게 한다. 기말시험, 더똑 똑하고균형잡힌평가(Smarter Balanced Assessment, SBA, 주에서 치르는 공통핵심표준시험), AP 시험, 대입을 위한 SAT 시험 등.

고부담시험을 반대하는 사람들은 학부모나 교사들뿐만이 아니라 학생들 또한 반대한다.

로드아일랜드주 프라비던스에 있는 고교생들은 대담함과 창의성을 발휘하며 저항운동에 가담했다. 2010년 이 지역 고교생들은 교육예산 감축에 맞서 싸우고, 적정 수준의 자원 및 이들 학교에 대한 의사결정에 학생들의 목소리를 반영할 것을 요구하기 위해 프라비던스학생회(Providence Student Union, PSU)를 조직했다. 이들의 저항 행동은 로드아일랜드교육부(Rhode Island State Board of Education)가 NECAP(영어식 발음으로 "무릎보호대 (knee cap)로 읽힘. 뉴잉글랜드공통평가프로그램, New England Common Assessment Program)으로 불리는 표준화시험에 통과하지 못하면 고교 졸업장을 받을 수 없다고 결정한 2013년에 극에 달했다. 학생들은 표준화시험 결과가 종모양의 정상분포곡선으로 표시된다는 점을 잘 이해했다. 물론 이 시험을 치르라고 하는 어른들도 이를 잘 알고 있다. 학생들은 전체 학생의 40%에 이르는 급우들이 고등학교 졸업장을 받지 못하리란 사실, 이들 학생의 대부분이 저소득층 가정에 속해 있거나 장애 학생 혹은 영어를 배워가고 있는 학생들이라는 사실을 깨달았다. 그러나 어른들은 이 사항을 미처 생각하지 못했었다. PSU는 로드아일랜드주 교육부를 설득해 이 결정을 번복하라는 캠페인을 벌였다.

일반 대중들에게 이 사실을 알리기 위해 PSU는 현란한 행동 전략과 정치적 무대를 만들어냈다. 어른들이 그 어떤 곳에서 벌여왔던 것보다 훨씬 더 창의적인 방법이 동원되었다. 이들은 프라비던스 학교위원회를 점거하기 시작했다. 고부담시험의 폐지를 요구하면서 말이다. 당연히 학교위원회는 학생들의 요구를 묵살했다.

PSU는 채피(Lincoln Chafee) 주지사에게 시험을 거부하라고 요구했다. 이들은 40%의 학생이 NECAP 기준을 통과하지 못한다고, 흑인 학생의 71%, 히스패닉 학생의 70%, 장애학생의 86%, 영어 능력이 떨어지는 영어학습자의 94%가 그 대상이 된다고 말했다. 이들은 이런 학생들은 가치가 증명되지 않은 단 한 번의 시험 성적으로 고등학교 졸업장을 받지 못하는 학생이 생긴다는 점을 이해할 수 없다고 말했다. PSU의 구성원이었던 헤르난데즈(Kelvis Hernandez)는 이렇게 말한다.

우리는 양질의 교육을 받고 졸업해야 한다고 믿습니다. 그러나 이 정책은 제대로 된 게 아닙니다. 특별히 우리에게 당연히 주어져야 할 양질의 교육을 받을 기회조차 없었던 학생들을 처벌하는 것은 효과적이지도, 그렇다고 정의롭지도 않습니다. 이는 비효과적입니다. 왜냐하면 예산이 부족하고 공부할 자원도 부족하고 NECAP 시험을 잘 보는데 필요한 지원을 제공해 주지 않는 학교에서 10, 11, 12년을 보냈기 때문입니다. 이 시험은 정의롭지 않습니다. 적절한 지원을 받지 못한 학생들이 재판에 넘겨진 꼴이기 때문입니다.

PSU에 속한 다른 학생인 파리스(Tamargeiae Paris)는 고교 3학년생으로 이렇게 말한다. "NECAP은 애초에 고부담 시험을 염두에 두고 만들어진 게 아니었습니다. NECAP을 만든 사람들은 이 시험이 졸업시험으로 활용되어서는 안 된다고 말했습니다." 학생들의 발언은 전부 맞는 이야기다. 이를 반박할 수 없다. 그러나 어른들은 이들의 말에 귀를 기울이지 않았다.

2013년 2월, PSU는 주정부 교육부 건물 앞에서 "좀비 행진(Zombie March)"을 연출했다. 학생들은 자기 얼굴, 머리카락, 셔츠 등을 (토마토) 캐첩으로 분장하고는 자신들의 삶이 고교 졸업장이 없어 망하게 될 거라는 메시지를 전하려 했다. 이들은 "교육 없이 생명도 없다"를 구호로 외쳤다. 이 행진에서 학생들은 목소리를 높였다. 고교생인 맥케이(Claudierre McKay)는 "우리 졸업장을 빼앗아가는 것은 우리 인생을 빼앗는 행위입니다"라고 선언하며 "죽지 않은" 학생 무리에서 신음소리와 비명소리를 자아냈다.

PSU가 기획한 다음의 시위는 정말 훌륭한 것이었다. 학생들은 "시험을 보자"라는 행사를 만들어내 명망있는 전문직 종사자들을 초대해 토요일 아침 이전 NECAP 수학시험에 나왔던 문제들을 조합해 모의시험을 치르도록 했다. 이 자리에 선출직 인사라던가, 건축가, 과학자, 공학자, 대학교수, 기자, 비영리단체 대표, 변호사 등 50여 명의 전문가들이 참여했다. 시험이 끝나고 채점이 이루어졌다. 시험을 치른 사람들의 60%가 고교 졸업장을 수여받을만큼의 기준 성적에 이르지 않았다.

고교 3학년생인 리베라(Priscilla Rivera)는 이렇게 말했다.

> 우리가 기획한 행사에 참여한 전문직 종사자들 중 많은 사람들은 시험 준비를 하고 온 건 아니죠. 물론입니다. 그러나 우리가 짚고 싶은 바는 우리도 그렇다는 점입니다. 우리는 10-12학년 동안 다른 표준에 따라 공부합니다. 시험에 맞춰진 교육과정을 따라 공부하지 않습니다. 따라서 우리는 우리에게 당연히 주어져야 하는 교육을 제대로 해주지 않는 교육 시스템 속에 갇혀 있는 꼴입니다. 이 특이한 시험에 준비되지 않은 어른들이 시험을 못 봤다고 처벌하는게 어불성설이라고 한다면, 수년동안 이런 방식에 맞춰 효과적으로 공부하지 않았다고 우리를 처벌하는 것 또한 어불성설이라고 믿습니다. 우리에게 양질의 교육을 주십시오, 시험 말구요.

프라비던스 학구의 교육감인 루시(Susan Lusi)는 학생들의 견해에 동의했다. 그리고 프라비던스 시의회 또한 학생들의 견해에 동의했다. 그러나 이 시험에 책임이 있는 주 교육부 장관인 지스트(Deborah Gist)는 결정을 번복하지 않았다. 지스트는 학생들의 이 행사에 대해 "일부 성인들의 무책임한 행동"이라고 비난했다. 이 행사를 통해 시험이 중요하지 않다는 메시지를 보냈다는 것이 그 이유였다.

이들 모두 놀란 일이 있었는데, PSU는 로드아일랜드주 근방에서 널리 읽히고 영향력 있는 보스턴글로브지(TBG) 편집위원회 명의의 지지 서한을 받았다. TBG 편집위원회는 고등학생들이 "저명한 전문직 종사자들"을 시험 점수로 이겼다. 학생들 중 40%가 졸업 기준을 넘지 못하는 상황인데, 이 어른들은 60%가 이 기준에 도달하지 못하고 실패했다. 이 위원회는 이렇게 말하고 있다.

그럼에도 불구하고 근본적인 문제는 시험이 졸업의 필수 항목으로 기획된 게 아니며 이 목적에 적합하지도 않다는 점이다. 학교는 더 많은 상위 기준과 책무성을 요구한다. NECAP은 개별 학생들의 능숙도를 평가하기 위해 만들어진 게 아니고 학생들이 다니는 학교의 질을 등급화하기 위해 만들어졌다. 매사추세츠주의 MCAS와 마찬가지로 주로 학생 학업성취도를 재려는 시험과는 달리, NECAP은 시험을 치른 일정한 비중의 학생들이 실패할 것이라 기대되는 시험이다. 연구 결과에 따르면, 이 비중의 학생들은 저소득층 가정, 노동계층 가정 출신의 학생들로, 고등학교를 최소 5년은 다녀야 한다고 가정된다. 만약 이 시험을 건너뛴다면 졸업장 없이 고등학교를 마치는 셈이 된다. 여기에 더해, 어른들의 모의시험이 보여주듯, NECAP은 학생들에게 적절한 능력을 재는 도구가 아닌듯 하다. 로드아일랜드주의 교육부는 이 시험 결과를 졸업 요건에 포함시킨다는 정책을 재고해야 한다. 정말 많은 수준 높은 전문직 종사자들의 당황스러움을 달래는 일을 포함해서 말이다.

물론 NECAP는 학교의 질을 평가하는 타당한 측정도구가 아니었다. 왜냐하면 NECAP 어쩔 수 없이 학교에 등록한 학생들의 인구학적 특성을 재게 되기 때문이었다.

주 교육부장관인 지스트는 2013년 매년 갖는 연설 일정을 4월로 잡았다.

이때 PSU는 주 하원의회에서 "주차원의 최초 연두 학생연설(First Annual State of the Student Address)"을 똑같은 날 직접 거행함으로써 장관의 메시지에 대항했다. 학생들은 자신들이 작성한 교육개선 방안을 요약한 보도자료를 뿌렸다.

클래시컬고교 3학년생인 맥케이(Claudierre McKay)는 다음과 같이 말했다.

> 우리는 뉴욕학업표준컨소시움(New York Performance Standards Consortium)과 같이 성공적인 시스템으로부터 영감을 받아야 합니다. 이런 학교의 학생들은 졸업을 위해 구술시험과 지필 시험에 의한 4가지 수행평가를 마쳐야 합니다. 여기에는 분석적인 글쓰기, 타당한 주장과 증거에 기반한 사회과 연구 보고서, 과학적 방법에 대한 이해에 토대한 과학 실험, 응용 수학문제 풀이 등이 포함됩니다. 이 학교들은 고부담시험에서 뉴욕 학교들보다 높은 성적을 냅니다. 왜 이런 결과가 나오는지 저희는 잘 알고 있습니다.

센트럴고교 2학년인 니베스(Leexammarie Nieves) 또한 이렇게 말했다.

> 우리는 고분고분한 태도로 자리에 앉으라는 말을 들었어요. 모의시험을 쳐서 NECAP에 통과해 이후의 길을 준비하라고 말입니다. 그러나 우리는 그렇게 배우지 않았습니다. 확실히 저는 그렇게 배우지 않았습니다. 우리에게는 우리가 창의적이듯 창의적인 교육이 필요합니다. 프로젝트가 필요하고, 몸으로 익히는 현장 학습과 토론, 대화가 있어야 합니다. 우리에게는 예술과 기술을 배우고 그룹으로 함께 배울 기회가 필요하죠. 그리고 우리를 한명 한명으로 대해줄 수 있을만큼 선생님이 유연성을 가질 수 있는 정도의 작은 수의 학급을 원합니다.

뉴욕주 교육위원회도 주교육감인 지스트도 학생들의 간청에 아무런 움직임이 없었다.

2013년 가을, PSU는 자신들이 펼칠 수 있는 능력과 객관식 시험의 좁은 평가 범주 사이의 상반적 모순을 이끌어낼 수 있는 학생 재능경연대회를 마련했다. 재능경연대회의 아주 적은 부분을 짧은 몇분 동안의 비디오로 찍어놓았는데, 그 장면에서 백파이프를 연주하는 학생은 시험 칠 시간이 되었다고 말하는 다른 학생들에 의해 연주가 방해받는다. 이 학생들은 연주자에게 거대한 #2 연필(시험용)을 전해주고는 객관식 시험 문제를 보여준다. 연주자는 시험 보기를 거부하고는 연필을 바닥에 내던진다. 그리고는 청중들에게 다음과 같이 따라하라고 큰 소리로 외친다. "NECAP은 옳지 않다. 이게 우리가 싸워야 하는 이유다."

2014년 1월, PSU는 "기니피그 작전(Operation Guinea Pig, 실험용쥐 작전)"에 착수했다. 작전에 따라 학생들은 기니피그 혹은 실험실 쥐처럼 옷을 차려입고, 뉴욕주 의회사당 로비에 모여들었다. 학생들은 쥐의 귀, 수염, 그리고 쥐얼굴 가면을 둘러썼다. 메트학교(Met School) 2학년생인 세라노(Jose Serrano)는 "우리가 기니피그 혹은 실험실 쥐처럼 옷을 차려입은 이유는 간단해요. 우리가 이 모양으로 취급받고 있기 때문이에요."

학생들은 몰래 한 가지를 더 진행했다. 2014년 4월 시장 선거가 치러지고 있었는데, PSU는 청소년들이 진행하는 시장 포럼을 후원하는 넬리매교육재단(Nellie Mae Education Foundation)과 젊은소리(Young Voices)라고 불리는 지역 단체에 참가했다. 모든 시장 후보자들은 하나같이 NECAP이 졸업요건으로 되어 있는 상황에 반대한다고 선언했다. 모두는 학생 중심의 교육, 경험 학습, 예술교육 지원 확대 및 처벌보다 공정한 훈육 정책을 도입하기 위한 학생들의 싸움에 공감하고 지지한다고 밝혔다.

결국 로드아일랜드주 의회가 63-3으로 향후 3년간 NECAP을 졸업요건으로 활용하지 말아야 한다는 법안을 통과시키면서 학생들은 이 싸움에서 대승을 거두게 된다. 학생들의 요구가 드디어 받아들여진 것이다. 학생들이 이겼다.

그러나 이런 과정의 뒤를 살펴보면, 주 차원의 정책결정자들은 그렇게 혐오되는 NECAP을 단계적으로 폐지하고 소위 PARCC(Partnership for Assessment of Readiness for College and Careers, 대학/직업준비평가를 위한 파트너십)라고 불리는 새로운 표준화시험으로 대체하겠다고 잠정적으로 결정해 놓은 상황이었다. PARCC는 공통핵심표준에 따른 시험으로 연방정부의 재정지원을 받는 것이었다. 이는 NECAP보다 더 어려운 시험이었다. 로드아일랜드주는 PARCC를 채택하기로 한 26개 주 중 하나였는데, (PARCC를 채택하기로 한 몇 개 주를 포함해) 다른 31개 주는 연방정부가 재정지원하는 다른 시험, 즉 SBAC(Smarter Balanced Assessment Consortium)을 사용하겠다고 의견을 모았다.

학생들은 주정부 관료들이 이런 다른 시험들을 가지고 딴생각을 하는, 즉 NECAP을 폐기하고 PARCC를 시행하겠다고 계획하는지 전혀 눈치채지 못했다.

로드아일랜드주는 논쟁이 치열하게 진행되는 PARCC 시험을 2015년 처음으로 치렀다. 그 결과는 재앙과도 같았다. 3－10학년의 단 1/3정도 되는 학생들만이 영어 교과에서 비현실적인 시험 기대 수준에 도달했을 뿐이고, 수학 교과에서는 그 수가 단 1/4 정도에 그쳤다. 낙제 위기, 즉 낙제 가능성이 높은 학생들, 특히 장애아이거나 이민자로 영어를 배우고 있는 학생들의 통과 비율은 더 낮았다. 2016년 봄, 로드아일랜드 신임 교육부 장관으로 취임한 와그너(Ken Wagner)는 PARCC 시험이 졸업요건으로 활용되지 않을 것이라고 선언했다. 이 일로 다시 시작되는 학생시위가 주춤하게 되었고 고교 졸업장을 받지 못할지도 모르는 주의 다수 학생들이 겪을 재앙을 피할 수 있게 되었다. 만약 PARCC 통과가 졸업요건이 되었다면 로드아일랜드 고등학교 졸업반의 거의 2/3에 이르는 학생들이 졸업장을 받지 못했을 것이다. 이들 중 78%는 흑인과 히스패닉 인종 배경을 가진 학생들이었고 이민자로 영어를 배우고 있는 학생들의 91%, 장애 학생의 94%가 여기에 속했다.

아마도 시험을 관장하는 관료들은 시험이 어려우면 어려울수록 혹은 가혹하리만치 엄격하면 엄격할수록 학생의 시험 성적은 높아질거라는 미신에

사로잡혀 있는듯했다. 마치 파괴자들이 늘상 말해왔듯이 말이다. 말도 안 되는 소리다. 계속해서 실패한 결과, 시험 성적이 더 좋아진다는 결론을 내는 연구는 어디에도 없다. 그런데 새로운 공통핵심 시험을 사용하는 주들은 대부분의 학생에게 기대수준에 미치지 않았다거나 일반적으로 말하자면 "실패했다"고 말한다. 이런 표현은 신문에서는 통상적으로 사용하기를 자제하는 말이다. 거의 모든 주는 위에서 이야기한 두 가지 표준화시험 중 하나를 활용하겠다고 했지만 진급이나 졸업과 연계해 고부담 결정에 이 시험 성적을 활용할지는 "두고보자"는 접근을 취했다. 학생 혹은 학부모, 심지어 교사들에게 이들이 이야기하지 않은 것은 "통과 점수"라는 것이 전혀 객관적이지 않았다는 점이다. 그 점수란거는 상당히 임의적인 것으로 통과율을 높이거나 낮추기 위해 점수를 올렸다 내렸다 할 수 있는 것이었다.

PARCC와 SBAC 결과 나타난 놀랄만큼 높은 실패 비중은 학부모들의 분노를 샀고 많은 학부모들이 공통핵심표준과 이에 따른 표준화시험에 반대하도록 만들었다. 연방 교육부장관인 던컨은 공통핵심과 표준화시험을 비판하는 사람들을 꾸짖으며 이들을 가리켜 미국 학생들의 학업 성취도가 얼마나 형편없는지 받아들이고 싶지 않은 "극단주의자"의 "극단적 인물"이라고 지칭했다. 던컨은 공통핵심표준 시험의 참담한 결과가 지역사회를 일깨우고 이들이 학생들의 교육을 좀더 심각하게 하도록 할 것이라고 믿은 모양이다. 아시아 국가의 학생 및 가족들이 그렇듯이 말이다.

한 주 한 주가 자기 주의 학생들이 비참할 정도로 비현실적인 성적이 나오는 시험에서 "실패"하고 있다는 점을 깨달아 나가는 상황에서 각 주가 연방차원의 컨소시움에서 하나둘 빠져나가기 시작했다. PARCC가 2010년 시작되었을 때, 워싱턴 D.C.를 포함해 26개 주에서 협정을 맺었었다. 그러나 2019년 PARCC는 거의 사라진 상태이며, 단 워싱턴 D.C.와 뉴저지는 여전히 이 시험을 열심히 활용하고 있다. 물론 뉴저지는 이 시험을 폐지하라는 협박을 받고 있는 중이다. SBAC에 참여했던 주들은 31개주에서 이제 15개 주로 쪼그라들었다. 어쩌면 이보다 더 줄어들었을 것이다. 해가 지나면서 연방정부가 재정을 지원하는 공통핵심표준 시험을 채택하는 주의 수가 이제 줄어들고 있다.

PSU 소속 학생들은 우리 국가의 교육 지도자들보다 더 현명했다. 이 학생들은 자신들에게 많은 재능과 기술이 있다는 점, 표준화시험은 자신들의 재능과 기술을 온전히 측정해낼 수 없다는 점을 잘 이해하고 있었다. 이 청소년들은 국가의 교육 정책과 시험 산업을 떠맡은 생명력없고 차가운 로봇의 손길에서 동료 학생들을 구하고자 했다. 이들에게는 창의적인 아이디어가 있었고 기지를 발휘했다. 이 청소년들은 혁신적이었다. 이들은 영혼을 가진 살아있는 존재였다. 미국을 다시 위대하게 할 자질이 이들에게 있었다. 미국을 건국한 선조 중 누구도 표준화시험을 치르지 않았다.

이 학생들은 이 위대한 비밀을 알고 있었다. 우리 미국 사람들은 싱가포르인이, 그렇다고 한국인이 아니다. 중국 사람들도 아니다. 우리는 미국인이다. 우리는 프랭클린(Ben Franklin, 1706-1790, 미국 6대 대통령)의 기지를, 링컨(Abraham Lincoln, 1809-1865, 미국 16대 대통령)의 사려깊음을, 에디슨(Thomas Alva Edison, 1847-1931)의 창의적 재간을, 라이트 형제(Wright Brothers)의 정신을, 킹 목사(Martin Luther King Jr., 1929-1968)의 웅변술을 배양하도록 해야 한다. 이중에 시험 성적이 좋았던 사람이 있는가? 누가 아는가? 누가 이 시험에 신경을 쓰는가? 내가 확신할 수 있는 것은, 마도프(Berniue Madoff)라는 금융 사기꾼(범죄에 따라 지금 형무소에 있다)과 엔론 사건[14]을 일으킨 사람들이 높은 시험성적을 냈던 인물이라는 것이다.

---

14) (역자주) 엔론사건(Enron Corporation). 엔론사는 미국 휴스턴에 위치한 에너지, 물류, 서비스 회사로 2001년 파산전까지 직원 2만명, 연매출 1,000억불 이상을 올리는 '미국에서 가장 혁신적인 기업' 중 하나였다. 그러나 건실해 보이는 재정상황이 사실은 체계적인 회계부정으로 유지되고 있다는 사실이 밝혀지면서 기업사기의 대표적인 사례가 되었으며, 이 일 이후 인터넷 기반 회사들의 대규모 부도사태가 잇따르게 되었다.

제7장

포상과 처벌은 그리 좋은 동기유발 기제가 아니다

.

제7장

포상과 처벌은 그리 좋은 동기유발 기제가 아니다

　NCLB와 정상을향한경주는 위협, 처벌, 포상이 좀 더 나은 교육을 만들어 내리라고 잘못 가정하고 있었다. 이들은 '좀 더 나은 교육'이란 것도 오로지 더 높은 시험 성적 하나로만 정의했다. 파괴자들은 "게으른" 학생과 교사들에게 좀 더 거칠게 책무성을 요구해야 할 때라고 믿었다. 이들은 시험을 좀 더 자주 보고 실패에 대해 위협을 가하면 학생들이 더 열심히 노력하리라고 생각했다. 이들의 머릿속에서, 교사와 교장은 자기 직장을 잃을 수도 있다는 걱정에 휩싸이고, 학생들의 시험 성적에 따라 보너스를 제공받으면 학생들을 다그쳐 더 높은 시험 성적을 얻을 수 있다고 믿었다. 파괴자들의 관점에서 보자면 모든 방안 중에서 가장 훌륭한 것은 학교 문을 닫겠다고 협박하는 것이었다. 직장, 경력, 평판을 잃을지도 모른다는 두려움 속에서 산다는 것은 확실히 누구라도 움직이게 할 것이었다. 이들 생각에 별도의 수입을 얻을 수도 있다는 희망을 갖는 것처럼 말이다.

　저항운동은 이에 동의하지 않았다. 학부모, 교사, 학생 및 저항운동에 참여하는 학자들을 연합하는 하나의 신념이 있다면, 위협, 처벌, 포상 등은 형편없는 동기유발 기제라는 신념이었다. 저항운동은 파괴운동을 혐오했다. 왜냐하면, 이들은 아이들, 가족, 교사, 학교는 격려, 지지, 안정성을 필요로 하지 지속적인 격변을 바라지 않는다는 것을 알기 때문이다.

인센티브나 처벌에 대한 두려움 등은 아마도 기업 세계에서는 작동할 것이다. (물론 이에 동의하지 않는 경영계의 지도자들도 있다). 그러나 이런 것들은 교육에서 작동하지 않는다. NCLB와 정상을향한경주를 디자인한 정부 인사나 의회 의원들은 혁신을 위한 효과적인 진전을 만들어내고 있다고 생각했다. 하지만 이들은 아무 것도 모른채 사실 100년도 전에 대중들에게 인기있었던 아이디어를 적용했던 것뿐이다. 이들은 인부들을 팽팽하게 통제하는 하향식 관리기법을 믿었다. 표준화와 순응도 믿었다. 공통핵심표준은 교육 시스템의 모든 부속/부분을 질서있게 정렬하고 공통교육과정, 공통교과서, 공통시험, 교사준비 및 평가에 유용한 공통 수단 (그리고 학교에 이를 제공해주는 전국적인 시장) 등을 만들어내리라고 전제되었다.

파괴자들은 표준화가 모두를 똑똑하게 만들고, 불평등을 줄여주며, 빈곤을 없애리라 믿었다. 이들은 종종 빈곤을 없애는 방법은 학교를 "손보는" 것이라고 주장했다. 학교를 손 봐서 빈곤을 없앤 아무런 사례도, 증거도 없는데도 말이다. 이들이 보기에, 학교를 "손보는" 가장 좋은 방법은 외부의 명령으로 이들을 파괴하고 향상시키라고 강제하는 것이었다. 파괴운동에 대한 이들의 사랑은 비즈니스계로부터 빌어왔다. 이 세계에서는 뭔가를 날려버린다는 개념은 효과적인 진전을 가져오도록 하는 아이디어라고 간주되었다.

역사가인 레포어(Jill Lepore)는 뉴요커에 실은 아주 멋진 기고문에서 파괴를 사랑하는 특유의 기업가적 특성을 파괴했다. 그녀는 "파괴적인 혁신"이란 말의 기원에 대해서 쓰고 있는데, 하버드대학교 교수였던 크리스텐센(Clayton M. Christensen)이 그 주인공이었다. 레포어는 파괴운동을 비판하는 사람이라면 누구나 기존 사회적 지위를 지키려 애쓰는 사람, 즉 구식의 고집쟁이로 보일지도 모른다고 했다. 그러나 레포어는 파괴적 혁신에 관한 크리스텐센의 이론에 그다지 큰 인상을 받지 못했다. 그녀는 이 이론이 사례연구를 통해 만들어진 것으로, 각 사례들을 구분해 나누고는 성공적인 회사는 이전의 성공에 기초해 만들어진다고 했다. 그녀는 점진적인 개선이 파괴보다 더 성공적이라고 제안했다. 파괴적 혁신을 다룬 전체 논문은 순환적인 논쟁이라고 그녀는 쓰고 있다.

잘 굴러가는 회사를 파괴하지 않는다면 실패할 것이다. 그 회사가 실패하면 그건 파괴하지 않았기 때문일게다. 스타트업 회사가 실패한다면 그건 성공이다. 유행하는 실패는 파괴적 혁신의 특징이기 때문이다. … 잘 굴러가는 회사가 성공한다면, 이는 단지 아직 실패하지 않았기 때문이다. 이중 어느 것이라도 일어난다면 이 모든 것은 또 다른 파괴의 증거가 된다.

레포어는 파괴적인 혁신이라는 희망적 메시지는 확실히 모든 활동 영역에서 다 말이 되는 것은 아니라고 했다. 왜냐하면 인간 관계는 산업 관계와 같지 않기 때문이다.

혁신과 파괴는 비즈니스 세계에서 시작된 아이디어다. 그러나 이 아이디어가 비즈니스의 가치 및 목표에서 거리가 먼 가치와 목표를 가진 세계에도 적용되고 있다. 사람들은 컴퓨터 디스크를 꽂는 드라이브가 아니다. 공립학교, 대학/교, 교회, 박물관, 많은 병원 등 파괴적인 혁신에 종속되어 온 모든 곳은 수입, 지출, 인프라(기반 시설)를 갖고 있다. 그러나 이들은 하드디스크 드라이브나 트럭 엔진, 혹은 건조 식품 등을 만드는 공장이 산업인 것과 같은 방식으로 산업이 아니다. … 의사는 환자에 대해, 교사는 자기 학생들에 대해, 목회자는 자기 교인들에 대해, 큐레이터는 대중에게, 언론사 기자들은 독자들에게 의무감을 갖는다. 이 의무감은 소득의 영역 바깥에 놓인 것으로, 사업 대표가 고용된 사람, 사업 파트너, 투자자들에게 가지는 의무감과는 완전히 다른 것이다.

교육계에서 파괴운동의 이데올로기는 두 가지 교의에 의존하고 있다. 하나는 표준화가 이익이 된다는 것이고, 다른 하나는 혁신과 성과를 이끄는 시장의 힘을 믿는다는 점이다. 이 원리에 대한 맹목적 집착은 교육에서 재앙이

되어 왔다. 이런 원리들이 가정, 교회 등 이익과 손실이 아닌 인간 관계성에 주로 기초해 작동하는 제도들에 작동하지 않는 이유로 학교에서도 작동하지 않는다.

파괴운동의 지도자들, 특히 재벌 브로드(Eli Broad)가 소유한 허가받지 않은 브로드아카데미에서 훈련받은 지도자들은 교사들을 파괴하고 이들의 자율성을 축소하며, 미리 처방된 프로토콜에 따라 교실과 교실 수업을 조직하라고 요구하는 하향식 매니저로 훈련받는다. 교사들은 학생들의 성적으로 판단되는 존재임을 받아들이라고 요구받는다. 3−8학년에서 수학 혹은 영어를 가르치지 않는다면 (사실 이 학년 수준의 가르침을 맡는 교사들 중 70%는 이 두 과목을 담당하지 않는다), 이들은 자신이 한 번도 가르치지 않은 학생들의 교과목 점수에 따라 판단된다. 정말 말이 안 된다고 생각된다면, 실제 말이 안 되기 때문이다.

⌣

엘리 브로드(Eli Broad)는 주택건축업과 보험 사업으로 부를 축적했다. 그는 차터스쿨을 진흥하고 허가받지 않은 훈련 프로그램인 도심 학구 교육감들을 길러내는 브로드아카데미를 세우는데 많은 돈을 썼다. 이 기관은 브로드의 신념인 하향식 관리기법과 저성취 학교의 폐쇄를 가르쳤다.

"무관용" 차터스쿨은 파괴운동의 극단적인 형태다. 이 학교에서 복종을 요구하는 것은 몸서리칠만큼 극단적이다. 정말 긴 항목의 규정은 학생들의 복장 및 행동 규정을 지정하고 있다. 어디에 앉아야 하는지, 무엇을 쳐다보아야 하는지(예를 들어, "교사에게서 눈을 떼지 마라"), 학교 건물 안을 걸을 때면 어떻게 행동해야 하는지 등. 일말의 저항기가 보이기만 해도, 예를 들어, 셔츠자락이 삐져나온다거나 똑바로 걷지 않거나 혹은 복도에서 감히 속삭이기라도 하면, 재빠르게 벌점이 부과된다. 심지어 정학까지 받을 수 있다. 복도를 걸어가다가 다른 친구에게 말할 상황이 생기게 되면, 학생들은 "입으로만 뻐끔거리라"는 이야기를 듣는다. 즉, 소리를 내지 않고 뺨을 부풀리고 입술 동작만으로 용건을 전달하라고 말이다. 이 학교의 학생들은 소위 "학자"라고 불린다. 이 말은 흔히 특정한 연구 분야에서 전문가가 되어 수년을 보낸 사람들에게나 해당되는 건데도 말이다. 아주 어린 아이들도 "학자"라고 불리는 상황에서 이들은 우물쭈물대지도 말고 따지지도 말고 복종하라고만 배운다. 혁신적인 것과는 딴판으로 이런 학교는 19세기 군대 학교를 닮았다.

연방정부와 주정부 정책을 장악한 최근의 명령과 통제의 공화국은 19세기 말과 20세기 초 미국 사회와 미국 교육에서 유행했던 두 가지 운동을 떠올리게 한다. 테일러리즘과 행동주의.

테일러(Frederick Winslow Taylor, 1856 – 1915)는 모든 작업 라인을 조직하는 단 하나의 최고의 방법이 있다고 믿는 엔지니어였다. 크리스텐센이 "파괴적 혁신"의 사상적 지도자로 칭송되었던 것처럼, 테일러는 "사회 공학"의 개척자로 널리 찬양받았다. 그의 아이디어는 제조업자, 의회의원, 정책결정자 및 언론인들에게 시대의 위대한 계시라며 환영받았다. 그는 소위 테일러시스템이란 것을 개발했다. 효율성과 생산성을 최대화하도록 작업장을 "합리화하는" 방법으로 말이다. 그는 실험을 통해, 좀 더 효율적이고 덜 허비적이 되도록 초시계를 가지고 수행한 시간 및 행동 연구를 이용해 공장이 재조직될 수 있다고 주장했다. 테일러시스템은 "개인 노동자들의 판단을 대시하도록 하는 많은 규율, 법규, 공식을 세우도록 했다."

자신의 계획에 순응하는 노동자들은 더 높은 봉급과 보너스로 포상을 받게 되고, 말을 듣지 않고 반항하는 사람들은 더 낮은 임금으로 처벌받는가 하면 결국 직장에서 쫓겨나게 된다. 작업장 내 상사의 지시에 맞서는 일은 생각할 수 없었다. 테일러의 가장 유명한 실험은 1890년대 말 베들레헴 제철 (Bethlehem Steel)에서 수행되었다. 이는 "과학적 관리기법"의 새 시대를 열게 된 돌파구라며 환영받았다. 이 회사는 테일러에게 육체 노동자가 하루 동안 한 장소에서 다른 장소로 옮길 수 있는 선철의 숫자를 증가하는 방법을 고안해달라고 부탁했다. 역사학자인 캘러한(Raymond Callahan)은 테일러의 행동계획을 자세하게 말하고 있다. 테일러가 실험을 시작하면서 베들레헴제

철소에는 "92파운드가 나가는 선철을 30−40피트 떨어진 곳으로 날라 레일카 내부로 향하는 널빤지에 올려놓아 선철을 레일카에 싣는" 일을 하는 인부가 75명이 있었다. 이들은 하루 평균 12.5톤의 선철을 레일카에 옮겼다. 하루 10시간 동안의 노동으로 304개의 선철을, 한 시간으로 하면 30개, 2분당 1개의 선철을 옮기게 되는 셈이다. 테일러는 "똑똑하고 대학 교육을 받은 사람에게" 시간 및 행동 연구를 수행하라고 시켰다. 그리고는 1등급 인부는 "하루에 12.5톤이 아니라 48톤의 선철을 나를 수 있어야 한다"고 예상했다. 이 말인즉, 각 노동자는 하루 동안 106,400파운드의 선철을 싣는 것을 의미했는데, 이들에게 익숙한 하루 28,000파운드의 선철 선적과 비교되는 것이었다. 이렇게 되면 한 시간에 30개가 아닌 115개의 선철을 선적하게 되는 거였다. 테일러는 노동자의 파업 혹은 이들과의 몸싸움을 일으키지 않고도 작업량을 4배 가까이 올려야 하는 방법을 찾아야 했다. 그와 그의 연구팀은 슈미트라는 이름의 아주 부지런한 인부를 골라냈다. 그리고는 한 시간에 1.15달러가 아니라 1.85달러를 급료로 받고자 하는 "값비싼 노동자"가 될 것인지 물었다. 그는 어눌한 영어로 자신은 값비싼 노동자라고 말하고는 더 많은 돈을 받고 싶다고 했다.

테일러는 슈미트에게 다음과 같이 일렀다.

좋아요. 당신이 값비싼 노동자라면, 당신은 내일 이 사람이 당신에게 말하는대로 정확하게 해야 해요. 아침부터 저녁때까지 말이에요. 그가 선철을 들고 걸으라고 하면, 당신은 선철을 들고 걸으면 되고, 그가 앉아서 쉬라고 말하면 그때 앉아서 쉬면 되요. 당신은 하루 종일 딱 이런 방식대로 일하면 돼요. 한 가지가 더 있는데, 뒷담화는 안돼요. 이제 값비싼 노동자는 시키는대로 하고 뒷담화는 하지 않아요. 이 말, 이해하시겠어요? 이 사람이 당신더러 걸으라고 하면 걸어요. 그가 당신더러 앉으라고 하면 앉아요. 이 사람에 대해 뒷담화는 하지 마세요. 자, 그럼 내일 아침 일하러 와요. 그리고 저녁이 되기까지 당신이 진짜 값비싼 사람인지 아닌지 봅시다.

슈미트는 그에게 부여된 명령, 즉 시키는 대로 정확하게 했다. 다음 날 저녁이 될 때까지 말이다. 그는 47.5톤의 선철을 레일카에 선적했다. 이 양은 인부 전체가 할 것이라고 기대되었던 양이었다.

테일러의 잘 선전된 일은 널리 알려졌고 또 칭송을 받았다. 그는 과학적 관리라는 자신의 체계가 어떤 사회적 기관이라도, 즉 가정, 농장, 비즈니스, 교회, 자선사업소, 대학 및 정부 기관 등에 적용될 수 있다고 말했다. 누군가 해야 할 일이라면 목표를 정하고, 얼마나 빨리 노동자들이 이를 성취할 것인지 측정하고, 그 어떤 저항도 참아서는 안 된다. 기대치를 높게 잡고 산출물을 측정하고 (일의 진행)과정을 표준화하는 것이 과학적 관리기법의 핵심이었다.

테일러의 선언으로 인해 "사회적 효율성"을 위한 전국가적 운동이 개시되었다. 눈깜짝할 사이에 테일러리즘의 복사판이 공립학교에서 낭비와 비효율성을 근절케 하기 위해 들이닥쳤다. (당시 많은 도심학교는 이민자 학생들로 넘쳐났고 한 반에 거의 100명에 이르는 학생이 들어찼다.) 거의 대부분의 대규모 학구는 학교를 어떻게 하면 좀 더 효율적으로 만들 수 있을지 판단하는 효율성 전문가를 고용했다. 대중잡지는 학교가 학생들에게 "실재 삶"을 준비토록 해야 할 때 라틴어, 그리스어, 문학, 역사 등의 "중세적" 공부에 시간과 돈을 허비한다고 불평했다. 이보다는 농사짓는 법, 공장 노동자, 주택건설, 대장공 및 다른 직업에 준비되도록 해야 한다고 주장했다.

행동주의는 19세기 말에서 21세기 초까지 대중의 관심을 사로잡은 또 다른 미치광이였다. 행동주의 심리학자들은 (인간을 포함한) 동물들은 다른 이들이 원하는 방식대로 행동하게끔 반복적인 훈련과 훈육으로 조건지어질 수 있다고, 아니 그렇게 되어야 한다고 믿었다. 행동주의자들은 고용주와 교사는 보상받거나 혹 처벌받게 되는 관찰가능한 행동에만 관심을 기울여야 한다고 가르쳤다. 고용된 직원이나 학생들이 생각하는 것 혹은 그들이 뭘 느끼는지는 그다지 중요하지 않았다. 오로지 그들이 무엇을 하느냐만이 중요했다. 오늘날의 파괴자들은 마치 손다이크(Edward Thorndike, 1874-1949)와 스키너(B.F. Skinner, 1904-1990)와 마찬가지로 학생은 교사가 원하는 대로 반응하고 행동하기 위해 처벌과 보상을 통한 엄격하게 처방된 조건짓기로 훈련될 수 있다고 믿는다.

파괴자들이 순응과 표준화를 계속 밀어 붙이는 것은 우리가 살고 있는 변화무쌍한 세계와 어울리지 않는다. 혁신과 창의성은 순응과 표준화가 아닌 생각과 행동의 다양성에서 솟아난다. 사회에서 우리의 성공은 동일함 혹은 권위에의 무조건적 복종이 아닌 다양성에 기초해 지어진다. 우리는 불순응과 인간 차이를 기꺼워해야 하는 다양하고 다원적인 사회에서 살아간다. 영화제작자와 회계사, 미용사와 우주학자, 파괴자와 합의 건설자, 몽상가와 건축가, 정형화된 일의 전문가와 공상가 등. 행동주의자와 오늘날 이들을 흉내내 따라하는 파괴자들은 발산적 사고의 가치와 다양성의 창조적 잠재력에서 아무런 의미를 찾지 못한다. 이들은 단순한 "느낌"을 단호히 무시한다. 행동주의자들에게 중요한 건, 그리고 오늘날 파괴자들에게 중요한 것은 표준화시험 및 행동 측정에서 도출되는 데이터다. 그러나 파괴자들을 제 길에서 벗어나도록 이끄는 것은 다름 아닌 이 집착 때문이다. 신뢰를 잃어버린 행동주의 심리학자들이 처한 상황과 마찬가지로. 결국 학생 및 다른 모든 이에게 정말로 중요한 것은 내재적 동기다. 자기 자신을 위해 뭔가 성취하려는 충동 말이다. 지시나 명령이 아니라.

테일러, 손다이크, 스키너가 21세기를 시작하는 첫 몇 해까지도 살아있었다면, 이들은 틀림없이 지금 미 전역에서 학생 및 교사들을 상대로 실행되고 있는 거대한 사회적 실험을 만족스런 표정으로 칭찬했을 터다. NCLB 덕택에 50개 주와 미국 자치령에 수천개의 학구로 나뉘어 상당히 탈중심적 체제로 유지해 왔던 것들이 연방법에 따라 통제되는 국가 시스템으로 점차 땜질되어 왔다. 각 학구는 자신의 표준과 시험 방식을 결정, 시행해 왔고, 지역사회의 요구와 조건에 맞춰 유연성이 인정받아 왔으며 특유의 학생들이 지닌 특유의 요구에 자유롭게 맞춰주는 교사들이 일하던 곳이었는데 말이다. 이 법이 보수적인 공화당 소속의 조지 W. 부시 대통령이 도입했다는 사실은 정말 알다가도 모를 아이러니다. 공화당원들은 전통적으로 지역사회통제를 옹호해왔고 연방정부의 간섭에 내내 저항해왔기 때문이다. 새로이 들어선 민영화에의 헌신된 태도에서 공화당원들은 지역통제를 강력하게 반대하고, 공립학교를 지역 학교위원회에서 떼어내 창업가, 기업형 회사, 시장, 긴급 매니저, 주지사에게 넘기려는 사람들이 되었다.

이런 연방정부 통제라는 새로운 시대는 더 높은 시험 점수를 양산해내도록 하는 제재와 인센티브에 의존했다. 우리는 지금 부시 대통령이 그렇게 자랑해마지 않는 시험공화국이 텍사스주에서의 기적을 만들어내지 못했다는 것을, NCLB가 전국적으로 아무런 기적도 이루지 못했다는 것을 잘 안다. 또한, 정상을향한경주는 NCLB를 단순 복제한 것에 불과하고, 그와 유사할 정도의 썩은 동태 눈알 같이 총기를 잃고 흐리멍텅한 결과만을 내놓고 있다는 점을 잘 안다. 그럼에도 의회가 NCLB를 ESSA로 바꿔치기 했을 때, 익살스런 연극은 다시 이어지고 있다. 이전 정부의 실패한 전제와 정책들을 여전히 다수 유지한 채 말이다.

사회과학자들은 동기를 주제로 수십년에 걸쳐 연구를 해왔다. 현대의 인지심리학자들은 장기적인 이익을 얻어내자고 위협이나 보상 등에 더 이상 의존하지 않는다. 인지심리학 분야에서 선도적인 학자들은, 인지적 과업 수행에 있어 위협이나 보상은 실제 성과를 내지 못하도록 압박한다는 점을 밝히고 있는데, 그 이유는 이들이 내적 동기를 훼손하기 때문이다.

로체스터대학교의 심리학과 교수인 디사이(Edward Deci)는 이 동기를 주제로 수십년동안 연구를 이어왔다. 그와 그의 동료인 라이언(Richard Ryan) 교수는 소위 "자기결정이론"이라고 불리는 이론을 만들어냈는데, 이 이론은 사람들은 보상이 주어졌을 때 가장 훌륭하게 과업을 수행한다는 주류 신념을 비난한다. 디사이와 라이언은 이 이론을 소개하는 책에서, 사람들이 과업 수행을 위해 실질적인 보상을 받는 사람들은 자신이 하길 원해서 같은 일을 하는 사람들보다 덜 동기가 떨어진다는 것을 증명하기 위해 자신들이 고안한 실험을 설명하고 있다.

「우리는 우리가 하는 행동을 왜 하는가: 자기동기화에 대한 이해(Why

We Do What We Do; Understanding Self−Motivation)」란 제목의 책에서, 디사이는 사람들이 자율성과 진정성을 가지고 일을 할 때 가장 잘 한다고 설명한다. 순응의 정신으로 일을 할 때가 아니라. 그는 보상이 기대하는 대로의 행동을 만들어낼 수 있을지 모르지만, 보상이 끝나면 기대되는 행동 또한 끝나 버린다고 쓰고 있다. 그는 센트럴파크 동물원 안의 물개 사례를 든다. 이 물개들은 조련사가 물고기를 던져주는 동안에는 내내 군중 앞에서 쇼를 계속한다. 그러나 물고기를 더 이상 주지 않자 물개들 또한 쇼를 멈췄다.

그는, 아이들이 자연적으로 탐색적이라고 말한다. 아이들은 "탐험하고, 손으로 만져보고, 질문한다. 이들은 물건을 집어들어 보고, 흔들어보고, 맛보고, 던져보고 또 묻는다. '어, 이게 뭐지?' 하고 모든 조각은 마치 반짝반짝 빛나는 새로운 플라스틱 마블(Marvel) 제품처럼 카드보드 박스에 관심을 기울인다. 아이들은 이것저것 만들어보면서, 구부려도 보고, 다른 것으로도 변형시켜도 본다. 아이들은 뭔가 새로운 것을 찾아내려고 하고 그 가운데서 배우려고 안간힘을 쓴다." 아이들은 태어나 배우기를 배우고 또 갈구하는 존재다. 아이들은 내적으로 배우려는 동기를 갖는다. 디사이는 그 많은 아이들이 도대체 왜 자라면서 이런 동기를 잃어가는지 질문을 던진다. 심리학자로서의 경력을 시작하면서, 디사이는 당시 가장 유력한 이론이었던 행동주의에 교화되었었다. 그러나 "아마도 학교 학생들을 동기지으려고 광범위하게 사용되는 모든 보상, 규정, 엄한 훈련은 그 자체로 악당이었는지 모른다. 격한 배움의 상태가 아닌 슬픈 무관심을 진작시킴으로써 말이다." 그는 이런 "신성모독적인" 생각을 갖고 있었다.

자신의 경력을 쌓아가면서, 그는 다음과 같은 질문을 던졌다. "전에는 아무런 보상 없이도 매우 열정적으로 해 왔던 일에 대해 외적인 보상이 주어지게 되면 그 활동의 내적 동기는 어떻게 될까?"라는 질문.

그는 소마 큐브(Soma Cube)를 사용하는 실험을 창안해냈다. 파커브라더스(Parker Brothers)라는 인형 제조공장에서 만들어진 것으로 "세계에서 가장 세련된 큐브게임(The World's Finest Cube Puzzle Game)"이라고 이야기되는 것이었다. 퍼즐은 서로 다른 모양의 7가지 조각으로 만들어져 있다. 각

조각은 수천개의 다양한 큐브(육면체)를 만들어낼 수 있도록 조합될 수 있었다. 하나는 "샘이 앉아있는 개(Sam's Sitting Dog)"로 불리고, 다른 것은 "카우치(The Couch)"라고, 세 번째 것은 "비행기(The Airplane)"로 불렸다. 그는 "어떤 모양의 큐브들은 맞추기 쉽다. 그러나 다른 것들은 아주 어렵다. 이 디자인을 다시 만들어내기 위해 다양한 조각을 사용하는 것이 재미를 가져다준다. 언제 성취했다는 느낌을 갖는지 명백하게 알 수 있다. 일단 누군가 퍼즐을 시작하게 되면, 이를 멈추게 하는 것은 정말 어렵다." 디사이는 자신이 이 게임에 매혹되어, 자기 머리 속에 다양한 가능성을 상상하게 되었다.

디사이는 실험이 이루어지는 장소에 두 그룹의 학생을 불러 모았다. 한 그룹에게는 소마큐브를 사용하는 일련의 과업을 해결하도록 요청했다. 이들에게는 아무런 보상이 주어지지 않았다. 다른 그룹에게는 똑같은 퍼즐을 풀게되면 금전적 보상을 제공했다. 이들 실험에 참가한 사람들에게는 30분의 시간을 주고 퍼즐을 풀도록 했다. 실험을 주관하는 사람은 시간이 끝났다고 말한다. 그리고 그는 데이터를 컴퓨터에 입력하기 위해 곧바로 실험장소를 떠나야 했다. 실험 주관자가 정확하게 8분 동안 실험장소를 떠나 있었다. 일부 대중 잡지들이 학생들이 있는 실험 장소에 놓여져 있었다. 디사이는 이런 질문에 흥미를 가졌다. 실험에 참가하는 학생들은 계속해서 퍼즐을 풀까? 아니면 잡지를 읽을까? 그것도 아니라면 다 때려치고 멍때리고 있을까? "결과적으로 과업으로 주어진 퍼즐을 푸는 것으로 금전적 보상을 받게 되는 그룹의 학생들은 자유로운 선택 시간 동안 '단지 재미를 위해' 퍼즐 놀이를 훨씬 덜하는 경향을 보였다. 돈 주는 것을 멈추면 놀이도 멈춘다." 보상을 도입하는 것은 대상자들이 동기를 갖도록 하는데 보상에 의존적이도록 만든다.

디사이는 다른 상황, 다른 시간에서 실험을 반복했고 같은 결과를 얻었다. "금전적 보상은 사람들의 내적 동기를 훼손한다." 보상은 일시적인 성공을 가져온다. 그러나 학생들의 동기는 그 보상이 주어진 과업 때문에 제공되는 동안만 이어진다.

디사이는 자신의 동료에게서 들은 이야기를 이렇게 말한다.

광신자들은 메인가(Main St.)에 막 양복점을 낸 유태인 마을을 없애고 싶어하는 듯하다. 그래서 이들은 가게 주인인 재봉사를 괴롭히라고 난폭군들을 보냈다. 매일 그 난폭한 불한당들은 조롱하기 위해 가게 앞에 나타났다. 상황은 상당히 우울했다. 그러나 그 재봉사는 정말 영특한 사람이었다. 어느 날, 이 불량배들이 도착하자 그는 그들 각자에게 이들의 노력에 보답한다고 다임(10센트 동전) 하나씩 주었다. 이들은 아주 즐거워하며 욕지거리를 잔뜩 쏟아 내면서 지나갔다. 다음날, 다시 돌아와 목소리를 높였다. 다임 하나를 기대하면서 말이다. 그러자 재봉사는 오늘은 니켈(5센트 동전) 하나밖에 없다며 불량배들에게 각각 니켈 하나만을 주었다. 글쎄, 이들은 약간 실망했다. 그러나 니켈은 그래도 돈이지 않은가? 이들은 이 돈을 받았다. 그리고 늘 그렇듯 잔뜩 조롱섞인 욕을 해대고는 사라졌다. 다음날, 이들은 다시 나타났다. 그런데 재봉사는 이들에게 손을 내밀며 오늘은 페니(1센트 동전)밖에 줄 수 없다고 말했다. 이 난폭한 불량배들은 화가 잔뜩 났다. 이들은 이 상황을 빈정대면서 단지 1페니를 얻자고 이 재봉사를 조롱하고 욕하는데 귀한 시간을 쓰지 않겠다고 외쳤다. 이들은 다시 나타나지 않았다. 뭐, 재봉사에게는 좋은 일이었다.

디사이는 많은 실험에 근거해서 다음과 같이 결론을 내리고 있다. "내적 동기는 외적 통제에 비해 더 풍부한 경험, 더 나은 개념적 이해, 보다 큰 창의성, 개선된 문제 해결력과 관련되어 있다. 통제는 내적 동기와 활동에의 참여를 훼손시키는 것뿐만 아니라 통제는 분명히 창의성, 개념적 이해, 유연한 문제해결력을 요구하는 과업 수행에 해로운 효과를 가져다주었다. 최종 결과에 초점을 두는 사람들에게는 정말 나쁜 뉴스가 아닐 수 없다."

우리가 사는 시대의 파괴자들은 100년이나 된 진실을 똑같이 반복하면서 사람들은 외적 보상이 주어질 때에만 가장 잘 행동한다고 확신한다. 결국,

비즈니스는 직원 및 경영자들에게 보너스를 인센티브로 주지 않는가? 그러나 연구결과에 따르면 이런 주장은 틀리다. 블룸버그가 뉴욕시의 시장으로 있던 시기, 그는 보너스 계획을 반복해서 내놓았다. 그러나 누구도 더 나은 상황을 만들지 못했다. 보너스에 관한 가장 큰 규모의 통제 실험은 네쉬빌에 있었는데, 밴더빌트대학교의 수행성과급에관한국가연구소(National Center on Performance Incentives)의 경제학자들이 3년 연구를 진행했다. 이들은 학생들의 시험 성적이 오른 5학년 수학교사들에게 15,000달러의 성과급을 제공했다.

결론은 편차가 있기는 하지만 보너스를 받을 수 있는 교사들은 보너스를 받지 못하는 교사들과 비교해 별 다른 성과를 내지 않았다. 밴더빌트대학교에서 수행된 부정적인 연구 결과가 공개되자마자, 오바마 정부는 10억달러의 보너스 프로그램을 전국적으로 시행하겠다고 발표했다.

보너스는 좀비와도 같은 아이디어다. 어디에서도 작동하지는 않는데, 결코 죽지 않기 때문이다.

아릴리(Dan Ariely)는 듀크대학교의 행동경제학자로 자기 의지로 과업을 수행하는 것과 보상을 기대하며 과업을 수행하는 것 사이의 차이를 보여주는 연구를 수행했다. 그는 디사이와 마찬가지로 내적 동기에 따르는 사람들이 일관되게 약속된 보상을 기대하는 사람보다 더 높은 수행력을 보인다는 점을 발견했다. 아릴리는 사회적 규범(자기 의지에 따른 과업 수행)과 시장 규범(보상에 따른 과업 수행)에 어떤 차이가 있는지 보여주었다.

그는 대의에 따르는 사람이 돈을 쫓는 사람보다 더 열심히 일한다고 했다. 그는 "예를 들어, 몇년 전 AARP는 일부 변호사들에게 돈이 궁한 퇴직자들에게 덜 비싼 서비스를 제공해 줄 수 있는지, 시간당 30불 정도에 서비스를 법률 지원을 해줄 수 있는지 물었다. 변호사들은 안 된다고 대답했다. AARP의 프로그램 매니저는 굉장히 똑똑한 아이디어를 내놓았다. 즉, 그 변호사들에게 돈이 궁한 퇴직자들에게 공짜로 변론에 나서줄 수 있는지 다시 물었다. 압도적으로 이 변호사들은 그렇게 하겠다고 대답했다. 시장 규범은 통상적인 시간당 임금을 훨씬 밑도는 돈을 사례비로 제공한다는 상황을 거절하게 했다. 그러나 사회 규범은 이들을 의지에 따른 자원활동가로 만들었다. 아릴리는 시장 규범은 강력하다. 일단 이 규범이 적용되고 나면 사회 규범은 사라진다. 그리고 대체로 다시 돌아오지 않는다.

아릴리는 서비스업계에 종사하는 사람들이 대개는 시장 규범에 휘둘리지 않는다고 적고 있다. 경찰관, 소방관, 군인 등은 돈 때문에 자기 목숨을 걸지 않는다. 이들은 보통 대중을 돕거나 이들에게 봉사하고자, 혹은 이들을 보호하려는 욕구에 따라 행동한다. 교사에게도 똑같다고 이야기될 수 있다. 교사들은 부자가 되기를 기대하면서 교직에 나서지 않는다. 이들은 학생 삶에서 중요한 차이를 만들어내려는 욕구 때문에 교직에 끌린다. 이들에게 앞에 관한 질문을 던진다면 거의 대부분의 교사는 이렇게 대답했을 것이다. 이들은 자신들이 담당하게 된 아이들을 가르치고, 그들에게 봉사하고, 또 보호하기 위해 교사가 되었다.

아릴리는 표준화시험과 수행기반 임금이 "교육을 사회 규범에서 시장 규범으로 강제로 옮겨놓게" 될 것이라고 걱정한다. 그는 이렇게 생각한다.

당신은 돈 때문에 여기 이 정도까지만 갈거다. 사회 규범은 궁극적으로 변화를 만들어낼 수 있을만한 힘이다. 교사, 학부모, 아이들의 주의를 점수, 임금, 경쟁에 집중하게 하는 대신, 우리 모두에게 있어 교육의 목적성, 사명감, 자긍심을 전해주는 것이 훨씬 더 낫다. 이렇게 하기 위해, 우리는 시장 개혁의 길을 밟아서는 안 된다. 비틀즈는 한참전에 "돈 주고 나를 살 수 없어"라고 외쳤고, 이것은 배움에 대한 사랑도 마찬가지다. 배움은 돈 주고 살 수 없다. 비록 그러려고 노력한다고 해도, 배움을 쫓아 버리는 꼴만 당할거다.

아릴리와 디사이는 명예롭게도 시험기반 의제와 책무성에 관한 연구의 일환으로 국가과학아카데미(National Academy of Science)가 소집한 17명으로 구성된 사회과학자 패널에 초대되었다. 이 패널은 인센티브와 시험기반 책무성 위원회로 불리며 거의 10년에 걸쳐 NCLB, 몇몇 주와 시에서의 성과급 시스템, 고교졸업시험, 다른 국가에서의 교사 성과급, 뉴욕시와 오하이오주 코숙튼에서의 학생 성적 기반 급여 프로그램에 대해 연구했다.

2002년에 시작된 이 연구는 2011년이나 되어 결과보고서를 내놓았는데, (연구 대상이 되었던) 이 프로그램들은 학습에 긍정적인 효과가 거의 없으며, 시스템을 낭비하지 못하도록 막는데 적절한 방안이 되지 못한다고 결론짓고 있다.

주요한 결론으로, "시험 기반 성과급 프로그램은 미국이 학업성취도 최상위권 국가 수준에 가까워지도록 할만큼 충분한 학생 성취도 증가를 가져오지 않았다. 적절하면서 부담이 낮은 시험으로 평가받는 경우, 학업성취도에 대한 전반적 효과는 작은 경향이 있으며 많은 프로그램에게는 아무런 효과를 찾아볼 수 없었다." 이 패널은 시험을 활용하는 일반적 활동을 "개선의 표시"로서 성과급과 연계하는데 상당히 비판적이었다.

이 위원회는 수행평가가 성과급을 위한 것으로 활용될 때 왜곡된다고 지적했다. 이들은 그 유명한 캠벨의 법칙(Campbell's law)이라고 알려진 원리를 인용하고 있다. 캠벨(Donald T. Campbell, 1916-1996)이 만든 것으로, 그는 저명한 사회과학자로 1975년 다음과 같은 글을 남겼다. "그 어떤 사회적 지표라도 사회적 결정에 더 많이 활용되면 될수록, 부패 압력이 더 커지게 되고, 원래 모니터링을 해야 하는 사회적 과정을 왜곡, 부패하게 하는 경향이 더 커진다."

특별히 교육에서 이 시험을 가리키면서 캠벨은 이렇게 쓰고 있다. "학업성취도를 재는 시험은 일반적인 역량을 목표로 한 정상적인 가르침의 여건 속에서는 아주 일반적인 학교 성취도를 잴 수 있는 가치로운 지표가 될 것이다. 그러나 시험 성적이 가르침의 과정을 이끄는 목표가 된다면, 교육적 지위를 재는 지표로서의 가치를 잃게 될 것이고, 바람직하지 않은 방식으로 교육과정을 왜곡하게 될 것이다."

캠벨의 법칙은 시험을 과도하게 강조하는 시스템을 도박판에 내던질 것이고, 성적 부풀리기, 시험보는 교과로만 교육과정을 좁히는 결과를 가져올 것이며, 속임수 등 실제 학생의 학업수행능력을 개선하지 않으면서도 이런 방식의 평가를 만족시키거나 목표에 도달시키려는 일련의 노력을 하라고 내몰 것이라고 주장했다. 이 위원회는 "목표란 것이 도저히 도달할 수 없다고 사람들이 생각하는 정도로 높게 책정된다면 그 목표에 도달하려는 사람들의 동기가 꺾일 것이고, 무력감을 느끼는 단계를 거쳐, 노력을 게을리하게 되며 결국 헌신을 포기하고 자존감이 낮아지게 된다."고 쓰고 있다. 이 말이 의미하는 바는, NCLB가 내놓았던 도무지 실현할 수 없는 목표, 즉 100% 능숙도에의 도달이란 목표가 많은 교사들에게 의욕을 잃게 하고 결국 자기 경력을 포기하고 학교를 떠나게 하는 이유가 되었다.

2011년 위원회 활동을 결론짓는 보고서가 발간되자, 아릴리는 연구결과에 대해 다음과 같이 발언했다. "시험은 교육에 빨간 깃발을 올리는 것이다. … 이런 정책은 인간을 마치 미로 속의 쥐마냥 취급하고 있다. 우리는 계속해서 쥐가 우리가 원하는 일을 하게 만들까를 고민하면서 치즈 위치를 어디에 어떻게 놓을지만 생각한다. 사람들은 이것보다 훨씬 많은 것을 한다."

아릴리는 계속해서 이런 환원적 사고는 교사가 돈벌기 위한 직업이라는 생각을 확산시킨다는 사실에 책임을 져야 한다고 지적했다. 그는 "최악의 아이디어가 아닐 수 없다. NCLB를 만드는 과정에서, 사람들은 이런 전략과 보상을 염두에 두고 있었는데, 이것들은 실제로 교사들의 동기를 허무는 것들이었다. 이것들로 인해 교사는 (학생을) 더 많이 챙기고 보살피기보다는 덜 챙겼다… 왜냐하면 이런 전략과 보상이 각자의 성취와 자율성을 빼앗아가 버렸기 때문이었다."

정말 오랫동안 기다린 위원회의 결과물이 2011년 발간되었는데도 의회는 보고서 결과를 애써 무시했다. 이 상황이 정말 놀랍다고밖에 할 수 없는데, 왜냐하면 이 보고서는 미국에서 가장 권위있는 연구 기관에서 발간한 것이고, "교육법, 경제학, 사회과학 분야의 국가적 전문가중 가장 신뢰롭고 명망이 높다"고 한 패널이 작성한 것이기 때문이었다. 연구 결과는 NCLB를 받치고 있는 가정들의 밑동을 잘라내는 내용이었다. 그러나 의회는 NCLB를 다시 생각해보려는데 아무런 흥미를 갖지 않았다. 의회는 여전히 NCLB 및 정상을향한경주에 연계된 시험, 처벌, 성과보상에 얼이 나가 있었다. 2015년 마침내 의회가 NCLB를 재승인하는 상황이 되자, 위원회 보고서가 그렇게 비효과적이고 비생산적이라며 혹평했던 거의 모든 결점들이 변함없이 그대로 유지되었다. 학생과 교사를 마치 "미로 속의 쥐"와 같이 취급하는 고약하고 실패한 전통으로 계속 이어지게 되었다.

놀랍게도, 단체를 더 잘 운영하는 것에 관한 최고의 조언, 즉 조직에서 일하는 사람들의 개별성과 자율성을 존중하는 방법은 비즈니스계의 구루라고 할만한 데밍(W. Edwards Deming)의 글에서 찾아볼 수 있다. 데밍은 근대 일본 경제를 소생시킨 것으로 종종 거명되는 인물이다. 일부 미국 기업도 그의 조언을 가슴에 새기고 있다. 그의 전기를 썼던 사람들 중 한명인 가보르(Andrea Gabor)는 데밍을 "본질을 발견한 사나이"라고 부르며 「교육전쟁이 끝나고 (After the Education Wars)」라는 제목의 책을 썼다. 이 책에서 그는 개혁을 위한 데밍 방식의 접근을 제안하고 있다. 파괴운동의 실패한 정책 대신에 말이다.

가보르는 데밍이 몇몇 승자와 다수의 패자를 양산해내는 기업 평가 시스템에 반대했다고 썼다. 이런 순위는 팀워크를 쌓으려는 노력을 수포로 돌아가게 한다고 했다. "똑똑한 회사들은 이 팀워크를 장기적 성공의 핵심적 요인으로 여긴다." 정상분포곡선에 따라 사람들의 순위를 매기는 것은 얼마되지 않는 사람들이 승자가 되고 나머지 대부분은 패자가 되도록 한다. 비록 최고라 할 만한 사람과 가장 형편없다고 하는 사람 사이의 "점증하는 차이"란 게 그다지 중요하지 않음에도 불구하고 말이다. 데밍은 "능력의 순위를 매기는 것은 나름 매력적이다. 이런 말은 상상력을 잡아 끈다. 당신이 얻은만큼 돈을 내라. 당신이 지불한만큼 얻어라. 사람들이 자기 이익을 위해 최선을 다하도록 동기지우라. 효과는 이 말들이 약속한 것과는 정반대로 나타난다. 모든 사람은 앞서려고 자신을 몰아대거나 적어도 그러고자 노력한다. 자신의 이익을 위해서 말이다. 자기 삶의 수호자를 위해서 말이다. 이때 그 조직은 실패자가 된다. 능력기반 순위는 시스템에 순응하는 사람에게 보상한다. 시스템을 개선, 향상하자는 시도에 보상하는 것이 아니다."

가보르는 데밍의 아이디어에 기초해 "관리란 게 고용, 직원능력개발, 시스템의 안정화라는 점에서 일을 하는 것이라면, 대부분의 고용된 직원들은 자기 일을 잘 수행할 것이다. … 데밍은 직원들을 능력에 따라 순위를 매기는 것은 부적절한 리더십의 책임을 회피하는 수단이라고 믿었다." 데밍은 직원들의 등급을 매기겠다는 최고 경영자들을 호되게 비난했다. 그는 "능력에 따른 순위 매기기는 단기적 수행을 조장하고, 장기적 계획을 절멸시키며, 두려움을 만들어내고, 팀워크를 파괴하며, 경쟁과 정치역학을 키운다"고 썼다. 가보르는 데밍의 관점을 요약해 이렇게 정리한다. "(말할 필요없이) 대부분의 사람은 자기 직장에서 즐겁기를 바라고 또 그래야만 한다. 이들이 즐거울 수 있도록 시스템을 만들어내는 것이 소위 관리의 도덕적 의무다. … 관리와 시스템에 의한 기회를 생각해 볼 때, 대부분의 사람은 자기 직장에서 자신이 할 수 있는 최선을 다함으로써 충만함을 추구하려 한다."

　　NCLB와 정상을향한경주는 기업 국가 미국으로부터 잘못된 교훈을 빌어왔다. 이들은 교사들의 동기를 진작시킨다는 명목으로 당근과 채찍에 의존했다. 절대 도달할 수 없는 목표를 세우는가 하면, 매일매일의 교육을 책임지고 있는 사람들을 깔보았다. 팀워크의 중요성을 얕잡아봤고, 교사들을 서로 순위를 두고 경쟁하게 만들었다. 학생들은 언제든 교체할 수 있는 기계장치로 다루어지며, 오로지 승자와 패자를 양산해내도록 만들어진 표준화시험에서 높은 성적을 만들어낼 목적만을 내세웠다. NCLB법이나 정상을향한경주 그 어떤 것도 교육을 목적 그 자체로 중시하지 않았으며, 교육이 전달하는 즐거움을 추구할 만한 가치로운 것으로 여기지 않았다. 이들은 교육이 아니라 데이터를 중시했다.

　　NCLB와 정상을향한경주가 비즈니스 계획이었다면, 이 비즈니스는 자기 노동자들(교사와 교장)을 형편없이 다룬 것 때문에 순식간에 망해 파산했을 것이다. 이들은 분명 실패했는데, 그 이유는 이들이 교육이 무엇이고 또 교육이 무엇이어야 하는지에 대한 아무런 감각도 없이 교육을 다시 만들겠다고 하는 정치적 시도였기 때문이었다. 정치학과 상상력의 실패는, 파산한 이 두 가지 정책(워싱턴 D.C.에서의 정치적 성공을 제외하고)의 실패가 모두에게 너무도 분명해지고도 한참이 지나기까지 생명을 계속 이어가도록 했다.

제8장

미끼와 전향:
자유주의자들은 어떻게
학교선택제를 지지하게 되었나

제8장

미끼와 전향:
자유주의자들은 어떻게
학교선택제를 지지하게 되었나

나는 1988년 초, 뉴저지주 프린스턴에 위치한 ETS의 낙엽이 잔뜩 떨어져 있는 캠퍼스에서 열린 시험 관련 콘퍼런스에 참가했다. 공식적으로 이루어진 발표내용은 기억나지 않는다. 다만 쉥커(Albert Shanker)라는 미국 AFT위원장과의 대화는 생생하게 기억하고 있다. 나는 그를 1975년부터 알고 있었다. 내 첫 책인 「대단한 학교 전쟁: 뉴욕공립학교의 역사(The Great School Wars: A History of the New York City's Public Schools)」가 출간된 해였다. 그 당시로 돌아가보면, 나는 쉥커로부터 전화 한 통을 받았다. 나는 콜롬비아 대학교 티처스칼리지의 내 연구실에 있었다. 그는 무뚝뚝하게, "지금 막 당신의 새 책을 읽었어요. 이거 좋은데요. 뉴욕타임즈에 내가 쓰는 칼럼란에 이 책에 대해 쓸 거에요. 어떻게 하길 원해요? 칭찬할까요? 아니면 혹평할까요?"라고 말했다. 당신은 내가 뭐하고 했을지 예상할 수 있을거다. 이후 우리는 친구가 되었고 각 배우자들과 함께 일 년에 몇번 저녁 식사를 함께 할 수 있는 사이가 되었다.

프린스턴에서 콘퍼런스가 있던 그날, 그는 자신의 호기심을 자극하는 아이디어를 내게 이야기해주었다. 그는 최근 독일에서 돌아왔는데 쾰른에 있는 홀바이데학교(Holweide School)를 방문했다고 말했다. 이 학교는 학생들이 교사들과 한 팀이 되어 3-4년을 함께 보내도록 조직되어 있었는데, 서로 더 잘 알고 강한 관계성을 만들 수 있었다. 그는 미국 공립학교에 이와 같은 혁신적 정신을 불어넣고 싶어했다. 그리고는 냅킨에 자신의 아이디어를 날려 쓰듯 써내려갔다. 대규모 학교 안에 있는 한 그룹의 교사들은 학교 안의 학교를 형성하기 위해 동료 교사들의 승인을 얻고자 한다고 가정해보자. 그리고 이런 준자율적인 학교를 만드는 일을 지역 학교위원회로부터 승인을 받았다고 가정해보자. 건강, 안전, 시민권 등에 영향을 미치는 조항을 빼고는 아무런 규제가 없는 학교 말이다. 실험적인 방법, 실험적인 교수법, 실험적인 교육과정을 시도할 수 있도록 허락받았다고 하자. 아무런 공부에 흥미를 느끼지 못하는 아이들, 늘 지루해하는 아이들, 수업 시간 내내 잠만 자는 아이들, 종국에는 학교를 중도 탈락하는 아이들에게 가 닿겠다는 목표를 가지고 말이다. 게다가 이 새로운 접근법을 열심히 시도하려는 헌신이 미 전역의 학구에서 장려되는 상황이라고 가정해보자. 새로운 학교가 무엇을 성취할 수 있을지 볼 수 있는 앞으로 5-10년간 운영할 수 있는 허가를 가지고 학교 내에 연구-개발 실험실과 비슷한 것이 될 수 있다. 실험이 끝나게 되면 학생 및 이들의 최고 아이디어들과 함께 교사들은 이 학교에 재흡수될거다. 일부 교사들은 홀바이데 학교 모델을 시도할지도 모른다. 일부 교사들은 이전에 한 번도 상상해보지 못한 또 다른 학교모델을 꿈꿀 수도 있다. 그러나 이들의 계획이 어떠하든 간에 교사는 전통적인 학교에서 거부당한 아이들의 공부 동기를 높이는 자기 아이디어를 시도하기 위해 동료교사들과 학교위원회의 동의를 얻어내야만 할 것이다. 시행착오로 가득한 이 과정에서 이들이 무엇을 배우게 되든, 이들의 학교 및 다른 학교에 그 아이디어가 공유될 것이다.

난, 이것이 정말 기가 막힌 아이디어라고 생각했다. 그래서 그가 이 아이디어로 뭘 할지 무척 궁금했다.

몇 달이 지나, 그는 워싱턴 D.C.에 있는 미국언론클럽(National Press Club)이란 곳에서 기자회견을 열어 자기 제안을 발표했다. 6명 정도 혹은 그 이상의 교사로 구성된 그룹이 "자기 학교가 운영되는 상황에서 현재 도움의 손길이 미치지 않는 아이들을 가르치는 다른 방식을 시도하기 위해 자기 학교 안에 또 하나의 학교를 세우기 시작할 수 있다"고 말했다. 이들의 제안은 학구와 지역 교원노조지부가 공동으로 참여하는 패널에서 조심스레 검토될 것이었다. 만약 이 제안이 승인된다면 새로운 학교는 학생과 교사 모두에게 선택권이 주어지는 학교가 될터였다. 새로운 학교가 학교내 설치, 개설이 허용되기 전에 이미 그 학교에서 근무하고 있는 교사들의 동의를 얻어야만 했을거다. 자신들에게 적대적인 환경에서 이 계획이 작동하지 않을 것이기 때문이었다. 쉥커는 "사람들의 목구멍 속으로 뭔가를 쑤셔넣기를 원치 않지만, 이 제안이 일종의 운동이자, 대의로서 차용되기를 바란다"고 말했다.

1988년 7월에 열린 자기 휘하의 노조 전국대회에서, 쉥커는 AFT 위원들 앞에서 교사가 주도하는 자율적인 "학교－내－학교"라는 아이디어를 공유했다. 그는 이런 연구 프로그램이 페다고지의 중요한 문제를 해결해주리라 희망했다. 그는 누군가 "교직을 박차고 나가 자기만의 (독립적인) 학교를 열기"를 원치 않았다. 그는 원래 이 새로운 학교를 "선택학교"라고 했다가, 나중에 "차터스쿨"로 이름을 바꿨다. 매사추세츠대학교의 교수였던 버드(Ray Budde)가 교사로 이루어진 팀이 자기들만의 학교를 만들고, 학구의 관리체계의 "기를 꺾어" 학구를 재구조화하는 방안으로서 "차터스쿨"을 제안하는 글을 읽고 난 후에 말이다. 쉥커는 돈을 받고 자신이 매주 기고하는 뉴욕타임즈의 칼럼과 노조 지부 회의에서 이 차터스쿨 아이디어를 선전했다.

그러나 차터스쿨 운동이 발을 떼기 시작하는 순간에 쉥커의 아이디어는 방해공작에 시달렸다. 버드와 쉥커의 아이디어는 차터스쿨이 모든 구속에서 자유롭기를 원하는 미네소타주 기반 학교선택제 옹호자들에 의해 모습이 바뀌었다. 하버드대학교에서 행정학 교수로 차터스쿨과 바우처제도를 열렬히 지지하는 피터슨(Paul Peterson)은 나중에 이렇게 설명한다.

차터스쿨은 원래 버드가 고안했던 차터스쿨의 개념을 다른 사람들이 급진적으로 만들었기 때문에 시작되었다. 쉥커의 칼

럼을 읽고 나서 미네소타주의 교육개혁 운동을 벌이던 네이든
(Joe Nathan)과 콜더리(Ted Kolderie)는 차터스쿨 아이디어에
서 일종의 가능성을 보았다. 막강한 권한을 가진 쉥커가 이 아
이디어에 나름 영혼을 불어넣었다는데 기뻐하면서 이들은 퍼
피치(Rudy Perpich) 주지사와 주의회 의원들에게 이 아이디어
를 파는데 도움을 받기 위해 쉥커를 트윈시티로 초청했다.

미네소타주에서의 차터스쿨 법안을 작성하면서, "네이든과 콜더리는 이
차터스쿨의 개념을 본질적으로 바꿨다." 버드와 쉥커는 차터스쿨이 학구에
의해 승인받고 교사들에 의해 운영되며, 단체교섭의 대상이 되기를 바랐다.
그러나 네이든과 콜더리는 차터스쿨이 주정부가 승인의 주체가 되고 지역
학구의 통제에서 벗어나기를 바랐다. 피터슨이 지적하고 있듯, "이 점 때문
에 교사뿐만 아니라 외부 창업가들 또한 차터스쿨을 시작할 수 있게 되었다.
차터스쿨과 학구와의 경쟁은 장려되었다. 갑자기 차터스쿨은 학구가 교원노
조와 협상했던 단체교섭 계약이 부과하는 구속에서 벗어났다."
미네소타주는 1991년에 전국에서 처음으로 차터스쿨법을 통과시켰고,
이듬해인 1992년 첫 차터스쿨 문을 열었다. (차터스쿨에 관한) 미네소타법은
쉥커가 머릿 속에 그렸던 협력적 R&D 실험실로서의 차터스쿨 대신 공립학
교와 경쟁하는 차터스쿨이라는 전국적 패턴을 만들어냈다. 1994년 쉥커는
자신의 아이디어가 강탈당했다는 사실을 깨닫게 된다. 차터스쿨 운동이 차터
스쿨 산업으로 진화해나가는 것을 지켜보면서, 창업가 및 기업인들이 새로운
차터스쿨을 시작하는 모습을 바라보면서 그는 원래 자신이 제시했던 제안에
대해 소리 높여 비판하는 태도를 취하게 되었다. 그는 차터스쿨이 교사팀이
운영하는 연구 프로그램이 되지 않을 것이고, 교원노조가 허용되지 않을 것
이며, 공립학교와 협력하지 않으리라는 사실을 깨달았다. 소름끼칠만큼 그가
이해하게 된 점은, 새로운 차터스쿨 모델이 공적 기금과 학생을 두고 공립학
교와 경쟁하게 되리란 점이었다. 공립학교를 돕는 대신, 이 차터스쿨들은 공
립학교를 민영화하도록 하는 일종의 작동기제가 될터였다. 그는 미시간주에

들어선 첫 차터스쿨이 "노아웹스터아카데미"라는 교명을 달고 시작하는 모습을 보고 분노를 터뜨렸다. 이 학교는 기독교 홈스쿨 가정의 아이들을 염두에 두고 설립되었다. 그는 일부 차터스쿨 지지자들의 "진짜 목표"는 혁신에 있지 않고, "공립학교를 때려 부수는" 데 있음을 염려했다. 이후의 신문 칼럼에서, 그는 차터스쿨을 지역 학구와 어떤 연계도 짓지 않고 "자유시장"의 학교로 운영하게 하는 "위험천만한 비즈니스"에 대해 경고했다.

차터스쿨이라는 아이디어가 대중의 주목을 받기 시작하면서 첩(John Chubb)과 모(Terry Moe)(1990)는 이후 상당한 영향력을 미치게 되는 「정치, 시장, 미국의 학교(Politics, Markets, and America's School)」라는 책을 발간했다. 이 책에서 저자들은 미국 교육문제의 해법은 학교선택제에 있다고 주장했다. 이들은 (학교교육의) 진전을 가져오는 가장 큰 장애요인은 민주주의 정치였다. (학교교육의) 이해당사자들―학교위원회, 교원노조, 교육감, 교사들―이 "개혁"을 가로막는다고 이들은 주장했다. 민주적 제도들은 옆으로 제쳐둘 필요가 있었다. 단지 학부모들이 선택하라. 그러면 모든 일이 다 잘될 터였다. 이들은 아주 최소한의 제한사항을 둔 보편적인 바우처제도를 제안했다. 이들의 패러다임은 바우처제도에서처럼 차터스쿨에서도 잘 작동했다. 이들은 "개혁가들은 학교선택제가 (교육문제의) 만병통치약이 된다는 개념을 고려해 받아들이게끔 잘 할 것"이라고 대담하게 주장했다.

파괴자들은 첩과 모의 조언을 가슴 깊숙이 새겼다. (차터스쿨은) 시장의 통제, 주정부의 접수, 주지사가 임명하는 위원회 및 학교 가버넌스에 민주적인 참여를 일소해버리는 다른 메커니즘에 관한 이들의 신념을 말이다. 자칭 "개혁가"들은 "개혁"의 적은 민주주의라는 데 동의한 것이다.

차터스쿨 운동은 처음에 초당파적인 지지를 얻었었다. 1994년 극우적 성향의 헤리티지재단에서 교육연구책임을 맡았던 알렌(Jeanne Allen)은 차터스쿨을 위한 싸움을 주도하기 위해 CER(교육개혁연구소, Center for Education Reform)을 설치했다. 알렌은 바우처제도와 차터스쿨 모두를 포함하는 학교선택제를 지지했다. 그런데 후자인 차터스쿨이 더 팔기 쉬웠다. 알렌이 설립한 센터는 차터스쿨의 수가 점차 늘어나는 상황을 목도하고 각 주정부에 공립학교만큼이나 차터스쿨에도 같은 정도의 재정을 지원하라고 요구했다. CER은 각 주정부가 차터스쿨 관련 법을 제정하면서 차터스쿨에 얼마만큼이나 관여하지 않는지의 정도, 즉 운영에 제약을 두지 않는지에 따라 등급을 매겼다. 최소한의 규제, 최소한의 감시, 최소한의 책무성요구 등이 최고 수준이라고 여겼다.

클린턴 정부는 차터스쿨 아이디어를 좌도 우도 아닌 "제3의 길" 정책으로 껴안았다. 의회는 1994년 클린턴 교육 프로그램의 일부로 연방정부 차터스쿨 프로그램을 만들도록 하는 법안을 통과시켰다. 이 법에 따라 연방정부는 새로운 차터스쿨에 기금을 지원하게 되었다. 클린턴 대통령의 임기가 끝나는 2000년까지, 차터스쿨에는 대략 500,000명 정도의 학생이 등록해 있었다. 조지 W. 부시 정부 또한 열정적으로 차터스쿨을 추인했다. 학교선택제를 옹호하는 공화당원들의 선호와 궤를 같이하면서 말이다. 부시 대통령 임기가 끝나게 되는 2009년까지 CER은 D.C.를 포함한 40개주에서 4,600개의 차터스쿨에 140만 명의 학생이 다니고 있다고 보고한다. 오바마 정부는 차터스쿨을 강력하게 촉진하는 정책을 이어갔다. 그리고 새로운 차터스쿨을 열도록 더 많은 연방정부 기금을 풀었다. 공화당이 장악한 연방 의회는 2018년까지 차터스쿨을 확장하도록 매년 4억 4천만달러의 기금을 승인했다. 여기에 더해 매년 부유한 재단 및 개인이 수억달러의 기금을 차터스쿨에 쏟아부었다. 드보스가 교육부장관으로 재임하면서 차터스쿨을 위한 연방정부 기금은 소규모의 스타트업 학교가 아닌 KIPP이나 IDEA(텍사스 기반 차터스쿨기업)과 같은 거대 기업형 차터스쿨체인을 세우는 데 쓰였다.

2018년까지 대략 7000여 개의 차터스쿨이 있고 대략 3백만명의 학생들이 차터스쿨에 다니고 있었다. K-12 학교에 다니는 전체 학생수가 5천 70만명이라고 할 때, 6%에 해당하는 비중이었다. 당시까지 차터스쿨 관련된 법이 없던 주는 몬타나, 노스다코타, 사우스다코타, 버몬트, 웨스트버지니아, 네브라스카였다. 웨스트버지니아는 2019년 공화당이 장악한 주의회에서 차터스쿨을 승인하는 법안을 통과시켰다. 이들 대부분의 주는 시골지역으로 대중과 (이들을 대표하는) 주의회는 자신들의 지역사회 공립학교를 창업자, 기업가 등에게 넘겨줄 필요가 없었다. 비록 이들 주의 우파 그룹은 계속해 학교선택제를 지지하는 법안의 통과를 지지하고 있었지만 말이다.

파괴자들은 지역 학구만이 아니라 차터스쿨을 승인하는 복수의 기관을 허용하는 법을 제정해야 한다고 했다. 이런 승인 기관이 많으면 많을수록 차터스쿨은 더 많아질 것이기 때문이었다. (차터스쿨을) 승인해주는 기관들이 통상적으로 자신이 승인해주는 차터스쿨에 등록해 다니는 학생 수에 비례해 커미션(주정부 수업료의 일정 비중)을 받기 때문에 학교수와 등록 학생수를 늘이는 것은 금전적인 인센티브를 주었다. 성적이 낮은 차터스쿨을 닫는 것은 이들에게 아무런 인센티브가 되지 않았다. 지역 학구는 차터스쿨을 승인하는 절차가 까다롭고 속도가 상당히 느렸다. 학구는 주정부 교육비를 두고 벌이는 경쟁을 조장한다고 해서 별 인센티브가 되지 않기 때문이었다. 와이오밍주에서는 오로지 학교만 차터스쿨을 승인하도록 했고 이 주에서는 차터스쿨이 단 4개뿐이다. 버지니아주에도 학구만 차터스쿨을 승인하도록 했고 버지니아주는 9개의 차터스쿨이 있다. 캔사스주의 차터스쿨법은 모든 차터스쿨은 학구에서 승인받아야 했다. 이 주에는 차터스쿨이 단 10개 뿐이다.

차터스쿨에 등록해 다니는 학생수가 가장 많고 규제가 가장 느슨한 주들은 아리조나, 플로리다, 캘리포니아, 오하이오, 텍사스, 미시간, D.C. 등이다. 캘리포니아는 자그마치 1,300개의 차터스쿨이 있는데, 미국에서 가장 많은 숫자다.

민주당원들은 공화당원과 드보스가, 월튼가, 코크 형제 등의 우파 억만장자들에 의해 청소부로 끌려들어왔다는 상황을 전혀 이해하지 못했다. 많은 공화당원들이 ALEC(미국입법교환협회)이 작성한 모범적인 차터스쿨 법안(소위 "차세대차터스쿨법안, Next Generation Charter Schools Act")을 채택한 주의회를 장악했다.

도대체 민주당원은 어떻게 억만장자, 기독교도들, 공화당 주지사, 기업가, ALEC 및 극우 그룹들과 똑같은 교육정책을 옹호하게 되었는가? 일부 민주당원은 억만장자 및 돈줄을 쥔 사람들이 소위 적지 않은 선거 자금을 제공했기 때문에 차터스쿨 지지자가 되었다. 또 다른 일부는 차터스쿨이 "실패하고 있는 공립학교로부터 가난한 아이들을 구해낼 것"이라는 끊임없이 반복되는 주장에 홀렸다. 이들은 대부분의 차터스쿨 사기행위가 늘 학교선택제를 지지해 오면서도 유색인종의 가난한 아이들을 돕는데는 아무런 참여도 보이지 않던 보수주의자들로부터 나온다는 사실을 무시했다.

대부분의 민주당원들은 학교선택제 전선에서 뒤로 물러났다. 그러나 이들은 차터스쿨이 혁신, 비용절감, 가난한 아이들의 성적 향상을 가져다줄 것이라고 철석같이 바랐다.

이 약속들 중 어떤 것도 이뤄진 것이 없다. 차터스쿨 접근이 가져다 준 가장 큰 혁신이라면 "무관용정책" 학교를 만들어 낸 것이었다. 20세기 초 행동주의 모델과 엄격한 훈육을 부활시켜낸 것이다. 차터스쿨을 옹호, 지지하는 사람들은 유색인종 아이들이 백인 중산층 수준에 맞도록 백인 중산층의 가치를 배워야 한다고, 그래서 엄격하게 운영되는 "부트캠프"15)에서의 훈육이 필요하다고 말했다. 행동과 복장에 관한 엄한 규정에 따르기를 거부한다면, 자퇴 혹은 퇴학이 될 때까지 정학이 반복될 것이었다.

차터스쿨 비즈니스가 처음 개시되었을 때, 차터스쿨 후원자들은 차터스쿨이 돈을 적게 들이면서도 더 나은 결과를 가져다 줄 것이라고 약속했다. 그러나 시간이 좀 지나니 차터스쿨은 공립학교에 투입하는만큼의 교육비를 요구했다. 흥미롭게도 연구에 따르면 차터스쿨은 전형적으로 공립학교보다 더 많은 돈을 관리에 쓰고 있다.

차터스쿨은 월튼가와 같은 우파 억만장자들뿐만 아니라, 재벌 헤지펀드 매니저들에 의해서도 기금을 지원받아 왔다. 뉴욕시에 위치한 모스코비츠(Eva Moskowitz)의 석세스아카데미 차터스쿨 체인은 후하게 기금을 지원받고 있다. 이 학교의 학생들은 학업성취도가 높기 때문이다. 이 차터스쿨 체인은 종종 헤지펀드계 재벌들로부터 수백만달러의 기금을 받는다. 그래서 시험 준비 대회("Slam the Exam")를 연다고 2017년 맨하탄의 래디오시티음악당(Radio City Music Hall)을, 2018년에는 브루클린의 거대한 바클레이

---

15) (역자주) 부트캠프(boot camp). 새롭게 징집된 신입장병들을 위한 엄격한 훈련과정이다. 한국식으로 이야기하면 군대에서의 유격훈련과 유사하다.

(Barclays) 경기장을 빌릴 수 있었다. 이런 후원자들의 도움으로, 억만장자가 기금을 지원하는 단체인 탁월한학교를위한가정(Families for Excellent Schools)이라는 이름의 차터스쿨 체인은 2015년 알바니에서의 정치적 집회에 학생, 교직원, 학부모들을 참여시키기 위한 통학버스에 700,000달러가 넘는 돈을 썼다. 이 집회는 차터스쿨에 더 많은 교육비를 요구하는 것으로, 만약 공립학교가 이렇게 한다면 불법이 될 행사였다. 그리고 맨하탄의 호화로운 건물에 교실로 쓸 사무실을 사는데 6,800만달러를 썼다. 돈은 중요하지 않다고 하는 누구라도 석세스아카데미 차터스쿨에 투입되는 믿을 수 없을 정도의 엄청난 기금에 놀라지 않을 수 없을 것이다. 이런 성공에 있어 소위 "비법"이라면 집중적인 시험준비와 높은 수준의 학생수 감축을 뒤섞는 것이었다. 이 차터스쿨 체인은 학교가 원치않는 학생, 즉 장애를 가지고 있거나 문제행동을 일으키는 학생들을 배제하고, 학교의 지배방식에 순응하지 않는 학생들을 쫓아냈다. 4학년 이후의 학생들은 받아들이지 않는다. 체인이 시작하는 첫해 1학년으로 함께 시작한 72명의 학생들 중 단 16명만이 2018년 엘리스털리홀(Alice Tully Hall, Lincoln Center)에서 열린 호화로운 졸업식에 참여할 수 있었다.

오하이오주 정부는 매년 차터스쿨에 10억달러를 지원한다. 이 학교들은 집단적으로 형편없는 학업성취결과를 보이고 있는데도 말이다. 2017년 오하이오주의 차터스쿨 졸업률은 45% 정도였는데, 오하이오주의 전통적인 공립학교 수준의 절반밖에 안 되는 수준이었으며 오하이오주 도심 학구 학교들의 평균보다 28%에 뒤지는 수준이었다. 오하이오주 차터스쿨의 2/3은 2018년 주정부에 의해 D, F 등급을 받았다. 네바다주의 차터스쿨은 주에서 최악의 학업성취를 보이는 학교 목록에서 대부분을 차지하고 있다. 아가시(Andre Agassi, 전테니스 스타)가 넉넉하게 후원하고 있는 차터스쿨은 네바다주에서 가장 낮은 학업성취도를 보이는 학교 중 하나로 뉴욕 차터스쿨 체인인 데모크라시프렙(Democracy Prep)에 운영권이 넘겨졌다. 이 학교는 전국에서 최고 대학에 학생들을 진학시키겠다고 했던 학교였는데도 말이다. 네바다주의 차터스쿨은 도대체 얼마나 형편없는 것일까? 스탠포드대학교의

CREDO(교육성과연구센터, Center for Research on Education Outcomes) 소장인 레이몬드(Margaret Raymond)는 차터스쿨에 관한 전국 조사연구를 마치고 2015년 전국 교육기자 콘퍼런스에 초대되어 이렇게 말했다. "오하이오 사람들은 네바다가 있어서 다행이라고 생각해야 한다. 오하이오는 최악이 아니다"라고 말했다.

평균적인 차터스쿨은 통계적으로 같은 정도의 학생들을 등록해 가르치는 경우 위와 같은 결과를 보였다. 놀라울 정도의 시험성적을 보고하고 있는 차터스쿨들은 전형적으로 중도탈락률이 아주 높고 영어가 어눌한 학생이라던가 장애 학생 등 가르치기 정말 어려운 학생들은 받지 않았다. 차터스쿨은 정학 및 훈육에 관해 자신만의 규정을 만들 수 있는 자유가 있었다. 일부 차터스쿨은 이런 자유를 자신들이 원하지 않는 학생들 쫓아내는 데 활용했다. 훈육문제가 있는 학생이라던가, 학교의 학업적 요구를 따라오지 못하는 학생 등 말이다. 결국 이들은 공립학교로 되돌아가게 된다.

전국적으로 차터스쿨의 최고 치어리더인 CER은 차터스쿨이 책임을 다하고 있다고 주장하기 위해 차터스쿨 폐쇄에 관한 연구를 내놓았다. 이 보고서에 따르면, 1992년 이래 문을 연 차터스쿨 중 15% 이상의 차터스쿨이 문을 닫았다. 그러나 NEA의 연구팀은 연방정부의 데이터를 검토하고 1992년 문을 연 모든 차터스쿨 중 무려 40%의 학교가 문을 닫았다는 사실을 발견했다. 차터스쿨은 사유재산으로 신발가게, 책방, 식당 등과 같은 비즈니스처럼 문을 닫는 경향이 있다.

워싱턴주의 차터스쿨은 공립학교 학부모 및 시민권운동단체로부터 결연한 반대에 부딪혔다. 이들은 차터스쿨을 승인할 것인지를 묻는 1996, 2000, 2004년의 주민투표에서 패했다. 연이은 세 번의 실패를 맛본 후, 빌 게이츠와 그를 따르는 억만장자들은 2012년이 차터스쿨이 승인받도록 하는 마지막 기회라고 다짐했다. 차터스쿨 법안을 통과시키기 위해 주의회를 설득하기 어려운 상황에서, 게이츠는 "방안 No. 1240"이라고 불린 또 다른 주민투표를 개시했다. 기회가 될만한 것이 하나도 남아 있지 않았다. 그와 그의 동맹자들은 이 투표에 16대 1 수준으로 차터스쿨을 반대하는 사람들보다 더 많은 비용을 투입했다. 10명의 기부자들이 "YES on 1240" 캠페인을 위한 기금의 90%를 쏟아부었다. 게이츠재단(330만달러), 전 마이크로소프트 CEO였던 알렌(Paul Allen)(160만달러), 금융인인 하나우어(Nick Hanauer)(100만달러), 캘리포니아의 브로드(Eli Broad)(20만달러), 베조스의 부모(110만달러), 캘리포니아의 피셔(Doris Fisher)(10만달러), 헤이스팅스(Reed Hastings)(10만달러), 전 마이크로소프트 CEO였던 발머(Steve Ballmer)의 아내인 코니 발머(Connie Ballmer)(50만달러), 텍사스의 월튼(Alice Walton)(170만달러), 그리고 뉴욕에 위치한 당장교육개혁옹호단(Education Reform Now Advocacy)은 익명으로부터의 검은 돈("Dark Money")을 냈다. 이에 반해, 공립학교를 지지하는 그룹은 여성유권자협회(League of Women Voters), NAACP, 워싱턴교원노조(Washington Education Association), 워싱턴주 PTA, 선출된 학교위원회, 워싱턴교육행정가협회(Washington Association of School Administrators), 지역민주당그룹(Local Democratic Party group) 등이 있었다. 빌 게이츠와 그의 친구들은 1,200만달러를 이 투표 캠페인에 썼다. 공립학교 지지측은 727,400달러를 썼다. 결국 돈이 이겼다. 억만장자들의 주민투표는 50.7%대 49.3%로 통과되었다.

그러나 이야기는 여기서 끝나지 않았다.

일단 주민투표가 통과되자, 게이츠재단은 "워싱턴주의 공립 차터스쿨이 강한 출발을 하도록 하기 위해" 3년에 걸쳐 3,100만달러를 차터스쿨 단체에 투입했다. 발칸(Joanne Barkan)은 빌 게이츠가 자기가 좋아하는 방식대로 새로운 차터스쿨을 만들기 위해 자기 돈을 썼다고 회상한다.

> 게이츠재단은 워싱턴주 차터스쿨협회(Washington State Charter Schools Association)를 만들고 운영하도록 1,350만달러 이상을 썼다. 이 단체는 민간단체로, 차터스쿨을 열고 싶어하는 교사들에게 "펠로우십"을 수여하는 일도 했다. 로스앤젤레스에 설립된 차터스쿨 관리기관인 그린닷학교(Green Dot Public Schools)는 워싱턴에 학교 확장을 위해 2013년 8백만

달러를 받았다. 그린닷학교는 2006년 이래 게이츠재단으로부터 대략 2,400만달러를 받았다. 또 다른 차터스쿨 관리기관인 베이서밋학교(Bay Area's Summit Public Schools) 또한 워싱턴에 지부 설립을 위해 2013년 8백만달러를 받았다. D.C.에 소재하는 차터스쿨 가버넌스를 내용으로 하는 비영리 컨설팅사인 차터이사회협력자들(Charter Board Partners)은 워싱턴 사무소를 여는데 120만달러 이상을 받았다. 게이츠재단은 캘리포니아의 세네카에이전시(Seneca Family of Agencies)에 워싱턴주 차터스쿨의 취약계층 학생 지원책을 개발한다는 명목으로 거의 백만달러의 자금을 지원받았다.

워싱턴주에서 차터스쿨을 둘러싼 전투는 공립학교에 재정지원을 위한 주정부의 의무를 둘러싼 확장된 법적 투쟁에 휘말리게 되었다. 2012년 차터스쿨에 관한 주민투표가 대중의 관심을 모으고 있는 상황에서 워싱턴주 대법원은 주의회가 K-12교육에 교육비를 덜 지원한 것이 주헌법을 위반했다고 판결했다. 이는 맥클리어리 판결16)로 알려졌다. 2년이 지나, 주의회가 적절히 행동하지 않은 것에 대응해 대법원은 의회에 법원을 경멸한 것에 대해 하루 100,000달러의 벌금을 내라고 명령했다.

교육 재정은 워싱턴주에서 계속 반복되는 이슈였다. 주정부는 개인이든 법인이든 소득세를 매기지 않고 있기 때문이었다. 워싱턴주는 주로 지방세와 소비세에 의존하고 있었다. 학부모 활동가 및 시민권운동그룹은 차터스쿨의 도입이 주정부로부터 재정지원을 열악하게 받고 있는 공립학교로부터 교육

---

16) (역자주) 맥클리어리 판결(Mathew and Stephanie McCleary vs. State of Washington Decision). 맥클리어는 워싱턴주 법령이 모든 학생들에게 충분한 교육재정을 제공하고 있지 못하다며 소송을 제기했다. 이에 2012년 1월 주 대법원은 원고 승소 판결을 내리며 워싱턴주가 주어진 책무를 충분히 이행하지 못한다고 판시했다. 이에 따라 워싱턴주 의회는 공립학교에 대한 재정지원을 2013년 예산 대비 11.4%에서 15.2%로 증가하도록 했다. 그러나 주정부는 이런 법원과 의회의 요구에도 응하지 않았고, 2015년 대법원은 주정부가 이를 지키지 않을 시 하루 100,000달러의 벌금을 내도록 했다.

비를 전용하게 하리라고 생각했다.

워싱턴주에서 최초의 차터스쿨은 2014년 문을 열었고 이듬해 더 많은 학교가 문을 열 것이라고 예상되었다. 그러나 2015년 9월 4일, 워싱턴주 대법원은 차터스쿨을 승인한 법이 헌법 위반이라는 내용의 판결을 6-3으로 결정했다. 민간이 운영하는 차터스쿨은 공립학교가 아니기 때문이었다. 이 소송은 여성유권자협회(LWV), 워싱턴교육협회(WEA), 라자센터(El Centro de la Raza) 및 기타 단체들에 의해 제기된 것이었다. 대법원장이었던 메드센(Barbara Madsen)이 작성한 결정문에서 대법원은, 차터스쿨은 주 헌법에서 명시하고 있는 "공립학교"가 아니라고 판시했다. 이유는 선거로 뽑힌 학교위원회가 관리하지 않기 때문이었다. 마찬가지로, 차터스쿨은 주정부의 "보통학교" 개념에도 맞지 않으며, 따라서 공교육비를 지원받을 수 없었다.

자신이 애지중지하던 프로젝트가 주 대법원에서 "위헌"이라는 판결을 받은 상황에서 이 가련한 억만장자들은 무엇을 할 수 있었을까? 게이츠와 그의 동지들은 새로운 공적 자금줄을 찾아다니는 동안 게이츠재단은 일시적으로 새 차터스쿨을 지원했다. 의회는 주정부 로또기금에서 차터스쿨을 지원하겠다고 했다. 민주당 출신의 주지사인 인슬리(Jay Inslee)는 서명도, 거부권도 행사하지 않으면서 이 법안이 통과되도록 허용했다.

(게이츠재단의 기금을 받은) '스탠드포칠드런'은 두드러지게 보복하는 듯한 움직임을 보이면서 차터스쿨 판결에 서명한 매드센(Madsen) 판사와 다른 판사들이 2016년 재선을 위한 선거에 출마했을 때, 이들의 선거패배를 위한 정치행동위원회를 만들었다. 차터스쿨 산업의 동료들은 통상적으로 비당파적인 선거에서 매드센 판사의 패배를 위해 650,000만달러를, 매드센 판사의 동료였던 위긴(Charles Wiggin) 판사의 패배를 위해서 900,000달러를 내놓았다. 한참 적은 정치자금에도 불구하고 매드센 판사와 유(Mary Yu) 판사, 위긴 판사는 재선에 쉽게 성공했다.

2018년 워싱턴 대법원은 새로운 학교 자금조달 계획을 온전히 이행하라고 전원합치 판결을 내렸다. 이것으로 맥클리어리 사건은 종료되게 되었다. 이 해 이후, 대법원은 의회가 빌 게이츠와 그의 동료들이 그토록 열렬히 원했던 로또 기금의 차터스쿨 지원 가능성을 열어주었다. 이미 차터스쿨에 등록해 다니고 있는 3,500명의 학생들에게 재정이 지원될 수 있는 통로를 만들었다. 주정부 전체 공립학교에 등록해 있는 110만명 이상의 학생에 비하면 상당히 작은 비중이었다.

워싱턴주 차터스쿨에 대한 첫 평가가 CREDO에 의해 실시, 2019년에 공개되었다. 최종 결과로만 본다면, "워싱턴주의 전형적인 차터스쿨 학생은 주변 공립학교에 다니는 똑같이 비교될 만한 학생들과 견주어볼 때, 읽기와 수학에서 아무런 학업성취도상 통계적 차이가 없다."

더욱이 새로운 차터스쿨에 대한 요구가 거의 없다는 것이 빌 게이츠와 그의 동료들을 당황하게 했다. 2019년 시애틀타임즈는 주정부의 차터스쿨 중 세 학교가 문을 닫는다고 보고하면서 이는 "등록 학생수의 감소"와 재정 문제때문이라고 했다. 캘리포니아에 소재한 그린닷 차터스쿨 체인 소속의 두 차터스쿨은 자신들이 설정한 600명의 학생 등록 목표를 채울 수 없었다. 두 학교는 각각 200명의 학생 정원이 미달된 상태였다. (상황이 이런데도 불구하고) 워싱턴주의 차터스쿨협회는 모든 것이 잘 진행되고 있으며 새로운 차터스쿨이 문을 열기 위해 준비하고 있다고 용기있게 주장했다. 그러나 차터스쿨 섹터는 3,300명으로 줄어들었고, 이는 학생수 전체의 1%의 3/10 정도에 지나지 않았다. 차터스쿨을 만들겠다고 쏟아넣은 시간, 에너지, 수백만달러의 돈이 아까운 상황이 아닐 수 없다.

도대체 왜 억만장자들은 공립학교와 학업성취도상 별 차이가 없고 사람들이 별로 원하지도 않는 차터스쿨을 열겠다고 그토록 열과 성을 다하는가? 왜 이들은 공립학교에 더 나은 교육비를 지급할 수 있도록 하는데 수백만달러의 돈을 넣지 않는걸까? 대부분의 학생이 있는 공립학교에 말이다.

공교육을위한네트워크(NPE)의 대표인 버리스는 2017년 차터스쿨에 관한 1년 가까운 기간 동안의 조사연구를 수행했다. 이 연구는 미 전역에서 가장 많은 차터스쿨과 등록 학생이 있는 캘리포니아의 차터스쿨에서 시작했다. 민주당 출신의 브라운(Jerry Brown) 주지사는 차터스쿨의 강력한 지지자로 자신의 오클랜드 시장으로 있을 때 자신이 2개의 차터스쿨을 시작했다. 브라운 주지사는 차터스쿨 규제에 반대했고, 차터스쿨의 책임을 묻는 입법 노력에 거부권을 행사했다. 캘리포니아주의 학생수는 630만명인데 1,300개 차터스쿨에 10%의 학생 (대략 630,000이 있었다.) 누구라도 차터스쿨을 열겠다고 신청할 수 있었다. 아무런 교육 경력이 없더라도 말이다. 차터스쿨 설립 단체의 제안서가 지역 학교위원회에서 거절당하면, 카운티 학교위원회에 다시 신청할 수 있었다. 만약 카운티 학교위원회가 이를 거절한다면, 이들은 주정부의 교육위원회에 재심청구를 할 수 있었다. 이 마지막 단계에서 이들은 차터스쿨이 비즈니스를 위해 학교 문을 열게 되는 학구에 어떤 재정적 영향이 있는지 고려되지 않은채 승인을 얻을 가능성이 높았다. 차터스쿨 산업을 규제하려는 노력은 캘리포니아차터스쿨협회(California Charter Schools Association, CCSA)라는 강력한 단체에 의해 입법 과정에서 좌절되었다. CCSA의 연간 수입은 2,000만달러로 미 전역의 대단한 부자들(억만장자인 헤이스팅스, 브로드 등이 포함)로부터 기부금을 받았다. CCSA는 주선거 및 지방선거에서 친차터스쿨 성향을 보이는 정치후보자들에게 자금을 대는 PAC와 Super PAC를 운용하고 있다.

리드 헤이스팅스(Reed Hastings)는 넷플릭스의 설립자로, 선출된 학교위원회를 반대한다. 그는 캘리포니아차터스쿨협회(California Charter Schools Association, CCSA)와 학교 민영화를 촉진하는 다른 단체의 주요 기부자다.

버리스는 야외쇼핑몰의 한 가게에서 운영하는 차터스쿨을 설립했다. 이 학교에서 아이들은 "요청에 따라" 교사를 만난다. 그리고 20일에 한 번씩 교사를 만나는 방식으로 온라인 혹은 부분적인 온라인 학교이기도 하다. 그녀는 캘리포니아주의 20%에 이르는 차터스쿨은 "독립적인 학습센터"라고 보고하고 있는데, 학생들은 교사 혹은 동급생 친구들과 거의 상호작용을 하지 않는다. 만약 그런 상호작용이 있다면 말이다. 이런 "독립적인 학습센터"에서는 졸업률이 0%다. 그녀는 한 주소지에 8개의 비영리기업이 등록되어 있는 곳에 "독립적인 학습센터" 체인이 하나 있다고 확인했다. 이 체인은 11,000만 명이 등록해 있으며 2013－14년 기간 동안 다 합쳐 6,140만달러를 받았다. 2015년 이 체인의 평균 졸업률은 13.7%였다. 6개의 다른 기업에서 CEO로 일했던 한 남자는 그의 아내와 사위를 이 체인에 채용하고 있기도 했다.

캘리포니아주는 학구 경계 내에 있지 않은 차터스쿨을 설립하는 아주 작은 학구를 허용하고, 또 학구가 원하지 않아도 그 학구 내에 차터스쿨을 세울 수 있도록 한다. 단 300명의 학생만 있는 학구가 하나 있는데, 이 학구는 수십개의 "학습센터"에 3천명의 학생이 등록하는 원격 차터스쿨을 승인하면서 감독관리비로 150만달러를 받았다. 2017년 아주 작은 엠파이어산학구(Mountain Empire School District)의 교육감인 반잔트(Steve Van Zandt)는 이해충돌범죄 혐의로 기소되었다. "그는 개인적으로 학구를 넘어서 설립된 13개 차터스쿨을 승인해준 대가로 관리 감독비의 5%를 착복했다는 사실이 발각되었다." "차터스쿨의 왕으로 알려진" 반잔트는 유죄 판결을 받고 가택연금 30일, 집행유예 3년, 2012년 이후 연금 박탈 판결을 받았다.

개빈 뉴섬(Gavin Newsom)이 브라운 주지사를 이어 취임하고, 주의회는 캘리포니아주 차터스쿨법을 개정했다. 그때까지 장장 27년 동안 이 법은 개정이 한 번도 이루어지지 않았었다. 1992년 차터스쿨법이 작성되었을 때, 주의회 의원들은 주민들이 교사 및 학부모가 많던 많지 않던 차터스쿨에 기금을 지원하리라고 기대했었다. 거의 30년에 이르는 기간 동안 나타난 현상은 1300개의 차터스쿨에 630,000명의 학생들이 다니는 책임감이라고는 눈꼽만큼도 없고 공격적인 차터스쿨이 억만장자가 자금을 지원하는 로비 단체의 정치적 권력에 지원을 받고 있었다. 2019년 뉴섬 주지사는 차터스쿨 로비스트와 공립학교 지지자들 사이의 갈등을 화해하도록 했다. 주의회는 차터스쿨 산업의 무분별한 확산을 억제하고 지역 학구의 통제권을 회복하게 하는 개혁법안을 통과시켰다. 이 법안으로 학구는 차터스쿨의 설립이 학구의 재정 안정성을 위협한다고 하면 이의 설립을 거부할 수 있고, 자신들이 원하는 어느 곳에나 차터스쿨을 설립하는 것을 허용하지 않을 수 있게 되었다. 버리스에 따르면, 전국적으로 가장 큰 규모의 차터스쿨 체인은 KIPP, 굴렌학교(Gulen Schools), IDEA, 어스파이어(Aspire), 언커먼스쿨(Uncommon Schools)이었다. 거대 차터스쿨 체인을 이용해 한 때 지역 공립학교였던 것을 인수하는 이런 기업은 그 자체로 놀라운데, 솔직히 상당히 혐오스럽다. 그냥 간단히 말하면 미국 교육을 "월마트화하는 것(Walmartization)"과 같다. 공익에 봉사하는 제도가 사적 재화로 탈바꿈되면서 많은 주 법률의 관할에서 벗어나 활동하고 이를 멀리 떨어진 실체가 통제한다. 지역 기반의 기관을 기업이 통제, 관리하는 방식으로 탈바꿈하는 것은 시민사회의 상실이 아닐 수 없다.

차터스쿨 체인에서 가장 큰 논쟁을 불러오는 것은 굴렌 차터스쿨로, D.C.를 포함해 26개 주에 거의 200여개의 차터스쿨로 구성되어 있다. 굴렌 차터스쿨은 이맘 굴렌(Imam Fethullah Gulen)이라는 펜실베니아의 포코노 산맥에서 외따로 떨어져 사는 터키 망명가와 관련되어 있다. 굴렌학교는 통상적으로 자기 학교가 굴렌학교라는 사실을 부인하지만, 이 학교들간 아주 유사한 특성을 공유하고 있다. "학교 설립 위원회와 지도자들은 터키 남성들로 구성되어 있고, 교육과정에는 터키어와 터키 문화 수업이 반드시 포함되어 있으며, 터키인 및 터키 국적 사람들을 고용하기 위해 엄청난 수의 H-1B 비자를 활용한다. 그리고 수학과 과학 교과를 집중적으로 가르친다." 굴렌학교는 다양한 이름으로 불린다. 예를 들어, 하모니, 매그놀리아, 호라이즌, 소노란 등. 전제적 리더인 에르도간(Recep Erdogan) 대통령에 의해 이맘 굴렌이 영구추방되기까지, 굴렌주의자들은 정치인들에게 터키로의 무료

여행과 선거운동 자금지원을 제공함으로 환심을 샀다. 공적청렴센터(Center for Public Integrity)의 에슬리(Liz Essley)는 유에스에이투데이에 탐사 보도 내용을 실었다. 이 기사에서 그녀는 "2006년부터 2015년 사이 29개주의 152명에 이르는 주의회 의원들이 굴렌 운동과 관련된 이 20개 이상의 비영리단체의 지원을 받아 터키를 여행했다."고 썼다. 이렇게 굴렌 운동 단체가 지원하는 터키여행을 받아들이는 사람들 중에는 일리노이주의 강력한 의회 대변인인 민주당출신의 매디간(Mike Madigan)이 있다. 이 사람은 터키를 네 번이나 다녀왔다. 그 외에도 아이다호주와 텍사스주 의회의 교육위원회 몇몇 의원들이 포함된다. 굴렌 운동 단체가 지원하는 터키 해외시찰은 2016년 갑자기 중지되었다. 터키의 지도자가 굴렌을 실패한 쿠데타의 용의자로 지목했기 때문이었다. 도저히 이해할 수 없는 것은, 민주시민성을 가르치고 본을 보일 것이라고 기대되는 미국 공립학교가 외국 국적의 교사들에게 아웃소싱되고 있으니 말이다.

학교 폐쇄 비중이 높아지고 계속되는 스캔들에도 불구하고, 차터스쿨 산업은 의회의 양당 의원들로부터, 공화당 주지사들로부터, 다수의 민주당 주지사들로부터, 수많은 억만장자들로부터, 그리고 대부분의 주정부로부터 지원을 받고 있다. 트럼프 정부와 이에 따른 드보스 연방교육부장관이 들어서기 전까지, 차터스쿨 산업은 절대 멈춰세울 수 없을 것 같았다.

제9장

학교선택제, 탈규제, 그리고 부패

제9장

학교선택제, 탈규제, 그리고 부패

수백만달러의 공적 자금을 받는 기관이라면 어떤 곳이라도 공적 감시와 공적 책무성을 당연하다고 여겨야 한다. 차터스쿨 산업의 로비스트들은 이런 공적 감시와 책무성 기제를 받아들이지 않겠다고 싸워왔다. 즉, 어떤 규제라도 혁신을 방해하기 때문이라고 주장하면서 말이다. 규제에서 벗어난 차터스쿨 산업은 내부거래, 이해충돌, 횡령/착복으로 구멍이 숭숭 뚫려 있다. 일부 약삭빠른 차터스쿨 운영자는 19세기 타마니홀(Tammany Hall)[17] 정치인이었던 플런키트(George Washington Plunkitt)가 "정직한 뇌물"이라고 부르는 방법으로 부를 쌓는다. 즉, 부동산거래나 기타 다른 이유로 학생, 교사, 학교로 돌아가야 하는 수백만달러의 돈을 자기 주머니로 들어오게 하는 방법을 써서 말이다.

미디어와민주주의연구소(Center for Media and Democracy), 대중민주

---

[17] (역자주) 타마니홀(Tammany Hall). 1786년 시작된 뉴욕시 정치단체로 성타마니협회(Society of St. Tammany) 또는 성타마니의 아들(Sons of St. Tammany), 콜롬비아회(Columbian Order) 등으로도 불린다. 초기에는 민주당의 뉴욕시 정치계를 대표하는 기관이 되었으며 뉴욕시 및 뉴욕주 정치거물들을 길러내고 지지하는 역할을 해 왔다. 뉴욕 주지사, 시장, 주상원의원을 키워내고 이들이 이후 대통령으로 성장하도록 하는 토대가 되었다. 20세기 초까지 위세를 날리다가 이후 약해졌고, 1960년대 중반 자취를 감추게 되었다.

주의연구소(Center for Popular Democracy), 완전무결한교육(Integrity in Education), 우리학교개선을위한동맹(Alliance to Reclaim Our Schools) 등은 모두 공익 단체들로, 2014년부터 차터스쿨 산업 내의 낭비, 사기, 남용 등의 사건을 폭로하는 보고서를 발간하고 있다. (안타깝게도) 이들 발간물은 많은 사람들의 관심을 끌지 못하고 있다. 2014년 처음 발간된 보고서는 적어도 1억달러가 공적 감시가 부족한 틈을 타 낭비되었다고 경고하고 있다. 2015년 발간된 두 번째 보고서에는 낭비, 사기, 관리부실 등으로 최소 2억달러, 어쩌면 10억달러가 넘는 수준의 자금 손실이 있었다고 보고한다. 2015년과 2016년도의 보고서들 또한 차터스쿨에 의한 사기사건으로 낭비되는 비용이 더 커졌다고 예상한다. 2019년 NPE 보고서("Asleep at the Wheel")는 연방정부는 학교 문을 한 번도 열지 않았거나 문을 열자마자 곧 닫아 버린 차터스쿨에 거의 10억달러의 돈을 낭비했다고 추정한다.

미디어와민주주의연구소의 2015년도 보고서는 "차터스쿨 분야에 투입되는 공적 자금에 대한 투명성과 책무성의 체계적 결여가 공립학교에서는 결코 참아넘길 수 없는 사기, 낭비, 부실관리를 만연하게 만들어 놓았다"며 고발하고 있다. 차터스쿨이 "단속된다"고는 하지만, 이는 차터스쿨 옹호자들에 의한 것이지 독립적인 공무원들에 의한 것이 아니다.

민주적으로 선출된 학교위원회에 제공되는 공적 예산서에서 예산 및 지출을 설명해야 하는 진짜 공립학교와는 달리, 세금에 대한 차터스쿨의 지출은 너무도 자주 블랙홀이 되고 있다.

대체로 차터스쿨은 규정보다 "융통성"을 앞세우는 옹호자들에 의해 만들어져 왔기 때문이다. 이 융통성은 공립학교에서는 결코 참아넘길 수 없는 사기, 낭비, 부실관리를 만연하게 만들어 놓았다. 차터스쿨이 단속받게 되는 상황이 오면, 이 단속은 주로 차터스쿨 옹호자들에 의해 이루어진다. 차터스쿨의 "승인자"로 관리 감독을 이행하게 되는 정부 기관이든 민간단체든.

다행스럽게도 민간이 운영하는 차터스쿨에 끝까지 책임을 묻게 하겠다는 용감한 사람들이 있다.

카르딘(Curtis J. Cardine)이 그 중 한 사람이다. 그는 공립학교 학구 및 차터스쿨 학구에서도 교육감 경력을 갖고 있으며, 아리조나주에서 차터스쿨의 잘못된 행태를 연구하는 그랜드캐년연구소(Grand Canyon Institute)를 만들었다. 그는 아리조나주의 3/4에 이르는 차터스쿨이 "특수관계자거래"에 관여되어 있음을 알아냈다. 즉, 차터스쿨이 학교소유자, 이들의 가족, 학교 구성원, 내부 위원들 간에 비즈니스로 연결되어 있다는 것이다. "학교 시스템을 도박하듯 내거는 일은 차터스쿨 운영자가 소유한 영리를 목적으로 한 부속 사업체와의 계약 거래에 의해 이루어지고, 똑같은 사업체 위원회가 해당 차터스쿨을 비영리 차터스쿨로 관리, 감독한다." 그는 아리조나주에서 1994년 이후 승인된 42%의 차터스쿨은 돈에 얽힌 사기사건 때문에 폐쇄되었다고 보고한다.

카르딘은 아리조나주에서의 주 관리감독은 납세자들을 놀리는 말도 안 되는 소리라고 주장한다. 예를 들어, 아리조나주 차터스쿨위원회(Arizona State Board for Charter Schools)는 아리조나주의 굿이어차터스쿨(Goodyear Charter Schools, Discovery Creemos Academy in Goodyear)과 계약을 갱신하면서 계약 기간을 향후 20년으로 잡았다. 이 학교의 부채가 330만달러인 데다 학교 평가 등급이 D(주정부 주관 영어시험에서 학생 총수의 13%, 수학시험에서 학생 총수의 단 7%만이 통과한 정도)였는데도 불구하고 말이다. 카르딘은 "이 학교의 구성원들은 이 학교 주인이 2016년 행정 비용이 140만 달러 증가했고, 학교와 비즈니스를 하기 위해 자신이 설립한 4개의 영리추구 회사들로부터 575,000달러 어치의 기자재 및 서비스를 구매했다는 사실을 제대로 알지 못했을 수 있다"고 말했다. 이 차터스쿨이 갱신되고 7개월이 지나 이 학교는 갑자기 문을 닫았다. 학년 중간에 학생들을 내 버린채 말이다.

카르딘은 자신이 조사, 연구한 차터스쿨의 77%에서 학교 재정이 부정한 방법으로 조작되었다. 그는, 이런 차터스쿨이 지고 있는 채무 부담의 결과, "교육 기금의 큰 덩어리가 학생들이 아닌 관리운영 및 채무변제에 쓰이고 있다"고 썼다.

아리조나주에서 차터스쿨은 거의 규제받지 않는다. 그런 규제가 있다면 말이다. 족벌주의와 이해충돌은 금지항목이 아니다. 심지어 영리추구 차터스쿨은 감사 대상이 아니다.

환스워스(Eddie Farnsworth)는 2001년 주의회 의원으로 선출되기 전인 1996년 영리추구가 가능한 차터스쿨 체인을 열었다. 그가 설립한 4개의 벤자민 플랭클린 차터스쿨(Benjamin Franklin Charter Schools)은 이익을 낼 수 있었다. 환스워스는 LBE 투자사를 소유하고 있었는데, 이 회사는 학교가 위치해 있는 부동산을 소유하고 있었고, 자신의 부동산을 담보대출이자율 및 납세율보다 아주 높게 잡아 학교에 임대해주고 있었다. 2018년 환스워스는 자신의 영리추구형 차터스쿨 체인을 각각 1,190만－2,990만달러 사이의 가격으로 비영리 기업에 팔았다. 매매가는 공개되지 않았는데, 아리조나주의 영리추구형 차터스쿨 운영자는 자신의 재정상황을 공개하지 않아도 되며 이를 위해 굳이 공개적인 회의를 열지 않아도 되었다. 환스워스는 영리추구회사에 380만달러 어치의 "자산"을 유지할 것이며 새로운 학교위원회의 임원을 채용한 이래 학교 관리운영을 위한 계약이 성사되리라고 말했다. 새로운 구조는 환스워스가 재산세를 피하고 새로운 연방 기금을 얻을 수 있도록 했다. 이 협상으로 인해, 아리조나주 납세자들은 "똑같은 학교를 위해 두배의 세금을 내게 될 것"이었다. 환스워스 의원을 큰 부자로 만들어주면서 말이다. 아리조나리퍼블릭지의 칼럼니스트인 로버츠(Laurie Roberts)는 환스워스가 차터스쿨을 "개인 ATM기"로 활용하는 많은 차터스쿨 주인들 중의 한 명이었다고 쓰고 있다.

또 다른 차터스쿨 운영자인 웨이(Glenn Way)는 2009년 유타주에서 아리조나주로 옮겨왔다. 당시, 그는 IRS에 크게 빚지고 있었다. 즉, 그는 "파산보호를 강구하고 있었고, 그의 아내가 자신을 상대로 보호명령을 신청한 후 최근 유타주 의회 의원직을 사임했다." 공식적인 기록에 따른 그의 이력이다. 웨이는 아리조나주에서 아메리칸리더십아카데미차터체인(American Leadership Academy Charter Chain)을 만들면서 새로운 출발을 했다. 보수적인 동네에서 애국주의적인 주제를 특징으로 삼아서 말이다. 학생복에는 빨강, 하양, 파랑 등의 색깔이 들어갔다. 9년 동안 이 학교는 12개의 캠퍼스를 가진 차터스쿨 체인이 되었고 등록된 학생은 8,000명이 넘었다. 그의 발전과 재정 회사는 땅을 사고, 대부분의 학교 건물을 짓고, 자기가 운영하는 회사에 이를 팔거나 임대했다. 아리조나리퍼블릭지의 탐사 내용에 따르면, 웨이의 비즈니스는 부동산가치로만 대략 3,700만달러에 이르는데, "주로 자기 차터스쿨에 분배되는 아리조나 주민들의 세금으로 지원된 것"이었다. 웨이는 자기 이익은 "단지" 1,840만달러에 지나지 않는다며 반박했다. 그는 학교를 운영하는 대가로 매년 600만달러의 관리비용을 받았다. 그런데 프리마베라온라인고교(Primavera Online High School)라고 있는데, 이 학교의 CEO 급여는 일년에 900만달러 정도였다. 이 학교의 시험 성적은 구제불능 수준으로 주정부 주관 수학시험에 통과한 학생 비중이 1/4이 안 되었고, 중도탈락학생 비율이 49%에 이를 정도로 정말 높았다. 이들 학교의 CEO가 받는 높은 연봉에 더해, 이 회사는 공적 자금으로 받은 예산을 수업에서 빼내 주식, 채권, 담보보증 및 부동산 등의 투자 포트폴리오로 옮겼다.

아리조나리퍼블릭이 보도한 탐사보도에 대응해 아리조나주의회는 차터스쿨법을 새로 만들겠다고 약속했다. 그러나 차터스쿨 산업 로비스트들이 법안 개정 작업의 주도권을 쥐었고, 지금까지의 부정행위가 끝날 기미는 없었다.

아리조나주에서 바우처제도에 투입되는 비용은 차터스쿨 산업보다 훨씬 더 규제로부터 자유롭다. 아리조나주 상원 의장인 야브로(Steve Yarbrough)는 아리조나기독교등록금단체(Arizona Christian Tuition Organization, ACSTO)의 대표로 주정부로부터 바우처 비용으로 7,290만달러를 받았다. ACSTO는 이 돈의 10%를 떼어내 그중 125,000달러를 상원의원인 야브로의 급여로 책정해 지급한다. 물론 그는 상원의원으로서의 급여도 꼬박꼬박 챙기고 있다. 이 단체는 "데이타 입력, 컴퓨터 하드웨어, 고객 관리 및 서비스, 정보처리" 및 다른 업무를 HY 프로세싱이라는 민간 영리 업체에 맡긴다. HY 프로세싱은 2014년 ACSTO로부터 636,000달러를 받았으며 지난 10여 년 동안 수백만달러를 받았다. HY 프로세싱의 소유주는 바로 야브로, 그의 아내, 그리고 다른 부부다. ACSTO는 임대하고 있는 사무실 주인에게 매년 52,000부를 지급하는데, 그 사무실 주인이 또 야브로다. 야브로가 차를 구입했을 때, ACSTO가 그 비용을 댔다.

아리조나주의 BASIS 학교들은 대체로 유에스뉴스와 뉴스위크에서 발표하는 "미국 최고의 고등학교" 순위에서 상위에 자리하고 있다. 차터스쿨을 옹호하는 사람들은 자주 이 랭킹을 차터스쿨이 공립학교에 비추어 우월하다는 "증거"라며 인용한다. 2017년 미 전국에서 최고 고등학교라는 10개 학교 중 5개가 아리조나주의 BASIS 학교들이었다. 유에스뉴스에 따르면 말이다. BASIS 학교들은 신청서를 작성한 누구에게나 등록할 기회를 주고 이들 중 제비를 뽑아 선발한다. 그러나 학업적 요구사항은 상당히 까다로와서 정말 학업적으로 잘 준비되고 강한 학생들만이 지원하고 또 살아남는다. BASIS 차터스쿨은 아리조나주에는 18개, 텍사스주에 3개, D.C.에 1개가 있다. 이 모든 학교는 하나의 영리기업에서 운영한다. 블록 부부(Michael & Olga Block)가 소유한 회사로 매년 이들은 BASIS를 운영한 대가로 1,000만달러를 납세자들로부터 받는다. 이 학교를 졸업하기 위해 BASIS는 최소 6개의 AP 강좌를 들어야 하고 이들 강좌 중 적어도 1개 이상을 5점 만점에 3점 이상을 받아야 한다. 학생들은 중학교에서 고등학교 수준의 AP강좌를 듣기 시작한다. 아리조나주의 18개 BASIS 차터스쿨에 다니는 학생들은 아리조나주의 공립학교에 다니는 학생들과 아주 다르다. 이 학교에는 아시아계가 32%, 백인이 51%가 되는데, 주 전체적으로 학생중 아시아계와 백인의 비율은 고작 42%밖에 안 된다. BASIS 학생 중 히스패닉은 10%인데, 공립학교에 등록한 학생 중 이들의 비율은 44%에 이른다. 2015 – 2016학년도에 BASIS 학교에는 단 1.2%의 장애아가 등록되어 다니고 있는데, 이는 공립학교에 장애아가 11.3%가 등록되어 있는 것과 대비를 이룬다. BASIS 학교에는 영어를 배우는 학생도, 공짜 등하교 버스를 이용하는 아이들도, 가난한 아이들을 위한 공짜 점심 혜택을 받는 학생도 없다. 이 학교는 교사들에게 보너스를 주자고 학부모들에게 15,000달러를 기부하라고 요청하기도 했다. BASIS에 다니는 대부분의 학생들은 졸업까지 순탄하게 가지 못한다. 투싼에 있는 BASIS의 경우,

7학년에 등록해 있는 130명 중 7학년을 제대로 마치는 학생은 2015-16년도 기준으로 단 54명에 그친다. 전국에서 최고의 고등학교라는 스콧데일의 BASIS 학교는 아리조나주의 BASIS 같지 않다고 아리조나리퍼블릭지의 로버츠 기자가 쓰고 있다. 이 학교에 등록해 다니는 백인과 아시아계 학생들은 전체 학생의 87%나 된다.

전국에서 가장 각광받고 있는 "무관용" 차터스쿨체인은 캘리포니아 오클랜드의 아메리카인디안모델학교(American Indian Model Schools, AIMS)다. 1996년에 중학교로 설립된 이 학교는 원주민 출신 학생들을 가르치겠다는 사명을 내세웠었다. 그러나 이후 AIMS는 K-8학교와 고등학교를 설립하고 전체 700명의 학생이 등록해 다니고 있다. 2000년, AIMS의 이사회는 차비스(Ben Chavis)를 대표로 선임하고는 캘리포니아주에서 가장 높은 학업성취도를 올리게 되었다고 자랑했다. 당시 주지사였던 슈월츠제네거(Arnold Schwarzenegger)가 방문하고 성공적 모습을 치하했다. 위트만(David Whitman) 기자는 2008년 "새로운 가부장주의"의 전형이라며 "무관용" 차터스쿨을 치하하는 책을 2008년 발간했다. 위트만은 AIMS를 "근대 미국 역사에서 위대한 교육적 전환을 보여주는 이야기"라고 했다. 2009년, 위트만은 던컨 장관의 연설담당 책임자가 되었다.

윌(George Will)은 차비스를 치하했고, 내셔널리뷰는 그를 가리켜 "미국에서 가장 섬세한 교육가 중 한 명임을 부인하기 어렵다"고 했다. 차비스가 크렉스리스트(Craigslist)를 통해 신임 교사를 채용하려는 상황에서, 당시 광고는 "우리는 자유시장 자본주의를 믿는 근면한 사람을 찾습니다... 다문화 전문가, 극단적인 자유주의자, 대학물 먹은 억압 해방자 등은 원치 않습니다." 차비스는 철을 단련하는 것과 같은 훈육과 노조화된 교사가 없다는 것이 AIMS의 성공에서 열쇠라고 했다.

그런데 여기 AIMS의 이야기가 더 있다. 차비스는 조용히 학교의 학생 구성 분포를 변화시켰다. 그는 원주민 학생들을 아시아계 학생들로 거의 바꾸었다. 대체로 고분고분하며 높은 학업성취도를 올릴 것 같은 학생들은 남아 있도록 했다. 그의 차터스쿨은 주정부에서 주관하는 시험에서 놀라울 정도의 성적을 올렸다. 조심스럽게 학생들을 선별하고 이와 같은 방식으로 성공하기 어려울 듯한 학생들을 배제하는 방식으로 말이다. 여기에 가혹할 정도의 시험 준비, 거친 훈육이 가미되었다.

AIMS의 명성은 심각하게 훼손되었다. 그러나 2012년 주정부의 감사결과 차터스쿨 체인은 차비스와 그의 아내가 소유하고 있는 비즈니스에 380만달러를 지급했다는 사실을 밝혀냈다. 차비스는 사임하고 2017년 연방 수사기관에 의해 연방 기금을 자신이 소유한 건물의 기자재를 임대하는 방식으로 배임, 돈세탁한 혐의로 기소되었다. 2019년 연방수사기관은 기소사안을 줄이고 그에게 집행유예 1년을 선고했다. 교육가로 선한 일을 했다는 점을 참작해서 말이다.

조지아주에서 클레몬스(Christopher Clemons)라는 이름의 차터스쿨 설립자는 라틴아메리카차터스쿨(Latin Academy Charter School) 체인을 세웠다. 표면상으로는 취약계층 청소년들에게 엘리트 교육을 시켜주겠다는 것이었다. 펜실베니아대학교의 졸업생이자 MIT에서 MBA를 취득한 클레몬스는 차터스쿨 운동계에서 떠오르는 별이었다. 그러나 그는 성인 클럽과 호화로운 자가용 등의 방탕한 생활을 위해 학교에서 100만달러 이상을 유용했다. 유죄판결을 받은 이후, 그는 변상액 810,000달러와 20년 징역형을 선고받았다. 10년은 감옥에서 나머지 10년은 집행유예로 구분해 이행되었다.

2017년 연방정부 수사관들이 LA에 위치한 셀레러티차터스쿨(Celerity Charter Network) 본부를 덮쳤다. 이 단체는 이 지역 학구에서 7개의 차터스쿨을 운영하고 있었고 더 많은 차터스쿨을 갖기 원했다. LAUSD는 이 단체가 요구한 두 개의 차터스쿨에 대한 설립 요청을 거절했다. 재정 운영 상황에 대해 의문스러운 점이 있었기 때문이었다. 그러나 주정부의 위원회에서는 학구의 판단을 뒤엎고 셀레러티가 차터스쿨 2개를 더 열도록 허용했다. 2017년 3월, LA타임즈는 셀레러티의 설립자인 맥파레인(Vielka McFarlane)이 호화로운 자기 취향을 위해 학교 신용카드를 사용했다고 보도했다. 그녀의 연봉은 471,842달러였고, 이 정도의 봉급은 미국에서 두 번째로 큰 LA 전체 공립학교 시스템을 책임지고 있는 교육감보다 더 많은 것이었다. 맥파레인은 이름있는 디자이너의 명품 옷을 입었고, 멋진 식당에서 식사를 했으며 리무진 서비스를 자주 이용했다. 값비싼 호텔과 미용실의 단골 손님이기도 했다. 이 모든 것의 비용을 지불하는데 학교 신용카드를 사용했다. 그런데 이 차터스쿨 체인은 다른 주에도 뻗어나갔고 자신의 친척을 교직원으로 고용하고, 수백만달러의 자금을 받는 새로운 관련 단체로 커갔다. 폭로기사가 나가면서, 캘리포니아주 교육위원회는 셀레러티의 신규 차터스쿨에 대한 승인을 번복했다. 2019년 맥파레인은 연방 교도소에서 30개월 징역형을 선고받았는데, 공공기금을 320만달러나 유용했다는 혐의에 대한 유죄 평결이었다.

2017년 미국에서 지역 학교위원회 선거에 가장 비싼 선거가 있었다. 거의 1,500만달러가 선거에 투입되었고, 대부분의 선거자금은 몇 안 되는 차터스쿨을 지지하는 억만장자에게서 나왔다. 이 선거 이후, LA의 유권자들은 학교위원회의 구성에서 친차터스쿨 위원들이 다수를 차지하게 했다. 그러나 선거가 끝나고 얼마되지 않아 친차터스쿨 성향의 학교위원회 위원 중 한 명이었던 로드리게즈(Ref Rodriguez)가 이 지방선거 캠페인에서 돈세탁 혐의로 기소, 유죄판결을 받았다. 하지만 로드리게즈는 위원회가 전직 금융인으로 전 LA타임즈 발행인이었던 보이트너(Austin Beutner)를 (교육 경력이 없다는 점에도 불구하고) LAUSD의 새 교육감으로 선출하기까지 위원직을 사임하지 않았다. 2019년 선거에서 로드리게즈 선거구에서 유권자들은 정열적으로 공교육을 지지하는 골드버그(Jackie Goldberg)를 위원으로 뽑았다. 골드버그는 경력많은 교사이자 전 의회 의원으로, 로드리게즈의 공석을 메웠다. 이로 인해 억만장자가 장악했던 학교위원회의 판세가 바뀌었다.

시카고의 지도자들은 학업성취도가 낮은 학교를 대신해 차터스쿨이 들어서는 것을 환영했다. 시카고에서 친차터스쿨 성향의 인사들은 전부 민주당원이었는데, 달리(Richard Daley) 시장, 에마누엘(Rahm Emanuel) 시장, 발라스(Paul Vallas) 교육감, 던컨 교육감, 그리고 달리 시장 및 에마누엘 시장 재임 시 임명되었던 모든 교육감이 여기에 포함된다. 이런 분위기에서 정치적으로 관련된 히스패닉 공동체의 지도자인 란젤(Juan Rangel)이 시카고에서 가장 큰 규모의 차터스쿨 체인이 되는 사업을 시작했다. UNO라고 불리는 이 차터스쿨 체인은 결과적으로 16개의 차터스쿨을 가진 체인이 되었다. 2014년 란젤이 몰락하기까지 5년 동안 그의 차터스쿨 체인은 자신의 네트워크를 운영, 확장하면서 공적 자금 2억 8,000만달러를 받았다. UNO는 반교원노조의 기치를 내건 우파 월튼가재단과 델가재단에서 추가 기금을 받았다. 란젤은 외부 관리업체를 고용했고 곧 계약을 해지했다. 이 과정에서 UNO는 10%의 운영 관리비를 받았다. 2012년, 관리 운영비가 500만달러에 이르렀다. UNO 지도자들은 이 돈을 자유재량으로 사용할 수 있었다. UNO는 2009년 새로운 학교를 건축하는 비용으로 주(일리노이)로부터 9,800만달러를 받았다. 이 기금을 받고 나서, 그는 친족 고용 및 사적 이해 충돌을 금지한 주법을 위반했다. 그는 자신의 친족, UNO 이사회 이사들의 친족, 이들 동료의 친족들에게 계약을 몰아주었다.

시카고 썬타임즈가 UNO의 내부문서를 통해 계약자 명단을 공개하자, 란젤의 차터스쿨 제국은 붕괴하기 시작했다. 퀸(Pat Quinn) 주지사는 주정부 재원으로 약속했던 9,800만달러의 건축비용 중 남아 있는 1,500만달러의 지급을 중지시켰다. 란젤은 UNO 이사회에서 사퇴하고 친족 고용 및 사적 이해 충돌을 금지하는 규정을 만들었다. 여기서 더 나아가 그는 UNO의 차터스쿨에서 교사들이 노조를 만들도록 허용했다. 분명한 것은 이런 그의 조치가 자선사업가 세계의 기금 후원자들에게는 즐거운 뉴스가 아니었다. 특히 반교원노조를 내세운 월튼가재단에게는 더욱 그랬다. SEC는 UNO의 재정 운영상태에 대해 수사를 시작했고, 란젤은 2014년 말 사임했다.

란젤은 차터스쿨 산업에는 통제란 게 없다고 생각했다. 그래서 공적 자금을 가지고 자신이 원하는 일은 뭐든 할 수 있다고 본거다. 그는 틀렸다. 그러나 오늘날 수천개의 차터스쿨 운영자들은 자신들의 비즈니스를 아무런 공적 감시나 책무성 감사 없이 계속 운영하고 있다.

미 연방 교육부의 감사국장이 차터스쿨에 대한 연방정부 기금에 대한 조사에 착수하고 감사결과보고서를 공개하자 차터스쿨 부정부패의 악취가 만천하에 진동했다. 이 보고서에서, "우리는 내부 관리의 취약성을 보이는 사례들이 연방교육부 프로그램의 목표에 심각한 위기를 다음과 같은 점에서

극명하게 드러난다고 결론냈다. (1) 재정 위기. 낭비, 사기, 오남용의 위기, (2) 연방 기금에 대한 책무성의 결여, (3) 학업성취 위기."

감사국장 명의의 이런 경고에도 불구하고, 미국 연방교육부는 연방 차터스쿨 프로그램 수혜대상으로 연방기금을 받는 차터스쿨에 대한 관리감독의 강도를 높이기 위한 아무런 조치도 취하지 않았다. 던컨은 차터스쿨을 대단히 좋아했고, 그를 이어 장관이 된 킹 또한 다르지 않았다. 그는 매사추세츠주에 록스베리프렙(Roxbury Prep)이란 차터스쿨을 설립했는데, 이 학교는 "무관용"을 정책으로 내세웠는데 매사추세츠주에서 최고 수준의 정학율을 보이는 학교로 잘 알려졌다. 그리고 킹을 이은 드보스 장관은 말할 필요조차 없다.

온라인 차터스쿨 산업은 감시가 완전 부재하다는 점 때문에 사기에 특별히 취약하다. 온라인 차터스쿨은 주로 높은 자퇴율, 낮은 학업성취 수준, 낮은 졸업률로 알려져 있다. 테네시주에서 이런 원격 차터스쿨은 주에서 가장 낮은 성취도를 나타내고 있다. 펜실베니아주에는 12개 이상의 온라인 차터스쿨이 있는데, 이들 중 어느 것도 주정부에서 설정한 학력 기준에 이르지 못하고 있다. 이런 학교는 등록하는 학생들에게 등록금을 다 받는데, 이들 학교는 학생들을 공립학교에서 뿐만 아니라 다른 차터스쿨에서도 빼내 등록시키려고 경쟁한다. 그러나 벽돌건물로 상징되는 학교와는 달리 온라인 차터스쿨은 학교 수위도, 운동장 감시인도, 식당 인력도, 사서도, 사회복지사도, 안전감시원도 필요없다. 물 값도, 온난방 시설 및 이를 위한 전기세도 낼 필요가 없다. 이런 저비용 때문에, 원격 차터스쿨은 엄청나게 큰 이윤을 낼 수 있다. 온라인 차터스쿨은 텔레비전이나 인터넷상에서 홍보를 위해 공적 자금의 많은 부분을 사용하고 있다. 이들은 대규모 쇼핑몰에 학생 등록 창구를 설치한다. 이 게임의 이름은 '등록'인데, 학생 등록은 곧 돈이 굴러들어오도록 해준다.

트롬베타(Nicholas Trombetta)는 펜실베니아 사이버차터스쿨(Cyber Charter School)의 설립자이자 CEO로 세금 사기 및 범죄 공모 혐의로 유죄 판결을 받았다. 그는 800만달러의 학교 돈을 유용해 여러 채의 주택과 비행기를 포함하는 개인 사치품을 구입하는데 썼다고 실토했다. 2018년, 트롬베타는 최종심에서의 세금 사기 혐의에 따른 유죄판결에 따라 징역 20개월 형과 3년의 집행유예를 선고받았다. 그리고 펜실베니아주(Commonwealth of Pennsylvania)로부터 800만달러의 자금유용이 아니라 세금 회피 혐의로 유죄판결을 받았다. 분명히 주정부로부터 돈을 훔치는 일은 범죄가 아니었다. 세금 회피만이 범죄로 인정된 것이다. 이 학교는 주에서 학생당 등록금으로 10,000달러를 지급하는 학생이 11,000명이 등록해 있었다. 따라서 매년 1억 불 이상의 돈이 이 학교로 굴러들어왔다. 이렇게 많은 돈은 너무 유혹적이었다. 특히 주정부의 감시가 느슨한 상황, 즉 차터스쿨 로비스트와 친차터스쿨 성향의 공화당계의 주지사 및 의회를 장악한 의원들이 만들어 놓은 상황에서는 말이다. 다른 차터스쿨 운영자들과 마찬가지로 트롬베타는 학교 기자재와 서비스를 번성하는 온라인 차터스쿨 비즈니스에 공급하는 "유관 회사들"을 세웠다. 펜실베니아의 다른 사이버 차터스쿨 운영자인 준브라운(Dorothy June Brown)은 연방 수사기관에 의해 650만달러의 자금 용용 혐의로 기소되었다. 그러나 이 재판은 배심단 불일치로 판결없이 종료되었다. 판사는 피고인의 연령과 질병(치매) 때문에 똑같은 혐의로 재기소될 수 없다고 판결했다. 일부 학부모들은 준브라운의 학교에서 이루어지는 의심스런 활동(예를 들어, "차터스쿨 이사진의 허위등록, 문서 조작, 준브라운 혹은 그녀의 관리 회사들에게 이득이 되도록 한 계약서 서명위조 등")에 불만을 제기했다. 그러나 학부모들은 준브라운이 이들을 상대로 낸 명예훼손 소송에 휘말려 변호비용을 대느라 파산지경에 이르렀다. 분명한 것은, 그녀의 연령과 치매는 불만을 표출하는 학부모들을 상대로 소송을 제기하는데는 아무 문제가 없었다.

미 전역에서 가장 큰 규모의 온라인 차터스쿨이 2018년에 몰락했다. 오하이오주의 내일을위한전자교실(Electronic Classroom of Tomorrow, ECOT)이 2000년 영리추구 비즈니스를 시작했다. 이 학교의 설립자이자 소프트웨어 이사인 라거(William Lager)는 오하이오주에서 선거로 뽑히는 인사들에게 많은 선거자금을 댔다. 이들 대부분 공화당원이었는데, 이들은 이 학교의 졸업식 행사에서 축사를 위한 연사로 등장했다. 젭 부시는 열정적으로 온라인 학습을 촉진하는 사람으로, 2010년 ECOT의 졸업식 축사 인사로 등장했다. 오하이오주의 주지사인 카시크(John Kasich)은 2011년 졸업식 축사 인사로 나타났다. 이 학교가 실제 운영되었던 18년 동안, ECOT는 적어도 오하이오주의 납세자들로부터 10억달러의 자금을 받았다.

2016년 뉴욕타임즈는 ECOT에 대한 탐사보도 기사를 실었다. 당시 이 학교의 등록 학생수는 17,000명이었고 대부분 고등학생들이었다. 졸업반의 학생들은 2,300명이었다. 그런데 이 학교는 전국에서 가장 낮은 수준의 졸업률을 보였다. ECOT에 다니는 고등학생 100명당 단 20명만이 졸업장을 받았다. 오하이오주에서는 고교생 26명당 1명이 온라인 학교에 다니고 있었는데, 이들 "e‒schools" 학교의 졸업률은 클리블랜드와 영스타운과 같이 오하이오주의 가장 열악한 학구의 공립학교 졸업률보다 낮았다. 이 학교의 학업성취도가 별로 좋지 않은데도 불구하고, 라거의 이윤은 상당했다. 2014년에만, 라거가 관련된 회사는 "2,300만달러 또는 정부로부터 받은 기금인 약 1억 1,500만달러의 1/5 정도가 되었다."

타임지의 폭로 이후, 오하이오주는 ECOT에 대한 조사에 착수했다. 오하이오주 감사관인 요스트(Dave Yost)는 ECOT에 등록된 엄청난 수의 학생들이 실제 수업에 참여하고 있지 않다고 판단했다. 일부 학생들은 허위등록된 학생들이었고, 또 일부는 등록했다고 하더라도 수업에 한 번도 참여한 적이 없었다. ECOT는 학생이 수업에 참여하지 않는다고 해도 등록금을 내야 한다고 주장했다. 감사관은 ECOT가 6,000만달러를 주정부에 반환하라고 요구했다. ECOT는 법정 소송까지 간 결과 결국 패소했고 부당하게 수령했던 돈을 돌려주기보다는 2018년에 파산을 선택했다.

오클라호마, 인디애나, 캘리포니아 등의 다른 주에서도 규모가 큰 온라인 차터스쿨 스캔들이 있었다. 캘리포니아에서는 2019년 가장 큰 규모의 스캔들이 발생했다. 이 사건을 심의한 대배심은 캘리포니아주정부에 자그마치 5,000만달러 이상의 비용을 치르게 한 온라인 차터스쿨 사기사건에 연루된 11명을 기소했다. 이 기소 사건의 중심에는 맥매너스(Sean McManus)와 쉬로크(Jason Shrock) 등 A3 차터스쿨 기관의 설립자들이 있었다. 이 단체는 복수의 이사회와 기업과 함께 19개의 온라인 차터스쿨과, 여러 개의 여름 체육 프로그램을 운영했다. 이 단체에서 운영하는 차터스쿨은 아주 작은 시골 학구로부터 다른 학구에서 학교를 운영하거나 사이버 차터스쿨을 운영하도록 승인받았다. 하지만 어떤 학교도 관리 감독을 받은 적이 없었다. 주법률은 차터스쿨 운영진들을 상대로 책무성 평가나 관리감독을 하지 못하도록 되어 있었다. 이렇게 난잡한 운영에서 오는 이윤은 최종적으로 설립자들의 개인 통장 계좌로 들어갔다. 결국 차터스쿨 역사상 가장 큰 규모의 금융회계 스캔들이 되고 말았다.

오하이오주에서 영리추구가 가능한 이매진 차터스쿨체인(Imagine charter chain)은 240만달러 정도의 값이 나가는 건물을 개조하는데 770만달러의 세금을 사용했다. 실제 건물 개조에 들어간 돈은 330만달러 정도였다. 이매진 차터스쿨의 법인체 중 하나인 스쿨하우스파이낸스(Schoolhouse Finance)가 이 건물을 임대했고 이를 다시 이매진 차터스쿨에 임대했다. 여기에 투입된 임대료가 매년 1백만달러 정도가 되었다. 스쿨하우스파이낸스도 건물 개조에 돈을 내기는 했다. 이매진 차터스쿨에는 양자가 모두 득이 되는 윈윈 상황이었다. 이와 같은 부동산 거래는 비양심적인 차터스쿨 운영자들의 배를 불리게 했다.

미시간주는 대체로 억만장자인 드보스 집안 덕택에 차터스쿨 산업의 먹이감이 되었다. 드보스 집안은 맥키낵공공정책연구소, 그레이트레이크교육프로젝트, 아동을위한미국재단(AFC)과 같은 학교선택제 옹호 단체들에 자금을 지원했다. 마지막 AFC는 바우처제도와 차터스쿨을 옹호하는 정치 지망생들에게 선거자금을 지원하는 정치그룹이었다. 미시간주의 차터스쿨 80%는 영리추구형 기업이 관리, 운영하고 있다. 주정부는 영리추구를 위한 단체가 차터스쿨을 소유하지 못하도록 규정하고 있지만, 영리를 위한 관리, 운영은 금지하지 않고 있다. 아리조나는 영리추구를 위한 차터스쿨을 전혀 금지하지 않는 유일한 주다. 전국적으로, 많은 비영리 단체들이 영리 추구형 교육 관리기관들에 의해 운영되고 있다. 이 상황은 "영리추구"와 "비영리" 간의 차이를 의미없게 만들고 있다. 2014년 디트로이트프레스는 거의 1년에 걸친 차터스쿨 산업에 대한 탐사 내용의 결과를 보도했다. 그리고 이들에게 책무성이 얼마만큼이나 결여되어 있는지 호되게 비난했다.

이 신문사의 보도내용은 이렇다.

미시간주의 납세자들은 일 년에 거의 10억달러의 돈을 차터스쿨에 쏟아붓고 있다. 그러나 차터스쿨 규제를 다루고 있는 주법률은 미 전체적으로 가장 약한 수준이고 주정부는 납세자들의 세금이 어떻게 쓰이고 있는지, 학생들이 얼마나 잘 교육받고 있는지에 대해 거의 아무런 책임도 묻고 있지 않다. … 거의 20여 년에 걸친 차터스쿨 기록을 들여다보면서 프리프레스는 다음과 같은 사항을 발견하게 되었다. (1) 사치스런 지출과 이중 지출. (2) 이사회, 설립자 및 직원들 간의 돈벌이를 둘러싼 사적 거래 및 내부자 거래, (3) 형편없는 학업성취도에도 불구하고 학교운영의 지속, (4) 차터스쿨을 운영하는 사람들에 대한, 이들을 관리감독하기 위한 주차원의 기준 부재 등. 그리고 정말 많은 수의 차터스쿨이 납세자의 돈을 긁어 들이려는 영리 추구 회사가 운영하고 있고, 이들이 도대체 돈을 어떻게 쓰고 있는지 상세히 밝히길 거부하고 있다. 자신들은 민간 사업자들이고 정보공개법률에 적용받지 않는다고 말하면서 말이다. … 프리프레스가 보고한 내용에 따르면, 2012-3학년도에 주에서 확인한 학업성취도 순위를 받게되는 차터스쿨의 38%가 끝에서 25%에 있었다. 이 말은, 미시간주의 적어도 다른 75% 학교들이 더 나은 학업성취수준을 보였다는 말이다. 전통적인 공립학교의 단 23%정도만이 끝에서 25% 밑으로 떨어졌을 뿐이다.

그 어떤 관리 감독도 행사하지 않고 기업가들에게 공적 자금을 넘겨주면서, 미시간주는 차터스쿨의 낭비, 사기, 오남용의 대표적인 주가 되었다. 프리프레스가 밝히고 있듯, "누구라도 차터스쿨을 열겠다고 신청할 수 있다. 이들의 신청서를 걸러낼 미시간주의 지침이라곤 찾아볼 수 없다." 차터스쿨을 승인하는 기관은 차터스쿨이 벌어들이는 돈의 3%를 커미션으로 받는다. 흥미로운 것은 이 승인 기관만이 실패하고 있는 차터스쿨 문을 닫게 할 권한을 가지고 있다. 물론 이들은 그렇게 하지 않는다. 왜 그렇게 하겠는가? 차터스쿨이 계속 가동된다면 이로부터 돈을 벌 수 있는데 말이다. 미시간주의 차터스쿨 대부분은 읽기와 수학 교과에서 미시간주 평균 성적에 미치지 못한다.

프리프레스의 조사는 지독할 정도의 공적 자금 낭비 사례를 무수히 보여주고 있다. 여기에는 카네기(Dale Carnegie)의 자신감 배양 수업을 위해 쓰인 25만달러, 습지를 사들이는데 쓴 100만달러, 과도하게 높은 임대료로 지불한 수백만달러, 가족들에게 지불한 돈이 되는 사업에 가족들을 끌어들인 거래 비용 등이 포함된다.

미시간주는 학교선택제를 받아들이면서 연방정부의 시험인 NAEP에서 아주 심각할 정도의 하강을 겪었다. 10년이 약간 넘는 시간 동안, 미시간주는 전국 규모의 시험에서 대체로 평균을 유지하던 것이 하위 10위권에 이르게 된 것이다. 2003년, 미시간은 4학년 읽기 성적이 전국 기준 28위였는데, 2015년이 되면 41위로 떨어지게 된다. 백인 학생, 흑인 학생, 고소득 가정의 학생을 포함해 모든 학생의 읽기 성적이 하락했다. 2015–2017년 사이 11개 주에서 치러진 시험에서 미시간주의 3학년들을 모든 인구 분포 하위 그룹에서 가장 낮은 수준의 성적을 나타냈다.

뉴욕타임즈매거진은 차터스쿨과 관련해 미시간주의 잘못 운명지어진 도박에 관한 이야기를 하나 싣고 있다.

미시간주에서는 차터스쿨이 공립학교 시스템의 불평등을 완화시키는 도구로 계속 팔려나가고 있다. 미시간주 전체에 걸쳐 압도적으로 흑인이 많은 디트로이트, 하이랜드파크, 벤튼하버, 무스케곤하이츠, 플린트 지역은 (채무, 기업이탈, 인종분리 유산 등에 따른) 가파른 인구 감소 문제로 골머리를 앓고 있다. (차터스쿨) 옹호자들은 실험을 허용하고 교원노조의 힘을 누르는 방식으로 이 학구들이 미국 전역의 모든 다수-소수 학구를 괴롭히는 재정부족 문제를 꺾어버리는 자신들의 방법을 혁신할 수 있어야 한다고 주장한다. 그러나 실제로, 스탠포드 대학교에서 수행한 연구 분석에서와 같이 학구에 차터스쿨 등록생수가 증가한다고 해서 학업성취도 수준이 거의 향상되지 않는다.

디트로이트는 "형편없는" 공립학교에서 가장 가난한 아이들을 "구원하는" 수단으로 차터스쿨이 제대로 작동하는지 그 효능을 확인할 수 있는 시험 사례다. 이론에 따르면, 차터스쿨과의 경쟁은 공립학교의 학업성취를 향상 "하도록" 해야 한다. 이런 일은 일어나지 않았다. 디트로이트시는 높은 빈곤율, 심각한 수준의 인종 분리, 탈기업현상, 도심 파멸 및 한때 번영했던 도시를 괴롭힐 수 있는 모든 나쁜 문제를 안고 있다. 첫 직장이 될만하거나 육체노동직은 거의 사라져버렸다. 디트로이트를 회생시키기 위한 경제정책을 개발하는 대신, 미시간주의 지도자들은 차터스쿨에 투자했다. 그래서 디트로이트시 전체 학생의 절반을 넘는 학생들이 차터스쿨에 다니고 있고 적어도 이들 차터스쿨의 절반은 공립학교보다 더 형편없거나 잘 해봐야 공립학교와 별반 차이가 없다. 저니크(Kate Zernike)는 뉴욕타임즈에 기고한 글에서, 디트로이트시에 학교선택제와 경쟁을 도입한 것은 재앙을 가져왔다고 했다. "아무런 관리 감독 없는 차터스쿨의 성장"은 미국에서 가장 가난한 일부 학생들을 두고 경쟁하는 엄청난 학교들을 낳았다. 그리고 "아마도 미국에서 이전에 볼 수 없었던 공교육의 대실패를 가져왔다." 뉴디트로이트(New Detroit)로 불리는 시민단체의 지도자인 롬니(Scott Romney)는 저니크에게 이렇게 말했다. "핵심은 모든 학교(의 수준)을 높이는 것이었다. 그런데 우리는 이 도시에서 총체적이고 완전한 교육의 붕괴를 목도하게 되었다." 튤레인 대학교의 해리스(Douglas N. Harris) 교수(나중에 뉴올리언즈에서 파괴주의적 교육개혁 정책을 칭송하게 되는 바로 그 연구자다)는 디트로이트를 "미국에서 가장 큰 규모로 학교개혁의 재앙이 일어난 곳"으로 묘사하고 있다. NAEP로 측정되는 도심 학교 중에서 디트로이트는 가장 낮은 수준의 등급에 머무르고 있다. 차터스쿨은 디트로이트를 아우성치게 하는 정치, 경제적 유기상태를 치유하지 못했다. 그렇다고 공립학교의 학업성취 수준을 향상시키는 데 기여하지도 못했다.

차터스쿨 옹호자들은 진보주의의 외피를 입기 좋아하지만 봐주기 어려울 정도로 추한 모습이다. 전국의 모든 차터스쿨 중 90%는 교원노조가 없다. 우파의 월튼가재단과 같은 주요 후원자들의 반교원노조 시각을 투영한 결과다. 원칙적으로 진보주의는 반교원노조 입장을 지지하지 않는다.

차터스쿨은 공립학교보다 더 인종분리적이다. 심지어 인종분리 정도가 심한 학구의 공립학교보다 더 심하다. UCLA의 시민권프로젝트는 차터스쿨을 "중요한 정치적 성공"이지만 "시민권의 실패"라고 불렀다. 학교선택제 옹호론자는 인종간 분리를 무시한다. 높은 시험 성적이 인종간 통합보다 더 중요하다는 생각 때문이다. 원칙적으로 진보주의자들은 학교의 인종간 분리를 지지하지 않는다.

차터스쿨은 바우처제도로 가는 관문이다. 왜냐하면, 차터스쿨은 학교선택제와 소비주의로 진입하도록 하는 쐐기이기 때문이다. 꼭 기억해야 할 것은, 학교선택제는 1954년 연방 대법원의 브라운 대 교육위원회(Brown vs. Board of Education of Topeka 판결)[18] 이후 10년 동안 남부주의 주지사들이 내세웠던 목표였다. 수년동안, "학교선택제"라는 말은 낙인이 찍혔다. 브라운 판결 이후 벌어진 백인들의 반발에 익숙한 사람들이라면 "선택"이라는 말이 인종간 차별, 분리를 유지하기 위한 남부지역 주지사들이 고안해 낸 전

---

18) (역자주) 브라운 대 교육위원회 판결(Brown vs. Board of Education of Topeka Decision). 캔사스주 토피카 학구의 학생(Oliver Brown)이 1951년 토피카 교육청을 상대로 제기한 소송의 1954년 결과로 미국 공립학교 역사상 가장 유명한 판례라고 할 수 있다. 미연방 대법원은 1896년 플래시 대 퍼거슨(Plessy vs. Ferguson) 판결에서 인종간 학교분리는 차별이 아니라고 판시했었다. 브라운 판결은 60년 전의 이 판결을 뒤집으며 인종간 학교 분리는 곧 차별이라고 판시했다. 이 판결은 모든 대법관이 만장일치로 채택한 것으로도 유명하다.

략이란 것을 잘 이해했기 때문이었다. 학교선택제의 인종차별주의적 기원은 아주 잘 기록되어 있다.

1960년대 말에서 1970년대 초에 이르도록 일부 자유주의자들, 예를 들어, 젱크스(Christopher Jencks), 사이저(Ted Sizer), 마이어(Deborah Meier)는 몇몇 형태의 학교선택제를 지지했다. 이들은 작금의 자유시장주의적 학교민영화를 옹호, 지지할 것 같지는 않지만 말이다. 이 그룹에서 아직 생존해 있는 사람은 유일하게 마이어인데, 이 분은 공립학교를 민간이 위탁 운영하는 것에 반대한다. 뉴욕시와 보스턴에 위치한 그녀의 선택 가능한 학교들은 공립학교 시스템의 일부다.

학교선택제가 남부 백인 정치인들에 의해 장악되고 거의 반세기가 지난 지금, 학교선택제는 일반적으로 믿는 바 소비주의라는 온화한 모습으로 되돌아왔다. 학부모들의 선택권 호소를 팔면서 말이다. 마치 시장에서 자동차나, 우유, 시리얼의 상표를 선택해 구입하듯. 소비주의 논리는 차터스쿨에서 바우처제도로의 이동을 자연스럽게 만들어준다. 우파와 자유지상주의자들은 수십년 동안 이 목표를 추구해왔다. 이들은 미국 국민의 90%를 가르쳐 온 학교를 조롱하듯 "정부 학교"라고 지칭한다. 이들은 방위비와 자기 사업과 직결된 정부 계약을 제외하고는 정부와 관련된 것은 뭐든 싫어한다.

바우처 프로그램이 만들어졌을 때, 독립 연구들은 하나의 결론에 수렴되었다. 사립학교 혹은 종교계 학교에 등록하기 위해 바우처를 사용하는 학생들은, 바우처 프로그램을 이용할 수 있지만 여전히 공립학교에 남아 있는 학생들만큼 잘 해나가지 않는다. 오하이오, 루이지애나, 인디애나, 워싱턴 D.C. 등에서 진행되었던 바우처 프로그램에 대한 독립 평가 연구들은 종교계 학교 및 사립학교에 등록하기 위해 바우처를 이용한 학생들은 실제 학업적으로 약세를 보였다. 오하이오주에서 보수적인 성향의 토마스포드햄연구원의 자금을 지원받아 수행된 연구에 따르면, "사립학교에 등록하기 위해 바우처를 이용한 학생들은 공립학교에 다니는 비교가능한 또래 학생들에 비해 학업적으로 더 나쁜 결과를 보였다. 이 연구는 영어보다 수학에서 부정적 효과가 더 크게 나타났다고 보고한다. 이런 영향은 시간이 지나도 변하지 않고 나타나는 현상이다. 즉, 이 결과는 단순히 학교의 변화가 전형적으로 불러오는 역행으로 인해 생기는 것이 아니라는 점을 가리킨다."

바우처제도 옹호론자들은 통상적으로 가난한 학생들은 부자 학생들과 똑같은 선택의 기회를 가져야 한다고 주장한다. 그러나 바우처 프로그램은 학생이 엘리트 사립학교에 등록할 수 있을만큼의 넉넉한 바우처를 제공하지 않는다. 이들 학교의 수업료는 일년에 25,000 – 50,000에 이르는데, 많은 엘리트 사립학교들은 바우처를 받지 않는다. 전통적으로 공화당이 강세를 보이는 주의 의회의원들은 바우처 프로그램이 비용을 줄이길 원한다. 그래야 정기적인 지불 액수를 낮게 유지할 수 있다. 개인에게 할당되는 바우처의 액수는 대체로 공립학교에 다니는 학생 1인당 평균 공교육비와 똑같거나 약간 적은 수준이다. 예를 들어, 노스캐롤라이나와 인디애나에서 바우처 액수는 5,000달러가 안 된다. 바우처를 청구해 받는 학생은 저비용 종교계 학교나 사립학교에 등록할 수 있다. 이들 학교는 전형적으로 교사자격이 없는 사람들을 교원으로 채용하고 근대과학이나 역사 시간에 성경에 기반한 종교 교리를 가르치는 교과서를 사용한다. 미국은 신정 사회가 아니다. 우리에게는 오랫동안 국가와 종교간 분리를 유지해 온 전통이 있다. 그런데 종교계 학교에 수업료를 지급한다는 명목으로 공적 자금을 사용함으로써 이 전통이 위반되고 있다. 이 전통은 오늘날 심각한 도전에 직면해 있다.

현재, 절반에 이르는 미국 주들이 어떤 형태든 사립학교와 종교계 학교를 위한 바우처 프로그램을 운용하고 있다. 가장 광범위한 프로그램은 인디애나주에서 시행되고 있다. 인디애나주 헌법은 종교계 학교에 공적 자금 이용을 금지하고 있는데도 불구하고 말이다. 인디애나주 헌법은 간단하면서도 명료하게 다음과 같이 적시하고 있다. "그 어떤 종교계, 신학 기관의 이익을 위해 한푼의 돈도 재무부금고에서 빼내서는 안 된다." 인디애나주의 주의회와 주지사(다니엘스(Mitch Daniels), 펜스(Mike Pence))는 주 헌법을 무시하기로 결정했다. 주 대법원도 마찬가지였다. 그래서 대법원은 바우처가 가족으로 가는 것이지 수업료로 지불되는 종교계 학교로 가는 것이 아니라며 아주 창의적인 판결을 내렸다. 백만명에 가까운 인디애나주 학생 인구의 절반은 바우처 대상이 된다. 그러나 단지 3.5%의 학생들만 바우처를 사용한다. 이들 중 60%의 학생들은 단 한 번도 공립학교에 등록한 적이 없다. 바우처 프로그램은 단순히 공적 자금을 종교계 학교를 선호하는 가족에게로 보내는 통로가 아니다. 얼마 되지 않는 숫자의 학생들을 위한 바우처 프로그램은 인디애나주의 대다수 학생들을 위한 공교육비 중 1억 5,300만달러를 빼낸다.

학교선택제의 주요한 효과는 공립학교로부터 자금을 유출하는 것으로, 그 결과 공립학교에서 교사들을 해고하고, 교육프로그램을 감축하며, 학급당 학생수를 늘리도록 한다. 바우처 프로그램은 "루즈－루즈" 게임이다. 바우처를 받는 적은 수의 학생이 자격이 덜 갖춰진 교사가 있는 학교로 가고 덜 배우게 되며, 공립학교에 있는 대다수의 학생들은 예산 감축에 시달린다. 이것이 다시 교사와 교육프로그램을 잃게 만든다.

그렇다면 바우처를 받는 학교는 무엇을 가르치고 있는가? 2017년, 허핑턴포스트는 바우처 프로그램을 통해 공적 자금을 지원받는 7,000개 이상의 학교에 관한 데이터베이스를 만들었다. 이 신문사의 교육섹션 편집자인 클라인(Rebecca Klein)은 이 자료 조사의 결과를 이렇게 요약하고 있다. 바우처 학교의 3/4은 종교계 학교다. 이중 31%가 가톨릭계 학교다. 다른 기독교계 학교의 대부분은 개신교계 학교다. 이들 학교는 자신들이 원하는 것을 가르치고 있고 많은 학교는 "인종차별주의적이고 성차별적이며 세계에 대한 편협한 관점"을 가르치는 교육과정을 운영하고 있다. 예를 들어, 일부 개신교계 학교는 다른 종교, 특히 가톨릭은 악마라고 가르친다. 도대체 왜 세금을 편협한 종교적 신념을 가르치는데 쓰도록 하는가 말이다?

클라인은 플로리다주의 바우처 재원이 사이언톨로지교(Church of Scientology) 사상을 가르치는 다섯 학교에 등록하는 학생들의 수업료로 지불된다는 사실을 알아냈다. 2012－2016년 동안 이 학교들은 공교육비 중 500,000달러를 수업료로 거두어들였다.

허핑턴포스트에서 조사한 자료에 따르면 종교계 사립학교의 약 14%가 LGBTQX일지도 모른다며 공개적으로 교직원 및 학생들에게 차별적인 태도를 보이고 있다. 클라인은 버지니아주의 기독교계 학교를 거론하는데, 이 학교는 "머리를 짧게 자르고 치마보다 바지를 입겠다는 등 기독교다운 방식으로 행동하지 않았다"는 이유로 8살짜리 여학생을 퇴학시켰다. 도대체 이 학교는 예수가 바지보다 치마를 선호하는지, 짧은 머리보다 긴 머리를 더 좋아했는지 어떻게 안단 말인가? 남학생들도 똑같이 그래야 하는 걸까?

대중은 학교 선택을 결코 요구한 적이 없다. 그 어떤 주에서도 학생 대부분이 차터스쿨에 다니거나 바우처 지원을 강구하지 않았다. 차터스쿨 옹호자들은 꽤 오래 기다린 목록을 자랑스레 내보이지만 실제 이런 요구는 단지 홍보 전략일 뿐이다. 목을 빼고 기다렸다던 (대중의) 희망사항이 실제 있었다면 차터스쿨은 학생 등록을 목적으로 공립학교 학생들의 이름과 주소에 접근하려는 노력을 기울일 하등의 이유가 없었다. 허리케인 카트리나(Hurricane Katrina)[19]로 모든 공립학교가 폐쇄되고 정치인들이 태풍의 희생자들에게 차터스쿨을 강제로 껴안게 한 뉴올리언즈에서나 모든 학생이 차터스쿨에 등록한 일이 있었다. 이는 선택이 아니라 강제에 의한 것이었다.

바우처 지원이 주차원의 주민투표에 부쳐지는 곳마다 바우처 정책은 큰 표 차이로 부결되었다. 이들이 투표에서 졌음에도 불구하고 정치인, 열혈 종교인들, 그리고 돈이 많은 억만장자들은 "해결방법"을 찾아다녔고 대중의 의지와 무관하게 이들의 요구는 결국 받아들여졌다.

밀워키는 가장 오랫동안 학교선택제가 완전히 휩쓸고 지나간 도심 학구다. 이 도시에 차터스쿨이 등장한 것은 (1993년 위스콘신주에서 차터스쿨법안이 마련된 이후로) 1994년부터였다. 바우처제도는 1990년에 도입되었는데, 1998년 법원은 종교계 학교를 포함해 바우처 프로그램을 지원하라고 판결했다. 공립학교, 차터스쿨, 바우처 프로그램 등 이 세 가지 섹터가 완전히 발달한 곳이 바로 밀워키였다. 학교 선택 운동이 발을 떼기 전인 1999년, 밀

---

19) (역자주) 허리케인 카트리나(Hurricane Katrina). 2005년 8월 23일부터 29일까지 멕시코만 및 미국 남부지역을 휩쓴 태풍으로 최고 등급(5등급)의 허리케인이었다. 이 결과 루이지애나주 뉴올리언즈시에 막대한 피해를 입혔으며 1800명 이상 사망하는 인명피해와 1250억달러의 재산피해를 가져왔다. 이 일로 미국의 가난문제와 인종차별이 전 세계로 방송되면서 미국은 선진국 속 제3세계라는 비아냥을 듣게 되었다.

워키 공립학교 등록학생수는 96,000명이었다. 2018년이 되면 이 숫자는 대략 66,000명 정도로 학령기 아동의 56%에 지나지 않는다. 거의 29,000명의 학생들이 바우처 프로그램을 지원받는 학교에, 다른 15,000명의 학생이 차터스쿨에 등록해 다닌다.

밀워키의 기자인 보르석(Alan Borsuk)에 따르면, 이 세 가지 섹터는 안정화 단계에 있는듯하고 모든 섹터가 학업성취도면에서 똑같이 형편없는 상태에 있다고 보도했다. 경쟁은 공립학교의 수준을 향상시키지 못했다. 밀워키는 전국에서 NAEP 성적이 가장 낮은 학구 중 하나다. 밀워키보다 상당히 낮은 성취도를 보인 도시라면 디트로이트 정도다. 공립학교와 비슷하거나 혹 더 낮은 수준의 학업성취도를 보이는 사립학교 그리고 종교계 학교를 위해 세금을 써도 된다는 정당성은 도대체 어디서 찾을 것인가?

이제 우리는 잘 알고 있듯, 사립학교에 대한 교육 선택은 공립학교의 희생을 치르도록 요구한다. 미 전역의 학생 85−90%의 학생이 등록해 다니는 학교의 희생을 요구한단 말이다. 차터스쿨 및 바우처 프로그램 지원을 받는 학교에 투입되는 모든 공교육비는 압도적으로 다수 학생이 등록해 다니고 있는 공립학교에서 빼내 전용되는 돈이다.

게다가, 바우처 프로그램이 존재하는 이유는 학부모의 요구 때문이 아니라 자유지상주의자와 열혈 종교인들이 주 의회 의원들에게 기부하는 선거자금 때문이다. 바우처 프로그램을 활용하는 학생의 비중은 모든 주에서 아주 작은데, 투표에 참여하는 사람들은 그 어떤 주 차원의 주민 투표에서도 바우처 프로그램을 승인한 적이 없다.

차터스쿨은 이 학교가 공립학교보다 더 효과적이라거나 더 혁신적이어서 존재하는 것이 아니다. 연방정부와 월튼가재단 등과 같은 자선기관이 최소 6억달러의 자금을 매년 투입하고, 다른 민간 재단, 헤지펀드 매니저들, 금융자산가들, 기업인 및 여러 주 정부, 그리고 자유시장 이데올로그들이 지원하는 수억달러의 자금이 이 더해져 새로운 차터스쿨을 열라고 하기때문에 차터스쿨이 존재한다. 이렇게 강력한 집단적 지원이 없이는 차터스쿨이 거의 살아 남을 수 없을 게다. 쉥커가 1988년에 제안했던 정말 뛰어난 아이디어를 실현하려는 차터스쿨이 몇 남아 있기는 하다. 즉, 교사가 주도하는 학교 내 학교로 이 학교는 모학교와 협력하고 교원노조를 환영하며 이 학교들이 운영되는 공립학교가 새로운 아이디어를 받아들이도록 하는 R&D 센터로 기능한다.

제10장

저항운동의 반격

저항운동의 반격

도대체 다윗은 골리앗을 어떻게 이길 수 있는 걸까? 학부모와 교사들은 전국적인 두 개의 교원 노조로부터 일상적인 지원 이외에는 이렇다 할 후원 없이 미국 연방 교육부, 연방 의회, 미국 대통령과 긴밀하게 동맹을 맺고 있는 금융재벌, 억만장자, 첨단기술 기업가들과 맞서 이길 수 있겠는가? 레이건에서부터 트럼프에 이르는 워싱턴 D.C.의 연이은 여섯 연방정부는 아주 적극적으로 기업가들의 파괴운동을 지원하고 또 재정으로 후원했다.

한해 한해가 지나면서, 공립학교와 교사에 관한 새로운 모욕거리가 쌓여가면서 동시에 저항운동 또한 자라왔다. AFT의 와인가르텐 위원장과 NEA의 가르시아 대표는 개별 학구와 주에서 벌어지는 불공정한 교사평가 프로그램을 막으려는 소송 비용을 지원했다. 그러나 이들이 소송에 지불한 자금의 규모는 파괴자들, 연방정부가 매년 써대는 수억불 혹은 그보다 많은 자금에 결코 빗댈 만한 것이 아니며, 이들의 목소리 또한 연방 법률에 대항할만큼 충분히 강력하지 않았다.

(상) 에스켈센 가르시아(Lily Eskelsen Garcia)는 유타주의 초등학교 식당 매점 노동자로 일을 시작했고 이후 장애 학생 보조 도우미로 일했다. 나중에 대학에서 학위를 받고 교사가 되었으며 NEA의 열혈 활동가가 되었다. 처음에는 유타주 교육협회의 대표로 일하다가 2008년 선거 승리를 통해 미 전역에서 300만 명에 이르는 회원을 가진 가장 큰 교원노조인 NEA의 대표가 되었다. NEA는 학교 민영화와 공립학교에의 열악한 재정에 저항하는 교사들을 조직적으로, 그리고 재정적으로 지원하고 있다.

(하) 란디 와인가르텐(Randi Weigarten)은 노조 집안에서 자랐다. 그녀의 어머니는 공립학교 교사였다. 와인가르텐은 노동관계를 전문으로 한 변호사가 되었다. 그녀는 미국교사연맹(United Federation of Teachers)을 대변하게 되었고 이후 브루클린의 한 공립고등학교에서 사회교과 교사가 되고자 법조계를 떠났다. 1998년 그녀는 뉴욕시 교사연맹(New York City United Federation of Teachers)의 회장으로 당선되었고 10년이 지나, 회원수 170만 명의 미국교원연맹(American Federation of Teachers, AFT)의 위원장이 되었다. 이 단체에는 교사, 전문보조직원, 간호사, 대학 교강사, 영유아 교사 등이 회원으로 참여하고 있다. 와인가르텐은 시위에 나선 교사들과 시위 현장에 함께해 왔으며 이들이 조직화할 수 있도록 돕는다. 심지어 교사들의 단체교섭이 허용되지 않는 주에서도 이들을 지원하면서 말이다.

그것이 전국적이든 혹은 지방 단위의 것이든 상관없이 거의 모든 언론매체는 "개혁"은 좋은 것이며 "개혁"에 맞선 저항은 이기적인 교원노조에 완전히 휘둘린다고 전제하고 있다. 이들의 논조보다 더 잘못된 것이 있을 수 있을까 싶다. 파괴자들은 다른 사람들 위에서 권력을 행사하기 좋아하는 자기중심적인 억만장자의 파벌적 결사에 의해 이끌어지고 있는가 하면 저항운동은 지치지 않는 학부모, 학생, 조부모, 공립학교 졸업생, 교사, 퇴직 교사, 지역사회 지도자 및 교회와 국가의 분리 원칙을 지켜야 한다고 믿는 종교 지도자 등에 의해 이끌어진다.

저항운동의 도전적 과제는 기업가 파괴운동의 진면목을 감추고 있는 시혜적 가면을 벗겨내고, 이들의 실질적인 목표, 즉 학교 민영화와 사적 이익 창출을 내보이도록 하는 것이다. 많은 목소리, 많은 단체, 많은 개인, 많은 블로거들, 많은 학자들이 기만적인 이들의 가면을 꿰뚫고 있다. 이들이 쓰고 있는 가면은 월튼가, 드보스가, 코크 형제, 게이츠부부, 브로드, 헤이스팅스, 아놀드, 블룸버그 등과 같은 억만장자가 고용한 마케팅 및 브랜딩 팀에 의해 교묘하게 만들어진다. 이들은 "학생 우선(StudentsFirst)"이라고 말한다. 그리고 "아동 우선(Children First)"이라거나 "학생이 중요하다(Students Matter)"라고, "아이들 우선(Kids First)"이라고 말한다. 이들이 사용하는 모든 홍보 구호들은 속이기 위해 만들어진 것이다. 최종적으로 이 책략은 실패했다. 억만장자도, 이들이 고용한 달변의 대변인들도 저항운동을 벌여 온 풀뿌리 자원활동가들을 이겨내지 못했다. 이 활동가들은 민주주의가 공익을 대변해 행사될 때 강력한 무기가 될 수 있다는 점을 증명해 보였다.

프로지(Amy Frogge)는 변호사로 자녀가 테네시주 네쉬빌의 가워초등학교에 다니고 있었다. 2010년 네쉬빌에 홍수가 발생해 황폐화되는 상황이 발생하자 시민들은 재해를 입은 이웃 사회를 재건하는데 온 힘을 모았다. 이 일에 온 도시민뿐만 아니라 타 주의 손길도 더해졌다. 프로지는 대의적 목표를 두고 사람들이 연합하게 되었을 때, 생성, 발산되는 에너지에 크게 감동했다. 가워초등학교의 PTA가 침체되어 있단 사실을 알게 된 후 프로지와 몇몇 다른 학부모가 PTA를 재건하자는 결심을 하게 되었다. 이후 거의 1년에 걸쳐 프로지는 학부모들의 참여를 진작케 하고 새로운 지역사회와의 협력관계를 진전시켰으며, 학교의 학업성취, 분위기, 문화 등에 있어 눈에 띄는 발전을 보이도록 학교를 지원했다.

"지역사회로의 환원"을 다짐한 프로지는 2012년 메트로 네쉬빌 학교위원회 선거에 나서기로 결단했다. 여러 자원활동가들의 도움에 힘입어 프로지는 선거구 전체의 가정을 방문했다. 그리고 25,000달러를 선거 후원금으로 모금할 수 있었다. 프로지의 상대 후보는 네쉬빌 시장이었던 딘(Karl Dean), 네쉬빌 상공회의소, 지역 교원노조, '스탠드포칠드런'이라는 게이츠재단이 재정을 지원하는 단체로부터 공식적인 지지를 받았다. 상대 후보가 선거 자금으로 쓴 돈은 125,000달러로 프로지보다 자그마치 5배나 많은 액수였다. 그러나 승자는 프로지로 상대후보보다 거의 2배 이상의 표를 얻었다. 선거에 처음 나선다고 했을 때, 프로지는 학교민영화를 둘러싼 미 전역의 교육개혁 논쟁에 대해서는 거의 아는 바가 없었다. 그녀는 단지 한 명의 시민으로 자기 역할을 수행하기 원했을 뿐이었다. 프로지는 전국의 차터스쿨체인이 네쉬빌에서 발판을 마련하려고 어떤 노력을 기울이고 있는지 재빨리 알아채게 되었고, 이런 이들의 접근이 지역 공립학교에 좋지 않다고 판단하게 되었다.

프로지가 재선에 성공하게 되자, 메트로 네쉬빌 학교위원회는 아리조나주에 본거지를 둔 차터스쿨체인인 그레이트하트아카데미(Great Heart Academies)가 관리 운영하는 차터스쿨 설립을 네쉬빌에 허용할 것인지를 둘러싸고 주정부와 한창 싸움을 벌이고 있었다. 메트로네쉬빌 학교위원회는 이 요청을 거부했는데, 그레이트하트아카데미가 학교를 주로 백인들만 거주하는 동네에 세우고는 네쉬빌의 다른 지역에서 오는 흑인 학생들을 어떻게 학교에 등교시킬지에 대해 아무런 대책도 내놓지 않았다는 이유 때문이었다. 학교위원회는 이 차터스쿨이 반드시 다양한 사회적 계층의 아이들을 받아 가르쳐야 한다고 주장했다. 그레이트하트아카데미 설립 방안에 대한 위원회의 승인 거부는 테네시주에서 차터스쿨의 숫자를 늘려내겠다고 단단히 마음먹고 있던 당시 주 교육부 장관 허프만(Kevin Huffman)의 분노를 샀다. (미쉘 리의 전남편이기도 한) 허프만은 이전에 TFA에서 일하기도 했다. 공화당 주지사인 하슬람(Bill Haslam)을 후원, 지지하는 사람으로 민주당 출신의 네쉬빌 시장인 딘(Karl Dean) 또한 지지했다.

에이미 프로지(Amy Frogge)는 학부모이자 변호사로 메트로 네쉬빌의 교육위원회 위원으로 두 번이나 선출되었다. 당시 상대 후보는 차터스쿨을 옹호하면서 상대가 되지 않을만큼의 많은 선거자금을 뿌려댔었다.

테네시주 교육감인 허프만은 반항하는 메트로 네쉬빌 학교위원회에 공립학교 비용으로 제공해야 할 공교육비 중 340만달러의 지급을 보류하는 방식으로 보복했다. 차터스쿨에 대한 지원비는 하나도 건드리지 않으면서 말이다.

프로지의 지역 학교위원회 선거 바로 다음날, 그녀는 월스트리트저널에 전화를 걸었다. 이때가 전국적 교육개혁 싸움에 그녀가 처음으로 발을 들여놓게 된 때라고 해야 할게다. 공립학교를 좀 더 낫게 만들자고 학교위원회 선거에 나섰던 것인데, 프로지는 곧 차터스쿨을 둘러싼 논쟁이 학교위원회의 의제를 완전히 지배하고 있음을 알게 되었다. 테네시주 바깥의 차터스쿨들이 돈과 학생을 타깃으로 삼고 공립학교와 경쟁하고 있었다. 그녀는 이런 차터스쿨의 행태가 공립학교를 좀 더 낫게 만드는 것인지 알 수 없었다. 프로지는 그레이트하트아카데미가 네쉬빌에 새로운 차터스쿨을 설립하는 문제에 대해 팽팽하게 이어가던 표대결에 결정적인 역할을 하는데, 결국 위원회는 5:4로 설립 승인을 거부했다. 위원회에 당선되고 채 5개월이 지나지 않은 시점에 프로지는 주의회의 교육위원회에서의 연설을 통해 주정부가 지역 학교 위원회의 의지에 반하는 차터스쿨 설립 권한을 행사하지 말 것을 요청했다. 파괴자들에게는 주정부의 이런 차터스쿨 설립을 둘러싼 권한 행사가 꿈을 실현하는 방법이었을게다. 이들은 지역 학교위원회가 민주적으로 학교를 통제하는 것에 반대해 왔기 때문이었다. 프로지는 네쉬빌의 기존 차터스쿨도 학생수를 제대로 채우지 못하고 있는데, 여기에 또 다른 차터스쿨을 세울 필요가 없다고 못 박았다. 진짜 필요한 일은 기존 공립학교에 더 많은 재정지원을 하는 것이었다.

프로지는 학교민영화 및 기업가 파괴자들을 상대로 한 당찬 비판가로 떠올랐다. 지역 학교위원회의 위원으로서 그녀의 역할에서 프로지는 학교 휴식 시간 연장, 음악 미술 등 예술 시간 추가 확보, 시험 및 시험준비 시간 축소, 공립학교에 대한 재정지원 확대 등을 의제로 삼고자 했다. 그러나 이 쟁점들은 차터스쿨 확대를 둘러싸고 학교위원회와 주정부 사이의 지속되는 갈등 속에 묻혀 버렸다. 프로지는 우파 주지사, 보수적인 성향의 주의회, 주 교육부장관, 네쉬빌 시장인 딘 등 네쉬빌에 차터스쿨을 더 많이 세우자고 압박하는 사람들에 용기있게 맞섰다. 지역 언론은 이런 그녀의 입장을 두고 "분파적"이고 "날카롭다"며 비판적인 논조를 보였다. (이런 말은 주로 자기 목소리를 내는 여성들에게 쓰여지는 말들인데, 남성들을 비판할 때 주로 "강압적"이라거나 "강하다"는 표현이 쓰인다.) 언론은 프로지가 학교위원회 선거에 왜 그토록 많은 선거자금이 외부에서 유입되는지를 두고 내놓는 불만에 곧 지겨워했다.

프로지는 2014년 학교위원회에 차터스쿨에 대한 자기 생각을 전달하기 위한 연설 시간을 요청했다. 더 많은 차터스쿨을 네쉬빌에 세우겠다는 동력에 "종지부"를 찍을 수 있도록 동료 위원들에게 부탁했다. 이 연설을 통해 그녀는 이익창출, 기업의 방해, 성적 낮은 학생의 퇴출, 차터스쿨 내 인종/계급차별 등을 언급했다. 그리고 차터스쿨이 지역사회에 파괴적인 영향을 미치는 것에 대해 깊은 우려를 내보였다.

아래 발췌문을 보면, 프로지가 차터스쿨이 학구에 만들어내는 위험이 어떤지 잘 요약하고 있다.

지난해, 저는 차터스쿨에 반대하는 입장에 표를 던졌습니다. 가장 큰 이유는 예산에 미치는 영향때문이었습니다. 저는 올해도 같은 입장을 취할 겁니다. 별도의 추가 계획이 제시되지 않는다면 말이죠. 우리가 차터스쿨에 더 많은 돈을 지불한다면, 전체 교육 예산에서 다른 어떤 비용을 줄여야 할지 결정해야 합니다. … 정말 훌륭한 동기로 차터스쿨 운동에 매진하고 있는 사람들이 많습니다만, 차터스쿨 운동은 전체적으로 교육에 개입하려는 기업의 이윤창출 동기와 점차, 그리고 더욱 연계되고 있습니다. 저는 이런 숨겨진 동기를 가진 단체들이 우리 테네시 의회를 착취하는 모습을 지켜봐왔습니다. 이들은 마치 탐욕스런 사기꾼들처럼 움직입니다. 정말 많은 로비스트들을 통해 의회 의원들에게 엄청난 선거자금을 제공하고 더불어 잘못된 정보를 넘겨주는 방식으로 말이죠. 이들은 선한 신념에 터해 움직이는 게 아닙니다. 차터스쿨 운동은 전국적으로 ALEC(미국입법교환협회)과 같은 단체에 의해 재정을 지원받고 또 추동되고 있습니다. 이 단체는 기업의 이윤을 만들어내고 또 이윤을 지키면서 기업이 보다 큰 이익을 낼 수 있도록 하는 입법 통과를 위해 애씁니다. 그런데 아십니까? 주정부의 차터스쿨 승인자가 ALEC 출신이라는 것 말입니다. 월마트의 소유주인 월튼가는 고용된 노동자들에게 정말 낮은 임금을 주어 이들을 겨우 정부 지원에 의존해 살도록 만든다고 악명이 자자한 자들인데, 이들이 차터스쿨 입법을 뒤에서 지휘하고 있습니다. 헤지펀드 매니저들, 금융인들, 그리고 가장 부유하다고 할 거부들이 차터스쿨에 기금을 댄다는 명목으로 감면받은 엄청난 세금으로 지난 7년동안 두 배 가까운 기금을 차터스쿨 확장에 쏟아 부었습니다. 이런 사람들이 모여든 그룹은 분명히 가난한 집안의 아이들을 돕겠다고 이 일을 하는 게 아닙니다. 의회의 입법 차원에서 갖는 목표는 제한된 공적 책무성으로 공적 자금에 일정한 통로를 마련하려는 것입니다. 바로 이 점이, 이런 특별한 이해집단이 민주적으로 선출된 학교위원회가 없어야 한다고 주장하는 이유입니다. 이들이 바라는 결과는 선출, 지명된 관료제를 옹호하는 민주적 과정을 꼼짝 못하게 만드는 것입니다. 학교에 대한 지역사회의 통제를 빼앗는 것입니다. 그리고 차터스쿨에 대한 책무성과 투명성을 적용하지 못하도록 하는 일입니다.

2016년, 프로지는 학교위원 선거에 다시 출마했다. 이때 그녀는 파괴자들에게는 해치워야 할 첫 번째 공격 대상이 되었다. 그녀를 선거에서 패퇴시키고자 하는 마음으로 이들은 선거에 200,000달러가 넘는 자금을 끌어들였다. 자금의 대부분은 게이츠재단이 지원하는 '스탠드포칠드런'을 통해 제공되었다. (안타깝게도 파괴자들의 희망과는 달리) 프로지가 다시 선거에서 승리했다. 투표한 사람들의 65%의 표를 얻었다. 유권자들은 공립학교를 지원하고 차터스쿨에 대한 책무성, 투명성을 요구하는 그녀의 확고한 원칙적 입장을 지지했다.

프로지는 내쉬빌의 한 학부모 블로거인 웨버(T.C. Weber)와의 인터뷰에서 자신의 남편이 바버(William Barber) 목사의 동영상 지지 발언을 전해주었다고 회상했다. 바버 목사는 노스캐롤라이나에서 벌어지는 저항운동에서 강한 리더십을 보여주는 인물로 자주 킹(Dr. Martin Luther King Jr.) 목사와 비견되었다. 그는 공교육을 포함하는 모든 방면에서 진보주의적 대의를 옹호, 지지했다. 프로지는 그의 메시지를 다음과 같이 기억하고 있다.

당신이 봉사하라는 소명을 받았을 때, 그 일은 대체로 편한 일이 아니다. 그 일은 아주 힘들고 더불어 진이 빠지는 일이다. 그러나 우리는 이 일을 포기해서는 안 된다는 말을 듣는다. 나는, 우리 중 많은 사람들이 학생, 교사, 가정을 위해 옹호하려 쉽지 않고 애쓰면서 상당한 희생을 감내한다고 생각한다. … 영향력을 끼칠 수 있는 특별한 기회가 내게 주어졌다고 생각한다. 다른 많은 사람들에게는 없는 기회 말이다. 난 내게 주어진 이 기회를 낭비해서는 안 된다. 비록 섬으로 도망쳐 그곳에서 오두막집을 사서는 온갖 논란거리에서 벗어나고 싶다는 생각이 자주 듦에도 불구하고 말이다. 사실, 난 논쟁에 휘말리는 것을 정말 싫어한다. 누구와 붙어 싸우는 일을 전혀 좋아하지 않는다. 그런데도 나는 최악의 갈등 상황 속에서 지난 4년을 보냈다. 그럼에도 일이 제대로 해결되지 않았다. 우리가 이 일에 있어 정말 큰 변화를 만들어왔다고 생각하는데도 불구하고 말이다. 이제 우리는 긍정적인 대화를 갖고 (내가 보기에) 대부분의 학생에게 최대의 영향력을 끼칠 수 있는 일에 초점을 옮겨갈 준비가 되었다.

파괴자들이 두 번째 학교위원회 선거에서도 패배의 쓴 잔을 들게 된 이후 학교 문제를 둘러싼 분위기는 바뀌었다. 대화는 더 이상 차터스쿨을 세울 것인지 말것인지, 그리고 어디에 어떻게 세울 것인지에 관한 논란에 휘둘리지 않고 내쉬빌 전체 학생을 위한 교육의 질을 어떻게 높일 것인가에 맞추어졌다. 이런 변화를 가져온 것은 돈이 아니었다. 대화 주제가 바뀐 것은 프로지와 같은 용기있고 끈기있는 자원활동가 및 지도자들 덕분이었다.

프로지는 자신이 공교육을 파괴하는 전국적인 캠페인이 막을 내리는데 역할을 수행한다고 생각조차 하지 못했다. 헤지펀드 매니저들이 지원하는 DFER(교육개혁을위한민주당원)이나 '스탠드포칠드런', 월튼가, 빌 게이츠, 블룸버그와 같은 억만장자 등 지역 및 주정부 학교위원회를 장악하려는 그룹들이 이끄는 전국적인 규모의 공교육 파괴운동들이 말이다. 공교육행동기금네트워크(Network for Public Education Action Fund)는 억만장자들이 지휘하는 학구 및 주정부 대상 재벌 엘리트들의 목표를 기록으로 만들었다. 해당 지역의 이해관계를 넘어서는 기관이 전국의 후원자들로부터 두 배, 혹은 세 배, 아니 다섯 배나 많은 후원금을 뭉텅이로 싸들고 와서는 상대편 후보에게 정치자금으로 지원한다고 하면 일반 시민이 자기 지역의 학교위원회 선거에 나서, 승리할 수 있는 기회가 있겠는가?

뉴욕, 시애틀, 코네티컷, LA, 실리콘밸리 등에 거주하는 억만장자가 다른 도시 혹은 주정부의 학교위원회 선거에 나선 후보자를 한정없는 기금 후원으로 압도하게 된다면 이는 근본적으로 반민주주의적이라 하지 않을 수 없다. 이는 정파에 관련된 문제가 아니다. 억만장자들은 학교민영화 촉진에 강경한 입장을 가진 양대 정당, 즉 공화당과 민주당 인사 모두를 포섭한다. 지역민들에게 학교위원회 선거가 두 후보자 사이의 경쟁 구도로 나타나는 상황일 경우, 이는 틀림없이 지역 학부모 단체와 이기기 위해 얼마든 쏟아 넣겠다고 선거에 사활을 건 전국적 단체 사이의 싸움일 것이다. 파괴자들의 선거자금이 훨씬 크다는 점에서 이런 식의 대립구도는 속임수에 불과하다. 다행히 이들이 늘 이기는 것은 아니다. 프로지는 풀뿌리 저항운동이 거대 돈줄을 이길 수 있다는 것을 보여주었다. 충분히 깨어 있고, 단호한 입장, 조직화된 움직임이 있다면 말이다.

학부모 활동가들은 저항운동에 있어 주요한 역할을 담당하고 있다. 누구도 학부모를 그 지위에서 해고할 수 없다. 학부모들은 아동 및 이들의 공립학교를 위한 최고의 지지자들이다. 공립학교의 유익을 대변해 목소리를 높이는 많은 학부모들 중 누구도 뉴욕시 학부모 활동가인 하임슨(Leonie Haimson)보다 더 강력한 힘을 발휘하지 못한다. 그녀는 "학급규모가 문제야(Class Size Matters)"라는 운동단체를 설립하고 학급규모 축소를 위한 옹호운동을 벌이고 있다. 이 운동을 통해 하임슨은 학급규모축소가 학교 풍토 및 학생 성취도 향상에 영향을 미치는 가장 효과적인 단일 개혁방안이라고 주장한다. 이를 뒷받침하는 연구자료들을 통해서 말이다. 나는 이 단체의 이사회에 금전적 대가 없이 참여하고 있으며 하임슨 또한 NPE의 이사회에 아무런 대가없이 참여하고 있다. 하임슨은 정말 겁 없는 활동가이자 헌신적인 연구자로 통계와 불가사의하기 이를 데 없는 법률 용어를 잘 알고 있다. 그녀는 종종 시의회와 주의회 청문회에 참여해 증언하는가 하면 학급규모축소의 효과성에 관한 연구를 발표하고 공교육비의 오남용 문제를 제기한다.

하임슨과 동료인 콜로라도주의 스틱랜드(Rachael Stickland)는 게이츠재단과 뉴욕의 카네기재단이 거의 1억달러의 기금을 지원해 만든 거대 데이터 수집 노력인 인블룸(inBloom)을 막기 위한 싸움을 성공적으로 조직했다. 인블룸은 학생의 개인정보가 포함된 자료를 수집하기 위해 9개 주정부와 학구와 협정을 맺고자 했다. 여기에는 학생의 이름, 주소, 가족 관계, 인종, 행동 특성, "인성 내용('적극적으로 참여한다', '열정을 보여준다', '집중하려고 노력한다' 등)", 경제 상황, 시험 성적, 학점, 장애유무, 규율위반 상황 등이 포함된다. 이런 정보는 기술관련 회사인 앰플리파이(Amplify, 이전에는 "와이어리스제너레이션(Wireless Generation)"이라고, 머독의 미디어회사의 한 지주회사)에서 설계한 데이터베이스 시스템에 수집되고, 아마존 소유의 클라우드에 저장되며, 제3의 판매자가 활용할 수 있는 형태로 만들어질 터였다. 이런 것이 도대체 어떤 문제를 가져온단 말인가?

인블룸을 후원하는 사람들은 학생을 대상으로 한 이런 거대 개인정보의 수집이 효과적인 온라인 학습도구를 개발하고 또 마케팅하도록 만들거라고 이야기한다. 그러나 하임슨, 스틱랜드, 이를 우려하는 다른 학부모들은 인블룸을 학생들의 사생활을 위협하는 아주 위험한 것으로 인식한다. 즉, 이들은 인블룸이 상업적인 이익을 위한 것에 지나지 않는다고 본다.

하임슨과 스틱랜드는 이 일에 영향받게 되는 주 및 학구의 학부모 활동가 수백명을 동원해 인블룸에 맞서는 전투에 참여하도록 했다. 이들에게는 당연히 1억달러의 괴수에 맞서 싸우는데 아무런 자원이 없었다. 그러나 이들은 정파적 이해관계를 떠나 아이들의 사생활을 지키는데 유일한 관심을 기울이는 모든 학부모들의 지지를 받았다.

로니 하임슨(Leonie Haimson)은 뉴욕시 학부모 활동가로 학급규모축소와 학생 사생활 보호를 옹호하는 활동을 벌이고 있다. 하임슨은 학생들의 웰빙에 영향을 미치는 이슈를 둘러싼 전국적인 논쟁에서 가장 효과적으로 활동하는 인물 중 한 명이다.

이들의 홈페이지 하임슨과 스틱랜드가 쓴 글의 일부이다.

인블룸의 지지자들이 더 개별화된 학습 도구를 제공해 학생들의 공부를 돕겠다며 프로젝트를 시작했습니다. 그러나 온라인학습의 어떤 이익을 주는지에 대해서는 밝혀진 것이 없으며 이 과정에서 수집되는 데이터의 상업화, 취약한 데이터 클라우드에의 저장 등을 동반하는 위험천만한 일이 아닐 수 없습니다. 사실, 인블룸의 사생활보호 정책이라고 내놓은 것을 보면 이렇게 말하고 있습니다. 우리는 "인블룸에 저장된 정보의 안전을 보장할 수 없으며 이 정보가 제3자에게 전달될 가능성을 차단할 수 없다." 지금 이 문장을 이들의 홈페이지에서는 찾아볼 수 없지만 말이다.

학생들의 사생활을 보호하도록 하는 몇몇 연방 법규가 있다. 가장 중요하다고 할 수 있는 것이 FERPA(사적정보보호법, Family Educational Rights and Privacy Act)라고 불리는 것이다. FERPA는 2008년 부시 정부하에서, 그리고 2011년 오바마 정부하에서 학생들의 개인 정보를 부모 동의없이 아웃소싱할 수 있도록 하면서 약화되었다. 오바마 정부의 정상을향한경주 프로그램은 주정부가 반드시 학생 정보를 포함한 종단연구자료 시스템을 마련하도록 요구했다. 이 시스템에 의해 수집된 자료들이 인블룸의 데이터베이스에 저장되어 새로운 소프트웨어를 개발하는 기업에 전달될 수 있었다. 게이츠재단이 자금을 지원하는 D.C. 소재 기관은, 모든 학생이 태어나서 직업경력에 이르기까지 추적할 수 있다면 빅데이타 분석을 통해 긍정적인 혜택을 제공할 것이라고 주장했다.

뉴욕타임즈는 인블룸이 공통핵심표준에 토대해 자연적으로 성장해 만들어진 것이라고 했다. 이 공통핵심표준에 따라 치러지는 온라인 시험은 수백만 학생들의 대량 데이터를 만들어낼 것이었다. 타임지 기자인 싱어(Natasha Singer)는 인블룸이 "계속해 숫자화되는 학생들과 촘촘히 연결된 교사들"의 "기술지상주의" 비전의 일부였다고 쓰고 있다.

소프트웨어와정보산업협회(Software and Information Industry Association)가 추정한 바에 따르면, 유아교육에서 12학년까지의 모든 학생을 대상으로 하는 교육기술소프트웨어는 자그마치 90억불짜리 시장이다. 가장 큰 이유 중 하나라면 주차원의 공통핵심표준 정책인데, 전국적으로 영어와 수학을 표준화하는 교육과정 프로그램이다. 이 표준에 도달했는지, 그렇지 않은지를 평가하는 시험을 준비하기 위해, 전국의 많은 학구들은 학생 개개인의 성적 정도를 보다 상세히 분석하기 위한 소프트웨어를 구입하는데 비용을 치른다. 인블룸과 같은 서비스를 제공하는 사업체들은 각 학구에서 보다 빨리 자기 소프트웨어를 사들이고 데이터 저장 및 안전을 표준화함으로 인해 측정 도구의 비용을 낮추기를 바란다. 즉, 인블룸의 오픈

소스 코드는 각 학구에 맞춤식 소프트웨어를 개발할 필요성을 낮춤으로써 개발자들이 회사 고객 모두를 위한 앱(애플리케이션)을 서둘러 개발하게 할 수 있다. 이론상, 이렇게 생산된 제품은 각 학교에 더 저렴하게 제공될 수 있다. 더욱이 이들 산업은 최근 연방 교육사적정보보호법의 변경으로 도움을 받게 되었다. 가정교육권 및 사적정보보호법로 명명된 이 법은, 학교가 학생의 학업관련기록에 관한 정보를 공유하기 앞서 부모의 허락을 받도록 했다. 그러나 개정된 법령은 부모에게 공지하지 않고도 학사일정 및 자료관리 등의 핵심적인 기능을 아웃소싱하는 회사에 학생 데이터를 공유할 수 있도록 했다.

게이츠와 던컨에게, 계속해서 분석되는 학생 데이터를 만들어낸다는 앞으로의 전망은 제품 개발자, 홍보 회사 및 교육가들에게 일종의 큰 혜택이었다. 그러나 학부모들에게는 이것이 기술적인 악몽으로, 자녀의 사적 정보가 자신들이 채 인지하지도 그렇다고 승인하지도 않은채, 그리고 데이터 남용을 방지할 수 있는 엄격한 안전장치도 없이 여기저기 팔려나갈 것이었기 때문이었다.

콜로라도, 루이지애나, 뉴욕 및 기타 다른 주에서 학부모들은 주의회 청문회에 참석해 발언하고, 선출직 공무원들에게 애원하는가 하면 인블룸에 대항해 시위를 벌였다. 여러 주정부는 새로운 회사에 자료를 넘겨주겠다는 애초의 계획을 취소했다. 뉴욕주는 2013년 말, 이 대열에 마지막으로 참여했다. 주 교육부장관이었던 킹이 끝까지 완고한 태도로 타협에 응하지 않았기 때문이었다. 2014년 3월, 뉴욕주 의회는 주정부가 뉴욕주의 학생 자료를 인블룸에 넘기는 것을 엄금하는 법안을 통과시켰다. 2014년 4월, 모든 주와 학구의 수요를 상실하면서 결국 인블룸은 문을 닫게 되었다. 이 모든 열세에도 불구하고 학부모가 승리를 얻은 것이다.

하임슨과 스틱랜드는 빌 게이츠와 인블룸을 항복시키는 싸움을 이끈 이후 학생정보보호를위한학부모연합(Parent Coalition for Student Privacy)이라는 단체를 결성하고 연방의회로부터 두 차례 초청받아 청문회 증언을 했다. 이들의 운동 결과, 학생의 사생활을 보호하기 위한 주차원의 법안이 2013년 이래 거의 100여 개나 통과되었다. 하임슨은 계속해서 주정부와 지역 교육청이 학급당 학생수를 줄이도록 압력을 가했다. 실제 하임슨은 지역 교육청이 새로운 기술을 학교에 도입하는데 수십억달러의 예산을 투입하면서도 학급 규모를 줄이는데는 아무런 조치를 취하지 않는 것에 상당히 실망했다. 실제 이 일이 학생들의 '개별화' 학습을 가능하게 할 수 있는 방법인데도 불구하고 말이다. 그녀의 주 활약무대인 뉴욕시는 학급 규모를 줄이려는 노력보다 새로운 기술에 재정을 지원하는데 어느 주보다 앞장서고 있었다. 하임슨은 뉴욕시 교육위원회(New York City Board of Education)의 개최가 임박해 늘 계약서의 상세한 내용을 낭독하는 몇 안 되는 뉴욕시민 중 한 명이었다. 전임 시장이었던 블룸버그는 자신이 시장으로 당선된 2002년 교육위원회의 중요성을 깎아내리기 위한 목적으로 교육위원회 명칭을 교육정책패널(Panel on Educational Policy)로 바꾸었다. 2015년 2월, 하임슨은 이 위원회가 "네트워크 설비 기자재와 설치 공사"를 위해 한 기업체와 5년에 걸쳐 자그마치 11억불어치에 이르는, 거기다 이후 4년을 더해 그 액수는 거의 20억달러에 다다르는 계약을 맺으려 한다는 것을 알아냈다. 그런데 이 회사는 몇 년 전 대규모의 "리베이트" 스캔들에 연루되었었다. 이 때도 사업의 상대는 같은 뉴욕주 교육부였었다. 하임슨은 이 일과 관련된 정보를 뉴욕시 공공캠페인(Public Advocate), 뉴욕시 의회의 계약위원회 위원장, 뉴욕 데일리 뉴스의 탐사전문 기자인 곤잘레스(Juan Gonzalez)에게 보냈다. 교육위원회는 이 계약을 승인했다. 그러나 하임슨의 정보가 곤잘레스 기자에 의해 기사화된 이후 교육위원회는 이 승인을 다급하게 철회했다. 하임슨의 날카로운 눈과 재빠른 개입이 거의 7억달러에 이르는 뉴욕시 돈을 아끼게 해 준 것이다.

시카고시는 공립학교를 살려내려는 학부모 및 지역주민들에게 시련을 안겼다. 시장이었던 달리와 에마누엘은 파괴자들과 민영화주의자들에게 큰 권한을 넘겼다. 1995년 이후, 시카고시의 공립학교는 시장 통제하에 있었는데, 시장은 그 누구의 방해도 없이 교육위원들을 결정, 임명할 수 있었다. 시카고

시의 교육을 책임질 수장으로 달리가 뽑은 첫 "교육감"은 발라스(Paul Vallas)로 이전에 달리 시장을 도와 예산팀을 했던, 교육과는 별 상관없는 인물이었다. 발라스는 학교민영화에 목숨건 인물로 나중에 필라델피아 교육감이 되어 이런 면모를 과감없이 보여주게 된다. 즉, 그는 필라델피아에서 (궁극적으로는 실패하게 되는) 대규모의 공립학교 민영화 실험을 단행하고, 뉴올리언즈에서의 재난 복구 학구에서는 학교민영화가 일종의 규범이 되도록 했다. 발라스가 떠나고, 달리는 발라스의 비서실장이었던 아른 던컨을 "교육감(chief executive officer, CEO)"에 앉힌다. 발라스와 마찬가지로, 던컨은 교육 전문가가 아니었으며 사사로이 관리되는 차터스쿨을 열렬히 신봉하는 인물이었다.

2004년 던컨은 르네상스 2010(Renaissance 2010)이라고, 저성취 학교를 폐쇄하고 새로운 학교를 세우도록 함으로서 공립학교를 "개혁"하는 자신의 프로그램을 발표했다. 그가 폐쇄했던 대부분의 학교는 흑인 지역사회에 있는 학교들이었다. 2008년 버락 오바마가 대통령으로 선출된 바로 다음 달, 그는 던컨을 연방 교육부장관으로 지명했다. 그리고 2년 뒤, 에마누엘은 시카고의 시장으로 선출되었고, 던컨을 이어 학업성취수준이 낮은 학교를 폐쇄하고 차터스쿨을 새로이 개교하게 한다는 정책을 이어갔다.

시카고교원노조(Chicago Teachers Union, CTU)는 시청이 민간 관리 차터스쿨(privately managed charter schools)에 우호적으로 펼치는 편향적 정책에 분노했다. 차터스쿨의 교원노조 참여는 거의 없었다. 2010년 분노에 찬 교사들은 CTU의 집행부를 내쫓고, 학교민영화를 분명하게 반대하는 루이스(Karen Lewis)를 새로운 대표로 선출했다. 거의 20여 년에 걸쳐 고등학교 화학 교사로 일해 온 루이스는 부모 모두 학교 교사였으며 시카고시의 공립학교 및 다트머스칼리지를 졸업했다. 그가 졸업한 1974년에 그녀는 졸업생 중 유일한 흑인이었다. 루이스와 에마누엘은 팽팽한 긴장 관계를 유지했다. 에마누엘 시장은 독설가로 이름을 날리는 사람이었고, 루이스 또한 만만찮을 정도의 저속한 풍자와 겁없는 태도로 유명했다. 루이스는 시장의 겁박에 별로 겁먹지 않았다. 더불어 그를 지지하는 억만장자들에게도 그다지 심리적으로 위축되지 않았다. 특히 벤처 투자자인 라우너(Bruce Rauner)가 그중 한 명이었는데, 라우너는 차터스쿨에 대단히 헌신적인 사람으로 2014년 일리노이 주지사에 당선되었다. 그의 이름을 딴 차터스쿨이 생길 정도였다. 라우너 또한 다트머스칼리지 졸업생이었다. 루이스의 말에 따르면, 그녀가 라우너에게 덤벼들며 "나도 당신처럼 그린자켓(아마도 다트머스 졸업생임을 의미하는 말)을 입었었어."라고 말했다. 2012년 CTU는 교사파업을 결정하고 파업에 돌입했다. 루이스가 이끄는 교사들은 교수학습 환경을 보다 개선해 줄 것을 요구하며 10일 동안이나 파업을 이어갔다. 교사들의 파업은 지역사회단체들과 아주 강한 연대를 맺고, 파업이 교사들뿐만 아니라 학생들을 위한 것임을 학부모들에게 설득하는데 상당히 공을 들였고 결과적으로 지역사회의 든든한 지지를 업고 진행되었다. 에마누엘 시장이 파업에 승복하면서 개선안을 내놓았는데, 임금 인상과 함께 성과급제 폐지라는 성과도 포함되어 있었다. 카렌 루이스는 저항운동의 영웅이 되었고 2014년 시장 선거에서 에마누엘을 물리치는 성과를 올렸다. 그러나 안타깝게 뇌종양으로 불구가 되었다.

2010-2014년 동안 시카고 교원노조 위원장이었던 카렌 루이스(Karen Lewis)가 교사파업을 이끌고 있다. 이 교사파업은 이후 교사, 지역사회, 학부모의 이익에 부합하도록 하는 전국적인 교육운동의 모델이 되었다.

파업이 끝나고 1년 뒤, 에마누엘 시장은 50개의 학교를 폐쇄하겠다고 선언하면서 교원노조에 대대적인 보복을 감행했다. 대상이 되는 학교들은 모두 흑인지역의 학교였다. 미국 역사에서 소위 공적 기관의 지도자가 단 하루만에 50개의 공립학교 문을 닫은 적은 결단코 없었다. 파괴자들이 세운 공식에 따르면, 학생들은 반드시 더 나은 학교에 가야만 했다. 그러나 그런 일은 일어나지 않았다. 시카고대학교의 학교연구컨소시움(UC Consortium on School Research)에서 수행한 연구에 따르면, 폐쇄된 학교를 떠난 학생들의 학업성취도는 별로 달라진 것이 없었다. 대신 이들이 연구를 통해 알게 된 것은 심각할 정도의 손실이 있었단 점이었다. 학교를 잃어버리고, 지역사회를 잃어버리고, 관계성이 상실되었다. 파괴자들이 전혀 이해하지 못한 것이 바로 이런 상실된 것들이었다. 파괴자들에게 중요한 것은 오로지 시험성적뿐이었다. 그럼에도 이들이 신경쓴 시험 성적 또한 성과로 별볼일 없었다. 이에 시카고대의 연구팀은 이렇게 결론짓고 있다. "취학생수가 낮은 학교를 폐쇄하는 것이 예산 적자와 등록생수의 감소를 호소하려는 정책가들에게 실행가능한 해결책으로 보이는 듯하다. 그러나 우리 연구 결과에 따르면, 학교 폐쇄는 학생들에게 아무런 혜택을 주지 않으면서 큰 파괴를 가져올 뿐이었다."

연구자들은 이렇게 진술하고 있다.

학교가 폐쇄되면 가족 및 교직원들이 학교와, 그리고 서로 간에 유지해 온 오랜 사회적 유대가 끊어지게 되는데, 이로써 애도의 기간이 생기게 된다. 학교 폐쇄로 타격을 입은 학생들은 다양한 방식으로 자신의 절망스런 슬픔을 표현한다. 이들은 학교 친구들이나 동료 교직원들을 마치 '가족같다'고 말한다. 이런 상실감의 정도는 학교가 설립되어 수십년간 운영된 학교의 경우, 즉 가족 구성원들이 수세대에 걸쳐 같은 동네 학교를 다녔던 경우라면 더 강렬해진다. 폐쇄된 학교를 잃는다는 것은 간단한 일이 아니며, 인터뷰에 응한 대부분의 사람들은 자신들이 다시 다니게 되는 학교에 통합, 사회화하는데 상당한 어려움이 있다고 호소한다. 새로운 학교에 정착하게 되는 교직원 및 학생들은 본질적으로 자기 학교를 잃어버리는 것은 아니지만, 많은 수의 새로운 학생들이 필수적으로 적응해 통합되어야 하기 때문에 상실감을 표현하게 되는 것이다. 교직원들 또한 자기 학교를 잃어버린 교직원과 학생들을 새로 맞는다는 것이 무엇을 뜻하는가에 있어 연수와 지원이 더 필요하다고 희망사항을 전한다. 피면담자들은 자신들의 슬픔과 상실이 공감되고 또 이에 따른 조치가 있기를 바란다.

일부 평론가들은 시카고시의 학교 폐쇄 정책의 원인이 청소년 폭력 때문이라고 비난한다. 학생들의 학교 재배치는 곧 이웃과 지역사회의 붕괴를 의미하는 것으로 청소년들에게 낯선 지역의 학교로 옮기라고 요구한다. 이런 격변과 혼돈은 학생과 지역사회에 상처를 입히지만 파괴자들은 이 상황을 축하한다. 자신들의 행동이 "용기있고", "대담하다"고 자화자찬하면서 말이다.

시카고리포터지의 블랙(Curtis Black) 기자는 학교 폐쇄에 맞서 싸워 온 지역사회운동가인 브라운(Jitu Brown)에 대해 이렇게 쓰고 있다.

> 2007년 CPS는 브론즈빌에 있는 초등학교 두 곳을 폐쇄하고 이 학교 학생들을 재배치하겠다고 결정했다. 사우스레이크파크 4225번지의 재키로빈슨학교는 3학년까지의 지역 전체 학생을 수용하고 사우스드렉셀 4351번지의 프라이스학교는 4-8학년의 학생들을 받아들이게 된다. 학부모들은 두 지역에서 오게 되는 학교 학생들 사이에 경쟁관계가 형성되리라 계속 경고해 왔지만 CPS는 자신들의 결정을 강행했다. 학부모들의 예상이 맞았다. 프라이스학교에서 아이들 간의 언쟁과 싸움이 잦아졌다. 지금은 교육 평등 단체인 "정의를향한여정(Journey for Justice)"의 전국 책임자로 당시 켄우드 오클랜드 지역사회 조직 교육 활동가였던 브라운(Jitu Brown)에 따르면 이 학교에서는 정학과 퇴학 당하는 학생이 늘어났다.

통합된 학교의 학생들은 학교 통합 이전에는 없었던 갱단을 조직했다. 몇 년이 지나고, 학생들을 "맞았던 두 학교" 중 하나인 프라이스학교는 "만성적인 학업 실패"를 이유로 폐쇄되었다.

조직된 폭력배 집단 중 두 단체가 싸움을 벌였다. 2013년 벌어진 이 사건으로 두 집단은 서로 총격을 가했고 15세였던 펜들튼(Hadiya Pendleton)이

죽었다. 펜들튼이 버락 오바마 대통령 취임식에서 공연을 마치고 학교에 돌아온 지 채 1주일도 되지 않아 발생한 일이었다.

브라운은 학교 폐쇄를 흑인 지역사회에서 정말 중요한 자산을 젠트리피케이션[20] 하는 도구라고 여겼다. 학교 폐쇄는 흑인 가족들이 시카고시에서 다른 도시로 대거 이주해나가도록 떠밀었다. 2000-2006년 사이 거의 200,000명의 거주민이 시카고에서 이주해 나갔다. 브라운은 한 면담자에게 이렇게 이야기하고 있다.

> 시카고에서 2003-2004 동안 학교 폐쇄라는 개념에 따라 우리가 한방 먹고 있을 때, 이런 공격이 공립학교에 관한 것이 아니라는 것쯤 우리는 알고 있었다. 그들이 우리 학교를 실패했다고 딱지 붙이고 폐쇄하려고 할 때, 소위 우리 처지에 거주할 수 있을만한 주택 또한 점차 사라지고 있었기 때문이다. 우리 주변의 주민들이 갈만한 식료품점들도 사라져갔다. 따라서 우리 눈앞에서 일어나는 진짜 일들은 이 지역사회에서 흑인 가정을 일소해버리겠다며 주정부가 허가한 조작이었다. 학교 폐쇄는 진짜 젠트리피케이션 문제였다. 즉, 우리의 가장 기본적인 삶의 질에 관한 문제에 아무런 관심을 기울이지 않는다는 문제였다. 흑인 및 기타 유색인종 사회에서 학교 선택은 일종의 환상에 지나지 않는다. 우리는 집에서 안전하게 걸어갈 수 있을 정도의 거리에 있는 정말 훌륭한 동네 학교를 선택할 수 없다. 여러 다양한 도시에서 우리는 부디 학교 폐쇄를 막자고 캠페인을 벌이고 있다.

---

20) (역자주) 젠트리피케이션(gentrification). (빈민가의) 고급 주택지화. 주거환경개선을 목적으로 대규모 개발사업을 진행하면서 기존 주거민들이 쫓겨나고 부유한 주민들이 들어서게 되는데, 이 일에 새로운 사업가들이 대거 참여하게 된다.

시카고에서 나고 자란, 그리고 시카고에서 공립학교를 다녔던 지투 브라운(Jitu Brown)은 학교 폐쇄와 공립학교 민영화에 맞서 거의 30년 이상 동안 활발하게 싸워 온 시민권리 단체인 정의를향한여정(Journey for Justice Alliance)의 대표다. 브라운은 자기 경력의 거의 전부를 지역 활동가로, 학부모, 청소년, 지역사회 지도자들을 훈련하는 훈련가로 보내오면서 이들 삶에 관계된 결정에 이들이 직접 참여할 수 있는 권한을 가지도록 가르쳤다. 브라운은 시카고 흑인동네의 한가운데 자리잡고 있는 브론즈빌의 마지막 남은 자유 등록제 고등학교의 폐쇄를 막기 위해 시카고에서 장장 34일 동안 단식 투쟁을 성공적으로 진행했다.

2012년 시카고 교육위원회(CPS board, 당시 에마누엘 시장의 통제하에 있었다)는 월터다이예트고교(Dyett High School)를 폐쇄하겠다고 결정했다. 다이예트고교는 시카고에서 역사적인 흑인 사회인 브론즈빌에 위치한 마지막 남은 자유 등록제 공립 고등학교였다. 브라운과 지역 학부모들은 월터다이예트고교를 살리자고 단단히 맘을 먹었다. 이들은 시장이었던 에마누엘의 관심을 끌어야만 했다. 이들은 에마누엘 시장이 등장하는 곳마다 찾아가 "다이예트를 살려내라(SAVE DYETT)"라고 쓰인 큰 팻말을 들고 시위했다. 2015년 8월, 이들은 단식 투쟁을 시작했다. 학교 폐쇄에 저항하겠다는 브라운의 이 투쟁에 11명의 시위자가 동참했다. 12명의 단식 투쟁 참가자들은 학교 앞 잔디 벤치에 앉았고 지지자들이 이들을 둘러쌌다. 단식을 이어가는 내내 이들은 시위에 관한 내용의 팻말을 들고 앉아 있었다. 참여자 중 1명이 앰뷸런스에 실려가고, 이들의 단식투쟁은 전국적인 관심을 받게 되었다. 결국 단식 투쟁이 34일에 이르게 되자, 에마누엘 시장은 항복했다. 그는 월터 다이예트고교가 폐쇄되지 않을 것이고, 대신 수백만달러의 지원금을 받아 환경개선을 거쳐 예술계 고등학교로 재탄생할 것이라고 했다. 2014−2015 학년도 말에 학교 문을 닫는 대신, 새로운 월터다이예트 예술학교가 2016년 9월 문을 열었다. 시카고시의 고위 교육관계자들이 참여한 개교식에서 거창한 팡파르가 울려퍼졌다. 시카고트리뷴지의 기자들은 "학부모들은 먼 거리의 학교에 자녀들이 버스 혹은 기차로 통학하는 문제에 대해 더 이상 걱정하지 않게 되었다. 혹 상급반 강좌나 AP 강좌를 듣고자 하는 학생들의 경우 굳이 민간운영 차터스쿨에 보내지 않아도 되었다"라는 내용의 기사를 내보냈다. 브라운은 새롭게 문을 여는 고등학교 리본 커팅에 초대되어 참여했다.

⌣

람 에마누엘(Rahm Emanuel)은 의회의원, 버락 오바마 대통령의 비서실장, 시카고 시장을 역임했다. 시장으로서 에마누엘은 공립학교 폐쇄에 대단한 열정을 보였으며, 이 학교들을 차터스쿨로 교체하는데 애썼다. 2013년 그는 단 하루만에 자그마치 50여 개의 공립학교 문을 닫게 하는 조치를 취했다.

유잉(Eve L. Ewing)은 2013년 문을 닫게 된 한 학교에서 교사였었다. 그녀는 하버드대학교에서 사회학 박사과정에 입학하면서 시카고를 떠났다. 그리고는 소설가이자, 시인, 극작가가 되었다. 그녀는 학교 폐쇄에 관한 책, 「교정의 유령: 시카고남부지역의 인종차별주의와 학교 폐쇄(Ghosts in the Schoolyard: Racism and School Closings on Chicago's South Side)」라는 제목의 책을 펴냈다. 이 책에서 유잉은 다음 질문, 즉 "왜 학부모, 학생, 조부모, 교사들은 권력자들이 실패했다고 하는 학교를 살리자고 싸우는가?" "소위 '개혁가'들은 왜 '학교 선택'을 좋다고 하면서 학부모들이 동네 학교를 선택하지 못하도록 하는가?"에 대해 답하고 있다. 그녀는 시카고시의 인종차별과 인종분리정책의 역사, 그리고 공립학교가 얼마나 깊숙이 브론즈빌 주민들의 삶에 상호 연결되어 있는지 그려 보여주고 있다. 동네 학교는 지역사회, 지역 주민들의 역사, 이들의 기억과 추억, 전통, 그리고 이들 삶의 한 부분이다. 관료행정가들과 기술전문가들이 이들에 관한 데이터를 가지고 있지만, 이들은 유잉이 소위 "관례적 애도", 즉 시험 성적과 아무 상관없는 자신들의 정체감에 깊숙이 배인 관례의 상실을 절대 이해하지 못했다. 그녀가 보기에, 학교 폐쇄의 진짜 목적은 흑인 사회를 허물고 젠트리피케이션 하려는 가능성을 키우려는 것이었다.

　미국의 다른 지역에서도 부유한 지역의 부모들이 지속적인 풀뿌리 교육 운동의 힘을 증명해 보여주었다. 콜로라도주 더글라스카운티("덕코")는 학교 선택제를 둘러싼 기념비적인 전투가 벌어질법한 환경이 아니었다. 이 동네 사람들이 흔히 부르는 "덕코"는 덴버의 소위 부유한 도심외곽 지역에 위치해 있다. 인구의 92%는 백인이고 극빈자는 거의 없었다. 선거를 하게 되면 절반 이상의 인구가 공화당에, 20%가 민주당에, 그리고 나머지가 기타 다른 후보에게 투표하는 경향을 보이는 곳이다. 이 지역의 학교는 학업성적이나 졸업률 면에서 콜로라도주 전체에서 가장 우수하다는 평가를 받고 있기도 하다. 2018년 이 지역 학구에는 학생이 68,000명, 교사 3,300명, 학교는 69개가 있었는데, 이중 차터스쿨은 18개교였다.

　2009년 이전에 이 더글라스카운티에서는 그다지 크다고 할 만한 논쟁거리가 없었다. 학교위원회 9명의 위원은 전통적으로 4년 임기로 비당파적 선거에 의해 선출되었다. 한 번에 다 선출하는 것이 아니라 2년에 절반(4명, 5명)을 교체, 선출하는 방식을 취한다. 그런데 2009년 공화당이 학교위원회가 학교선택제에 그다지 충분한 노력을 기울이지 않는다고 판단했다. 2009년 당시 이 지역에는 13개의 차터스쿨이 문을 열고 있었다. 공화당은 4명의 후보자 목록을 선거판에 내놓았다. 이들은 더글라스카운티연맹(DCF)이라는 지역 교원노조에서 추인한 후보자 목록에 맞서 선거에 나섰다. 공화당에서 미는 후보들이 차터스쿨의 수를 늘리고 학교선택제를 강화하겠다고 공약하면서 수월하게 승리했다. 이 선거 이후 교육감은 사퇴했고 학교위원회는 셀라니아페이건(Elizabeth Celania – Fagen)이라는 투싼에서 이전에 교육감으로 봉직했던 인물을 교육감으로 앉혔다. 셀라니아페이건은 학교선택제, "세계적 수준의 교육", "최첨단 수행평가체제" 등의 새로운 의제를 적극 추진하겠다고 약속했다. 특히 마지막 의제는 "학생, 교사, 학교, 지도자 및 학구 수행정도를 측정하는 체제"가 될 터였다. 학교교육 바우처 프로그램을 적극 지지하는 프리드만재단(Milton & Rose D. Friedman Foundation)은 셀라니아페이건을 교육 관련 이슈를 대변하는 인물로 꼽았다. 그녀의 연봉은 280,000달러로 콜로라도주에서 가장 높은 임금을 받는 교육계 인사였다.

2010년 초, 4명의 신규 학교위원회 위원을 당선시킨 이후, 다수파가 7명에 이르는 상황에서 교육위원회는 학교바우처 프로그램을 도입한다는 계획을 세웠다. 이 계획은 2011년 3월 공개되었고 소위 더글라스카운티학교선택장학프로그램(Douglas County Choice Scholarship Program, CSP)이라고 명명되었다. 학구는 주에서 규정한 학생 1인당 공교육비의 3/4(대략 2013년 기준으로 4,650달러에 해당하는)을 500여명의 학생들에게 제공하고, 이 학생들은 이 돈을 종교계 학교를 포함한 사립학교에 등록해 다닐 수 있게 했다. 위원회는 미국 전체적으로 학생들이 공교육비를 들여 종교계 학교에 다닐 수 있도록 한 바우처 프로그램을 승인하고 기금을 지원하게 된 첫 번째 위원회가 되리란 사실에 잔뜩 들떠 있었다.

학부모로 자녀들이 "덕코" 공립학교에 다니고 있었던 바나드(Cindy Barnard)는 바우처 프로그램에 광분했다. 대기업 금융계 배경을 가진 공화당 성향을 갖고 있었던 그녀는 공교육비를 돌려 비공립학교에 준다는 것에 반대했다. 그녀는 친구들을 만나 이들 학교에서 무슨 일이 일어나는지 의견을 나누었다. 2011년 그녀와 다섯명의 다른 학부모들이 공교육납세자(Taxpayers for Public Education)라는 단체를 만들었다. 이들은 비용을 받지 않고 변호에 나서겠다는 베이커(Faegre Baker)와 맥카시(Daniels의 Michael McCarthy)라는 변호사를 만나게 되었다. 이들은 미국시민자유연합

(American Civil Liberties Union), 미국정교분리지지연합(American United for Separation of Church and State), 콜로라도다종교연맹(Interfaith Alliance of Colorado) 등의 단체 지원을 받으면서 학구가 만든 바우처 프로그램에 반대하는 소송을 제기했다. AFT는 해당 소송에서 법정 자문의견서를 제출했는데, 이 일로 "덕코" 학교위원회가 발칵 뒤집혔다. "덕코" 학교위원회는 지역 교원노조가 바우처 프로그램에 대해 팔짱낀 채 사태추이를 지켜보는데 동의했다고 생각했기 때문이었다.

신디 바나드(Cindy Barnard)는 콜로라도주 더글라스카운티 학부모교육운동을 이끈 지도자였다. 수년에 걸쳐 학부모와 지역사회 지도자들을 조직해 바우처 프로그램을 추진하려는 학교위원회 위원을 쫓아냈다.

2011년 학교위원회 선거가 있었고 또 다시 공화당계열의 학교위원들이 모두 당선되었다. 이제 7명의 위원이 모두 바우처 프로그램에 동의하는 학교위원회 체제가 마련되었다. 2012년 학교위원회가 내세운 교육개혁안에 대해 여전히 미적지근한 태도를 보이는 교원노조에 잔뜩 화가 난 학교위원회는 교원노조와의 단체교섭 협정을 파기했다. 이 일로 학교위원회는 즉각적으로 자신들이 내세운 목표 하나를 성취했다. 즉, 교원노조를 파괴하는 일 말이다.

2012년 봄, 강한학교연합(Strong Schools Coalition, SSC)이라는 이름의 또 다른 학부모 단체가 결성되었다. 이 단체는 교육위원회가 교육 예산을 감축하는 문제와 대중에게 공개되는 정보가 얼마만큼 정확한지에 관한 문제에 관심을 기울였다. 예를 들어, 학교위원회가 학생 학업성취도에 대해 제기하는 문제라는 것이 주정부에서 내놓는 데이터와 일치하지 않았다. SSC는 머튼(Laura Mutton)과 미크(Susan Meek), 그리고 다른 10여 명의 학부모 활동가들로 처음 조직되었지만 이후 5백여명의 회원 단체로 성장했다.

이듬해인 2013년 학교위원회는 자체 재단 기금에서 5만달러를 들여 전직 교육부장관인 베네트(William Bennett)를 모시고 지역 사업가들을 대상으로 강연회를 가졌다. 확고한 바우처제도 옹호론자인 베네트는 이곳에서 자신의 눈으로 본 일들에 대해 매혹되었다. 나중에 D.C.로 돌아가서는 "덕코"를 미국 학교개혁의 모범이라고 칭송했다.

이 학구와 학교위원회 재단은 보수적인 미국기업연구원(American Enterprise Institute, AEI)의 헤스(Frederick Hess)에게 이 지역 학교개혁에 관한 글을 써달라고 하면서 35,000달러를 지불했다. 헤스는 글 속에서 이 학구 의제들을 둘러싼 역사에 대해 자잘한 정보와 함께 제기된 개혁안을 요약정리했다. 그는 이 개혁안들을 평가하는 것도 그렇다고 지지하는 것도 아니라고 했으면서도 자기 글의 제목을 "미국에서 가장 흥미로운 학구(The Most Interesting School District in America?)"라고 달았다. 그는 학구가 보이는 "비범하고 당찬 지도력"에 크게 감동했다면서, 이 학구의 파괴적 개혁안을 "높은 수준의 학업성취를 보이는 교외지역 학교 시스템을 다시 생각해보게 하는 대단한 노력"이라고 했다. 그는 "덕코"의 계획을 "미국의 학교 시스템 개혁에 있어 가장 훌륭한 것 중 하나"라고 불렀다. 그는 시장에 기반한 의사결정 방식을 도입하고, 교직원을 평가하는데 이들의 경험이 아니라 교육 수행 및 학구의 요구에 따라 평가하는데 기업적 접근을 취하는가 하면 주로 사정이 좋지 않은 도심 학교에서 채택하는 능력기반 표준 혹은 시험이 아니라 교수법에 "구성주의적" 접근을 도입하겠다는 놀랄만큼 강력한 의지에 학구가 이토록 진지하게 헌신하고 있다는 점에 깊은 감명을 받았노라고 했다. 페이건 교육감은 학구가 독자적인 표준과 평가방안을 개발하겠다고 결정하면서 이런 것들이 연방정부의 공통핵심표준이나 주정부의 표준 혹은 시험보다 더 나은 것이 되게 하리라고 다짐했다.

학교위원회는 헤스와 그의 동료인 에덴(Max Eden)이 쓴 글을 2013년 선거 바로 전날 85,000명에 이르는 전 주민들에게 뿌렸다. 마치 학구가 보수주의자들로부터 더 많은 승리의 만세를 받아야 하는 것처럼, 콜로라도주의 우파 연구원(Independence Institute of Colorado)은 파괴적인 교육 변화를 칭송하는 이슈 페이퍼를 발간했다. "더글라스카운티: 더 나은 교육 모델 만들기"라는 제목을 붙여서 말이다. 그런데 갑자기 전국의 언론이 "덕코"를 집중조명하게 된다. 월스트리트저널, 내셔널리뷰, NPR 등이 전통적인 관행을 뒤엎고, 학교선택제, 성취도 기반 교사평가 및 임금연계 및 다른 보수주의적 시장기반 전략 등을 전면 시행하겠다고 단단히 마음 먹은 대단한 학구를 조명한 것이다.

이 모든 대중 홍보가 2013년 학교위원 선거 전에 일어났다. 베네트는 "덕코" 지역 라디오 프로그램에 출연해 이 지역 공립학교들은 "보수주의적 시각에서 진지하고 사려깊다고 하는 모든 교육개혁방안을 실험하는 장이 된 듯하다"고 말했다. 콜로라도 공영라디오는 학생과 학부모들이 이런 변화에 반대하는 시위를 벌이고 있다고 보도했다. 공교육에 대해 시장기반 개혁적 접근을 취하는 전국 단체들은 "덕코"에서의 변화에 잔뜩 흥분해 있었다. 코크 형제가 이끄는 번영을위한미국인(Americans for Prosperity)은 학교위원회를 띄우고 이들을 비판하는 사람들을 깎아내리는 텔레비전 광고에 돈을 댔다. 이런 광고에서는 "교원노조가 학업성취도에 따라 교사들의 임금을 연계하겠다는 더글라스카운티의 계획에 맞서 싸운다"고 주장했다.

위원회가 내놓은 파괴적인 개혁안에 반대하는 사람들은 더욱 목소리를 높였다. 공교육을위한납세자(Texpayers for Public Education)와 강한학교연합(Strong Schools Coalition)과 같은 풀뿌리 단체들은 학구에서 벌어지는 대변동에 강하게 반대 목소리를 냈다. 이들은 무엇보다 바우처 프로그램에 크게 반대했고, 이 지역에서 가르치기를 그만두고 다른 지역으로 옮겨간 학교 교사들의 수가 엄청나다는 사실에 또 잔뜩 화가 나 있었다. 학부모 및 학생 단체들은 주요 간선도로에 일렬로 늘어서서는 지나가는 사람들에게 개혁안 반대자들이 추천하는 후보자들에게 투표해달라고, 교사들을 지지하는 팻말 내용에 손을 흔들어달라고 요청했다. 이런 장면들은 브레인(Brain)과 멀론(Cindy Malone)이라는 더글라스카운티의 거주민이자 이 지역 공립학교에 아이들을 보내는 학부모였던 다큐멘터리 제작자들의 시선을 사로잡았다. 이들은 「주식회사 교육(Education Inc.)」이라는 제목의 다큐멘터리를 제작했다. 이 다큐멘터리는 우파 이념으로 무장한 지도자들이 학교위원회를 장악한 상황을 조명하면서, 콜로라도주 바깥의 억만장자들(코크 형제, 전 뉴욕시장이었던 블룸버그 등)이 학교위원회 선거와 이들의 교육민영화 개혁안에 재정을 지원하기 위해 얼마나 큰 돈이 학구로 흘러들었는지를 파고들었다. 이들은 학교위원들이 잘난 체하면서 자신들에게 질문을 던지는 학부모, 학생, 교사들을 무시하던 학교위원회 미팅을 촬영했다. 「주식회사 교육」은 학부모단체들에게 상영되었고 곧 초기의 저항운동을 만들게 하는데 강력한 도구가 되었다.

출처: https://www.thedenverchannel.com/news/coronavirus/parents-protest-douglas-county-school-district-over-mask-mandate

반대여론이 점차 커짐에도 불구하고, 2013년에 개표가 진행되는 중에 더글라스카운티의 투표자들은 친바우처 성향의 학교위원회에 학교 통제권을 맡겼다.

극우적 학교위원회가 이어지는 중에도 회의 중 이해충돌 및 불화는 계속 이어졌다. 이들 모임에는 화난 군중들이 자리하고 있었고, 연사들은 참을성 없는 모습을 보였으며 경찰은 학부모와 언론 기자들을 내쫓기 바빴다. 위원회는 연사들에게 할당하던 5분의 발언시간을 2분으로 줄였다. 그 2분의 발언시간은 철저하게 지켜졌으며 회의장에 대한 보안은 철통같았다.

케임(Julie Keim)은 2013년 선거에서 패배한 후보 중 한 명인데, 그는 다른 두 명의 더글라스카운티 주민과 함께 학교위원회와 자체 재단이 학구의 기금을 헤스의 보고서 집필에 사용했다며 이는 콜로라도주의 정당한선거운동법(Fair Campaign Practices Act)을 위반한 것이라며 고소했다. 이들은 헤스의 이 보고서가 2013년 선거를 뒤흔들기 위해 마련된 선전이라고 보았던 것이다. 여기에 들어간 전체 비용 중 학교위원회가 절반인 35,000달러를, 자체 재단이 나머지 절반인 35,000달러를 부담했다. 2013년 12월, 덴버의 행정법원 판사는 교육청이 콜로라도주의 정당한선거운동법를 위반했다고 판결했다. 판사는 "헤스 보고서는 이들의 교육개혁안과 이 개혁안을 추진하려는 후보를 지지하기 위한 방편으로 기획, 출판되었다"고 판시했다.

2년 후 콜로라도주 고등법원(Colorado Court of Appeals)은 1심 판결을 뒤집으면서 교육청이 선거캠페인 법을 위반하지 않았다고 판결했다. 왜냐하면 이 보고서가 "후보자위원회, 이슈위원회, 정치위원회, 소규모후원위원회 또는 정당 등에" 이익을 가져다줬다는 "증거가 없기" 때문이라고 본 것이다. 3명의 판사 중 1명은 이 결정과 다른 판단, 즉 소수의견을 내면서 "위원회 개혁안을 지지하는 내용을 담은 이 보고서를 선거 바로 전날 짧은 시간 동안 더글라스카운티 주민 85,000명에게 유포한 것은 학교위원회 개혁을 지지하는 후보자들에게 분명히 이득을 준 것이 맞다"고 주장했다.

소송이 학구 전체에 논쟁을 불러오면서 학교위원회는 자신들의 포괄적인 목표를 계속해서 진행시켜나갔다. 페이건 교육감은 세자르(Brian Cesare)라고 GE사와 MS사에서 인사담당자를 고용해 시장에 기반한 학업성취도 연계 교원 평가시스템을 만들도록 했다. 그는 교직 충원에 학구가 갖게 되는 용이함 혹은 어려움 정도를 기준으로 다섯 등급의 교사평가체제를 만들었다. 교사 급여는 이들에게 요구되는 필요의 정도와 함께 (주로 학생들의 시험 성적이라는) 교사 수행정도에 따라 결정되었다. 가장 낮은 단계의 등급에는 2−5학년 담당 교사들, 도서관 사서, 중학교 예술(음악, 미술, 드라마) 담당 교사가 포함되어 있다. 왜냐하면, 이들은 언제라도 충원이 가능한, 고용이 용이한 유형의 교사들이었다. 밑에서 두 번째에 해당하는 등급에는 초등학교 예술교사, 중고등학교 음악교사, 상업교과 교사, 중고등학교 교장, 중등학교 드라마 담당 교사, 고교 졸업반 사회과 교사 등이 포함되어 있다. 유치원 교사와 초등학교 1학년 담당 교사는 3번째 등급에 속해 있다. 아래에서 4번째, 즉 위에서 2번째 등급에는 외국어 담당 교사, 중고등학교 수학 및 과학 교과 담당 교사가 포함되어 있다. 가장 높은 등급에는 장애아들(예를 들어, 청각장애 등)을 담당하는 교사 혹은 청각학 전문가라던가 언어병리/치료 교사 등이 속해 있다.

게다가 교육청은 CITE(지속적인 교사효과성 개선, Continuous Improvement of Teacher Effectiveness)라고 불리는 교사 평가 프로그램을 창안해냈다. 여기에는 6개의 요소가 포함되어 있는데, "성과(Outcomes), 평가(Assessment), 수업(Instruction), 문화와 환경(Culture and Climate), 전문성(Professionalism), 학생 자료(Student Data) 등. 이 각각의 범주에는 하위 기준을 제시하는 전체 31개에 해당하는 많은 수의 기준이 포함되어 있다. 이에 토대해 교사들이 평가받게 된다." 모든 교사는 "아주 잘한다", "잘한다", "부분적으로 잘한다", "못한다" 등의 네 가지로 등급이 매겨진다. 교사들은 이런 시간 낭비적이고 복잡한 시스템에 반대했다. 학구에 계속 남아 가르치게 되는 많은 교사들은 이 평가 과정에 따라 자신들에게 주어지는 문서작업과 업무부담을 지적하지 않을 수 없었다. 이런 업무 내용과 시간 부담은 잘 가르치기 위한 자기 직업 충성과 가족 생활에 더욱 집중하기 어렵게 했다.

교사들의 걱정을 대변해 줄 교원노조가 없는 상황에서 대부분의 교사는 침묵을 지켰다. 그러나 이들은 자신들을 구분하는 교사 유형분류표와 업무 수행 정도를 결정하는 복잡하게 뒤얽힌 평가 체제에 반대했다. 이 교사유형 분류가 어떤 기준에 따른 것인지 알 수 없었고, 따라서 이 기준은 교사들에게 모욕감을 갖도록 했다. "덕코"는 주변의 다른 학구, 예를 들어 체리크릭이나 리틀튼 등의 학구에서보다 교사들에게 낮은 임금을 주고 있었다. 2015년 기준으로 "덕코" 교사들의 평균 임금은 연 51,274달러로 체리크릭에서의 연 67,940달러나 리틀튼에서의 연 64,739달러보다 상당히 낮았다. 임금이 낮다는 사실보다 더 짜증나는 상황은 이 "덕코"에서의 독특한 교사유형분류에 따라 이들 임금이 임의로 책정되고 있다는 사실이었다. 고등학교 영어교사는 로이터사의 기자에게 자신은 왜 체육교사가 자신보다 더 임금이 낮은지 이해할 수 없다고 말했다. "그 체육 선생님은 저보다 더 많은 학생들을 맡아 가르쳐요. 그 선생님은 이 학교에서 학생들을 잘 가르치는 사람이라 할 수 있고 그 때문에 그 학생들이 제 수업에 들어와 공부하게 되는 거죠. 학교에는 모든 학생들에게 가 닿을 수 있는 아주 다양한 교사들이 필요합니다." 한 학부모는 "초등학교 교사가 중학교 교사 혹은 고등학교 교사보다 덜 중요하다고 말하는데, 도대체 받아들일 수 없는 말입니다."라고 말했다.

한편 저항하는 교사 및 학부모들은 학교위원회의 파괴적인 학교 변화에 맞서 주민 조직을 계속 해 나갔다. 교사가 이끄는 한 단체인 공교육을위한소리(Voices for Public Education)는 학교위원회와는 다른 관점을 가진 연사들을 불러 모았다. 학부모들은 "더글라스카운티학부모(DCP)"라는 단체를 조직하고 2015년 학교위원회 선거를 준비했다.

그런데 위원회의 바우처 프로그램은 법원에 의해 제동이 걸린 상태였다. 첫 번째 사건은 콜로라도주 지방법원에서 재판이 진행중이었고 판사는 이 계획이 헌법에 합치하지 않는다고 판시했다. 학교위원회는 즉각 항소했고 이 사건은 주 대법원으로 이관되었다. 주 대법원은 하급심 법원에서 판결한 "덕코"의 바우처 프로그램이 콜로라도주 헌법, 즉 공교육비를 종교계 학교에 지출하는 것을 금한다는 사항을 위반했다는 결정을 인용했다. "덕코" 학교위원회는 연방 대법원에 상소했고, 연방 대법원은 이 사건을 콜로라도주 법원에 재심사하라고 주문했다. 법정 다툼이 이어지는 가운데 바우처 프로그램은 진행이 멈춰있게 된 것이다.

교육청이 감당해야 할 법정 소송 비용은 치솟았고 결국 거의 200만달러에 다다랐다. 그러나 이게 문제가 되지는 않았다. 이 비용을 보수적인 색채의 콜로라도주 소재 다니엘스재단과 아칸사주 소재 월튼가재단에서 대신 내주었기 때문이다.

학교위원회는 2015년 선거가 가까워오면서 태연한 자세를 유지했다. 충분히 이해할만한 상황이었다. 2009년 이래 학교위원회의 다수의견을 지배해왔고, 2011년부터는 모든 위원들의 만장일치 체제를 유지해왔기 때문이었다. 게다가 총 7명의 현직 위원 중 단 3명만을 위한 재선거였기 때문이었다. 따라서 보수주의적 다수파는 3명의 모든 현직 위원들이 선거에서 패배한다고 하는 원치않는 상황이 발생하더라도 다수 의견을 지배할 수 있었다. 그러나 모든 3명의 현직 위원 모두 신진 후보자들에게 밀려 선거에서 패배하게 되자 충격이 클 수밖에 없었다. 신진 후보 3명 모두 선거에서 60% 이상의 득표를 한 것이다. 승리를 차지한 도전자들은 낮은 상태의 교사 사기, 높은 교사 이직률, 학교위원회에 대한 천편일률적인 의견에 깊은 관심을 내보였다.

2015년 7석 중 3석의 학교위원회 위원을 차지한 후 학부모 및 교사들은 학교위원회의 정책에 시위 강도를 높였다. 교사들은 일부 교사들이 다른 교사들에 비해 덜 중요하다고 판정하는 낯설기 그지없는 시장 기반 교사유형 분류체계에 반대했다. 학부모들은 정말 많은 수의 존경받는 교사들이 다른 학구로 이직하는 모습에 분노를 감출 수 없었다. 이들은 단지 더 나은 봉급을 얻자고 떠나는 것이 아니라 학교위원회와 교육청이 내놓는 재앙과도 같은 기업형 요구를 피하는 것이었다. 학부모들이 노련한 경력 교사들이 줄이어 떠나가는 문제에 대해 질문하게 되면, 학교위원회와 교육감 페이건은 단지 "못 가르치는" 교사만이 떠나간다고 주장했다. 이들은 그 교사들이 잘 떠나갔다고 말했다. 그러나 학부모나 학생들은 자신들이 보기에 최고의 교사들 또한 더글라스카운티를 떠나 더 많은 임금과 좀 더 나은 근무 환경을 위해 다른 지역으로 옮겨갔음을 잘 알았다. 그들이 옮겨간 곳에서는 "덕코" 학교에서와 같은 억압적 분위기가 없기 때문이었다.

"덕코"는 소위 부유하고 높은 학업성취도를 자랑하는 학구로 오랫동안 교사들이 모여드는 곳이었다. 비록 임금이 상대적으로 낮기는 하더라도 말이다. 그러나 파괴적 변화를 일삼는 학교위원회가 학구를 장악한 이후 교사들의 퇴직률은 치솟았다. 학교위원회가 2009년 처음 선출될 당시, 교사들의 퇴직률(퇴직을 하거나 은퇴하는 경우)은 10.2% 정도였다. 그러나 2014－15년도가 되면 이것이 16.7%에 이르게 된다. 총 3,361명의 교사가 "덕코" 학구에 있는데 그중 561명이 이 지역에서의 교직을 그만두고 있는 상황인게다. 더글라스카운티의 교사 퇴직률은 콜로라도주 전체 교사 퇴직률 평균인 17.3%에 비하면 약간 낮은 수준이다. 그러나 가까운 주변 학구의 평균 퇴직률에 비하면 거의 두 배에 달하는 상황이다. 체리크릭과 리틀튼의 퇴직률은 10%가 안된다. 교사 인터뷰를 해보면, 이들은 낮은 채로 지속되는 임금 수준에 대해 불평하지 않는다. 대신 교사들은 새로 도입된 시장기반 교사유형분류 방식과 시간을 잡아먹게 하는 교사평가방식에 불평을 늘어놓는다.

주정부는 교사들이 소위 TELL(Colorado's Teaching, Empowering, Learning and Leading Survey)이라고 부르는 설문조사를 매년 무기명으로 실시하고 있는데, 이 보고서에 따르면, "71%의 더글라스카운티 교사들은 CITE가 자신들의 교수학습 정도를 정확하게 측정하고 있지 않다고 생각한다. 이런 결과는 주 전체적으로 55%의 교사들이 보이는 부정적인 반응보다 훨씬 높다"라고 기술한다. 더글라스카운티에서 자그마치 21년을 봉직했던 교사가 이웃한 학구인 체리크릭 학구로 이직해 갔다. 그녀는 "내가 가졌던 스트레스의 정도와 학구 전체에 퍼져있는 교사들의 낮은 사기로 인해 이렇게 결정하게 되었다. 나는 나름 잘 가르친다며 높게 등급이 매겨지기는 했지만, 이 난관을 넘어서고 교육자로 내가 얼마나 중요한 사람인지를 증명하기 위해 학교에서 내게 부여된 것 이상으로 셀 수 없는 시간을 일해야 했다." 20여 년을 일한 외국어를 가르치던 최고의 경력 교사 또한 체리크릭 학구로 옮겨갔다. "저는 학교를 회사처럼 운영하려는 저들의 경영방식이 싫습니다. 학교 환경이 정말 엉망이 되었거든요. 그런 곳에서는 제가 학교 교사, 멘토,

아니 한 명의 사람으로 대접받을 수 있는지 잘 모르겠어요. 제가 정말 존중 받고 있다는 생각이 들지 않아요." 그의 답변이었다. 두 명의 3학년 학생을 자녀로 두고 있는 학부모는 면담하면서 "교육청이 학교를 사업하듯이 운영하려 하고, 모든 학교급의 교수 학습을 중앙 통제식 방향으로 진행시키며 교사들의 가르침을 상품화시킨다고 했다. 유행에 따라 교사 성과에 기반한 임금을 지불하는 것은 단지 교사들에게 아무것도 지불하지 않겠다는 아주 부유한 카운티의 배경에 상반되는 것으로 이해될 필요가 있다."

2015년 선거 결과에 고무되고 이어지는 교사들의 탈출에 대해 걱정하는 저항운동은 2016년 3월 9일 뜻하지 않은 응원군을 얻게 되었다. 이때는 폰데로사고교의 학생들이 교사들의 퇴직 문제에 대해 수업이 진행되는 시간에 시위를 벌였다. 15세의 데이비스(Grace Davis)라는 학생이 학생 시위를 조직했다. 데이비스는 자신이 정말 좋아하는 선생님들이 떠나가는 상황에 크게 분노했다. 2015년 한 해 동안 자그마치 15명의 교사가 학교를 떠난 것이다. 폰데로사고교의 교사 퇴직률은 21%에 이르렀다. 이는 콜로라도주나 학구 전체의 평균보다 더 높았다.

계획된 시위를 5일 앞두고, 두 명의 학교위원회 소속 위원(위원장인 실버솜(Meghann Silverthorn), 부위원장인 레이놀즈(Judith Reynolds))이 데이비스에게 만남을 제안했다. 데이비스는 이들이 학교 밖에서 만나자고 요구했는데, 자신은 15세로 운전면허증이 없고, 학교위원들을 만나겠다고 자신을 태워다주라며 부모의 일을 방해하고 싶지 않다고 말했다고 한다. 데이비스는 이들이 단 몇분 동안만 자신들과 이야기하면 된다고 했다. 학교위원회 위원들은 학교로 찾아와 거의 90여 분 동안 미팅을 가졌다. 물론 학부모에게 이를 알리거나 허락을 받지 않았다. 데이비스는 스페인어 수업을 빠질 수밖에 없었다. 이들은 데이비스에게 도대체 왜 시위를 하려고 하는지, 왜 교사들이 불공정하게 평가받고 있다고 생각하는지, 교사들을 도대체 어떻게 평가하자는 이야기인지, 학생들의 시위가 왜 잘못된 것인지, 시위에서 상황이 악화되면 데이비스와 부모가 왜 재정적인 책임을 지게 되는지, 시위 중 누구라도 다치게 된다면 시위를 벌이는 일이 얼마나 위험한 일인지, 수정헌법 1조에 대한 데이비스의 이해가 얼마나 형편없는 수준인지 등에 대해 장황한 훈계와 질책을 쏟아냈다. 회의에 함께 있던 어른들에게는 알리지 않고, 데이비스는 대화 내용을 녹음했다. 데이비스는 콜로라도주법에서 이런 비밀 녹음이 합법적이라는 것을 알고 있었다. 1년 전에 형사법을 수강했기 때문이었다. 이 회의 이후, 데이비스는 내내 온몸을 떨었다고 말했다. 그 위원들이 시위를 하지 말 것을 종용하며 자신을 못살게 굴었다고 말했다. 데이비스는 해당 대화 내용을 언론에 공개했다. 나중에 학교위원회 위원장은 지역 라디오 방송에 출연해, 자신은 데이비스가 교원노조에 조종을 받고 있다고 생각한다고 말했다. 물론 교원노조는 그렇지 않다고 부인했다.

출처: https://www.denverpost.com/2016/06/20/report-douglas-county-school-board-members-did-not-violate-policy-in-meeting-with-student/

폰데로사고교 축구 경기장에서 열린 데이비스의 시위에 백여명의 학생이 동참했다. 이들은 수업도 빼먹으면서 운전하는 사람들이 차에서 볼 수 있는 팻말을 높이 들고 정말 많은 수의 교사들이 퇴직하는 상황에 대해 문제를 제기했다. 몇몇 팻말의 내용은 이렇다. "우리는 선생님을 사랑해요.(We (Heart) Teachers)", "내가 받는 교육은 당신들의 사업거리가 아니야.(My Education is not your Business Opportunity)", "왜 선생님들이 떠나시나?(Why Are Teachers Leaving)", "우리 선생님은 어디 있나?(Where Are Our Teachers?)" 등.

4월 19일 교육위원회 정기 회의가 열리는 때, 데이비스는 연단에 나가 자신에게 질책을 가하고 협박했다면서 두 명의 위원이 사퇴할 것을 요구했다. 교육위의 소수그룹을 형성하고 있는 3명의 위원은 데이비스의 주장을 지지했고, 4명으로 구성된 다수 그룹은 이 사안에 대해 조사를 하겠다고 약속했다. 학교위원회는 두 위원의 행동을 조사하기 위해 변호사를 고용했다. 2개월이 지나 조사 결과가 공표되었는데, 변호사는 그 어떤 교육위원회 방침도 위반된 바가 없다고 결론내렸다. 즉, 실버솜과 레이놀드가 부모의 허락도 없이 데이비스와 미팅을 가져서는 안 된다거나 계획된 시위를 막겠다는 의도로 은연중에 협박을 가해서는 안 된다는 위원회 방침이 없다는 이유였다. 이 조사를 진행하는데 거의 180,000달러가 들었다.

교육감인 페이건은 1개월 후 "덕코" 학구를 떠나 텍사스주의 험블 지역 교육감으로 옮겨간다고 발표했다. 새로 옮겨가는 학구는 "덕코"보다 훨씬 규모가 작은 학구인데도 급여가 298,000달러로 더 높았다. 험블 학구의 학부모들은 "덕코" 지역에서 무슨 일이 일어나고 있는지 신문 기사를 접하게 되었고 1,300명 이상의 학부모들이 페이건 교육감의 임명을 반대하는 청원에 서명했다. 그러나 험블 학구의 교육위원회는 만장일치로 페이건의 임명을 찬성한 상황이었고, 결국 험블 학구로 옮겨가게 되었다.

페이건이 "덕코" 교육감 자리에서 물러나 다른 곳으로 옮겨간 후, 다른 핵심 행정가들도 페이건의 뒤를 따라 갔다. 이 대열에는 세자르(Brian Cesare)라고 시장 기반한 급여체제를 디자인한 인사팀장이 있었다.

2017년 학교위원회 선거가 다시 다가왔다. 선거가 치러지기 전, 학교위원회는 4 : 3으로 갈라져 있었다. 물론 친바우처제도 측이 우위를 점하고 있었다. 4석이면 학교위원회를 통제할 수 있게 되는 것이다. 지역사회는 이 선거를 "미 전국에서 가장 중요한 학교위원회 선거"라고 불렀다. 이 선거는 전국적으로 5번째로 부유한 카운티로 콜로라도주에서 최상위 학업성취를 보이는 학구에서 열리는 상황이었다. 당시 교육위원으로 있던 후보와 이들을 지지하는 사람들은 자신들을 "엘리베이트 후보들(Elevate Slate)"이라고 불렀다. 학부모와 지역사회 단체들이 지지하고 있는 반대 세력들은 자신들의 반바우처프로그램 후보들을 "드림팀(Dream Team)"이라고 불렀다. 콜로라도 인디펜던트지는 기사를 통해 이 선거전에 투입되는 외부 자금이 어떤지 그려보여주고 있다. 대체적으로 부유한 보수주의자들이 엘리베이트 후보들에게 제공하는 자금이었다. 이 기사에서는 당시 교육위원회에 있는 3명의 위원과 페이건 이직 후 공석인 교육감직을 임시로 수행하고 있는 인물을 훈련시킨 로키리더십프로그램(Leadership Program of the Rockies, LPR)이라 불리는 잘 드러나지 않는 보수 단체를 조명하고 있다. LPR은 "자유시장원칙을 전파하려는 보수주의자들 사이에서 중요하게 여겨진다. 그러나 무엇보다 중요한 점은 이 프로그램을 이수한 사람들을 미 전역에 퍼져있는 동문들 및 (몇몇의 경우) 부유한 이사회 임원들과 연계해준다는 것이었다." 전직 공화당 의원인 쉐퍼(Bob Schaffer)가 운영하고 있는 LPR은 바우처제도를 적극 찬성하는 사람들, 예를 들어 미시간주의 드보스 부부로부터 선거 자금을 제공하는 문을 열었다.

선거일은 2017년 11월 7일이었다. 바우처제도 반대의 기치를 내건 드림팀은 4석 모두를 휩쓸었다. 모든 후보가 투표에서 60% 이상을 획득했다. 이 말은, 즉 4명의 신임 위원과 3명의 현직 위원 등 학교위원회 전체 위원들이 바우처프로그램에 반대한다는 의미였다. 선거 이후 처음 열리는 12월 4일 교육위원회 회의에서 새로운 교육위원회는 바우처 제도 문제로 재판에 계류중인 학구의 상고 소송을 철회한다고 결정했다. 승리를 거머쥔 후보들은 바우처 제도에 맞선 싸움은 일종의 "기분전환용"으로 지속적인 혼란과 논쟁으로 점철된 지난 8년간의 시간 이후 학구의 평온을 회복하기를 바란다고 했다.

2018년 1월 콜로라도주 대법원은 "쌍방의 요구가 실질적인 가치를 잃었다는 이유로" 공교육을위한납세자 vs. 더글라스카운티 교육청 사건을 각하시켰다. 공교육을위한납세자의 대표였던 바나드는 "대법원의 판단에 아주 기쁘다고 하면서 더글라스카운티에서 사립학교교육에 공교육기금을 악용하는 일이 이제 막을 내렸다"고 말했다. "상고의 기각은 더글라스카운티 학구에서 바우처 프로그램에 반대하는 학교위원회 후보들을 뽑는 선거 결과와 함께 학구의 관심 초점이 이제 공교육기금이 공립학교의 기능을 향상시키는데 활용될 것임을 보증해 주는 것이다."

2018년 중반 교육위원회는 터커(Thomas Tucker)를 새로운 교육감으로 선임했다. 터커는 오하이오와 캔사스에서 이미 교육감을 지냈던 경력을 가졌다. 알칸사주 소작농의 아들이었던 터커는 중재자 혹은 가교역할자라는 평가를 받고 있었다. 그가 임명된 후 첫 지시는 대중들을 설득해 학교건물과 안전을 개선하기 위해 2억 5,000만달러어치의 채권을 발행하는 것과, 교사 월급 증액 및 학교 상담가 증원에 필요한 4,000만달러의 추가 징세를 요청하는 것이었다.

터커는 자기 뜻을 이루게 된다. 더글라스카운티의 학부모 저항운동 또한 바라던 바를 얻게 되었다. 2018년 11월, 유권자들은 12년만에 처음으로 학교교육을 위한 증세안을 통과시켰다. 학구는 교사급여인상과 상담교사 증원에 4,000만달러를 사용하게 될 것이고, 2억 5,000만달러의 채권을 발행해 오랜 건물을 수리하고 교통편을 개선하는 데 열성을 보였다. 더글라스카운티의 공립학교에 대한 대중의 자부심은 다시 회복되었다.

누구도 더글라스카운티에서 어떤 미래가 펼쳐질지 예측할 수 없다. 교육을 파괴하려던 시기에 남겨진 상처와 흉터가 고쳐질 것인지 아니면 새로운 적개심이 고개를 들 것인지. 그러나 더글라스카운티에서의 투쟁은 불화가 막다른 골목에 몰린 궁지였음을 잘 보여준다. 이런 싸움에서는 승자도, 그렇다고 패자도 없어야 한다. 서로 갈등하는 이데올로기 때문에 학교가 일종의 싸움터가 되어서는 안 된다. 상호 지켜야 할 예절, 이것이 중요하다. 모든 학부모, 교사, 시민들은 학생들의 이익을 위해 다 함께 우호적으로 일해야 한다.

제11장

저항운동,
미 전역으로 번지다

제11장

저항운동, 미 전역으로 번지다

학생, 대학원생, 학부모, 조부모, 교사 혹은 퇴직 교사로서 수백만명의 사람들이 공립학교에서 길을 잃고 헤매고 있다. 억만장자들이 공립학교를 민간 위탁 경영체제로 애써 바꾸려 한다는 사실을 접하면서 이들은 무척 속상해한다. 설문 조사에 따르면, 학부모들은 자녀들이 다니는 공립학교를 좋아하고, 자녀들을 가르치는 교사들을 좋아한다. 집 주변의 이웃 공립학교가 다른 도시 혹은 다른 주에 살고 있는 이사진들을 대동한 기업 관리체제로 바뀌길 원치 않는다. 이 일을 두고 선거가 치러지는 상황이 되면, 압도적인 비중으로 공적 재원을 종교계 학교에 투입하는 데 저항하고, 동네 공립학교를 기업에 위탁관리하자는 의견에 반대한다. 민영화를 주창하는 사람들이 이런 일을 몰래하는 이유가 여기 있다. 즉, ("Families for Excellent Schools" 또는 "StudentFirst" 등과 같이) 이 일을 하는 단체의 이름을 아주 기만적으로 붙이거나 관련 입법을 위해 의원 혹은 후보자들에게 엄청난 돈을 쏟아붓는 방식으로 말이다. 선거 자금은 곧 이들이 원하는 것을 갖도록 해주기 때문이다.

점점 더 많은 사람들이 민영화 운동의 본질에 대해 이해하게 되면서, 이 운동에 억만장자, 그리고 금융계 거물들이 돈을 대고 있다는 사실을 알게 되면서, 결국은 이 일의 결말이 공립학교에 쓰여야 할 재원을 빼내간다는 사실을 직시하게 되면서, 저항운동은 더 크게, 더 강하게 성장했다.

존경할 만한 전국 대부분의 시민권운동 단체가 학교 선택이 지금 이 시대의 시민권 이슈가 아니라고 분명히 한 점은 저항운동에 대단한 승리였다.

2016년 7월, NAACP 전국대회는 차터스쿨이 학교 경영의 책무성과 투명성을 수용하기 전까지는, 더 이상 원치 않는 학생이라고 학교에서 내쫓지 않을 때까지는, 그리고 더 이상 공립학교 예산을 전용하지 않게 될 때까지는 차터스쿨의 확대정책을 전면 금지할 것을 요구하는 결정안을 만장일치로 통과했다. 2016년 10월, NAACP 전국회의 이사진은 12명으로 구성된 차터스쿨 TF(Charter School Task Force)를 승인하고 전국 차원의 청문회를 열도록 했다. 이 조직은 추후 양질의교육TF(the Task Force on Quality Education)로 이름을 바꾸게 된다. 이들이 담당했던 일은 도심 학교의 유색인종 학생들에게 양질의 교육을 제공하고 "모든 아동에게 효과적이고 지속가능한 공립학교 시스템을 보장할 수 있는" 방안을 강구하고 제안하는 것이었다. TF는 뉴헤이븐, 멤피스, 올란도, LA, 디트로이트, 뉴올리언즈, 뉴욕에서 청문회를 개최했다.

TF는 차터스쿨이 "상당한 유연성을 발휘하도록 만들어졌는데, 그 이유는 전통적인 공립학교 시스템에 새로운 사상과 창의성을 불어넣고 혁신하라고 요청받았기 때문"이라고 확인했다. 그러나 안타깝게도 이런 약속은 "제대로 지켜진 적이 없었다"고 TF는 결론내리고 있다. TF는 "많은 전통적인 도심 공립학교가 실패하는 학생들을 계속해 양산해내고 있으며, 따라서 별로 가진 것 없는 학부모들은 자녀들을 위해 좀 더 재정여건이 좋고 교육의 질이 높아 보이는 대안을 찾아나서게 한다"고 보았다. TF 위원들은 차터스쿨 숫자가 엄청나게 늘어나고 저소득층 마을에 점차 집중되고 있다는 점, 이 학교들의 "질, 접근성, 책무성"을 둘러싼 논란이 커지고 있다는 점, 그리고 "유색인종 학생 대부분이 다니는 학구의 재정 및 행정에 미치는 파장이 점점 더 커지"는 상황을 염려했다. 디트로이트 및 뉴욕 청문회의 발언자들은 "동네 학교들은 문을 닫고 있는 상황에서 특정 지역에 너무 많은 차터스쿨이 들어서고 있는데, 이 차터스쿨들은 저소득층이 밀집한 동네에 살고 있는 많은 유색인 가정에게 필요한 교육시스템을 완전 엉망으로 만들고 있다"고 증언했다.

TF는 모든 아이들을 위한 양질의 학교가 있어야 한다고 보았다. TF 위원들은 "수준이 높고 누구나 다닐 수 있으며 책무 기제를 가진 차터스쿨이라면 그 자체로 교육적 기회를 만드는 데 공헌할 것이며, 아무리 최고의 차터스쿨이라고 하더라도 우리 아이들을 키우는 지역사회에 위치한 공교육 시스템에서 더 안정되고, 더 적절하며, 더 평등한 투자를 받을만한 대체재가 되지 않는다는 점을 잘 알고 있었다. 학부모 및 지역사회를 대표한 몇몇 위원들은 (차터스쿨을 포함한) 모든 학교를 관할할 수 있는 주정부 혹은 교육청의 역할이 있어야 한다고 주장했다. 즉, 민주적인 책무성을 가지고 수준이 높은 단일 학교 시스템 말이다."

학부모들은 NAACP 청문회장에서 차터스쿨이 자기 자녀들을 배제하고 자기들이 좋다고 생각하는 학생만을 "골라 선발한다"는 점에 대해 불만을 털어놓았다. 학부모들의 이런 증언은 강력했다. 멤피스의 학부모인 로빈슨 (Irene Robinson)은 다음과 같은 열정적인 발언을 보여주었다.

> 오늘 이 자리에서 우리는 학교 폐쇄와 차터스쿨의 등장, 그리고 학교민영화가 불러온 파급력에 대해 이야기하려고 합니다. … 우리의 선택이 우리 손을 벗어났습니다. 학부모인 우리는 지금 아무런 선택지를 갖고 있지 못합니다. 공무원과 차터스쿨 이사회가 이 선택지를 우리에게서 뺏어간거죠. 사실, 이렇게 하면 누가 가장 심하게 타격을 입게 될까요? 우리 아이들입니다. 모든 아이는 세계 최고의 교육을 받아야 합니다. 당신들이 공립학교 50개를 폐쇄하고는 곧 50개의 차터스쿨 문을 열었습니다. 도대체 (이렇게 학교를 세울) 돈이 어디서 난건가요? 우리 동네에 위치해 있던 학교 돈을 가지고 한거 아닌가요? 차터스쿨은 아이들을 쫓아냈죠. 우리 지역사회도 파괴했습니다. 우리가 다녔던 학교의 역사도 엉망으로 만들었습니다. 우리 학교는 우리가 사는 지역사회의 심장이고 우리 역사의 뿌리입니다.

뉴욕의 한 학부모인 왓킨스(Caroline Watkins) 또한 할렘 지역에 들어선 엄청난 수의 차터스쿨에 대해 불만을 터트렸다.

제가 사는 아파트에서 반경 400미터도 안 되는 공간에 13개의 초등학교가 있습니다. 이 곳은 할렘의 아주 작은 공간입니다. 맨하탄의 북서부지역에 비교해본다면 말이죠. 그곳에는 기껏해야 초등학교가 하나 혹은 두 개 정도 있을 겁니다. 유치원에 다니는 아이들을 위해 자그마치 초등학교가 13개 있는 겁니다. 이건 선택이 아닙니다. 일종의 현기증 나는 소비일 뿐입니다. 학부모들에게 학교별 시험성적이나 홍보 자료를 꼼꼼히 다질만한 기회나, 자원, 시간, 그리고 지원이란게 없는 상황에서, 어떤 학교가 좋은지 각 학교를 방문해 교장 선생님과 대화하고 다른 학부모들과 대화할 수 없는 여건에서 선택은 무슨 선택입니까? 할렘에 사는 학부모들은 그런 선택을 쫓아다닐만한 기회가 완전히 없는 거죠.

청문회가 끝나고 TF는 모든 학교에 공평하고 합당할만큼의 재정을 투입하라고, 영유아교육을 제공하라고, 차터스쿨은 등록을 요청하는 모든 학생을 받아주고 가르치라고, 가혹하기 그지없는 차터스쿨의 "무관용" 훈육방침을 바꾸라고, 특정 학년 이후에는 학교 등록을 받아주지 않는 정책(예를 들면, 특정 차터스쿨의 경우 4학년 이후에는 학교 등록을 받아주지 않는다)을 그만두라고 요구했다. TF는 "차터스쿨이 학생 훈육에 있어 공립학교와 마찬가지로 주에서 정한 규정을 똑같이 따라야 한다"고 주장했다. 게다가 차터스쿨 또한 교사 자격을 갖춘 사람을 교원으로 임용하라고 요구했다. 더불어 TF는 이익 창출이 가능한 차터스쿨 혹은 기업형 학교 관리 체제를 완전히 없애라고 주장했다.

시민자유운동 단체로 전국적인 리더십을 발휘하고 있는 ACLU는 민영화운동의 휘황찬란한 말잔치에 놀아나지 않았다. ACLU는 차터스쿨이 저지른

만행을 수집, 기록하고 고의적으로 장애 학생을 받지 않거나 인종 차별, 분리를 획책하는가 하면 복장 및 두발 문제로 아이들을 처벌하는 차터스쿨에 대한 다수 불만을 접수받았다.

2016년 중반, 남캘리포니아의 ACLU는 "불평등한 입학: 캘리포니아 차터스쿨은 어떻게 불법적 학생등록거부를 실행하는가?"란 제목의 신랄한 보고서를 공개했다. 이 보고서는 특정 유형의 학생들의 등록을 배제하고 있는 일부 차터스쿨을 고발하고 있다. 주 법률에 따르면 차터스쿨은 지원하는 모든 학생을 받아주도록 규정하고 있는데도 말이다. 물론 제한된 정원을 넘어서는 경우를 제외하고. 동법에 따르면 차터스쿨은 학생들의 가정 배경, 즉 부모의 소득, 출신국가, 영어 숙달도, 학업성적 및 기타 요인에 따라 학생들의 입학을 막지 못하도록 규정하고 있다. 그런데 ACLU는 캘리포니아주 내 차터스쿨 중 20%나 되는 학교들이 대놓고 특정 유형의 학생들을 차별하고 있으며, 학교 홈페이지에 이런 불법적 입학제한조항을 담고 있음을 확인했다. 일부 학교들은 학생 성적이 높지 않다는 이유로 입학을 거부하는가 하면, 다른 일부 학교는 학교에서의 시험 성적이 높지 않다며 내쫓았다. 일부 학교는 학교등록 신청자들이 스스로 포기하게끔 작문을 써오라거나 면담을 요구했다. 몇몇 차터스쿨은 학부모가 자발적으로 학교 활동을 하겠다고 하거나 필요한 학교 비용을 일부 부담하겠다는 조건하에 학생들의 입학을 승인했다. 물론 이는 법규에 어긋난 행태들이다. 이 보고서가 확인한 차터스쿨들은 "빙산의 일각"일 뿐이었다. 왜냐하면, 보고서에는 학교 홈페이지에 그런 차별적 행태가 버젓이 들어있는 학교들만 포함되어 있었기 때문이다. ACLU는 이런 학생 배제 정책이 "공립학교교육의 층을 분화시켜 가장 많은 자원이 배정되어야 하는 학생들에게 가장 적게 돌아가도록 할지 모른다"고 경고했다.

2015년 델라웨어 ACLU는 시민권 사안으로 미연방 교육부에 진정서를 제출했다. 진정서의 내용은 델라웨어주 차터스쿨 입학규정이 공립학교의 인종간 차별, 분리를 다시 조장하고 있다는 것으로, "수십년간의 진보를 물거품으로 만드는 것"이라고 했다. 윌밍튼 차터스쿨로 명명되는 델라웨어주 최초의 차터스쿨은 윌밍튼 사업가들이 든든이 받쳐주고 있었다. 이 학교의 학생들은 거의 대부분 백인이고, "일종의 배타적인 입학 과정"을 거쳤다. 결과적으로 이 학교는 아주 높은 수준의 학업성취도를 자랑할 수 있게 된 것이다. 서섹스아카데미(Sussex Academy) 또한 자신들이 원하는 지원자를 골라 입학시키는 정책을 써먹었다. 이 학교는 백인이 81%, 흑인이 2.9%의 학생 인종 분포를 보였는데, 이 학교가 위치한 지역의 인구 분포는 백인이 53%, 흑인이 14%를 차지하고 있었다. 델라웨어 ACLU의 대표인 맥래(Kathleen MacRae)는 이렇게 말하고 있다.

> 학업성취도가 높은 차터스쿨(혹은 직업기술학교 또는 마그넷스쿨)이 장애가 없는 고소득계층 백인 자녀들을 훨씬 더 많이 입학시키는 상황에서 동네 공립학교는 가난하거나 특수교육을 받아야 할 필요 때문에 가장 큰 문제에 직면한 학생들을 가르쳐야 하는 어려움 뿐만 아니라 큰 돈이 드는 직무를 맡게 된다. 이런 시스템이 확실히 보여주는 것은 가난한 도심지역 혹은 가난한 시골지역 학교들은 실패하게 되어 있고, 그곳의 우리 아이들은 고통받게 된다는 점이다. 델라웨어주 전체가 결과적으로 더 나쁜 상황에 처하게 된다. … 물론 이런 학교에서도 높은 학업성적을 조건으로 내걸고, 학부모들의 작문 제출, 초등 및 중학교에서의 영재교육 프로그램 이수 상황을 요구하고 교복비를 낼 수 있는 가정 배경의 아이들만 등록시킨다면 성공할 수 있을게다.

아리조나주 ACLU는 2017년 "학생을 선택하는 학교"라는 제목의 보고서를 발간했다. 이 보고서에서는 아리조나주의 많은 차터스쿨이 차별적이고 불법적인 입학정책을 유지하면서 장애학생, 영어부진아, 그리고 각 차터스쿨이 별로 원치 않는 아이들을 배제한다고 보도했다. 법에 따르면, 아리조나주의 차터스쿨은 정원제한에 따른 경우를 제외하고는 지원자 모두를 입학시켜야만 한다. ACLU에서 조사대상으로 삼은 아리조나주의 471개 차터스쿨 중 거의 대부분의 차터스쿨이 주 법률을 적극적으로 위반하고 있었고 특정 부류의 학생들을 차별해 왔다. 일부 학교들은 학적부에 있는 정학 등 징계 기록을 문제삼아 학생 등록을 막았고, 일부 학교에서는 장애를 가졌다는 이유로, 또 어떤 학교에서는 면담이나 작문 제출을 요구하는 방식으로 학생 입학을 제한했다. 물론 ACLU에 자기 학교의 입학 기준을 제공하지 않은 학교들 또한 있었다. "'학교 선택'이란 말의 의미는 가정이 학교를 선택할 수 있다는 말이지 다른 무슨 의미를 뜻하는 것이 아니다"라고 솔러(Alessandra Soler, 아리조나 ACLU 대표)는 말한다. "그러나 아리조나주 차터스쿨과 이 학교들을 관리 감독하는 주 행정기관들은 심각한 잘못과 저소득층 배경의 학생, 영어능력 부진아, 장애 학생 및 다른 교육취약계층 학생들이 자신이 선택한 학교에 등록하는 기회를 거부하는 불법적 등록을 눈감아주고 있다."

많은 차터스쿨이 인종차별을 학교 정체성의 일부로 삼고 있으며 이런 일이 아무 문제없다고 믿는 사람들이 이 학교를 운영한다. 예를 들어, 미네아폴리스에서 블룸버그뉴스의 헤칭거(John Hechinger)는 차터스쿨이 의도적으로 흑인 학생을 위한 학교, 소말리아 출신 학생들을 위한 학교, 원주민 학생들을 위한 학교, 몽족 학생들을 위한 학교, 백인 학생들을 위한 학교 등으로 설립되었음을 알게 되었다. 한 백인 차터스쿨은 "독일어 집중교육" 학교였다. 덕시아카데미(Dugsi Academy)는 "동아프리카계 아동"을 교육한다. 물론 모든 학생은 흑인이고 이 학교의 여학생들은 "전통적인 무슬림 히잡과 발목까지 덮어내리는 치마"를 입는다. 여기에 소말리어와 아랍어를 배운다. 헤칭거는, 트윈시티에 있는 차터스쿨의 2/3는 상당히 인종 차별, 분리된 상태에 있음을 발견했는데, 흥미로운 점은 미네소타주 인구의 85%는 백인이라는 점이다. 그는 미네아폴리스에서는 1954년 토피카에서 진행되었던 브라운 대 교육위원회(Brown vs. the Board of Education) 사건과 이후의 대법원 판결이 전혀 일어나지 않았던 것처럼 느껴진다고 쓰고 있다.

UCLA에서 진행되고 있는 시민권프로젝트에 따르면, 차터스쿨 분야는 "공립학교 쪽보다 더 인종분리되어 있다." 많은 주에서 특히 남부지역 주들에서 차터스쿨은 반인종분리법을 교묘히 피할 수 있는 방법을 찾아내서는 공적 예산 지원을 받으면서도 거의 백인만 다니는 학교 혹은 거의 흑인만 다니는 학교를 설립한다. 2018년에 발간된 시민권프로젝트 보고서에서는 차터스쿨이 노스캐롤라이나 샬롯에서 공립학교의 인종에 따른 재분리를 "주도하는 동력"이 되었다. 이 보고서에 따르면, "미 전국의 담론은 차터스쿨을 샬롯의 가난한 지역에 위치한 학교의 저학력 문제를 해결할 수 있는 대안이라고 이야기하고 있지만, 대부분의 차터스쿨은 교외지역에 위치해서는 대체로 백인이거나 아시아계 중산층 배경을 가진 주로 학력이 우수한 학생들을 가르치고 있다." 학업성적이 우수한 백인과 아시아계 학생들이 차터스쿨로 떠나는 것은 흑인의 인종적 고립을 증대시켰고, 공립학교의 인종간 차별, 분리를 더 키웠다. 2019년 노스캐롤라이나 핼리팩스 소재의 한 사립학교는 주 교육위원회로부터 차터스쿨로의 지위변경 승인을 얻게 되었다. 이 학교는 1969년 소위 "백인 이주 아카데미"로 설립되었었다. 이 주 교육위원회의 결정으로 이 학교 학부모들은 연간 등록금인 5,000달러를 내지 않아도 되었다. 공립학교 인종 구성상 백인이 단 4%밖에 안 되는 카운티에서 홉굿아카데미(Hobgood Academy)라는 학교는 백인 학생이 87%를 차지한다.

캘리포니아에 위치한 인더퍼블릭인터레스트(In the Public Interest, ITPI)는 특정 정파에 기울지 않은 기관으로 공공재화와 서비스의 민영화 추이를 모니터링한다. 이 기관은 차터스쿨 운동의 성장을 쭉 추적해왔는데, ITPI는 차터스쿨을 공교육 생존력을 깎아먹는 교활한 형태의 민영화 수법이라고 본다. ITPI는 2018년 「놀랄 만한 사실: 공립학구가 짊어지는 차터스쿨의 비용」이란 제목의 보고서를 발간했다. 이 보고서는 오레곤대학교의 라퍼(Gordon Lafer)가 집필했다.

이 보고서에서 헤칭거는 캘리포니아주의 공립학구 세곳에서 차터스쿨에 지불하는 "좌초된 비용"을 평가하고 있다. 2016-2017년 동안 오클랜드통합학교가 차터스쿨에 쓴 돈은 5,730만달러였고, 샌디에고통합학구는 6,590만달러, 산타클라라의 이스트사이드고교학구는 1,930만달러였다. "학생 한 명이 공립학교를 떠나 차터스쿨로 가게 되면, 그 학생에게 투입되던 모든 교육비용이 함께 떠나간다. 그렇다고 치러야할 모든 비용도 함께 옮겨가는 것이 아닌데도 말이다. 이런 상황 때문에 핵심적인 교육서비스인 상담, 도서관, 특수교육 등의 프로그램을 잘라내라는 재정 압박을 받게 되고, 지역사회의 공립학교 학급당 학생수는 많아지게 된다." 비록 일부 학생들이 떠나가더라도 학교는 결코 줄일 수 없는 고정비용이 있기 마련이다. 건물 관리 비용이라던가, 냉온풍, 수선, 교통 등의 비용 말이다. 이런 것들이 소위 "좌초된 비용"이다. 차터스쿨이 등장하면 이웃한 동네 공립학교는 교사를 해고하고, 음악 및 미술 수업을 감축하거나 없애고, 학생보호, 보건, 도서관, 간호, 기술지원 인력을 내보내며, 학부모 및 학생들에게 공립학교의 매력을 감소시키는 다른 경제적 고려사항들이 등장하는 상황이 발생한다. 라퍼의 이야기를 들어보자.

> 법이 정한대로 차터스쿨은 지원하는 모든 학생을 입학시켜야 하지만, 실제로 차터스쿨은 가장 도움이 절실하고 감당해야 할 비용이 큰 학생들을 걸러내게 하는 학생모집, 입학 및 처벌 정책을 실행하고 있다. 이렇게 되면 입학하지 못한 학생들은 동네 공립학교로 가게 된다. 결과적으로 전통적인 공립학교는 적절한 수준의 자원도 없으면서 가장 손이 많이 가게 되는 학생들을 받아 가르치게 된다.

공립학교의 재정 압박은 이 학교들을 악순환의 고리에 갇히게 하고 이런 상황 때문에 학부모들은 차터스쿨을 더 찾게 된다.

라퍼가 보기에 캘리포니아주의 차터스쿨법은 이상할 정도로 허용적이다. 차터스쿨은 해당 학교가 위치할 학구의 동의를 구하지 않고도 해당 학구의 재정 영향이 어느 정도인지에 아무 상관없이 개교할 수 있다. 라퍼는 이렇게 결론짓고 있다. 차터스쿨운동은 복선형 학제를 만들어내려는 듯하다. 모두에게 문이 열려있는 공립학교의 재정적 부담을 통해서 말이다. 차터스쿨은 자잘한 소수민 학생들에게 "선택"의 여지를 부여하지 않는다. 인구 대부분에게 가닿을 수 있는 양질의 교육을 훼손하면서 말이다.

시민권운동에 있어 미국에서 가장 존경할 만한 두 개의 단체라면, 교육법연구소(Education Law Center, ELC)와 남부빈곤법연구소(Southern Poverty Law Center)가 있다. 이 두 단체는 공적 재원을 민영화하는 것을 막고 시험의 오남용을 억제하도록 하는 일에 매진하고 있다. ELC는 2012년 차터스쿨에 대한 규제와 관리감독을 요구했다. 이들의 요구사항에는 차터스쿨이 특정 기준에 따라 학생을 선발하지 말고 모든 지원자를 받아들일 것이며, 사적 이해충돌 사안을 없애도록 하며 그 어떤 개인, 기관, 영리 기업도 학교로 인해 부를 축적해서는 안 되며, 지역의 학구 및 선출된 학교위원회로부터 승인, 관리, 감독을 받아야 한다는 것이었다. ELC는 성공적으로 뉴저지에서 졸업 요건이라고 했던 PARCC 시험을 막아냈다. 2016년 ELC는 네바다주에서 공적 예산이 "교육은행계좌(education savings accounts)"[21] 또는 바우처에 지급되지 못하도록 하는 학부모주도 소송에서 이겼다.

남부빈곤법연구소는 2016년 미시시피주가 지역 학구가 나서 거둔 세금을 유용하고 공적 예산 일부를 차터스쿨에 배정한 혐의로 학부모와 납세자를 대표해 소송에 나섰다. SPLC는 미시시피 차터스쿨법이 주 헌법을 위반했다고 주장했는데, 주 헌법은 분명하게 학교는 주정부와 공적 재원을 사용하는 지역 교육위원회의 감독을 받아야 한다고 명시하고 있기 때문이었다. 새로운 법안에 따라 차터스쿨은 주 교육위원회, 지역 학교위원회, 미시시피 교육부의 관리감독에서 면제된다. 이 법에 대한 팽팽한 해석을 둘러싸고, 미시시피 대법원은 원고 패소 판결을 내렸다. 그러나 주대법원장인 킹(Leslie D. King)은 소수 의견을 내고 차터스쿨에 대한 재정투입 작동방식은 분명히 주 헌법을 위반한다고 주장했다. 그는 다음과 같이 말했다. "이 법원은 주정부의 정책이 위헌적일 경우 법원이 동의하는 입법 정책을 무사통과시켜 주어서는 안 된다. … 이 법원이 맞닥뜨리는 단 하나의 쟁점이라면 입법부/의회

---

21) (역자주) 교육은행계좌(education savings accounts, ESAs). 학부모들은 교육은행계좌를 열고 자녀들을 공립학교에서 나오게 하거나 차터스쿨로 옮겨가게 할 수 있다. 이때 학생 당 배정되는 공교육비를 지자체가 승인하는 계좌에 예치하고 제한적이기는 하지만 다양한 용도로 활용할 수 있다. 대개 가족 직불카드 형태로 제공되는 해당 기금은 사립학교 등록금 및 교육비, 온라인 교육비, 과외 및 사교육비, 그리고 기타 고등교육 비용으로 쓸 수 있다. 교육선택제의 하나로 제안되어 있으며, 각 은행에서 이를 적극 홍보하고 있다.

가 지역 학구에 종가세를 사용하는 차터스쿨에 자금지원을 하도록 할 수 있는지, 그런 권한이 의회에 있는 것인지를 다투는 것이다." "차터스쿨은 과연 학구에 속해 있는 것인가? 아니다. 그는 차터스쿨은 학구에 속해있지 않다고 판단했다. 학구는 분명하게 차터스쿨을 소유하지도, 관리 감독하지도 않는다. 차터스쿨은 학교가 지리적으로 자리잡고 있는 학구에 아무런 책무를 지지 않는다." 차터스쿨법에서 규정하는 차터스쿨의 개념에 따르면, 차터스쿨은 학교가 위치한 학구에 속해 있지 않다. 그럼에도 불구하고, 대부분의 사람들은 민간이 운영하는 차터스쿨이 지역 학구에서 공적 자금을 빼내 사용할 수 있는 권리가 있다고 인정한다.

미시시피주에서의 패배에도 불구하고, SPLC는 학교민영화가 손실을 가져오고 공립학교에 희생을 치르게 가만 내버려두지 않는다.

NAACP, ACLU, ELC, SPLC 등의 단체에서 치르고 있는 전투에서 정말로 중요한 문제는 전국적으로 상당히 존경받는 이 단체들이 민주적으로 통제되는 공교육을 보존하는 데 온 힘을 다해 싸우고 있다는 사실이다.

제12장

차터스쿨과
검은 돈

제12장

차터스쿨과 검은 돈

파괴자들은 메사추세츠주에 차터스쿨 확산이 무르익었다고 판단했다. 파괴자들은 이미 공화당이 장악하고 있는 주에서 강한 지지를 받고 있었다. 이제 눈을 들어 민주당이 장악한 주의 민주당색이 가장 강한 곳으로 눈을 돌렸다. 두 개의 민주당 주가 나름 차터스쿨에 호의적인 태도를 보였다. 다름 아닌 주지사 때문이었다. 뉴욕주의 쿠오모는 선거 비용을 대는데 헤지펀드 매니저들에게 크게 의존했다. 캘리포니아주의 브라운 주지사는 자신이 오클랜드시의 시장으로 있으면서 이미 두 개의 차터스쿨을 설립했던 인물이었다. 매사추세츠주는 파괴운동에 있어 상당한 보상이 따르는 주가 될 터였다.

2012년 초, 파괴자들은 세 가지 전략을 세우기 시작했다. 우선, 차터스쿨 관련 규제를 풀라고 주의회 의원을 설득하는 것, 만약 이 전략이 통하지 않는다면, 주민투표를 실시하도록 한다. 이들은 풍부한 자금을 바탕으로 주민투표안을 통과시킬 수 있으리라 믿었다. 이와 동시에, 차터스쿨에 대한 주정부의 규제가 주헌법에 위반된다는 내용으로 주법원에 소송을 제기하는 것이었다.

입법이 좌절되었을 때, 차터스쿨 주창자들은 즉시 차터스쿨에 관한 주정부의 규제 혹은 제한규정을 풀도록 주민투표 시행 방안을 강구했다. 주에는 이미 차터스쿨이 78개나 되었고, 거의 30여 개에 있는 차터스쿨이 설립 준비

과정에 있었다. 그러나 파괴자들은 이보다 더 많은 차터스쿨이 생겨나기 원했다. 뿐만 아니라 차터스쿨 규제 및 제한을 모두 없애기를 바랐다. 차터스쿨 설립 로비는 차터스쿨이 너무 인기가 있어 대중이 신규 차터스쿨을 늘려달라는데 투표할 것이라고 생각했다. 이들은 주민투표를 위한 캠페인을 시민권 운동의 하나로 선전했고, 더 많은 차터스쿨을 여는 것이 곧 "실패하는 공립학교"로부터 가난한 유색인종 배경을 가진 학생들을 "살려내는" 것이라고 호소했다.

지금까지 차터스쿨을 더 많이 설립하라며 주민투표를 진행했던 주는 없었다. 그런데 도대체 왜 메사추세츠주에서는 이런 일이 발생한 걸까? 차터스쿨을 둘러싸고 이런 거창한 전쟁이 벌어지게 된 이 기묘한 선택이 발생한 이유가 무엇일까? 이는 메사추세츠주가 NAEP 기준으로 전국에서 가장 높은 수준의 학업성취도를 보이는 곳이기 때문이었다. 보스턴을 제외한 모든 지역(시)은 교육위원을 투표로 선출하는데, 이는 풀뿌리 민주주의의 상징이라 할 수 있다. 보스턴 공립학교는 시장이 지명한 위원들로 구성된 위원회가 관할한다. 이런 성공적인 주정부 시스템을 파괴하려는 광범위한 요구는 따로 없었다. 그러나 주정부에 베이커(Charlie Baker)라는 공화당 주지사가 들어서고, 학교선택제에 우호적인 교육위원들로 위원회를 구성하면서 차터스쿨 찬성론자들은 당시 4% 정도였던 차터스쿨의 등록 학생 비중을 늘리고 싶어했다.

차터스쿨 수를 확대하려는 주민투표는 'Question 2'라고 불렸는데, 대통령 선거가 치러지는 2016년 11월 선거에 함께 포함되었다. 투표에 기재된 방안은 차터스쿨을 1년에 12개씩 기간 제한 없이 늘리되 메사추세츠주라면 장소 제한을 두지 않는 내용이었다.

궁극적으로 'Question 2'는 두 경쟁적인 주장 간의 전쟁이 되었다. 차터스쿨에 반대하는 사람들은 차터스쿨이 자원을 유용하고 불가피하게 예산 감축을 유도해 공립학교를 망가뜨릴 것이라고 말했고, 차터스쿨 옹호자들은 차터스쿨이 취약계층의 아동에게 도움을 줄 것이라고 주장했다.

주지사인 베이커는 'Question 2'를 지지하는 선거운동에 나섰다. 친차터스쿨주의자들인 (주로 뉴욕에 기반을 둔 헤지펀드 매니저들이 강력히 지지하는) DFERD, 매사추세츠납세자재단(Massachusetts Taxpayers Foundation), 매사추세츠차터스쿨협회(Massachusetts Charter School Association), 비즈니스리더십동맹(Alliance for Business Leadership) 등이 'Question 2'를 지지하고 나섰다. 미연방교육부 장관이었던 던컨 또한 'Question 2'에 찬성했다. 'Question 2'를 지지하는 선거 운동은 위대한메사추세츠학교(Great Schools Massachusetts)라는 단체가 진행했다. 이 선거 운동을 위한 주요 기금은 뉴욕시 소재 최고학교를위한가정옹호(FESA)가 담당했다. 이 단체의 경우 외부 후원자들의 기금을 수합, 전달하는 역할을 했고, 누가 얼마를 냈는지에 대해서는 드러내지 않았다. 그리고 매사추세츠주의 주요 신문인 보스턴글로브지도 'Question 2'에 지지 의사를 표명했다.

반대로 우리학교살리기(Save Our Public Schools)라는 교원노조, 노동조합, 메사추세츠주 내 선출직 학교위원들 대다수, 진보적 사회운동단체, 메사추세츠주 전체의 많은 시의회 의원들, 메사추세츠주 민주당 위원회, 보스턴시장(월시, Martin Walsh), 교육 운동가인 코졸(Jonathan Kozol), 메사추세츠주 법무장관(힐리, Maura Healey), NAACP 메사추세츠지부, 흑인생명도중요하다(Black Lives Matter 단체), 주 상원의원인 워렌(Elizabeth Warren), 버몬트주 상원의원인 샌더스(Bernie Sanders) 등이 'Question 2' 반대 운동을 이끈 단체 및 개인들이었다.

2016년 봄, 차터스쿨 옹호자들이 내놓은 여론조사에 따르면 'Question 2'를 지지하는 비중이 압도적이었다. 어떤 여론조사에서는 30%나 앞섰고, 또다른 여론조사에서는 심지어 50% 가까이 앞섰다. 그러나 2016년 11월 8일 열린 선거에서 'Question 2' 선거 결과는 62%대 38%로 반대 의견이 이겼다.

이 선거 결과는 차터스쿨 로비자들에게는 말 못할 정도의 대단한 패배였다.

'Question 2'를 둘러싸고 벌어진 선거에 투입된 돈은 메사추세츠주 역사상 치러진 주민투표 선거자금 중 가장 높은 4,000만달러였다. 이 안건을 지지하는 측의 선거자금은 자그마치 2,500만달러, 반대하는 측의 선거자금은 1,500만달러였다.

소수의 갑부들이 'Question 2'의 지지를 위한 선거 자금을 거의 냈다. 그리고 앞서 이야기한대로 최고학교를위한가정옹호(Families for Excellent Schools-Adcocacy, FESA)가 이들의 돈을 모아 선거운동에 전달했다. "최고학교를위한가정옹호(FESA)"라는 이름은 마치 이 기관이 일반적인 시민, 아마도 유색인종 배경의 가난한 가족들을 대표하는 듯한 인상을 준다. 그러나 이 단체는 사실 억만장자, 헤지펀드 매니저, 재벌들로 구성되어 있었다. (2014년 FESA는 뉴욕시 시장인 블라시오(Bill de Blasio)가 차터스쿨 수의 확장을 막고자 하는 노력을 저지하고 뉴욕 주지사인 쿠오모가 차터스쿨에 우호적인 법안을 통과하도록 지원하기 위한 로비를 성공적으로 수행했는데, 여기에 940만달러를 지출했다).

이 선거운동에 가장 큰 돈을 내놓은 사람들은 클라르만(Seth Klarman, 보스턴 소재 헤지펀드 매니저, 330만달러), 호스테터(Amos B. Hostetter Jr., 보스턴 케이블 방송사업가, 200만달러), 월튼(Jim Walton, 아칸사주 월마트, 112.5만달러), 월튼(Alice Walton, Jim Walton의 여동생으로 전 세계에서 가장 부유한 여성, 75만달러), 세이건(Paul Sagan, 제너럴 카탈리스트(General Catalyst)란 벤처캐피탈회사의 공동대표 겸 매사추세츠주 초중등교육위원회(Board of Elementary and Secondary Education) 위원장, 49.6만달러), 누넬리(Mark Nunelly, 전 베인 캐피탈(Bain Capital) 최고경영자이자 주지사인 베이커의 내각, 50만달러), 새클러(Jonathan Sackler, 코네티컷주, 7만달러), 블룸버그(전 뉴욕시 시장, 49만달러) 등이 있었다. 선거운동에 뛰어들었던 또 다른 단체인 교육기회확대(Expanding Educational Opportunities, EEP)는 메사추세츠주의 7개 사업체로부터 거의 60만달러에 이르는 선거자금을 거둬들였다. 그리고 거의 80만달러에 이르는 자금이 연금 관련 금융기관 최고경영자들에게서 나왔다. 이 금융기관이 관리하는 연금에는 이들과 싸우는 공립학교 교사들의 연금도 있었는데 말이다.

'Question 2'에 반대하는 진영의 선거자금은 주로 메사추세츠교원노조(Massachusetts Teachers Association, MTA), AFT, NEA에 속한 교사들의 회비에서 모아졌다. 반대 운동을 이끈 진영에서 가장 큰 기금을 낸 개별단체라면 MTA로 가입해 있는 교사회원만 11만명이었다. 이 단체는 전국대회를 열어 차터스쿨 확장에 맞서 싸우는데 920만달러를 지출하도록 결정했다. 'Question 2'를 반대하는 진영에 개입된 '검은 돈'은 전혀 없었다. 우리학교살리기(Save Our Public Schools, SOS)가 취합 정리한 재정 보고서에 따르면 소액 기금을 낸 정말 긴 인명부가 있었고, 이들은 주로 개인으로 5달러에서 10불 사이의 기금 후원을 했다. 심지어 1달러를 낸 사람도 있었다. 메사추세츠주 바깥에서 기금을 낸 사람 중 50달러를 낸 사람이 가장 큰 돈을 낸 경우에 해당한다. 이런 경우도 두 명 밖에 없는데, 한 명은 펜실베니아주에서 다른 한 명은 캘리포니아주에서 후원금을 보내왔다.

선거가 끝나고 매사추세츠주관리사무소(Massachusetts Office of Campaign and Political Finance, OCPF)는 FESA가 선거가 치러지기 전 선거자금을 낸 사람들을 밝히지 않았다고 고발했다. OCPF는 FESA가 벌금으로 (통장잔고를 없애면서) 426,000달러를 낼 것과 향후 4년 동안 메사추세츠주에서의 활동을 금지시켰다. 이 액수는 메사추세츠주 선거 역사에서 가장 큰 기금 위반에 따른 벌금이었다. 그러나 2018년 초가 되면 "FESA"에 더 나쁜 일이 생기게 된다. FESA의 상임대표인 키트리지(Jeremiah Kittredge)가 "'해당 기관에 고용되지도 않은 사람에게 부적절한 행동'을 한 것으로 고발", 수사가 이뤄진 후 해고되었다. 이 사건은 ERN이라는 DFER의 정책 연구소가 워싱턴 D.C.에서 연례 "개혁가" 콘퍼런스를 여는 때 발생했다. 사건 발생 수일 내에 FESA는 문을 닫았고 이후 더 이상의 활동은 없었다.

그런데 'Question 2'를 반대하는 세력은 어떻게 이 선거에서 승리하게 된 것일까?

우선, 이들의 메시지는 분명했다. 즉, '차터스쿨이 공립학교에서 공적 자금을 빼내간다'는 간단한 내용이었다. 이 메시지는 차터스쿨의 수를 늘리는 것이 "사회 정의"의 문제라는 억만장자들의 주장보다 더 신뢰할만한 느낌을 줬다. 투표에 참여한 대부분은 새로운 차터스쿨을 위한 기금이 자기 이웃의 공립학교에서 빼내진다는 사실을 깨닫게 되었다. 이들은 좀더 많은 학생들을 민간이 운영하는 차터스쿨에 보내자고, 자기 주변의 공립학교가 교사를 내보내거나, 선택교과, 예술교과, 도서관, 간호인력, 그리고 다른 학교 직원 및 학습프로그램을 더 이상 유지하지 못하는 상황을 원치 않았다.

둘째, 차터스쿨을 반대한 사람들은 차터스쿨 옹호자들보다 좀 더 나은 게임을 할 수 있었다. 차터스쿨 옹호론자들이 끝없는 텔레비전 광고의 홍수를 쏟아내는데 수백만달러의 돈을 쓰고 있는 사이, 공립학교 지지자들은 광고에도 돈을 썼지만 교사 및 학부모가 거의 대부분인 수천명의 자원활동가를 모집해 가가호호 방문을 한다거나 전화로 기금후원을 요청하는가 하면 이웃들을 불러모아 동네 잔치를 열었다.

셋째, 억만장자들이 후원하는 선거운동은 이들이 사회정의에 엄중히 헌신하고 있는지에 대해 선거권자들에게 별 신뢰를 주지 못했다. 'Question 2' 반대 진영은 'Question 2' 지지 진영이 억만장자들에게서 선거자금을 받고 있다는 사실을 지속해 주지시켰다.

넷째, 선출직 지도자들, 시민운동 및 사회정의 활동 단체들로부터의 후원과 지지선언은 'Question 2' 지지 선거운동의 막대한 자원의 힘을 깎아냈다. 매사추세츠주민주당위원회(Massachusetts State Democratic Committee, MSDC)는 "메사추세츠 민주당원은 공교육에 오롯이 헌신한다"는 결의안을 압도적으로 통과시키고 이미 차터스쿨에 전유된 4억달러의 공적 자금이 공립학교의 예산 감축을 압박하고 있다고 했다. 차터스쿨에는 영어숙달도가 떨어지는 아이나 장애아 등록 비중이 공립학교보다 훨씬 적다는 점, "학생들을 퇴학시키기 위해 사소한 잘못에도 과도한 훈육 정책 및 정학 방침을 갖고 있음"에도 불구하고 말이다.

코졸은 대단히 존경받는 교육가로 보스턴글로브지에 기고문을 보내 'Question 2'에 반대표를 던지라고 했다. 그 글에서 코졸은 이렇게 쓰고 있다.

> 어느 모로 보나 당신은 선택하고 싶어한다. 모든 가정이 남
> 의 집 자녀들에게 어떤 피해가 가든 상관없이 자기 자녀들의
> 이익을 위해 하고 싶은 대로 선택해야만 한다고, 우리가 그렇
> 게 해야만 한다고 주장해봐라. 개인적인 판단, 그것은 분명 인
> 간적인 판단이다. 그러나 대단한 사회적 자본을 가진 학부모가

가장 취약한 계층의 이웃을 버리라고 부추기는 이런 부류의 경쟁은 다 썩어빠진 사회 정책일 뿐이다. 이게 보여주는 것이라곤 시민적 덕목이 쭈그러들어 주정부의 지원으로 겨우 지탱되고 있는 모습이며 도덕적 의무감을 가능한 최소 범위로 줄여놓은 것이다. 'Question 2'는 당연히 매사추세츠주에 좋지 않다. 또한 민주주의에도 좋지 않다.

이 공유자산은 19세기 중반 보통학교 사상에서 배태된 이래 민주적 공교육의 모범으로 자리잡아 왔다. 아직까지는 불완전하고 부지런히 고쳐 써야 할 필요가 있음에도 불구하고, 공립학교는 보존하고 지켜내야 할 가치로운 비전으로 남아 있다. 매사추세츠주 바깥의 민영화 세력들은 아주 똑똑하게도 매사추세츠주를 지금까지 지켜온 역사적 유산에 반하도록 돌려세우면 곧 상징적인 승리를 거머쥐리라는 것을 잘 알고 있었다. 나는 이 글을 읽는 내 친구들이 이런 일이 일어나지 않도록 해주기를 요청한다. 'Question 2'에 반대한다고 투표하라.

통상적으로는 차터스쿨 지지자였던 보스턴 시장 왈시(Martin Walsh)는 'Question 2'에 반대표를 던졌다. 왜냐하면 "'Question 2'가 매사추세츠주 학교 가버넌스를 갑작스레 불안정하게 할 것"이라고 봤기 때문이었다. "학생, 학교 및 세금을 내는 지역사회에 재앙과도 같은 파급효과를 낼 정도로 이미 망가져있는 교육재정 시스템을 대폭 확대시킴으로써" 말이다. 재정상태의 영향이 보스턴시 예산에 지독한 상태로 영향을 주리라고 시장은 경고했다. "우리가 조사한 바에 따르면 차터스쿨은 보스턴시 예산 전체의 5%를 차지하고 있다. 투표를 기다리고 있는 제안인 'Question 2'에 따르면, 10년이 지나 차터스쿨의 예산 비중은 대체로 20%까지 치솟게 된다. 이렇게 되면 우리 학구의 예산은 음울한 죽음의 소용돌이에 빠지게 되고, 우리 보스턴시의 가장 취약한 계층 아이들은 그 영향에 따라 바로 직격탄을 맞게 될 것이다. 간단하게 말해 이는 지속가능하지 않다. 말할 필요 없이 공정하지 않다."

거의 모든 매사추세츠주 지역 학교위원회는 차터스쿨을 둘러싸고 벌어진 주민투표를 반대하는 결의안을 통과시켰다. 더러 'Question 2'를 지지한다는 결의안을 통과시킨 위원회가 있기는 했지만, 이들은 대체로 부유한 교외지역의 학구들로 자기 동네에 차터스쿨이 들어설 것이라고는 전혀 기대하지 않는 곳이었다. 아주 큰 표차로 반대표를 던진 곳은 보스턴, 보체스터, 스프링필드, 캠브리지, 뉴튼, 퀸시, 소머빌, 로웰, 브록튼, 플리머스 등이었다.

'Question 2'에 반대하는 표가 가장 많이 나온 곳은 이미 차터스쿨이 자리잡고 있던 학구 지역이었다. 이 학구들에서는 차터스쿨들이 이미 예산 감축을 불러들인 상태였고, 더 이상의 예산 감축을 원하지 않았다.

보체스터 학교위원회는 메사추세츠주에서 첫 번째로 'Question 2'에 반대한다는 결의문을 채택했다. 이 작은 도시에 이미 두 개의 차터스쿨이 있었는데, 이 두 학교는 공립학교 예산에서 2,450만달러를 할당받아 쓰고 있었다. 공립학교는 부족한 예산 때문에 교직원을 감축하는 조치를 취했다. 보체스터 학교위원회 위원인 맥컬로우(Molly O. McCullough)는 더 많은 차터스쿨이 생겨 예산을 더 넘겨주게 되는 상황은 "끔찍할 것"이라고 말했다.

무디스사(Moody's Investors Service)가 선거 전날 주민투표안이 가결되어 차터스쿨 수가 확대된다면 보스턴, 로렌스, 휠 리버, 스프링필드 지역의 신용 등급에 부정적인 영향을 미치리라는 내용이 담긴 경고를 발표하면서 'Question 2'의 제안이 갖는 대의는 크게 흔들렸다.

'Question 2'에 맞선 싸움의 지도자는 마델로니(Barbara Madeloni)로 메사추세츠주교원노조(MTA)의 위원장이었다. 마델로니는 2014년 통상적이지 않은 과정을 거쳐 교원노조 위원장이 되었다. 전통적으로 부위원장이 위원장직을 승계하는 것이 MTA의 방식이었다. 마델로니는 이 전통을 깨뜨렸다. 마델로니는 반란을 일으키듯 후보로 나서 유력한 위원장 후보였던 부위원장을 누르고 당선되었다. 그때까지 MTA에서 아무런 직책을 맡아본 적도 없는데도 말이다. 마델로니를 추종하는 한 회원은 마델로니가 "아무런 계급도 없이 말 그대로 명부상의 후보였다"고 말했다.

마델로니는 심리학 박사학위자로 15년동안 심리치료를 해 왔었다. 그리고는 매사추세츠대학교(암허스트)에서 교육학 석사학위를 취득했다. 이후 매사추세츠주의 한 고등학교에서 영어를 가르쳤고, 매사추세츠대학교에서 교육학 교수가 되어 예비 고교교사 교육 주임교수로 일했다. 교사교육 프로그램 주임으로 일하면서 9년이 지나 마델로니는 신입교사를 평가하고 인증해주는 소위 'edTPA(Teacher Performance Assessment)'라는 피어슨사 개발 신규테스트 실시를 거부하면서 전국적인 논쟁의 중심에 섰다. 뉴욕타임즈의 위너립 기자는, 이런 마델로니의 행동을 대담한 반항이라고 썼다. 그는 통상적으로 대학교수와 교사들이 6개월 동안의 교육실습이 끝난 신규 교사에게 교사자격을 줄 것인지 결정한다고 말했다. 그런데 피어슨 테스트는 "예비교사가 집에서 치른 40페이지 분량의 테스트 최종 성적과 이들이 제출한 10분 분량의 동영상을 가지고 교사자격발급 유무를 결정하려고 한다." 마델로니와 그녀가 담당했던 68명 중 67명의 예비교사들은 이 테스트 실시를 거부했다. 마델로니는 위너립 기자에게 "이 테스트는 뭔가 복잡한 거예요. 우리는 이게 인간 손으로 만들어진 것이라고 보지 않아요. 그래서 이 테스트라는 기계 장치에 작대기 하나 박아 넣은 겁니다."라고 말했다. 마델로니의 이런 대담한 반항에 대해 대학은 해고 처분을 내렸다.

2년이 지난 2014년 마델로니는 MTA의 위원장으로 선출되었다. 매사추세츠주에서 가장 큰 교원노조 위원장으로 말이다. 그녀는 "공립학교에 대한 기업의 공격"에 맞서 싸우겠다는 공약을 내걸고 선거 운동을 벌였다. MTA의 위원장으로 당선된 이후, 마델로니는 즉각 매사추세츠주 초중등교육부와 일련의 대치 상황을 맞이하게 되었다. 마델로니는 유치원생들에게 시험을 치르게 하고 동영상 촬영을 하겠다는 주정부 계획을 좌초시켰다. 그리고 교사들의 성과를 학생들의 표준화시험성적과 연계하겠다는 제안도 막아섰다. 만약 이런 일이 일어난다면 교사들의 자격의 단계를 낮춰 교사 매사추세츠주 어느 곳에서라도 가르칠 수 없도록 할 것이었다. 주정부는 협상을 하자며 세 가지 대안을 제시했다. MTA의 답변은 "세 가지 중 어떤 것도 안 된다"였다. 결국 주정부는 뒤로 물러서야만 했다. 주정부가 MTA에게 차터스쿨 숫자를 늘릴 계획이라고 통보했을 때, MTA 이사회는 위원장인 마델로니에게 의회의원 및 차터스쿨 세력들과 협상하라고 지시했다. 마델로니는 의회의원들에게 "우리는 기꺼이 대화할 것이다. 하지만 새로운 차터스쿨이 들어서도록 한다는 그 어떤 협상 내용에 대해서는 절대 받아들이지 않을 것이다. 자, 어떤 주제에 대해 대화하고 싶은가?"라고 말했다.

차터스쿨 옹호 세력들은 마델로니든 MTA든 두려운 존재로 여기지 않았다. 이들은 차터스쿨이 엄청나게 인기있으리란 사실을 의심하지 않았다. 다른 주에 비해 상대적으로 적은 메사추세츠주의 차터스쿨은 주변 공립학교보다 높은 학업성취도를 보이고 있었기 때문이었다. 이들은 교원노조가 주민투표를 거치느니 자신들과 협상에 나설 것이라고 생각했다. 말할 필요 없이 주민투표를 하게 되면 자신들이 이길 것이라고 내다봤기 때문이다. 이는 초기 여론조사결과 때문인데 주지사와 막대하게 쏟아부은 자금이 만든 결과였다.

파괴자들 생각은 틀렸다. 'Question 2' 제안은 모욕적인 패배를 당했다. 62% 대 38%로 저항운동에 졌다.

월튼가재단은 도대체 일이 왜 이렇게 된 것인지에 대해 연구를 수행했다. 글로벌전략그룹(Global Strategy Group)이란 단체가 수행한 연구는 일급 비밀에 부쳐질 계획이었다. 그러나 어쩌다 이 연구의 결과가 언론에 누출되었다. 이 보고서에 따르면, 차터스쿨에 기금후원을 했던 사람들은 2012년 차터 규제를 늘리려는 구상을 계획하기 시작했다. 이 사람들은 의회의원들이 2014년에 이 규제들을 모두 풀어주리라고 기대했다. 그러나 주의회 상원에서 좌절되었다. 그래서 이들은 뉴욕에서 성공적으로 일을 해 온 FESA라는 단체에 "입법 전략 개발"을 부탁했다. 2014년 베이커가 나선 주지사 선거는 이들의 사기를 고양시켰다. 하지만 의회에서 차터스쿨 숫자를 늘리는 입법안이 실패하자 이들은 주민투표 실시로 나갔다. 이때 이들은 중대한 실수를 했다. 이전의 제안은 메사추세츠주에서 학업성취도 하위 25%에 해당하는 학구에만 새로운 차터스쿨을 설립하도록 제한하고 있었다. 'Question 2' 찬성 진영의 구상은 차터스쿨 확산을 위해 메사추세츠주 어느 곳에서라도 1년에 12개의 새로운 차터스쿨을 설립할 수 있도록 해달라는 내용이었다. 차터스쿨 옹호자들은 이런 언어가 의회의원들에게 겁을 줘 이들이 자기 지역구를 보호하려고 나름대로 타협하게 될 것이라고 생각했다. 그러나 교원노조의 비타

협적인 완강함을 고려한다면 타협이란 있을 수 없었고, 차터스쿨 옹호론자들의 도박은 "차터스쿨 반대진영에 자신들의 승리 메시지(차터스쿨을 메사추세츠주의 어느 곳에나 설립하고 누군가의 동네 공립학교 돈을 쓰는 것)를 전달하는 것"이었다. 차터스쿨 옹호론자들에게 손쉬운 승리를 안겨 줄 것이라고 예측한 초기 여론조사에도 불구하고 선거일 유일하게 'Question 2'에 지지를 표한 대다수는 등록된 공화당원들 뿐이었다. 이 사안을 둘러싼 당파적 갈등은 치열했다. 민주당 지지자들 중 단 27%만이 'Question 2'에 찬성표를 던졌다.

바바라 마델로니(Barbara Madeloni)는 2016년 차터스쿨에 관한 주정부 규제를 풀 것인지 말 것인지를 가르는 역사적인 주민투표가 진행되던 시기 메사추세츠교원노조(매사추세츠 Teachers Association) 위원장이었다. 마델로니는 교사, 학부모, 학교위원회를 조직해 성공적으로 주민투표에 반대하도록 이끌었다.

'Question 2' 지지 진영은 주지사 베이커가 투표할 사람들을 설득하리라고 믿었다. 그러나 주지사의 영향력은 거의 없었다. 월튼가의 특급비밀 연구는 투표자들이 "차터스쿨 반대자들의 주요 활동가인 교사에게 돌아섰고 더 많은 신뢰를 보냈다"고 분석했다. "교사들은 주 전체적으로 자기와 의견을 달리하는 사람들에게 목소리를 전달하기 위해 애썼다. 교실에서, 광고와 신문 기고문을 통해, 그리고 지역사회에서 말이다." 이들의 목소리는 결국 'Question 2'가 "전통적인 공립학교 체제에 아주 해로운 영향을 끼치게 되리라"며 투표자들을 설득했다.

이 보고서는 'Question 2' 주민투표의 패배를 안긴 교원노조의 '전례없는' 반대를 강도높게 비난하고 마델로니를 "이념적"이라느니, "고집이 세다"는 등의 표현을 써가며 비판의 목소리를 높였다. 또한 이 보고서의 내용을 보면, 마델로니를 "소란을 떠는 폭도, 외부자, 몸이 앞서는 행동가, 좌파 빨갱이라고 공격하는가 하면, 월스트리트점령운동(Occupy Wall Street)에 참여해 교육개혁을 기업화라고 떠들었다"며 집요하게 괴롭혔다. 마델로니는 주도적으로 "차터스쿨이 기업의 이익을 대변한다고 공격하면서 교사 중심의 풀뿌리 운동을 조직, 동원"했다. 게다가 교원노조는 "적극적으로 가담하는 교사들을 끌어모으는 시위대 구호로 'Question 2' 지지 운동이 매사추세츠주 바깥 단체와 기업 자금에 의존한다는 점을 대문짝만하게 강조해 활용했다. 이들은 'Question 2'를 위한 후원금을 낸 단체로 월튼가재단을 비롯한 기금후원자들을 특별히 콕 집어냈다."

마델로니의 시위대 구호가 정확했다는 사실에서 약간의 역설이 존재한다. 'Question 2'를 지지하는 기금은 주로 주 경계 바깥의 단체와 기업가들의 후원으로 이루어졌다.

연구를 수행했던 컨설턴트들은 교사들이 모은 "어머어마한 정도의 선거운동 실탄"에 깜짝 놀라지 않을 수 없었다. 이 돈으로 "광범위한 규모의 교사 동원이 가능했고, 초기 TV 광고, 온라인 광고, 티셔츠, 차량부착용 스티커 등"을 이용했다. 'Question 2'를 반대하는 진영이 그렇게 많은 기금을 모았다는 것이 단지 공정하지는 않았다. 'Question 2'를 찬성하는 진영은 교사들이 모은 것보다 1,000만달러 더 많은 기금을 선거운동에 썼고, 이런 엄청난 자원을 가지고 저항운동을 깔아 뭉개기를 기대했다. 그러나 이들의 거대한 수표 뭉치를 가지고도 투표자들의 마음과 뜻을 살 수는 없었다.

'Question 2' 지지 세력들에게 있었던 또 다른 불리한 점이 있었다. 이들의 주장은 공화당의 정책구상과 같다는 인상이 확산되었다. 월튼가재단에서 펴낸 보고서는 마델로니의 말을 담아 확산된 트윗을 골라내 특정하고 있다. "진정한 민주당 지지자라면 공교육을 옹호해야 하고, 'Question 2' 제안에 반대해야 한다." 연구자들은 이 표현이 상당히 공격적인 것임을 확인했다. 월튼가재단이나 관련 동료들이 생각했던 것과는 달리, 마델로니는 그리 정당한 방법으로 운동에 임하지 않았다.

연구자로 참여한 컨설턴트들은 향후 벌어질 전투에서 어떻게 싸우면 좋을지에 관한 몇가지 제안을 내놓고 있다. 이들은 다음 전투에서는 차터스쿨 교사들이 모두 동원되어야 한다고 제안했다. 차터스쿨 교사들이 교원노조와의 지상 전투에서 맞붙을 수 있기 때문이다. (한가지 의문스러운 것은 매사추세츠주 내 학생의 겨우 4%만 담당하고 있는 차터스쿨의 교사들이 나머지 학교의 교사들이 거의 참여하고 있는 교원노조에 맞서 효과적으로 싸울 수 있겠는가?) 그리고 보고서에는 차터스쿨 단체들이 "교육개혁 및 차터스쿨에 관한 진보진영의 외피(구호, 예를 들어 사회정의, 시민권, 아동에게 기회를 등)를 쓸 수 있을지 시험해 보라"는 제안이 담겼다. 아마 이런 제안을 한 사람들은 월튼가재단과 같이 비노조 노동자들에게 더 낮은 임금을 지급하는 억만장자들이 만들어 낸 사회정의 프레임을 왜 사람들이 신뢰하지 않는지 이해하지 못한 듯하다. 선거에서 차터스쿨이 두드려 맞았다는 점을 돌아보면서 연구자들은 "새로운 차터스쿨 브랜드"를 만들라고 조언했다. 이들은 기금 후원자들이 "교원노조에 기반한 교사들에게 맞서기 위한 단단한 지원체계를 만들어야 한다"고 했다. 아마도 학부모들은 이런 목적을 추구할 것이다. 그렇지 않다면, 연구 컨설턴트들이 조언하는 바처럼 "신뢰할 수 있는 사람"을 계속 찾아내라고 했다. 교사들이 내세운 사람에 상대할만한 신뢰로운 사람을 어디서 찾아야 하는지에 대해서는 별 이야기는 없이 말이다. 그런가 하면 차터스쿨은 트럼프나 드보스와 동일한 노선의 것이 아니라며 민주당 지지자들을 설득하라고 하는가 하면, 주의회 의원들을 포섭하거나 "우리 목표에 공감하는" 새로운 사람들을 주의회 의원에 당선시키라고 했다.

글로벌전략그룹에서 수행된 이 연구는 무심코 다른 주에서 어떻게 주민투표를 무산시킬 수 있을지에 관한 훌륭한 청사진을 제공해주고 있다. 이 연구는 일반 대중이 하나의 세력으로 잘 조직되고 충분하게 자금 지원을 받게 된다면 아무리 큰 기금을 선거운동에 쏟아붓는다고 해도 선거에서 승리할 것이라고 말한다. 특별히 선거자금이 통제하려는 사람들의 삶과 아무런 관련성이 없는 경우는 더더욱 그렇다. 이 보고서가 제안하는 민영화 패퇴의 최고 전략은 투표에 나서는 사람들이 중요하게 생각하는 것에 집중하라는 것이다. 비록 억만장자들의 경우 형평성과 사회정의를 위해 자신들이 내세운 문제제기를 팔아 먹기 위해 막대한 자원을 쏟아부을 수 있겠지만 말이다. 이 억만장자가 누군지 밝혀지게 되면 당연히 그 선거는 그들의 패배로 끝나게 된다.

그런데 민영화를 주장하는 사람들, 이들을 뒷받침하는 억만장자들이 누군지 누가 어떻게 밝혀낼 것인가?

커닝햄(Maurice Cunningham)이 이런 사람 중 하나다. 커닝햄은 이 대단한 갈등 상황에서 제대로 인정받지 못한 영웅 중 한 명이다. 커닝햄은 매사추세츠대학교(보스턴)의 정치학 교수로, 보스턴 공영라디오 채널인 WGBH에서 제공하는 웹페이지에 블로그를 운영해 왔다. 그는 'Question 2' 지지운동 뒤에 감추어진 돈의 행방을 끈질기게 쫓았다. 그는 하나의 쟁점만을 다뤘다. 즉, 돈이 어디에서 나와 어디로 가는가? 'Question 2'를 반대하는 진영의 돈 흐름을 쫓는 것은 너무 쉬웠다. 그 돈은 교사들에게서, 이들이 가입한 교원노조에서, 그리고 적은 돈을 내는 개인 후원자들에게서 나왔다.

그러나 'Question 2' 지지 진영의 기금은 한마디로 분명치 않고 불투명하기 이를데 없었다. 커닝햄은 이 "검은 돈"이 어떤 것인지 제대로 밝혀주었다. 그는 "검은 돈"에 큰 흥미를 갖고 있었는데, 종종 블로그의 글을 통해 "돈은 결코 잠을 자지 않는다"는 사실을 독자들에게 상기시켰다. 그는 기업인들이 주축을 이루는 파괴자들을 기금민영화음모라고 불렀다.

모리스 커닝햄(Maurice Cunningham)은 매사추세츠대학교(보스턴)의 정치학과 교수로, 돈과 정치에 관해 상당히 영향력있는 그의 블로그 글들은 2016년 차터스쿨을 둘러싼 주민투표가 진행되는 동안 "검은 돈"의 역할에 대해 대중들에게 큰 깨우침을 불러일으켰다.

커닝햄은 반대진영이 학생 및 학부모로 둘러싸인 주지사 베이커를 돋보이게 하는 대중 집회에서 쫓겨났다고 적고 있다. 이 집회에 참여한 사람들은 모두 밝은 파란색 티셔츠를 입고 "YES ON 2: GREAT SCHOOLS NOW"와 "#LiftTheCap"이란 구호가 적힌 것들을 들고 있었다. 그는, 이 장면을 보여주는 사진에 제대로 찍히지 않은 것들이 있는데 위대한매사추세츠학교(Great Schools Massachusetts, GSM)란 단체와 관련된 이 집회에 누가 돈을 냈는지 하는 것이었다. 대략 148개/명의 후원자들이 있는데, 이중 겨우 14% 밖에 안 되는 후원자들이 기금의 "96%에 해당하는 475,000달러를 냈다."

14개/명의 후원자 중 13명이 개인 후원자였고 나머지 하나는 성장을위한강한경제(Strong Economy for Growth)라고 불리는 단체로, 커닝햄은 이 단체를 "돈 세탁하는 곳"으로 보았다. 모든 기금 후원자들은 소위 헤지펀드 세계에 속한 사람들 혹은 헤지펀드 매니저와 결혼한 사람들이었다. 커닝햄은

"친차터스쿨 작전은 헤지펀드와 금융계 거물들의 도구"라고 결론지었다. 이런 일에 있어서 가장 중요한 인물은 클라르만으로, 보스턴글로브지가 묘사하기를 "뉴잉글랜드에서 선거자금을 가장 많이 낸 사람"이었다. 클라르만은 2014년 공화당 소속 로브(Karl Rove)의 아메리카크로스로드기금(American Crossroads fund)에 400,000달러를 냈다. 그리고 자유지상주의를 피력하는 정치기금에 850,000달러를 내기도 했다. 그는 차터스쿨을 지지하는 뉴욕의 선거 운동에 기금 후원자를 자처했고, 공화당이 뉴욕주 상원에서 다수를 차지하도록 재정지원을 아끼지 않았다.

2016년 8월, 선거운동이 잔뜩 달아올랐을 때, 커닝햄은 기금후원자들의 이름을 가린 'YES on 2' 진영의 검은 돈을 지원하는 단체망을 탐사하게 되었다. 그는 '전략기금후원자(Strategic Grant Partners)'라고 불리는 단체를 정조준했다. 매사추세츠에 기반을 둔 전략기금후원자는 게이츠재단의 기금을 받는 오레곤주에 위치한 '스탠드포칠드런'이라는 단체에 거액의 자금을 보냈다. "오래전, '스탠드포칠드런'은 학부모 및 교사들로 구성된 풀뿌리 조직이었다. 그러나 2009년이 되면 이 단체가 기업가들의 민영화 이해관계자들에 의해 장악되게 되었다." 커닝햄의 분석이다. 2013 – 14년 동안 전략기금후원자는 몇 개의 단체에 거액의 자금을 제공한다. 우선 '탁월성을위한교육가회(Educators for Excellence)'라는 게이츠재단이 후원하는 젊은 교사들로 구성된 단체에 250만달러를 제공했다. 특히 이 단체의 회원인 교사들은 대체로 교원노조 및 교권 운동에 반대하는 사람들이었다. 다음은 '교육평등을위한리더십(Leadership for Educational Equity)'으로 TFA 수료자들이 정치계에 발을 들여놓도록 적극 장려하는 TFA의 부속 단체에 700,000달러를 제공했다. 다음으로 'ERN'에 63,400달러를 제공했다. 이 단체는 DFER의 부속 단체였다. 그리고 뉴욕최고학교를위한가정(Families for Excellent Schools of New York, FES – NY)에 1,350,000달러를 제공했는데, 이 단체는 매사추세츠주에 동 단체를 설립하도록 돕는 역할을 담당했다. 마지막으로 TFA에 600,000달러를 제공했다. TFA는 차터스쿨에 교사들을 제공하는 역할을 담당하고 있었다. 커닝햄은 '위대한매사추세츠학교선거위원회(Great Schools Massachusetts

Ballot Question Committee, GSMBQC)'에 기금을 제공하는 여섯 가문을 소개하고 있다. "이 돈을 쫓는 일은 결코 평범한 일이 아닙니다. 상당히 광범위하게 서로 얽히고 설킨 것들이 많습니다. 민영화를 하겠다는 일련의 노력은 상당히 돈이 정말 많이 드는 일이고, 우리가 생각하는 것보다 더 많이 감추어진 것이 많습니다. 이 일에 풀뿌리운동이란 없습니다."

8월 중순 'YES on 2' 선거운동 진영은 올림픽이 한창 열리고 있는 시기에 오해를 불러일으키는 텔레비전 광고를 내보내기 시작했다. 이 광고는, "'YES on 2'는 공립학교를 더 강하게 만든다"는 내용을 담았다. 이 광고 끝에 달린 후원기관은 다섯 단체였다. 커닝햄은 다섯 단체가 주정부에 신고한 재정보고서와 로비내역을 검토하고는 이 다섯 단체들은 모두 검은 돈을 실어 나르는 통로라고 결론지었다. 그가 보고한 바에 따르면, 이 단체들은 모두 월스트리트 및 헤지펀드와 관련이 깊고, 곧 "활발하게 움직이는 공화당 검은 돈 작전"이었다. 그는 "이게 기만적으로 작동하고 있는 우리 주변의 선거자금으로, 검다."고 결론짓고 있다.

'Question 2'의 지지 진영을 위한 검은 돈은 여전히 베일에 가려져 있었는데, 주정부에 보고하기 위한 최종 재정 보고서가 선거가 끝난 시점까지 제출되지 않았기 때문이었다. 선거운동이 거의 마무리되어가는 상황에서 새로운 '검은 돈 단체(Dark Money Group)'가 등장했다. 이 단체는 '차터스쿨에 대한오바마유산진전시키기(Advancing Obama's Legacy on Charter Schools, ABLCS)'라는 이름이 붙어 있었다. 당시 대통령이었던 오바마는 이 단체와 아무런 관련이 없었다. 이 단체는 DFER-매사추세츠 소속의 커(Liam Kerr)와 "월마트 상속가와 맞닿아 있는 정치 컨설턴트 퍼럴로(Frank Perullo)"가 이끌고 있었다. 2016년 10월 25일, DFER의 커는 'ABLCS'이 "민주당의 지지를 이끌어 내기 위해 500,000달러를 지출할 것"이라고 공표했다. DFER 소속 단체인 '당장교육개혁운동(Education Reform Now Advocacy, ERNA)'은 "'ABLCS'에 155,000달러를 내주었다." 그러나 이 단체가 쓰는 대부분의 돈은 소위 '질높은공립학교에의공정한접근을위한캠페인(Campaign for Fair Access to Quality Public Schools, CFAQPS)'이라고 불리는 또 다른 친차터스쿨 단체에게서 흘러들어왔다. 차터스쿨 옹호론자들은 차터스쿨을 일반 공립학교와 대비되는 "수준 높은" 학교라고 칭했다. 이 말이 의미하는 바는, 일반 공립학교가 "질이 낮다"는 것이었다. 도대체 'CFAQPS'라는 단체에는 누가 기금을 지원하고 있는 건가? 커닝햄은 이렇게 적고 있다.

당신의 일한 대가가 적고 받는 혜택이 별거 아니라면 그 이유를 찾을 수 있을거다. 월마트 상속자인 월튼(Jim Walton)이 9월에 이 단체(CFAQPS)에게 110만달러를 줬고, 월튼(Alice Walton) 또한 'YES on 2' 선거위원회에 710,000달러를 줬다. 이 돈 중 703,770.89달러가 CFAQPS로 흘러 들어갔다. 이 단체는 나머지를 어디나 존재하고 훌륭하게 봉급을 받고 있는 퍼럴로 통제 하의 자산에 살짝 넣었다. 당신은 전혀 추측조차 못했겠지만, 이 사람은 DFER을 위해서도 조언을 하는 사람이다. 뭔가 혼동스럽지 않은가? 원래 이걸 염두에 두고 기획된 것이다. '오바마차터스쿨최근유산(ABLCS)'은 마치 민주당 단체인 것처럼 들리지 않는가? 하지만 공화당이 기금을 쏟아붓는 단체다.

컨닝햄은 검은 돈이 교원노조를 공격하는 양상을 영화 '조스'에서 백상아리가 아무 잘못없는 사람들을 공격하는 것에 빗대고 있다. 그는 매사추세츠 선거관리위원회(Massachusetts Office of Campaign and Political Finance)가 2016년 차터스쿨 주민투표 선거 과정에서 검은 돈을 수사할 것을 촉구했다. 커닝햄은 "거대한 주정부 교육 정책이 한줌도 안 되는 거부들에 의해 매수되었다"고 기술한다.

매사추세츠선거관리위원회는 'FESA'가 2016년 선거과정에서 어떤 역할을 했는지 조사했다. 2017년 9월 8일, 매사추세츠선거관리위원회는 조사보고서를 공개하고, 뉴욕 주재 FESA가 426,466달러를 지불하기로 약속했다고 밝혔다. 그것도 현찰을 제공하는 방식으로 말이다.

(그 이유는 이 단체가) 개인에게 후원 기금을 받았는데, 이 돈이 누구, 어디서 흘러온 것인지를 위장하기 위한 방편으로 '위대한매사추세츠학교선거준비위(GSMBQC)'에 기금을 제공하는 일은 선거자금법 위반에 해당하기 때문이었다. … (주민투표 안건이 확정된) 2016년 7월과 주정부 선거일인 동년 11월 8일 사이, '위대한매사추세츠학교선거준비위(GSMBQC)'는 FESA에게서 자그마치 1,500만달러 이상을 받았다고 보고했다. 이 규모는 이 위원회가 보고한 영수증의 최종 금액인 2,170만달러의 70%에 해당하는 금액이었다.

이런 합의 내용에 대한 공개에는 후원자들의 목록과 함께 FESA가 비밀에 부치겠다고 한 기금후원 액수가 담겨 있었다. 선거관리위원회(OCPF)는 다른 단체들에 기부된 검은 돈은 조사하지 않았다. 이런 단체들에도 누가 후원했지가 밝혀지지 않은 'YES on 2' 후원금이 수백만달러가 들어있었다. 매사추세츠, 뉴욕, 캘리포니아, 알칸사, 텍사스 및 다른 주의 어떤 기금 후원자들도 자기 신분을 밝히지 않은채 매사추세츠주 주민투표에 기금을 후원하지는 않았다.

차터스쿨 옹호자들을 상대로 날린 최후의 일격은 주민투표 결과가 발표되고 1년 반이 흐른 2018년 봄에 일어났다. 매사추세츠주 대법원이 차터스쿨의 설립을 제한하는 규제들이 학생의 권리를 위반한다고 하는 차터스쿨 옹호론자들의 소송을 기각한 것이다. 대법관들은 공립학교의 학업성취 수준이 형편없다고 하더라도 이 말은 곧 주정부가 헌법적 의무를 제대로 이행하고 있지 않다는 말을 뜻하는 게 아니며, 따라서 더 많은 차터스쿨을 세우는 것이 필요하지 않다고 판결했다. 대법원은 "(주 헌법의) 교육 조항은 주 권한이 미치는 모든 곳의 아동이 적절한 교육을 받을 권리를 부여하고 있지, 차터스쿨에 다녀야 할 권리를 제공하는게 아니"라고 덧붙였다. 판결문에는 차터스쿨에 더 많은 예산을 투입하는 것은 곧 공립학교에 예산을 더 적게 배정하는 것이라고 적혀 있었다. 따라서 대법원은 차터스쿨을 제한하는 합당한 이유를 잘 알고 있었다. 즉, 차터스쿨이 민간 이사회에 의해 운영되면서 지역 학교위원회가 공립학교에 대해 민주적인 교육자치를 하는 시스템에서 벗어나 있다는 점 말이다.

검은 돈은 더 많은 차터스쿨을 세우라는 억만장자들의 선거운동에서 아주 공통적인 주제로 보인다. 코네티컷주의 '커먼코즈(Common Cause)'[22]는 2018년 지역 학교위원회 선거에서 Super PAC과 검은 돈이 어떤 역할을 했는지에 관한 보고서를 공개했다. 이 보고서는 「누가 우리 교육시스템을 사고 있나?(Who is buying our education system?)」인데, 이렇게 시작한다.

> 기업 대표들로 이루어진 작은 그룹, 재벌들, 그리고 차터스쿨 산업을 옹호하는 단체들이 지난 3년간 있었던 코네티컷주 선거에 50만달러 이상의 돈을 쏟아 부어 코네티컷주 교육시스템을 완전히 탈바꿈하려고 협력해 활동해 왔다. 이들 개인 및 단체의 공통 관심사는 단 하나, 차터스쿨, 즉 민간 이사회에 의해 운영되고 지역 학구에서 독립적으로 존재하면서도 공적 재원을 제공받는 학교를 지지한다는 점이다. 이 후원자 대부분은 차터스쿨 운영에 관여하거나 적어도 이사회 임원 혹은 관리자로 차터스쿨 옹호단체에 속한 사람들이다.

'커먼코즈'는 "차터스쿨 옹호 단체조직이 차터스쿨로 더 많은 돈을 창출하고 공교육의 통제권한을 민간에게 넘겨주며, 유색인 및 교원노조가 주도권을 쥔 지역사회 학부모들을 이간시키도록" 거액의 돈을 써왔다고 경고한다.

---

22) (역자주) 커먼코즈(Common Cause). 1970년 공화당원인 존 가너(John Garner)가 설립한 정부감시단체로 워싱턴 D.C.에 본부를 두고 있으며 미국 35개주에 지부를 두고 있다. 초기에는 사회적 소수그룹 및 도심 빈곤 노동자 문제를 해결하기 위한 옹호그룹으로, 이후에는 베트남전쟁의 종결과 선거연령하향운동(21세에서 18세로)을 벌였었다. 비록 공화당원이 시작한 운동이지만 약간 자유주의적 정치성향을 가지며 대개는 당파와 상관없이 정부개혁 및 사회혁신을 위한 논의를 전개하고 있다.

소수의 재벌 후원자들은 차터스쿨과 "경영을 매개로 밀접한 관계"를 맺고 있다.

차터스쿨 PAC는 "학교의 미래를 염려하는 코네티컷주 학부모, 일반 시민, 정치계 입문자들의 목소리를 들리지 않도록 눌러버리는 전자 메가폰에 기금 지원"을 해왔다. 평범한 학부모 및 시민들은 PAC에서 제공하는 거액의 돈을 가지고 선거에 임하는 상대와 경쟁할 수 없다. PAC는 코네티컷주의 선거 시스템을 엉망으로 만들었다. "끊임없이 변화하면서 아주 모호하게 남아 있으면서 이 거대한 PAC을 주무르는 사람들은 차터스쿨 옹호단체, 갑부후원자들, 차터스쿨 이사회 임원 등이 모인 작은 단체가 이끄는 도박판을 벌이고 있다." 6개의 Super PACs에 기부되는 대부분의 돈은 코네티컷주 바깥에서 흘러들어 왔다. 이중 10명의 후원자가 내는 돈의 액수가 6개 SUPER PACs 전체 후원금의 91%를 차지한다. 가장 큰 후원금을 내는 인물은 월튼(Alice Walton)으로, 개인 자산이 500억불 이상이라고 알려져 있다. 물론 그녀는 코네티컷 주민이 아니다.

앨리스 월튼(Alice Walton)은 월마트 재산 상속자 중 한 명으로, 현재 추정되는 그녀의 자산은 대략 500억불 이상이며 여성 중 전 세계 최고의 갑부로 알려져 있다. 그녀는 차터스쿨에 대단한 관심을 기울이고 있다. 친차터스쿨과 반교원노조를 앞세우는 월튼가재단과 마찬가지로 말이다.

'커먼코즈'는 "전 세계에서 가장 부자라고 불리는 여성이 공립학교 통제권을 민간 이사회에 넘김으로써 학교 시스템을 완전히 바꿔보겠다며 코넥티컷짓기(Build CT)와 코넥티컷운명바꾸기 PACs(Change Course CT PACs)에 돈을 쏟아붓고 있다는 사실을 아는 투표자들은 거의 없다." 거의 모든 주에서 마찬가지라고 생각하는데, 월튼가의 돈은 학교민영화와 차터스쿨을 확대하는 데 아주 적극적으로 개입하고 있다. PAC 기금의 대부분은 민주당 선거 후보자들에게 가는데, 특히 흑인 및 푸에르토리코계 지역구에서 확실한 당선 가능성을 얻고자 정적이 없다시피 하는 후보자들에게도 선거자금을 제공한다. 심지어 PACs은 어찌되었건 최종 승자가 이들의 선거자금지원으로 덕을 봤다고 할 수 있도록 서로 싸우고 있는 후보들 모두에게 자금을 제공하는 경우도 있다.

이런 우스꽝스런 자금 지원 상황에서 패배자는 다름 아닌 민주주의다. 그리고 아주 평판이 좋은 코네티컷주 공립학교들이다. '커먼코즈' 보고서를 작성한 사람들은 이렇게 염려한다. "도대체 어떤 후보가 엘리스 월튼 이름으로 제공되는 거액의 돈을 대놓고 원하겠는가? 엘리스 월튼이 누군가? 공교육을 파괴하자고 미 전역에서 가장 큰 돈을 쓰는 사람이고, 중소가게들을 죽이고 여기 종사하는 사람들을 계속 가난하도록 내버려두는 비즈니스를 해 돈을 번 사람 아닌가?"

코네티컷주의 투표자들은 공립학교에 대한 이런 은밀한 공격에 대해 깨닫게 될 것인가? 주정부와 지역 정치 인사들이 억만장자 특히 다른 주의 거부들이 공립학교를 민영화하겠다는 목표를 내걸고 정치자금을 쏟아붓는다는 것을 알게 되면 다른 주의 투표자들 또한 관심을 기울일 것인가? 상대 후보의 선거운동에 SUPER PACs에서 제공하는 자금이 흘러들었다고 하면 학교위원회 선거에 나선 후보자들은 공정한 기회를 누리고 있는 것인가? 똑같은 선거자금 후원자들은 다시, 또다시 등장한다. 이 주에서 저 주로, 또 다른 주에서 말이다. 이들 대부분은 자기가 거주하지 않는 주의 선거에 자금을 지원하고 있다. 우리 공립학교 및 민주주의에 대한 정밀하게 계획된 공격을 드러내는데 햇빛이 꼭 필요하다. 매사추세츠주의 교사, 학부모, 학교위원회 활동에서 볼 수 있듯, 정치적 행동과 결합된 햇빛은 시민과 포식자 사이의 싸움에서 승리하도록 이끄는 최선의 공식이다. 우리 학교와 민주주의를 아래로부터 허무는 억만장자 포식자들과의 싸움에서 이기도록 하는 공식 말이다.

제13장

기적 아닌 기적:
뉴올리언즈와 플로리다

기적 아닌 기적: 뉴올리언즈와 플로리다

차터스쿨 산업에서 빛나는 별, 바로 뉴올리언즈다. 허리케인 카트리나가 2005년 뉴올리언즈 도시와 그곳의 학교를 휩쓸고 지나간 이후, 루이지애나 주의 지도자들은 도시 공립학교 대부분을 차터스쿨로 바꿔버렸다. 루이지애나주 의회를 주무르던 백인 남성들은 갑작스런 습격을 가하며, 이 지역 다수를 차지하는 흑인들이 학교 시스템을 통제할 수 없다고 결정했다. 뉴올리언즈 주민들과는 그 어떤 대화도 없이 주정부는 공립학교를 폐쇄하고는 모든 교원노조 가입 교사들을 해고해 버렸다. 이렇게 해고된 교사 모두 흑인이었고, 이렇게 공석이 된 자리에는 다른 주에서 막 대학을 졸업한 젊은 백인 교사들, 특히 TFA에서 5주 동안 훈련받아 보내진 교사들로 채웠다. 당시 흑인이 대부분인 도시 주민들은 허리케인 때문에 여기저기 흩어져 있었다. 일부 지역 사회에 이런 거대한 변화는 일종의 식민주의처럼 여겨졌다. 나는 2010년 뉴올리언즈에서 흑인들의 대학으로 오래된 역사적 딜라드대학교를 방문했다. 학부모와 교사들은 새로운 차터스쿨 시스템에 대해 불만을 쏟아내고자 대규모로 모여들었다. 한 사람의 이야기다. "우선, 그들은 우리 민주주의를 빼앗아 갔어요. 그리고 우리 학교를 강탈해갔죠." 그러나 파괴자들에게 뉴올리언즈는 자유시장의 승리를 모범적으로 보여주는 사례였다. 민주적 통제를 몰아내고, 교원노조를 추방해 버리며, 공립학교 시스템을 민간이 운영하는 차터스쿨로 완전히 바꿔버린 모범적 사례 말이다.

파괴운동의 메트릭스에 따르면, 뉴올리언즈는 대단한 성공담으로, 자연재해로 완전히 찢겨나간 지역이었지만 학교민영화론자들이 미국 여기저기서 자신들의 전략이 실패했던 것을 생각해보면 간절히 필요로 했던 성공의 모범이었다. 그러나 좀 더 가까이 들여다보면, "성공"이란 말의 사용에 거짓이 숨어 있다. 2005년 이후 수년 내 상황을 보면 시험성적이 올랐다. 그러나 이 지역의 시험 성적은 NAEP 기준으로 전국에서 가장 낮은 주의 주 평균 성적보다 낮았다. 이 지역은 허리케인이 들이닥치기 전 아주 형편없이 관리되어 왔고, 공립학교에 대한 지원은 늘 부족했는데, 허리케인 사태가 지난 후 예산 지원 수준이 좀 나아졌고, 상당히 계층화되었으며 학구는 완전히 민영화되었다. 스탠포드대학교 연구에 따르면, "가장 부유한 집안의 아이들은 최고로 성적이 좋은 학교에 다니고 있지만 가장 취약한 계층 출신 아동들은 가장 성적이 낮은 학교에 다니고 있다." 같은 보고서에서, 뉴올리언즈 차터스쿨 학구를 가리켜 "학업성취도가 낮은 주 중에서도 성적이 낮은 학구"라고 부른다. 루이지애나주의 다른 지역과 비교해볼 때 졸업률이 가장 낮고 평균 ACT 성적이 가장 낮은 축에 속하기 때문이었다. 모든 학교가 차터스쿨인 뉴올리언즈 학구는 2018년 루이지애나주 69개 학구 중 바닥에서 3번째로 높은 학구였다. 올리언즈회복학구(New Orleans Parish Recovery School District)의 단 26% 학생들만이 주정부에서 치르는 표준평가를 능가하거나 약간 넘어서는 수준의 성취를 보였다. 주 전체적으로 34%의 학생들이 동일 수준에 이르렀던 것과 비교되지 않을 수 없다. 뉴올리언즈회복학구의 차터스쿨 중 40%는 주정부 평가에서 D등급 혹은 F등급을 받았고, D등급, 혹은 F 등급을 받은 학교의 학생들은 거의 흑인이었다.

그럼에도 불구하고 툴레인대학교의 교육연구소(Education Research Alliance, ERA) 소속 연구원인 해리스(Douglas N. Harris)와 라르센(Matthew F. Larsen)은 보고서를 출간하며 뉴올리언즈 학생들의 학업성취도에 큰 향상이 있었으며, 이런 결과는 허리케인 카트리나 이후 도입된 자유시장개혁이 큰 원인이라고 했다. 시험 성적은 오르고 졸업률도 올랐다. 대학입학율도 오르고 대학 잔존률 및 대학 졸업률 또한 올랐다. 이들이 제공한 연구결과다. 이 보고서가 공개되고 난 바로 그날, 트럼프 정부의 연방 교육부는 툴레인대학교의 교육연구소(ERA)에 1,000만달러의 연구기금을 제공하고는 이 기관을 '교육접근성과선택에관한국가연구소(National Center for Research on Education Access and Choice, NCREAC)'로 지정했다. 이들에게 부여된 연구 과제는 "바우처 프로그램이라던가 차터스쿨과 같은 다양한 학교선택제가 어떻게 취약한 계층의 아이들에게 더 나은 교육을 제공할 수 있겠는가?"였다.

뉴올리언즈의 한 기자는 이 보고서가 "공립학교 향상에 있어 최근의 변화정도가 없는 상태에 대해 왜 아무런 설명을 하지 않는지" 질문하고 있다. "뉴올리언즈는 지난 5년 동안 다른 학구에 비해 뒤처져 있다. 그러자 이 기관은 차후 연구에서 이 현상에 대해 검토하겠다고 답변을 보내왔다."

이때 이야기한 "차후 연구"는 2019년 툴레인대학교의 같은 연구소에서 수행, 공개되었다. 이 연구는 "평균적인 학교의 질"을 증진하는데 파괴자들의 교육개혁노선을 치하하고 있다. 그러나 "이 질적 수준이란 게 2013년 전후로 정점에 있다가 2014−2016 기간에는 정체되어 있거나 혹 감소하기 시작했다"고 인정했다. 그리고는 "설립되고 나서 1년−2년 동안 평균적인 학교 수준은 개선되었지만, 그 뒤에는 학교 학업성취도가 대체적으로 더 나아지지도, 더 나빠지지도 않고 그 상태를 유지했다." 이 보고서의 내용을 살펴보면 파괴주의자들을 시끌법적하게 인정하고 있다고 보기 어렵다.

러트거스대학교의 베이커(Bruce Baker)는 NPE에서 수행한 2018년 연구분석을 통해 툴레인대학교 연구자들이 제시한 내용, 즉 자유시장개혁이 뉴올리언즈에서의 학업성취도 향상에 인과적 요인이라고 한 내용에 문제가 있다고 지적했다. 그는 경험 많고 노련한 교사를 교원노조에 가입해 있다고 전부 해고했어야 했는지, 거의 같은 정도의 학업성취수준에 머무르는 결과를 낸 상황에서 공립학교 관리를 전부 민영화했어야 했는지 질문하고 있다.

베이커는 해리스와 라르센이 크게 의미를 두지 않았던 두 가지 중요한 변화에 초점을 두고 있다. 하나는 허리케인 카트리나 이후 교육예산 지출액이 크게 증가했다. 첫 번째 이유는 연방정부의 지원이 있었고, 다른 하나는 전국의 자선사업가들이 내놓은 기금 때문이었다. 둘째, 뉴올리언즈는 도시에서 가장 가난한 지역의 일부 가구들이 다른 지역으로 이동하면서 엄청나게 큰 인구지형 변화를 겪었다. 이렇게 비상시국에 빠져나간 사람들은 거주지역이 허리케인으로 황폐화된 이후 다시 돌아오지 않았다. 허리케인 사태 이전 뉴올리언즈 학교의 등록학생수는 65,000명이었다. 그러나 수년이 지난 때의 등록 학생수는 48,000명이었다.

베어커는 허리케인 카트리나 이후 예산 지출은 정말 획기적으로 늘었는데, 거의 학생당 1,400불 정도 늘어났다. 이렇게 새로 투입된 재원의 대부분은 행정업무와 교통지원에 할당되었다. 수업담당 교원에 대한 비용은 "상대적으로 경험이 적은 교사의 유입과 연금 및 다른 교원 혜택의 변화로 인해 오히려 낮아졌다. 이런 지출 감소는 시간이 지나면서 그다지 지속가능하지 않게 되는데, 즉 시스템을 유지하기 위해 전체 지출이 높아져야 하거나, 또는 지속가능하게 다른 비용 또한 감소되어야만 한다."

베이커는, 허리케인이 지나가고 빈곤문제는 이전에 그러했던 것보다는 덜 심했다고 보고한다. 그는 브루킹스연구소의 2015년도 연구를 인용하고 있는데, 2000년 허리케인 카트리나 이전의 뉴올리언즈는 전국에서 두 번째로 빈곤밀집도가 높은 곳이었는데, 2009 – 2013년이 되면 40번째로 순위가 떨어졌다. 뉴올리언즈 빈곤밀집도의 하강이 나타난 시기는 2008 – 2009년 있었던 경제침체기의 영향 때문에 빈곤강도가 다른 대도시에서 증가했던 시기와 겹친다. 베이커는 "인구지형의 변화는 무시할 수 없는 요인이다. … 아동 빈곤 및 좀 더 특별한 공간적 빈곤밀집도, 세대간 빈곤, 빈곤노출의 지속 등이 모든 것이 단기적, 장기적 결과로 이어진다고 볼 때 정말 큰 문제다. … 아동 빈곤 문제를 해결하는 것이 가능한 가장 효과적인 전략일 것이다."

베이커는 교육 예산 증액이나 인구지형의 변화가 허리케인 이후 보여지는 학업성취도 향상의 대부분을 설명하는 듯하다고 결론짓고 있다.

학교선택제를 지지하는 사람들과 이를 옹호하는 언론인들은 툴레인대학교의 연구를 마치 자유시장개혁을 인정하는 것처럼 여기고, 이 결과가 다른 도시에서도 적용될 수 있다고 믿는다. 그러나 해리스는 이렇게 주의를 건넨다.

> 모든 경력직 교사를 해고하고, 교원노조를 일소시키고, 모든 공립학교를 민영화하는 뉴올리언즈형 교육개혁 공식은 다른 도시에서 동일한 결과를 내지 않을 것이다. 큰 폭의 예산 증액과 빈곤 감소 정도가 크지 않다면 말이다. 거의 15년 이상 뉴올리언즈에서 지속된 파괴운동에도 불구하고 대부분의 뉴올리언즈 차터스쿨에 다니는 학생들의 학업성취도는 주정부 시험에서 주평균을 밑돈다. 기적은 없었다.

뉴올리언즈에서 성적 향상이 어떠하다고 하건간에, 엄청난 상실이 있었다. 뉴욕에 위치한 바루치대학교(Baruch College)의 가보르(Andrea Gabor)는 이 이야기 속에서 인간적인 면모에 대해 이렇게 평가하고 있다.

> 차터스쿨 산업이 오래되지 않았음에도 21세기 재벌 자선사업가들의 가슴에 훈장을 달게 된 상황은, 뉴올리언즈 차터스쿨 혁명이 산업혁명 초기의 독과점, 노조탄압, 피라미드형 하향식 직계제를 제대로 배웠다는 것을 보여준다. 뉴올리언즈의 가난한 흑인 부모들에게 학교선택제는 시험준비, 엄격한 훈육, 무관용 학교라는 별 영양가 없는 메뉴를 고르는 것 정도에 지나지 않았다. 교사들에게는 오랜 근무시간, 그럼에도 낮은 임금이라는 절대 지속가능하지 않은 고투로, 교사들의 이직률을 치솟게 만들었다. 차터스쿨 운영자들, 그리 크지 않고 네트워크가 잘 마련되지 않은 학교의 운영자들에게는 학교 운영이 큰 이익을 가져다주지 않았다. 학업성취도 향상만을 바라보고 차터스쿨 시장에서 성공하기 바라며 많다고는 하지만 제한된 자선사업가들의 돈을 쫓는 사람들이 너무 많았기 때문이다. 학생들 입장에서 이 상황은 마치 음악이 멈추면 무대에 있던 사람

들이 의자를 차지하기 위해 경쟁하고 의자를 차지하지 못한 사람들은 무대에서 사라져야 하는 다원주의식 경기와 같았다. 음악이 멈추면, 즉 실패하는 학교라고 자신이 다니던 학교가 문을 닫게 되면, 학생들의 문제를 다룰 줄도, 그렇다고 그럴 의지도 없는 학교에서 나가라는 소리를 들었을 때, 결국 가장 취약한 계층 출신의 아이들은 배제되고 만다. 거친 허리케인으로 집을 비워 이동하거나 이 일로 심리적 트라우마를 겪는 아동 및 가족들은 주정부로부터 실질적으로 아무런 정신건강 회복을 위한 지원을 받지 못했다.

　이런 새 체제 뒤에는 한 줌도 되지 않는 부유하고 민주적 선거와는 관련없는, 대체로 해당 지역에 거주하지 않는 단체, 후원자, 혹은 이들의 똘마니들이 자리하고 있다. 이들은 싸움에 쓸 자원을 통제, 관리하고 뉴올리언즈 지역의 교육 의제를 주무른다. 의심할 여지없이, 많은 사람들이 진심으로 물에 잠겨버린 교육시스템을 재건하고 싶어하고, 과거의 막대한 실수(와 부패)를 피하고 싶다며 이 일에 참여해 왔다. 그러나 이들 또한 교원노조를 향한 깊고도 맹목적인 적개심, 빈곤 지역에서 활동하는 풀뿌리시민운동단체에 대한 불신, 미국 교육을 변혁하겠다는 시장 및 시장의 힘에 대한 이념적 믿음에 이끌려 왔다.

　기적과도 같은 이야기라며 길게 늘어 놓는 또 다른 사례는 플로리다주에서 나온다. 젭 부시와 베치 드보스는 플로리다주를 학교선택제 전략이 성공한 대표적인 모범으로 치켜세운다. 그러나 플로리다 사례는 불법과 탐욕이 낳은 모범적 결과라고 보는 것이 더 나을 것이다.

　플로리다주 헌법은 아주 강력하고 또 분명한 어조로 공립학교를 보호하는 조항을 담고 있다.

　플로리다주 헌법 제1조 제3항은 공교육비는 오로지 공립학교에만 사용되어야 한다고 명시하고 있다. 직접 그 조항을 살펴보자.

> 종교의 자유-종교 설립을 존중하거나 자유로운 종교행사를 금지 혹은 처벌하는 법률을 만들 수 없다. 공중 도덕, 평화 혹은 안전에 위반되는 종교 행사의 자유는 정당화될 수 없다. 주 정부 혹은 하위 부서, 혹은 관련 기관이라도 공적 재원을 직접 혹은 간접적으로 그 어떤 교회, 종교단체, 혹은 종교적 명분을 지원하거나 그 어떤 종파주의적 단체를 지원할 수 없다.

플로리다주 헌법 제9조는 주 교육 기금으로 할 수 있는 것이 무엇인지에 대해서 또 명시하고 있다.

> 제1항. 공교육-아동의 교육은 플로리다주 인민의 기본적 가치다. 따라서 주 경계 안에 거주하는 모든 아동의 교육을 위해 적절한 자원을 마련하는 것은 주정부 최고의 의무다. 법률은 학생들이 질 높은 교육을 받을 수 있도록 통일되고, 효율적이며, 안전하고 안심할 수 있는, 그리고 수준 높은 무상공립학교 시스템을 위해 적절한 자원을 제공해야 하며, 상급학교의 설립, 유지, 운영, 그리고 주민들의 필요에 따른 기타 공교육 프로그램을 위해 적절한 자원을 제공해야 한다. ...

> 제6항. 주정부 학교 기금-주정부 학교 기금에서 나온 수익과 이 기금의 원금은 오로지 무상공립학교를 지원하고 유지하기 위해서만 사용될 수 있다.

플로리다주 헌법은 이보다 더 분명한 입장을 가질 수 없도록 기술되어 있다. 위 헌법은 아주 분명하게 종교계 학교에 공적 자금 제공을 금지한다. 게다가, "통일되고, 효율적이며, 안전하고 안심할 수 있는, 그리고 수준 높은 무상공립학교"라는 조건은 직접적으로 민간이 개인적으로 운영하는 차터스쿨(여기에는 영리를 목적으로 한 차터스쿨 회사들도 포함된다)의 설립과 배치된다.

플로리다주 헌법을 해독하는 데 전혀 모호함이 없기 때문에, 전 주지사였던 젭 부시는 2012년 주민투표를 통해 이 조항을 바꾸려고 했다. 그와 그를 따르는 사람들은 종교계 학교에 공교육비 지원을 금하는 조항을 폐지하고 소위 "종교의 자유를 위한 플로리다 헌법개정(Florida Religious Freedom Amendment)"을 제안하는 주민투표안을 냈다. 이 제안을 낸 사람들은, 이 헌법개정안을 통해 투표자들이 헌법 개정안의 진짜 목적이 공교육비를 바우처 프로그램을 통해 종교계 학교에 지원하도록 한다는 사실을 눈치채지 못한채 오로지 "종교의 자유"만 보고 지지하기를 바랐다. 바우처 지지 세력은 종교계 학교를 위한 바우처 프로그램을 우호적으로 보는 주민투표가 아주 큰 표차로 늘 패배했다는 사실을 알고 있었다. 상당히 보수적인 유타주에서 2007년 있었던 주민투표에서 볼 수 있듯이 말이다. 이때, 이 주민투표안은 62% 대 38%로 부결되었다. 그러나 기만적인 언어를 사용한다고 대다수의 투표자들을 속일 수는 없었다. 투표자들은 55% 대 45%로 주민투표안을 부결시켰다. 만약 바우처 프로그램으로 종교계 학교를 지원하기 위한 주민투표라고 정직하게 묻는 선거였다면 선거 결과는 훨씬 더 크게 벌어졌을 것이다.

부시와 그를 따르는 사람들은 주민투표가 부결되고도 크게 흔들리지 않았다. 대신, 교육민영화를 옹호하는 이들은 주 헌법을 우회하는 방법, 선거에서 패배했다는 사실을 무시하는 방법을 전략으로 내세웠다. 공화당이 장악한 플로리다주 의회는 여러 유형의 바우처 시행법을 제정하고 차터스쿨의 확산을 적극 장려, 지원했다. 물론 여기에는 영리를 가능하게 하는 차터스쿨 회사들이 포함된다. 플로리다주는 2018년 전국에서 종교계 사립학교에 가장 폭넓게 바우처를 제공하고 있었다. 이 학교에는 140,000명의 학생이 등록해 다니고 연간 10억달러의 예산이 드는 일이었다. 바우처를 제공받는 학생이 등록한 학교의 80%는 종교계 학교였다.

젭 부시(Jeb Bush)는 1999-2007년까지 플로리다주 주지사였다. 그의 "플로리다 (교육개혁) 모델"은 시험, 차터스쿨, 바우처 프로그램, 온라인 학습을 강조한다. 부시는 전국 파괴운동의 지도자다. 그는 공립학교에 반대한다. 그는 베치 드보스와 아주 밀접하게 관련돼 있는데, 드보스는 연방교육부장관이 되기 전 부시가 이끄는 단체의 이사회 임원으로 있었다.

플로리다주는 아주 엄격한 표준교육과정, 시험, 공립학교 및 차터스쿨에 대한 책무성(학생 성적에 따른 학교, 교사 성과 연계)을 부과했는데, 바우처를 통해 공교육비를 제공받는 사립학교에는 이 기준을 적용하지 않았다. 플로리다주에서 바우처 프로그램에 우호적인 의회의원들은 바우처 제공 사립학교들에 대한 규제를 원치 않았다. 이들이 제공받는 기금이 공교육비였는데도 불구하고 말이다. 바우처가 제공되는 사립학교의 교사들 또한 교사자격 유무를 따지지 않았고, 심지어 이들에게 대학 학위가 있는지조차 묻지 않았다. 바우처를 제공받는 사립학교들은 주정부에서 부과하는 그 어떤 학업적 표준도 맞추라고 요구하지 않았고, 졸업률 보고 혹은 학교예산의 공개를 요구하지 않았다. 이들 학교에서 종교적 교육과정을 가르쳐도 된다고 허용했다. 올랜도센티넬지에서 연속 보도한 기사에 따르면 이런 학교들은 소위 "무법 학교"로, 학생들은 노예제도가 자비로운 것이었다는 둥, 선사시대 인간이 공룡을 타고 다녔다는 둥의 허무맹랑한 이야기를 배웠다. 플로리다주의 바우처 혜택을 받는 사립학교에서 발생하는 돈 문제 혹은 학업적 문제에 대해 의회의원들은 그다지 심각하게 여기지 않았는데, 어처구니없게 이들은 바우처 프로그램의 확대를 원했다. 주의회 하원의장이었던 콜코란(Richard Corcoran)은 자신이 주 전체 학교를 "바우처 프로그램화" 하고 싶다고 밝히면서, 공화당원 모임에서 "교육은 학부모들에게 더 많은 선택지를 부여하는 식으로 더 많은 자유시장 체제를 도입해야 한다"고 말했다. 그가 이런 말을 하고 있는 상황에서 그의 아내는 차터스쿨을 운영하고 있었다. 콜코란이 의회 임기를 마치고 나가자, 새로 들어선 주지사 드산티스(Ron DeSantis)는 콜코란을 플로리다주 교육부장관(commissioner of education)으로 임명했다. 그가 교육관련 학위나, 가르쳐본 경험이 없다는 것은 문제가 안되었다.

종교계 사립학교를 위한 바우처 프로그램을 시행하면서 매년 10억달러가, 민간이 운영하는 차터스쿨을 지원하는 명목으로 매년 20억달러가 주정부 금고에서 빠져나갔다. 바우처 프로그램과는 달리 차터스쿨은 주정부 시험을 치러야 했고, 자격을 갖춘 교사들을 채용하라고 요구했다. 여기에 학교 건물 규정을 위한 주정부 규정은 적용하지 않았다. 플로리다주에는 2017-2018년 동안 650개의 차터스쿨이 설립되어 운영중이었고, 이 학교들에 300,000명의 학생들이 등록해 다니고 있었다. 주 전체 등록 학생수는 대략 3,000,000명이었다. 매년 새로운 차터스쿨이 문을 열고 있었지만, 그만큼에 해당하는 수의 학교들이 재정 문제라던가 약속했던 학업성취도에 미치지 못해 문을 닫았다. 2016년 기준 26개의 새로운 차터스쿨이 설립되었고 25개의 차터스쿨이 문을 닫았다.

플로리다 전역의 많은 학부모 단체들이 학교민영화 정책에 맞서고 공립학교에 적정 교육비를 요구하는 싸움에 나섰다. 여기에는 PTAs, '여성유권자연합(LWV)', '당장교육에기금을(Fund Education Now, FEN)', '더이상은안돼(5th No More)', '듀발학교살리기(Save Duval Schools, SDS)', '시험말고교육(Teaching Not Testing, TNT)', '데이드학교지지(Support Dade Schools, SDS)' 등의 단체들이 있다. 이런 단체들 중 일부는 2012년 기관끼리 합쳤고, 2013년 "학부모주도법(parent trigger law)"[23]의 입법을 저지하기 위해 싸웠다. 이 법안은 전문가 단체가 공립학교를 차터스쿨 운영자들에게 넘기도록 학부모 서명을 모아도 되게끔 하는 내용을 담고 있다. 이 법안은 젭 부시와 미쉘 리가 추진했던 것이었다. 의원들의 지역구에서 풀뿌리 운동이 가한 압

---

23) (역자주) 학부모주도법(Parent Trigger Law). 학부모들이 학업성취도가 낮은 학교들을 상대로 조치를 취할 수 있도록 허용하는 법안을 일컫는다. 학부모들이 취할 수 있는 행동에는 이런 학교를 차터스쿨로 바꾸도록 하거나, 학교 관리자 및 교원의 교체, 혹은 학교 폐쇄 등이 있다. 2010년 1월 최초로 캘리포니아주의회에서 통과된 데 이어 루이지애나, 미시시피, 코네티컷, 텍사스, 인디애나, 오하이오 등에서 법안이 통과되었다. 여전히 이 법안의 이행과 성과에 대해 논란이 거세다.

력에 대응하면서 6명의 공화당 주의회의원(상원)들은 이 법안을 부결시킬 결합을 내세웠다. 이때 이후 사라소타와 마나티 카운티의 '우리공립학교를위한프로젝트(Project Our Public Schools, POPS)'와 같은 단체를 포함한 새로운 학부모 단체들이 등장했다. 강한학교를위한시민들의모임(Citizens for Strong Schools, CSS)'은 주의회가 공립학교에 예산지원을 강제하도록 소송을 제기했다. 그러나 주 대법원은 이들의 요구를 기각했다. 알라추아 카운티에서는 '기업의학교탈취에맞서는학부모들(Parents Against Corporate Takeovers, PACT)'이라는 단체가 시끌법적하게 대응해 이들 지역에 문을 열고 싶어하는 영리추구 차터스쿨을 성공적으로 막아냈다.

가장 효과적으로 풀뿌리 교육운동을 한 단체라면 '여성유권자연합(League of womens votes, LWV)'일 것이다. 이 단체는 2014년 플로리다주 전체의 차터스쿨에 관한 꽤 오랜 연구 결과를 공개했다. 플로리다주는 영리를 추구하는 차터스쿨을 금지하고 있었음에도 해당 연도 기준으로 약 1/3의 차터스쿨은 영리를 추구하는 회사가 맡아 운영하고 있었다. '차터스쿨 USA', '아카데미카', '이매진'과 같은 회사 말이다. '여성유권자연합(LWV)'은 플로리다주 차터스쿨의 교사 이직률이 상당히 높고, 낮은 임금, 인종간 학교분리 정도가 높으며, 학교 폐쇄 정도가 심하다고 보고했다. 게다가, 2011년 주정부 기준으로 F등급의 학교들 중 차터스쿨이 절반을 차지하고 있었다. 심지어 일부 차터스쿨은 종교계 단체가 운영하고 있었다. 이 보고서는 의회의원들이 차터스쿨의 실패, 그리고 재정상 부정을 보여주는 증거가 상당한데도 이를 무시했다고 설명했다. 이런 데 관여된 핵심 의원들은 지독할 정도의 이해충돌에 관련되어 있었다. 즉, 상원의회의 교육위원회 위원장은 차터스쿨 공동설립자이자 비즈니스 운영자였고, 상원 교육위원회 한 위원은 차터스쿨 운영이사회의 이사였다. 하원의회의 예산위원회 위원장 또한 한 차터스쿨의 운영이사회 임원이었고, 당시 하원 의장이자 세출위원회 위원장이었던 콜코란의 아내는 차터스쿨 대표였다. 하원의 교육관련 세출 소위원회의 위원장은 영리추구형 차터스쿨 회사 대표와 결혼했고, 그의 동생은 같은 회사의 부대표였다.

'여성유권자연합(LWV)'의 플로리다주 대표였던 홀(Pat Hall)과 레그(Sue Legg)는 2016 '차터스쿨 USA'의 부동산 상황을 조사했다. 이 회사는 영리추구 회사로 플로리다주에서만 49개의 차터스쿨을, 다른 주에서 다수 차터스쿨을 관리 운영하고 있었다. '차터스쿨 USA'는 공화당 색깔을 가지고 있고 군경력을 가진, 그러나 교육과는 아무상관 없는 헤이지(Jonathan Hage)가 설립한 회사로 개발회사, 건축회사, 재단, 교육과정 소프트웨어 개발사, 다른 300여개 유한회사와 연계되어 있었다. 영리추구 회사는 시설 조달, 부지 구입, 건축부지 정리, 건설, 채권자금 조달 등의 일에 전부 수수료를 매기고 자신들이 관리, 운영하는 학교에 임대 수수료 명목으로 수백만달러를 가져간다. 한 회사가 다른 회사에 서비스를 제공했다며 비용을 부과하고, 연계된 회사들 사이에 임대, 임차를 주고 받는다. 게다가, 이 회사는 각 차터스쿨에 관리 운영비 명목으로 비용을 부과한다. 이들은 납세자들의 돈이 어떻게 지출되는지를 추적하는 일이 "불투명한 영리기업들의 비즈니스 관행으로 불가능했다"고 밝히고 있다. 이 보고서는 차터스쿨이 제공받는 공교육비의 약 40% 정도가 학교 교수학습과는 상관없는 일에 쓰인다고 추정했다.

플로리다주는 차터스쿨이 공립학교에 어떤 위험을 지우고 있는지 잘 보여준다. '인티그리티플로리다(Integrity Florida, IF)'라는 이름의 정부 감시를 목적으로 하는 독립기관은 2018년 플로리다주에서 공교육을 민영화하는 위험과 차터스쿨에 규제를 가해야 한다는 점을 다룬 신랄한 보고서를 내놓았다. '인티그리티플로리다'는 학생 대부분이 등록해 다니고 있는 공립학교 예산 부족을 차터스쿨 수의 증가와 직접적으로 연결했다. 이 보고서의 저자들은 차터스쿨이 얼마나 오래 계속 커갈 것인지 질문하고 자신들이 던진 질문에 답하고 있다. "민간 차터스쿨 회사들이 공립학교를 일종의 부를 만들어주는 이익으로 생각하고, 의회에서 나름 말랑말랑한 의원들을 찾을 수 있는 한 차터스쿨의 성장은 줄어들지 않을 것이다." 이들이 걱정하는 것은, 차터스쿨 옹호자들의 목표가 학교 시스템에서 강자로 군림하는 것, 교육에 대한 공적 책임을 민간, 그리고 영리추구 회사로 옮기려 한다는 점이다. 이들은 영리추구 회사가 주 전체 차터스쿨의 거의 절반을 운영하고 있다고 보고한다. 이

수치는 '여성유권자연합'이 이 보고서 발간 4년 전에 펴낸 이전보고서를 기준해 볼 때 정말 큰 증가라고 보인다. 차터스쿨은 평균적으로 공립학교보다 더 성공적이지 않으며, 공립학교보다 더 혁신적이지도 않다. 지난 20여 년 동안 거의 400여 개의 차터스쿨이 문을 닫았다. 한편, 차터스쿨의 확산은 공립학교를 담당하는 교육청의 예산을 압박하고 있다. 차터스쿨 수의 증가는 공격적인 영리추구 회사들이 조장해 온 것으로 이들은 1998년 이래 주 교육정책에 영향을 줄 수 있는 선거운동에 1,300만달러가 넘는 자금을 쏟아부었다. '인티그리티플로리다'는 "교육정책을 결정하는 일부 공무원 및 이들의 가족이 차터스쿨 회사를 소유하거나 고용, 운영에 참여하는 방식으로 사적 이익을 취하는 등 공무직 종사자의 사적 이해 충돌 문제를 일으키는 사례가 있기는 하지만," 주 의회는 새로운 차터스쿨에 투입하는 자금 지원을 올려왔다. 의회의 이런 태도 때문에, "차터스쿨에 대한 느슨한 규제가 재정 오남용 및 범법적 부패를 더 양산해 왔다."

플로리다는 절대 따라 해서는 안 되는 사례다. 이런 사례를 이끈 리더십은 공립학교 예산을 줄이려는 것이고, 민간 운영 차터스쿨을 확대하려는 것이고, 공교육비로 종교계 사립학교 등록 학생수를 늘리려는 것이고, 교육산업을 키우려는 것이다. 학생들은 안중에도 없다. 아마 학생을 걱정한다면 그들 관심사의 맨 마지막에 있을 것이다. 그들 관심사의 맨앞에 있는 것은 이익이다.

학교선택에 미친 공화당이 주지사 자리와 주의회 양원 다수석을 점하고 있는 한, 이들은 학교 선택을 위한 로비를 계속할 것이다. 그러나 PTA, 학부모 운동단체, 교원노조, 플로리다 '여성유권자연합' 등의 저항운동은 질 높은 공립학교라는 통일된 학교시스템을 보장하는 주 헌법이 계속 좀먹히는 매 상황에 맞불어 싸울 준비를 하고 있다. 플로리다주의 저항운동이 목도한 도전과제는 주헌법을 존중하고 공립학교의 질을 향상하겠다고 마음먹은 사람을 선출해 공무를 맡기는 것이다.

제14장

공통핵심과
실패한 개혁 떨거지

제14장

공통핵심과 실패한 개혁 떨거지

갑부인 빌 게이츠는 2000년 무렵 미국 공립학교를 개혁해야겠다고 마음 먹었다. 그도, 그의 자녀들도 공립학교를 다닌 적은 없다. 따라서 그가 가진 공립학교에 대한 지식은 아주 제한적이었다. 그러나 그가 가진 구상은 대단했다. 첫 번째 계획은 큰 학교를 쪼개 작은 학교로 만드는 것이었다. 그는 "열정, 적합성, 관계성"이 더 높은 성적을 만들어 낼 것이라고 말했다. 작은 학교를 만들겠다는 그의 생각은 그리 나쁘지 않았다. 그렇지만 그런 학교가 학업성취도를 올려놓지는 못했다. 그는 2008년에 이 계획을 포기했다. 같은 해, 그는 또 다른 담대한 개혁안을 접하게 되었다. 자신을 방문한 '전미주교 육부장관협의회(Council of Chief State School Officers, CCSSO, 비영리단 체로 각주 교육부장관들의 모임)의 콜먼(David Coleman)과 윌로이트(Gene Wilhoit)라는 사업가들을 만난 자리에서였다.

콜먼과 윌로이트는 게이츠 부부에게 최고의 아이디어를 팔겠다며 시애틀을 방문했다. 즉, 시험, 교육과정, 교사훈련 및 기타 모든 것을 다 아우르는 전국적인 기준을 만들어낸다는 담대하고 또 역사적인 시도 말이다. 연방정부 는 법률에 따라 이 생각에 자금 지원을 할 수 없었다. 그러나 게이츠 부부는 할 수 있었다. 이들은 미국 교육에 대한 끔찍할 정도의 통계자료들을 반복적 으로 보여주었다. 그리고는 국가적 기준이 이 문제를 해결할 답이라고 주장했다. 이들은 게이츠 부부의 구두 맹세, 즉 필요한 만큼의 돈을 제공하겠다는 맹세를 듣고 그 자리를 떴다. 워싱턴포스트의 레이튼 기자(Lyndsey Layton) 는 이들 간의 모임을 재구성해 설명하면서, "(이들은) 산산이 분절화된 교육 시스템이 혁신의 목을 조이고 있다. 교과서출판사 및 소프트웨어 개발사들은 자신들이 생산하는 상품을 혁신하려하기보다는 정말 많은 수의 작은 시장에 물건을 조달하는데만 관심있기 때문이라고 주장했다. 이런 상황은 세계에서 지배적인 컴퓨터 운영체제를 개발해내도록 이끈 사람과 딱 맞아떨어져 보인다." 게이츠는 전국적 시장을 창출하는 것이 새로운 상품을 개발하는 거대 회사들을 끌어들이게 할 것이라고 확신했다. 게이츠는 표준화의 중요성에 공감을 표하고는 이 표준화가 미국 어디에서나 연결할 수 있는 전자기기에 힘을 갖도록 보장할 터였다. 공통핵심표준이 개발된 이후, 그는 '전미교사자격위원회(National Board for Professional Teaching Standards, NBPTS)'에 속한 모범 교사들의 덕목을 과대 선전했다. 게이츠재단은 지난 5년 동안 이 단체에 500만달러를 후원했다. 그는 이 모범 교사들에게 이렇게 말한다. "여러분들이 콘센트 모양이 50가지로 서로 다르다면 전자기기를 연결하는 일은 어려울 것이고, 그 연결비용 또한 아주 비쌀 것이다." 그는, 일단 전기 연결 구멍이 표준화된다면 많은 회사가 이에 맞는 전자제품을 만들고 소비자들에게 다양하고 더 나은 가격을 제시하는 경쟁이 있으리라고 설명했다. 표준화는 대기업과 소비자들의 필요에 딱 부합할 것이었다.

하지만 빌 게이츠가 전혀 이해하지 못한 것은 아동과 교사는 빵굽는 상품인 토스터기가 아니라는 점이었다. 당신은 아이들과 교사에게 똑같은 결과를 기대하며 그렇게 만들어내겠다고 전기 콘센트에 꽂을 수 없다. 아이들과 교사는 필요와 흥미에 있어 서로 다르며, 절대 표준화될 수 없다.

공통핵심표준은 미국교육을 혁명적으로 바꿀 것이었다. 게이츠재단은 이 공통핵심표준을 개발하고 이행하는 데 수억달러의 돈을 썼다. 그리고 수백만 달러를 들여 교육 단체들이 이렇게 개발된 공통핵심표준을 승인하고 또 지지하도록 했다. 공통핵심표준을 지지하는 사람들이 확신하는 것은 이런 표준이 전국의 학업성취도를 높이리라는 점, 다른 인종 및 계층간 학업격차를 줄이리라는 점, 국제학업성취도비교평가에서 미국 학생들의 학업성취도를 최고로 끌어올리리라는 점이었다. 이들에게 기금을 후원하는 사람들 또한 확신했던 것은, 이 표준을 실제 현장에 적용하는 게 불필요하다는 점이었다.

게이츠는 미국 교육을 위한 행동에 자신이 마침내 중심에 있다고 느꼈다. 그리고 자신이 염원하는 변화가 빨리 일어나기를 소망했다. 가능한 빨리 "학업성취의 향상"이 일어나기를 말이다. 그는 전 세계에서 가장 부유한 개인 중 한 명으로 자신의 생각, 즉 공통핵심표준이라는 최근에 쏟아부은 열정을 실현하기 위해 별 제한 없이 돈을 썼다.

빌 게이츠는 전 세계 가장 부유한 개인 중 한 명으로, 자신의 부를 활용해 가난한 국가의 공공보건문제를 해결하고자 했고(결과적으로 그다지 성공적이지는 않았다), 미국 공교육을 변혁하고자 했다. 물론 그 결과는 정말 참혹한 실패였다. 게이츠는 시험 성적으로 학생과 교사를 평가하는 표준화시험, 그리고 차터스쿨을 절대적으로 신뢰한다.

빌 게이츠는 교육단체, 시민권운동그룹, 양대 교원노조, 보수 및 진보 싱크탱크, 전국 PTA 조직, '유나이티드웨이(United Way)', '상공회의소(Chamber of Commerce)' 등에 수백만달러를 써서 새로 개발된 공통핵심표준을 승인, 지지하도록 했다. 그가 주는 수백만달러의 기금을 받은 단체는 하나 같이 공통핵심표준이 정말 훌륭하다고 선언했다. 마치 의무를 이행하듯이 말이다. '코포레이트아메리카(Corporate America)'는 전국적인 공통교육표준을 오랫동안 지지해 왔다. 이 단체의 리더는 다양화보다 표준화를 더 선호한다. 이들은 상품이 표준화되었을 때 시장이 최상으로 작동한다는 것을 잘 알고 있었다. 당시 엑슨모빌의 CEO이자 '비지니스지도자회의(Business Roundtable)'의 위원장이었던 틸러슨(Rex Tilerson)은 공통핵심을 지지하는 TV 광고에 등장해 주목을 받았다. 클라인(Joel Klein)과 라이스(Condoleeza Rice, 전 조지 W. 부시 정부에서 국무부 장관)는 신망있는 '외교협회(Council on Foreign Relations)'의 한 위원회를 주재했는데, 이들이 발간한 보고서는 공통핵심표준이 국가안보에 정말 중요하다고 주장했다. 이런 모든 열정은 공통핵심이 학교 교실에 도입, 적용되고 결과를 내기도 전에 이루어졌다. 게이츠는 공통핵심을 개발, 이행, 진작하도록 하는 데 거의 20억달러의 돈을 썼다. 45개주는 새로운 표준을 채택하게 되었다. 이 표준이 괄목할만하게 훌륭해서가 아니라, 주정부가 전국공통표준을 승인하도록 요청받았기 때문이었다. 만약 주정부가 연방정부에서 내놓은 정상을향한경주에 따른 수십억달러의 기금을 두고 경쟁할 자격이라도 얻으려면 공통핵심을 선택하지 않을 수 없었다. 텍사스주의 교육부장관이었던 스콧(Robert Scott)은 공통핵심표준의 승인을 거부했다. 도대체 정체가 뭔지 알 수 없는 것을 받아들일 수 없다는 것이 이유였다. 그러나 대부분의 주정부는 그다지 큰 의심을 갖지 않았고 이 표준이 각 주의 표준과 통합하거나 혹 나중에 무시하면 된다고 생각했다.

2010년 나는 오바마 대통령의 일부 핵심 참모들(바네스, Melody Barnes, Domestic Policy Council), 에마누엘(Rahm Emanuel, 대통령 비서실장), 로드리게즈(Richard Rodriguez, 대통령 교육수석)와의 회합에 초대되었다. 이들은 내가 공통핵심에 대해 어떻게 생각하는지 물었다. 난 연방정부가 3–5개 주에 이 방안을 실제 추진해 보도록 기금을 배정해 실제 교사 및 학생이 있는 진짜 교실에서 이 방안이 어떻게 작동하는지 알아내야 한다고 말했다.

이들이 그렇게 했다면, 이들은 이 방안이 지닌 결함을 찾아냈을 것이다. 이들은 표준이란게 학생들의 학업성취도 향상을 가져오는지 그렇지 않은지 알아낼 수 있었다. 그 결과가 좋든 그렇지 않든 말이다. 당시 이들의 반응은 이랬다. "우리는 기다릴 수 없어요. 표준은 2012년 선거 전에 시행되어야만 해요."

공통핵심은 표준, 교육과정, 평가, 교사교육, 교과서, 온라인 학습자료, 교사훈련 등의 완전히 포괄적인 시스템을 만들어내려는, 모든 것을 단 하나의 측정기준에 맞추려는 시도였다. SAT나 ACT와 같은 주요 대학입학평가회사 대표들은 공통핵심표준의 내용을 만드는 위원회 위원으로 참여했고, 이들 시험이 이 표준에 맞춰 조정될 것이란 점을 확인했다.

파괴자들은 완전히 조정되어 맞춰진 시스템이 있다면, 즉 모든 부속품이 체계적으로 잘 연결되어 있다면 누구라도 같은 시간, 같은 방법으로 같은 것을 배울 수 있다고, 모두가 잘 배울 수 있을 것이라고 생각했다. 이들은 표준화가 교육기회의 평등을 만들어내고, 뒤처지는 아이들을 없애며, 미국이 국제사회의 경쟁에서 최고 자리에 오를 것이라고 상상했다.

빌 게이츠가 아낌없이 제공하는 기금과 그의 이름이 박힌채 조심스럽고 단계적으로 관리되는 대중 홍보에도 불구하고, 전국 학교를 표준화하려는 이런 대담한 시도는 거대한 실패작이었다.

표준화는 자동차나 기계장치 생산을 위해서는 대단한 생각이었음에 틀림없지만, 아동 및 학교를 위해서는 그렇지 않았다. 심지어 한 교사가 매일 같은 가르침을 실천하는 같은 교실의 비슷해 보이는 아이들도 배움의 속도는 같지 않고, 그 결과 또한 같지 않다. 어떤 아이들은 더 잘하고, 또 어떤 아이들은 그렇지 않다. 아이들 간의 차이는 피할 수 없는데, 개인은 서로 다르기 때문이다. 일부 학생들은 다른 아이들보다 더 열심히 노력하는가 하면 일부 아이들은 다른 과목보다 특정한 과목에 더 집중한다. 일부 학생들은 (알 수 없지만) 각자의 이유로 공부를 완전히 멀리한다. 어떤 아이들은 부모가 모두 대학을 졸업한 가정의 넓은 집에서 산다. 또 어떤 아이들은 좁은 집에서 살며, 이들의 부모는 직업이 두 개나 되는가 하면 아예 직업이 없는 경우도 있다. 실제 학교 교실에서 일하는 진짜 교사들은 학생의 이런 요구, 흥미, 능력이 보이는 차이에 대응하기 위한 유연성, 융통성을 필요로 한다.

공통핵심을 2010년 내놓았다고 할 때, 영어학습자(영어구사에 어려움을 겪는 이민자 자녀), 장애아, 영유아를 대표하는 단체들은 이런 표준이 각 단체의 목표나 사명에 적합하지 않다고 경고했다. 교사들이 새로운 표준을 더 많이 도입해 사용하면 할수록, 교사들은 이 표준을 점점 더 싫어하게 되었다. 이 표준은 격렬한 논쟁과 반대라는 기대하지 않았던 심각한 문제에 부닥쳤다. 게이츠는 교사와 학부모가 자신이 만든 거창한 프로젝트에 반대를 표하고 공통핵심이 논쟁에 휩싸여 있다는 사실에 크게 충격받았음에 틀림없다.

연방정부는 교육과정 혹은 교수법에 대해 통제, 관리하는 것이 법으로 금지되어 있음에도 불구하고, 연방정부는 새로운 시험체제를 지원하는데 연방기금을 활용할 수는 있었다. 던컨은 공통핵심표준에 맞춘 새로운 시험을 만드는데 3억 6천억달러에 해당하는 기금을 두 평가컨소시움에 제공했다. 이중 하나는 SBAC라는 이름을 가진 단체로 발족되면서 31개 주에 등록을 마쳤다. 다른 단체명은 PARCC로 최초 26개 주에 등록했다. 사실 각 단체가 등록한 주의 숫자는 들쭉날쭉한데, 그 이유는 해당 주가 공통핵심표준에 대한 승인을 했다가, 말았다를 반복했기 때문이었다. 이 두 단체 모두에 등록한 주는 사실 몇 개 되지 않았다. 이 두 컨소시엄은 자신들이 마련한 시험 합격 점수를 상당히 높게 잡자고 결정했는데, 이렇게 잡은 이유는 "대학 및 취업 준비"에 적절하다고 생각했기 때문이었다.

이 두 컨소시엄에서 평가방식 및 문항을 기획하는 사람들은 학생 대부분을 확실히 실패하게 만들 합격선(점수기준)을 선택했다. 그런데 이게 정말 이해하기 어려운 결정이라고 보는 이유는, 이런 시험이란 게 상당히 고부담이기 때문이다. 즉, 학생들은 다음 학년 혹은 학교급에 올라가거나 진급하기 위해 반드시 시험에 통과해야 한다는 말이다. 심지어 일부 주의 경우에는 시험을 통과해야만 고등학교 졸업장을 받을 수 있다. 에듀케이션위크지의 거워츠(Catherine Gewertz) 기자에 따르면, 연방정부가 기금을 지원하는 평가 컨소시엄 둘 중 하나는 이 합격선 성적을 NAEP의 '능숙(proficient)' 수준으로 정했다. 이런 결정을 내렸을 때, 이들은 학생 대부분이 "NAEP의 능숙함" 성적을 결코 달성하기 어렵다는 것을 알고 있었다. NAEP는 그 자체로 이런 순위를 합격점이 아니라 탁월한 학업성취 성적으로 취급한다. 즉, "탁월함(advanced)" 수준 이외에는 가장 높은 학업성취 수준으로 아주 적은 수의 학생들만이 이 수준에 도달한다.

거워츠는 이렇게 쓰고 있다.

> 주차원의 공통핵심표준을 위한 평가체제를 기획하고 있는 한 컨소시움은 여러 주에서 정치적 스트레스와 공부관련 스트레스를 일으키는 쪽으로 이동하면서 관련 자료를 월요일에 공개했다. 이 자료에 따르면, 절반이 넘는 학생들이 학년 수준에 맞춰진 언어능력 및 수학 평가에서 통과 점수를 넘지 못할 것으로 예측된다. SBAC에서 만든 시험 성적은 네 가지 성취 수준으로 구분된다. 학생은 3수준 혹은 그 이상의 성적을 받아야 자기 학년 수준에 적합한 기술 혹은 지식을 갖췄다는 의미의 '능숙함'으로 인정받을 수 있다. 22개 주가 참여하는 컨소시엄사에서 금요일 저녁 승인받은 합격 성적에 따라, 11학년 학생들 중 41%만이 언어능력에서 능숙함 수준을 받게 될테고, 수학에서는 33%의 학생만이 능숙함 수준을 받게 될 것이다. 초등학교 및 중학교의 경우 언어능력은 38%-44%가, 수학에서는 32%-39%가 능숙함 수준을 맞추게 될 것이다.

연방정부에서 기금을 받고 있는 또 다른 평가 컨소시움인 PARCC는 이보다 더 높은 성취수준을 합격선으로 잡았다. 학생 대부분이 어쩔 수 없이 반복해 실패하게 하려고 말이다. 이 두 컨소시움 모두 잘 알고 있는 바는, 학생 대부분이 "능숙함" 수준에 이르지 못하도록 합격점을 선택했다는 것이다.

참담한 수준의 공통핵심평가 결과가 공개되고, 각 주정부가 학생 대부분이 능숙함 수준에 이르지 못하고 실패했다며 보도자료를 내자, 학부모들이 거세게 항의했다. 이들의 분노는 충분히 이해할 수 있었다. 미셸 리나 캠벨

브라운과 같은 파괴자들은 들떠서는 이토록 높은 실패 비중이 공립학교의 실패를 보여주는 증거라고 했다. 이 "실패" 비중은 가장 가난한 학생들, 영어를 잘 구사하지 못하는 학생들, 장애 학생들 사이에서 가장 높았다. 학생 대부분이 이 성적 때문에 고등학교를 졸업하지 못한다는 것을 깨닫게 되면서 여러 주들이 두 컨소시움과의 계약을 해지했다. 2018년 기준으로, 얼마되지 않는 주정부만이 PARCC나 SBAC를 계속 사용하고 있다.

언론은 시청자들에게 합격 기준이 객관적인 기준에 근거한 것이 아니라는 점을 알리지 않았다. 합격 성적을 정하는 사람들은 시험을 더 쉽게 혹은 더 어렵게 만들 수 있다. 즉, 이 기준 점수를 어디에 맞추느냐에 달린 문제다.

브루킹스연구소의 연구원인 러블리스(Tom Loveless)는 NAEP의 능숙의 기준은 "학년 적정수준"을 의미하는 것이 아니라고 끈기있게 설명한다. 그는 NAEP 성취수준이 제시하는 타당성은 의심스러운 것으로 독립연구자들이나 국가교육아카데미(National Academy of Education), 국가과학아카데미 (National Academy of Sciences) 등은 이 평가의 타당성에 대해 반복적으로 질문을 제기해 왔다. 그는 대부분의 사립학교 학생들은 NAEP 능숙함 수준의 성적에 이르지 못한다고 밝히면서, 전 세계 국가 대부분의 학생들 또한 이 수준에 이르지 못할 것이라고 했다.

흥미로운 것은 파괴자들의 메트릭스(시험 성적)에 따라 판단해 본다면, 공통핵심은 실패다. 이 공통핵심은 45개주와 워싱턴 D.C.에서 채택되었었는데, NAEP 성적으로 보면 성적 향상이 거의 없거나 아예 없다. 공통핵심을 채택하지 않은 얼마 되지 않는 주중 일부 주는 공통핵심을 채택한 주들보다 NAEP에서 더 높은 성적을 받았다. 공통핵심은 서로 다른 인종 및 사회경제적 그룹간 성적차이를 줄이지 않았다. 각 주들은 표준을 바꾸고 교사훈련을 하고, 교과서 및 온라인 수업, 그리고 시험체제를 바꾸는 데 수십억달러를 썼다. 여기에 학생들이 공통핵심평가를 치르는데 필요하다며 컴퓨터를 사들이는데 추가로 수십억달러를 지불했다. 많은 학부모들은 공통핵심을 연방정부의 과도한 개입이라며 싫어했다. 많은 교사 및 학부모들은 공통핵심을 교육과정 및 교수법의 표준화, 그리고 창의적인 수업 및 혁신적 교수학습을 억

누르는 일로 간주했다. 유일하게 이 공통핵심으로 덕을 보는 사람들은 표준화된 상품을 전국 시장에 내다 팔기 기대하는 소수 대기업들이었다.

공통핵심표준을 만들어낸 설계자들은 콜만(David Coleman)이라는 기업가였다. 그는 평가 사업체라는 자신만의 회사를 갖기 전에 글로벌경영컨설팅 회사인 맥킨지에서 일했었다. 그는 평가를 담당하는 자기 회사를 맥그로우힐(교재출판회사)에 수백만달러를 받고 팔았다. 그리고는 '학생성취를위한협력자(Student Achievement Partners, SAP)'이라는 이름의 회사를 다시 열었다. 이 회사는 공통핵심표준을 개발하는 일을 맡았다.

콜만은 미국 학교가 문학과 개인 작문에 너무 많은 시간을 쓴다고 생각했다. 표준은 서로 다른 학년 수준에서 비소설 혹은 소설을 읽는 데 투입되어야 하는 학생들의 투입 시간이 어느 정도여야 하는지를 보여주는 차트가 포함되어 있다. 예를 들어, 초등학생이라면 소설과 "정보가 포함된 읽기"는 50% 대 50%여야 한다. 8학년이 되면 문학 작품 읽기는 45%, 정보가 담긴 읽기에는 55%여야 했다. 고등학생이 되면 이 비중은 30% 대 70%로 정보를 전달하는 읽기자료를 훨씬 비중있게 다뤄야 한다. 이렇게 비중을 구분하는데 과학적 근거란 없었다. 이런 지시는 단지 연방정부에서 실시하는 NAEP 이사회가 읽기 평가 문항을 개발하는 사람들에게 전달하는 안내문을 베낀 것에 불과하다. 이 비율은 시험 문항을 만드는 사람들에게나 필요한 것이지, 전국의 학교교실에서 가르치는 교사들에게 전달할 지시문은 아니다.

콜만은 공통핵심표준이 시험성적을 높일 것이라고 자신감을 내비쳤다. 그는 한 신문 기자에게, "미국 교육에서 한가지 충격적이라 할 만한 것은 4학년 읽기 성적이 40년 동안 변화없이 얼어붙어 있다는 점입니다."라고 말했다. 콜만은 이어서, "우리는 이 표준이 응답하려는 읽기 능력에 있어 벽에 부딪혀 있었던거죠."라고 말했다. 그는 4학년의 읽기 시험 성적이 급격히 높아질 것이라고 예측했다. 그러나 그런 일은 일어나지 않았다. 4학년 읽기 성적은 여전히 아무런 변화가 없었다. 4학년의 NAEP 읽기 성적, 특히 가장 성적이 낮은 학생군의 읽기 성적은 2017년에 오히려 더 낮아졌다.

콜만은 텍스트를 "자세히 읽어야" 한다고 강조했다. 그는 이를 통해 학생들이 (글의) 배경이나 맥락 없이도 구문을 읽고 또 이해할 수 있어야 한다고 믿었다. (글이란 맥락 속에서라야 이해가 된다는 점을 상기해보면, 이는 정말 이상한 구상이라고 아니할 수 없다.) 학생은 "글의 사각틀 속에" 있는 의미를 해독해내야만 했다. 예를 들어, 학생은 킹 목사(Dr. Martin Luther King Jr.)가 쓴 "버밍햄감옥에서 보내는 편지(Letter from Birmingham City Jail)"란 글을 읽을 수 있다. 인종분리정책이나 시민권운동에 관한 역사적 배경을 설명하는 교사 없이 말이다. 콜만은 자기 개인적 관점이나 자기 삶에 대해 쓴 학생들의 작문을 얕잡아봤다. (콜만의 이야기를 보면) 학생들에게 세상에서 겪은 자기 경험 혹은 자기가 읽은 책의 내용에 대한 느낌에 대해 글을 써보라고 격려하는 교사는 마치 큰 잘못을 한 것 같다는 의미를 전달한다. 콜만은 뉴욕주 알바니에서 교사연수에서 개인적 작문 활동을 비판하는 연설을 했다.

> 오늘날 미국 고등학교에서 가장 인기 있는 두 가지 작문 양식이 뭔지 아시나요? … 개인의 의견을 나열하는 것이거나 아니면 개인적 사안을 발표하는 것입니다. 제가 이런 무례한 표현을 쓰는 점 양해해주시죠. 여기서 이 두 가지 작문 형식의 유일한 문제는 당신이 알고 있는 이 세상에서 자라면서 사람들은 당신이 무엇을 느끼고 무엇을 생각하는지에 대해 신경쓰지 않는다는 점입니다. … 어떤 사람이 말했듯, "존슨씨, 금요일까지 시장 분석좀 해주세요. 하지만 그 전에 당신이 어렸을 때 어떤 감동적인 이야기가 있는지가 알고 싶네요." 이런 상황은 업무 환경에서 거의 일어나지 않아요.

콜만은 교사 경력이 없다. 학생은 작문할 때 발랄함, 구체적인 세부항목, 그리고 근거를 사용하도록 도움받아야 한다는 사실을 알 리가 없었다. 이 학생들은 아이들이기 때문에 세상에 대해 아직 충분히 많이 알지 못한다. 그러나 자기 삶에 대해서는 정말 많은 것을 알고 있고 개인 작문은 글쓰는 법을 배우기 위한 꽤 유용한 방법이다. 전문 작가들 또한 이런방식으로 훈련받는다. 교사들은 이 사실을 잘 알고 있다. 그런데 공통핵심표준을 만든 이 콜만이란 작자는 그걸 모른다.

공통핵심을 채택한 이후, 비평가들은 "책 전체를 읽는(whole books)" 학습 시간이 줄어들고, 고전소설 및 문학작품에 대한 감상이 사라진 것을 탄식했다. 러블리스(Tom Loveless)는 2015년 일찌감치 소설을 가르치는 시간이 심각하게 줄어들었고, 이에 비해 비소설에 대한 학습이 상당히 늘었다고 보고했다. 보수적인 성격의 기관인 '매사추세츠파이오니어연구원(Pioneer Institute in Massachusetts, PIM)'의 개스(Jamie Gass)는 공통핵심이 매사추세츠주의 훌륭한 문학적 안목을 파괴시켜 버렸고, "프랑켄슈타인" 및 "몽테크리스토백작"과 같은 고전작품들을 몰아냈다고 불만을 터트렸다. 또 다른 보수주의적 성격의 기관인 토마스포드햄연구원(공통핵심을 평가하고 또 지지해달라는 명목으로 게이츠재단에서 수백만달러의 후원을 받았었다)은 2018년 교사 70%가 정보가 담긴 자료를 너무 강조해 가르치고 있다고 한탄했다. 이는 공통핵심이 제안한 방식이었는데, "교육과정에 더 이상 고전문학을 가르치라는 내용이 없었기 때문에 고전문학작품"을 가르치는데 시간을 덜 쓰게 된 것이었다. 그때까지 토마스포드햄연구원 소속 연구원들은 공통핵심을 대변하며 주의회 청문회에서 의무적으로 증언하기도 했었는데, 이들은 고전 문학작품이 공통핵심 도입으로 희생된 것이 상당한 문제임을 깨닫게 되었다. 자신들이 한 일이 이런 문제를 야기하리라고는 알지 못했던 것이었다.

파괴자들은 참을성이 없다. 이들은 더 빨리, 더 많이 바뀌기를 바란다. 더 많은 차터스쿨이 생기고, 더 많은 시험을 치르도록 하고, 그래서 더 많은 불안이 덮치기를 바란다. 변화의 속도는 너무 느렸다. 따라서 이들은 이런 파괴의 과정을 앞당기도록 하는 전략을 대거 끌어들였다.

그런데 이 모든 전략들은 실패했다.

학생들의 시험 성적으로 교사를 평가하도록 하는 것, 이것은 가장 인기 없고 효과도 없었던 파괴자들의 구상 중 하나였다. 이 구상은 2009년 오바마 대통령의 정상을향한경주 기금을 두고 벌인 경쟁에서 핵심적인 사안이었다. 43.5억달러의 연방기금 중 일부라도 얻기를 원하는 주는 법을 바꿔서라도 학생들의 시험 성적에 근거해 교사들을 평가해야만 했다. 거의 모든 주가 이 요구조건을 순순히 따랐다. 이 평가는 소위 "가치부가평가(value−added measurement, VAM)"로 알려졌는데, 이것이 뜻하는 것은 교사들이 자신들이 더 기여한 가치, 즉 학생들의 시험성적으로 측정되는 것에 따라 평가된다는 말이었다. 자신이 가르친 학생들의 성적이 올라가면 교사들은 효과적, 즉 잘 가르친다는 뜻이었고, 그렇지 않다면 교사들은 비효과적, 즉 못가르친다는 뜻이었다.

VAM이란 말은 원래 샌더스(William Sanders)가 개발한 것으로 그는 육우와 옥수수의 생장을 측정하는데 전문성을 가진 농학 통계학자였다. 이 말을 교사들에게 똑같이 쓰면 안 되는가? 샌더스는 VAM을 교육에 적용해 보았고, 자신의 측정이 최고의 교사 및 최악의 교사를 가려내는 데 타당할 거라고 주장했다. 주정부나 학구가 그의 비밀스럽고 특허화된 VAM을 쓴다면 교사가 학생들의 시험성적을 올리거나 내리는데 얼마나 효과적인지를 아주 객관적으로 평가할 수 있을 것이라고 주장했다.

그러나 VAM은 마찬가지로 강력한 실패작이었다. 이 실패작은 처음부터 완전히 예측해 낼 수 있었는데, 사회과학자들은 학생의 학업적 성공에 가장 큰 영향을 미치는 요인은 교사가 아니라 가정 배경(부모의 소득, 교육, 영어 숙달도, 교육에 대한 지지 정도)이라는 것을 아주 잘 알고 있었다. 교사는 당연히 중요하다. 교사는 학생들의 삶에 아주 큰 변화를 만들어내는 사람들이다. 그러나 학생들의 성적 향상에 학교 바깥의 요인, 예를 들어, 굶주림, 노숙생활, 폭력경험, 건강 문제, 혹은 주기적으로 자녀들의 건강검진을 해 준다거나 어려서 책을 읽어주고, 교사들과 면담하며 도서관 및 박물관에 자녀들을 데리고 다니고 학교에서의 일에 대해 대화하는 교육받은 부모라는 환경이 만들어내는 것보다 교사가 더 큰 영향을 끼치는 경우는 극히 드물다.

전임 연방교육부장관이었던 던컨은 이 VAM을 열성적으로 지지하는 인물이었다. 그는 VAM에 대한 비판이 실패한 교사들을 감싸고 도는 행위라고 주장했다. LA타임즈가 자신들만의 VAM 등급과 이 등급에 따라 매긴 순위를 교사 실명과 더불어 인터넷에 공개했을 때, 교사들은 이 등급이 부정확하고 자신들의 정평을 부당하게 침해한다며 기사 내용에 반대했다. 그러나 던컨은 LA타임즈의 이런 교사 등급 공개를 매우 용기있는 일이라며 치하했다.

존스톤(Michael Johnston)은 젊지만 정치적 야심이 큰 콜로라도주 상원 의원이었다. 그는 교사 및 교장 업무 평가의 50%를 학생 성적에 기반하는 법안(SB191)을 만들었다. 이 법안 내용대로라면 전국에서 가장 시험성적을 중시하는 교사평가시스템을 만들게 될 터였다. TFA 출신 교사로 아주 잠시 학교 교장 경력을 가졌던 존스톤은 자기 계획이 위대한 교사, 위대한 교장, 그리고 위대한 학교를 만들어낼 것이라고 주장했다.

그의 법안은 '콜로라도교원노조(Colorado Education Association)'의 격렬한 반대에도 불구하고 2010년 통과되었다. 콜로라도주의 선도적인 "개혁가" 중 한 명이었던 숄리스(Van Schoales)는 2017년 존스톤의 SB191은 실패했다고 시인했다. 그는 대부분의 학구에는 비효과적인, 즉 능력없는 교사가 한 명도 없었다고 썼다. 단 한 명도 말이다. 그는 콜로라도주에서 가장 학업 성취도가 낮은 학교였던 오로라센트럴고교의 교사가 100% 효과적이라는 점, 2014-2015년에는 상당히 효과적이라는 결과를 보고 놀라지 않을 수 없었다. "이때 결과는 2009년과 비교해볼 때 그다지 다르지 않았고, 학교는 지금만큼이나 고군분투하고 있었다." 콜로라도주 전체 교사 중 1%도 되지 않을 만큼의 적은 수의 교사만이 비효과적이라는 등급을 받았다. 숄리스는 이런 동요가 만들어낸 유일한 결과는 소외된 교사와 이 평가 시스템을 감독하는 "거대한 관료주의"의 탄생이었다. 그러나 존스톤은 자기 법안을 폐기하길 거부했고, 의회는 이 법안을 철회하지 않았다.

무엇보다 VAM은 실패했다. 한마디로 어처구니없는 생각이었기 때문이다. 교사들은 오로지 학생들의 시험성적을 올리거나 내리는데만 책임을 지지 않는다. 학생들은 무작위적으로 배정된다. 사회과학자들은 수차례, 교사들이 학생들의 시험성적에 미치는 영향은 학생들의 가정 생활이 미치는 영향(부모 소득, 부모 교육정도, 교육에 대한 가족의 지지 등)보다 덜 중요하다고 보고해 왔다. VAM을 애호하는 사람들은 이런 수십년에 걸친 연구 결과를 무시하고 교사들은 평가받기 원치 않는다고 전제한다.

다음으로 VAM은 비실용적이다. 70%의 교사들은 매년 치러지는 시험(3-8학년의 경우 언어와 수학) 교과를 담당하지 않는다. 저학년 및 고등학교 교사들은 VAM을 측정할 성적이 없다. 음악/미술을 가르치는 교사, 체육, 과학, 직업교과, 혹은 기타 다른 교과를 가르치는 교사들은 어떤가? 이 70%의 교사들은 도대체 어떻게 평가하겠다는 것인가? 일부 주에서는 VAM 등급을 교사가 가르치지 않은 교과에 대해서도 매기도록 했다. 즉, 자신이 가르치지 않은 아이들의 시험 성적으로 이들이 평가되게 한 것이다. 플로리다 교사는 연방 법원에 자신들이 가르치지 않은 학생들의 시험 성적으로 평가받는 것이 부적절하다며 멈춰달라는 소송을 제기했다. 그런데 교사들은 이 소송에서 꽤했다. 2014년 연방 법원은 주정부의 프로그램이 "부당하다"면서도 헌법을 위반하지는 않았다고 판결했다.

실제로, VAM은 악명높을 정도로 신뢰할 만하지 않고 비효과적임이 밝혀졌다. 여러 주 및 학구에서 거의 모든 교사는 "효과적"이거나 "상당히 효과적"이라는 등급을 받는다. 마이애미데이드 카운티에서는 1%도 안 되는 교사들만이 "불충족"이라는 등급을, 뉴욕주에서는 단 3%의 교사가 "비효과적"이라고 분류되었다. 학교가 이런 "형편없는 교사들"로 굴러간다는 주장을 반박하는 이런 평가 결과에도 불구하고, 시험기반 평가 시스템은 거대한 사기저하를 가져왔고, 많은 교사들이 교직을 떠나는 이유로 지목했다. VAM은 교사 부족 사태가 만연하도록 만들었다. 교사들이 앞다퉈 일찌감치 퇴직하는가 하면 교직에 들어선 많은 수의 교사들이 황급히 그만두었다. 일부 교사들은 낮은 VAM 성적을 받고 곧 해고되지 않을까 걱정되어 도움이 필요한 학생들을 가르치기 꺼려했다.

교사들은 자신이 학생들의 학업성취 정도로 판단되는 것이 부당하다는 점을 잘 알았다. 시험 성적 향상 혹은 하락은 자기 학급에 어떤 학생들이 있는가의 정도에 달린 문제이기 때문이었다. 장애 학생을 가르치는 교사, 가장 가르치기 어려운 학급의 교사들은 잘 교육받고 부유한 가정 배경을 가진 아이들을 가르치는 교사와 같은 정도의 성적 향상을 가져오기 어렵다.

저명한 경제학자 이름으로 새로운 연구가 2011년 말에 발표되었는데, 이 연구는 시험에 기반한 책무성과 가치부가 측정을 신앙처럼 받드는 사람들에게 아주 강력한 무기를 제공해주었다. 이 연구에 대해서 뉴욕타임즈는 1면 기사로 실었고, PBS는 '뉴스아워'에서 논제로 다뤘으며, 오바마 대통령은 2012년 의회연설에서 이 내용을 언급했다. 이듬해, 이 연구의 책임연구자인 채티(Raj Chetty)는 이 연구 때문에 맥아더재단에서 수여하는 "천재"상을 받았다. 하버드대학교의 채티, 프리드만(John N. Friedman), 콜롬비아대학교의 로코프(Johah E. Rockoff)로 이루어진 연구진들은 경제학자로 이런 연구 결과를 내놓았다. 초등학교 및 중학교에서 시험성적을 높이기는 교사들은 학생 인생(예를 들어, 성인기 소득, 대학진학율, 십대임신비율 등)에 지속적인 영향을 미친다. 연구진들은 뉴욕타임즈에 이런 내용의 인터뷰를 했다. "4-8학년 사이의 어느 일년간 정말 훌륭한 교사를 만났던 학생은 단지 평균 수준의 교사를 가졌던 유사배경의 학생들에 비해 평생동안의 소득이 4,600달러 높았다. … 형편없는 교사를 평균적인 교사로 대체하게 되면, 한 학급 전체 학생들의 생애 임금이 266,000달러가 높아진다." 프리드만은 뉴욕타임즈에 "이 말의 의미는 더 늦기 전에 빨리 교사들을 잘라내라"는 의미라고 말했다. 채티는 이 내용에 몇 마디를 덧붙였다. "물론 실수가 있을 수 있다. 해고할 만한 교사가 아닌데 해고할 수 있다." 그러나 그는 가치부가 성적을 사용하면 이 교사 해고 과정에서 실수를 덜하게 된다고 생각했다. 파괴자들은 즉각적으로 이 연구를 굉장히 놀라운 해결책이라고 칭찬했다.

채티팀 연구의 승인 하에 학구는 학생들의 시험 성적을 올리지 못하거나 학생 성취도 격차를 줄이지 못하는 교사들의 해고를 시작하려 했다. 이 연구 결과 발표는 2008-2009년 국제 금융 위기에 따른 경제 침체로 예산이 삭감되면서 수천명의 교사가 해고를 당한 때에 나온 것이었다. 당연히 전국적으로 교사 부족 사태가 만연했다.

채티팀의 연구는 VAM 애호가들에게 큰 호응을 얻었다. 그러나 콜롬비아 대학교 경제학자인 애들러(Moshe Adler)가 이 연구결과에 날카로운 반박과 비판을 제기했다는 점에는 전혀 귀를 기울이지 않았다. 애들러는 채티 연구진이 소득 증가분이라고 내놓은 연구결과는 28세 직장인들을 대상으로 적용된 것으로, 동일한 데이터로 내놓은 이전의 논문에서 가치부가 변인에 따라 "30세 직장인들에게서는 소득 증가 효과가 나타나지 않는다"고 결론짓고 있다고 했다. 그는 채티연구팀이 교사들의 가치부가 효과가 28세 이후에는 사라져버린다는 연구결과를 감췄다고 비판했다. 심지어 28세 때라고 하더라도, 원래 논문에서 다룬 소득 증가분은 1인당 182달러로 일주일에 한 번 커피 한 잔을 사 먹을 수 있는 정도의 금액이었다. 즉, 대단한 발견이라며 샴페인을 터트리거나 대통령이 의회 연설에서 경의를 표할 정도의 내용이라고 할 수 없었다.

채티팀의 연구논문은 파괴자들이 미국교육에 대해 매끈한 화법을 만들어오던 때에 등장했다. 미셸 리가 날카롭게 갈고, 빌 게이츠, 아른 던컨, 기타 동맹자들이 쉼없이 반복해 내뱉었던 파괴자들의 화법은 대략 이렇다. 미국교육은 실패하고 있다. 상처난 미국교육은 다시 재건되어야 한다. 형편없는 교사들이 이 비참한 실패의 책임을 지고 비난받아야 한다. 교원노조를 비난하라. 이 형편없는 교사들을 비호하고 있으니 말이다. 교사들의 정년보장제도와 선임교사체제를 비난하라. 이 제도가 교사들에게 아무런 책임도 묻지 않고 평생직장을 보장해주고 있으니 말이다. 지역에서 선출된 학교위원회를 비난하라. 아주 나쁜 교사들을 잘라낼 용기가 없는 사람들이지 않은가? 비판이랍시고 들을 수 있는 화법 속 이야기들이다. 이 모든 것은 다 거짓이다.

이 화법은 주요 언론, 타임지, 뉴스위크에서 크게 떠벌려주었다. 타임지는 미셸 리를 커버장식 인물로 삼아, 미셸 리를 저소득층 및 소수계층 아동들이 낮은 성적밖에 못 받도록 하는 무능력한 교사와 교장을 용감하게 잘라버리는 변혁적인 지도자로 띄워주었다.

타임지는 2014년 "썩은 사과: 형편없는 교사 해고는 거의 불가능한가? / 일부 재벌들이 이를 가능하도록 만들 방법을 찾았다(Rotten Apples: It's Nearly Impossible to Fire a Bad Teahcer: Some Tech Millionaires May Have Found a Way to Change That.)"라는 제목의 커버 기사를 내보냈다.

출처: https://dcist.com/story/08/11/30/michelle-rhee-makes-time/
http://www.substancenews.net/articles.php?page=2130
https://time.com/3533615/in-the-latest-issue-11/

이 커버 기사에는 4개의 서로 다른 사과 이야기가 등장한다. 하나는 썩은 사과인데, 즉 교사 4명 중 하나는 "썩은 사과"라는 뜻을 암묵적으로 전달하고 있다. 타임지 첫 장을 넘기면 "교사정년보장제를 둔 전쟁(The War on Teacher Tenure)"이라는 제목의 기사가 나온다. 이 기사는 캘리포니아에서 진행되던 베르가라 소송에 대해 자세하게 언급하고 있다. 이 소송은 실리콘밸리의 한 부유한 기업가가 정년까지 보장되는 교직의 안정성을 깨기 바라는 마음에서 소송비를 부담하고 있었다. 소송을 제기한 원고는 하급심에서 승소했다. 그러나 캘리포니아 대법원은 최종적으로 이 사건을 기각했다. 대법원은 판결문에서, 교사의 직업적 권리에 대해서는 법원이 아닌 의회가 결정해야 한다고 판결했다. 이 사건의 내용은 딱 봐도 무척 바보같다. 학업성취도가 높은 학구의 교사들이 성적이 낮은 학구의 교사들보다 정년보장권리를 누리는 비중이 더 높기 때문이다.

아른 던컨과 빌 게이츠 등의 파괴자들은 채티연구팀에 고무되어, 성적에 따라 교사 평가를 좀 더 강하게 밀어붙여야 한다고 마음 먹었다. 교사를 평가하는데 시험 성적을 사용하고 "형편없는 교사"를 해고하는데 방점을 둔 편집증적 태세는 2008-2009년 경기 침체 후유증과 동시에 맞물렸다. 대부분의 주는 교육예산을 감축했다. 절반 이상의 주들은 이 예산 감축분을 다시 회복시키지 못했다. 교사 및 학교 직원들을 위한 건강보험료가 올랐다. 많은 주에서 교사들은 겨우 생계를 유지할 수 있는 정도의 임금을 받았다. 주정부는 별다른 이유 제시나 설명도 없이 교사들을 해고했다. 각 주는 교사들을 계속 붙잡고 있는 것이 문제였다.

달링해몬드가 이끌고 있던 스탠포드대학교의 교육정책연구소(Learning Policy Institute, LPI)는 교원 공급이 줄어들고 있다고 경고했다. 2008년 경기침체 이후, 학구는 재정을 아낀다는 명목으로 교사들을 해고했다. 경기침체가 깊어지면서 주정부들은 긴축재정 상태에 돌입했다. 그러나 경기가 호전되고 많은 학구에서 교사 채용을 원했지만 (교사) 공급은 이뤄지지 않았다. 교육정책연구소(LPI)는 2016년 연구보고서를 발간하면서 교사채용의 회복은 "교사 이직률이 높고, 교사교육 등록생 수가 지난 5년 동안 전국적으로 35%(숫자로 이야기하면 전체 교사수가 240,000명)나 감소한 상황"에서 이뤄졌다. 이런 교사부족은 전국 어디에서나 발견되었는데, 특히 수학, 과학, 이중언어, 특수교육을 담당할 교사수가 부족했다. 일부 교사들은 퇴직했지만 많은 교사가 근무환경의 악화, 교직 존중 부족, NCLB나 정상을향한경주 등이 요구하는 징벌적 책무성 프로그램 때문에 교직을 그만두었다. 교사 부족으로 가장 크게 타격을 받은 학교는 가장 가난한 지역사회의 공립학교들이었다. 학구는 학급당 학생수를 늘리거나 특정 교과분야 교사자격 혹은 전문성이 없어도 고용하는 방식으로 교사 부족문제에 대응했다. 가장 도움이 절실한 학교에서 교사들의 이직 및 퇴직 비중이 가장 높았고, 경험이 전무한 교사들을 채용하는 비중이 가장 높았다. 교육정책연구소(LPI)는 높은 교사 이직률을 문제삼았는데, 이는 채터연구팀과 관련 인사들이 나름 긍정적인 목표라고 내둘렀던 내용이었다.

> (높은 교사 이직율은) 학생들의 학업성취도에 부정적으로 영향을 미치며 신임교사가 담당하는 학생들뿐만 아니라 학교의 모든 학생에게 해로운 효과를 가져온다. … 결과적으로 교사이탈은 무경험, 교사준비부족, 총체적인 불안정으로 기능해

학생의 학업성취에 방해된다. 학교는 약화된 (교사) 동료관계, 학교제도에 대한 지식 부족, 오래 머물지도 않을 신임교사를 위한 연수비용으로 고통받는다.

교사들은 자신들을 대상으로 한 효과성 논쟁이 전국적으로 벌어지는 데도 불구하고 이 논쟁에 참여할 기회조차 없었다. 이 논쟁의 무대는 경제학자, 정책관료, 싱크탱크 연구원, 셀럽(유명인사) 및 학교교실 바깥의 외부 전문가들이 독차지했다. 그러나 교사들은 파괴자들이 자신들을 아이들의 적으로 낙인찍고 있다는 사실을 잘 알고 있었다. 또한 전국 언론에서 자신들이 샌드백이 되어 버렸다는 사실도 알고 있었다. 교사들은 직감적으로 자신들이 험한 가정환경에 처한 학생들의 공부에도, 가장 든든한 배경을 가진 아이들의 인상적인 시험 성적에도 아무런 책임이 없다는 점도 알았다. 이들은 교사로서 학생들의 삶에 영향을 미치는 것으로 자부심을 삼았다. 그러나 교사들은 이런 영향을 학생들의 표준화된 시험성적이 아닌, 학생들의 야망, 영감, 동기부여, 자기훈련, 학습에 대한 호감, 교실 수업 및 교사가 내주는 평가 및 시험이 측정하지 않는 여러 자질들로 평가했다.

VAM의 정당성은 미국통계학회가 2014년 시험성적을 개별 교사 평가에 사용하는 것에 대해 공식적으로 비판하면서 큰 타격을 입었다. 미국통계학회는 VAM이 상관성을 측정하고 있을 뿐, 인과관계를 측정하지 않는다고 경고했다. 즉, 교사가 학생들의 시험성적의 변동성에서 기껏해야 1%에서 14% 정도를 설명하고 있을 뿐이며, 질적 향상을 가져다주는 대부분의 기회는 주로 구조적 차원의 환경에 있다고 했다.

교사들의 권리가 침해되는 상황에서 법원이 개입하기 시작했다. 뉴멕시코주의 판사는 2015년 주정부가 교사들을 징계, 또는 인센티브를 주겠다고 가치부가 모형을 사용하지 못하도록 금지했다. 교사 평가의 50%를 차지하는 데 이 모형의 신뢰도나 타당성에 대한 불신이 컸기 때문이었다. 2017년 휴스턴시의 연방법원 판사는 학구에서 실시하고 있는 시험기반 (교사) 평가 시스템을 폐기시켰다. 교사가 "비밀스런 알고리즘"으로 판단되고 있는데, 이들

성적이 정확하게 계산되고 있는지 보장한다는 "아무런 근거"가 없다고 판시했다. 논지는 VAM이 교사들의 정당한 권리를 침해한다는 것이었다. 이 휴스턴의 판사는 "교사들의 성적/등급은 여러 이유로 잘못 계산되는 듯한데, 그 범위는 자료입력과정의 실수에서부터 컴퓨터 코드 자체의 사소한 결함에까지 다양하다. 알고리즘은 인간이 만든 것으로 다른 인간의 갖은 노력에서 나타나는 실수가 나타난다"고 판결했다.

VAM의 타당성은 게이츠재단에서 2018년 실시한 VAM 프로그램 평가 결과가 공개되면서 가장 큰 타격을 입었다. 이 프로그램은 자그마치 5억 7,500만달러가 소요되었는데, 게이츠재단은 이중 2억 1,200만달러를 제공했다. 나머지 돈은 납세자들의 돈, 즉 예산으로 충당되었다. 이 기금은 세 학구(플로리다주의 힐스보로 카운트, 멤피스, 피츠버그)와 4개의 대형 차터스쿨 회사('칼리지레디스쿨(Alliance College-Ready Public Schools)', '어스파이어학교(Aspire Public Schools)', '그린닷학교(Green Dot Public Schols)', '업리프트파트너십(Partnership to Uplift Communities Schools)')에 제공되었다. 이 기금을 받은 학구 및 차터스쿨들은 시험성적 및 "동료평가"로 교사들을 평가하겠다는 조건에 합의했다. 이 프로그램의 목표는 교원들의 학교정책 결정을 증진하고, 가장 열악한 환경의 아동들을 가르치는 정말 훌륭한 교사들을 갖추는 것이었다.

게이츠재단은 랜드연구소(RAND) 및 미국종합연구소(AIR)라는 저명한 연구기관을 통해 6년이 넘는 프로그램 진행과정을 평가했다. RAND와 AIR에서 내놓은 보고서는 프로그램에 투입된 기금 5억 7,500만달러는 학생들의 학업성취도를 높인다거나 졸업률의 향상, 중도탈락율 감소, 교사의 질 변화에 전혀 영향을 미치지 못했다고 결론내렸다.

버리스(Carol Burris)는 게이츠재단의 프로그램에 대한 RAND-AIR 평가 보고서를 검토하고는 이 프로그램이 교육의 질적 수준을 향상시키기는커녕 오히려 해를 가했다고 결론내렸다. 이 프로그램은 학급당 학생수 규모를 줄이거나 교사들의 급여를 높여주는 일 등 좀 더 낫게 쓰일 수 있는 학구의 재원을 낭비했다고 버리스는 말했다. 이 프로그램은 납세자들에게 천문학적인 비용을 대도록 했다. 버리스는 여기에 행정 및 교사가 기울인 간접비용을 포함한 이후, 7개 교육현장에서 시행된 게이츠재단의 프로그램에 소요된 실질적 비용은 10억불 정도 될 것이라고 추정했다. 플로리다주의 힐스보로 카운티 공립학교들은 엄청난 비용을 치뤘다. "프로그램 비용에만 2억 6,200만 달러가 들었다. 이를 위해 연방정부, 주정부 및 지역의 납세자들은 1억 7,800만달러를 부담해야 했다. 이는 게이츠재단이 부담한 8,100만달러보다 훨씬 많은 돈이었다. 게이츠는 자기 돈을 자기 재단의 제안을 실현하는데 공공 재원을 투입하도록 하는 지렛대로 이용했다. 납세자들은 비용 중 가장 큰 부담 주체였다.

게이츠재단의 프로그램을 실시하겠다고 한 7개 교육현장 전체적으로 결과는 부정적이었다. 일부 지역에서는 교사 이직률이 증가했다. 도움이 절실한 취약계층 학생들은 가장 효과적인 교사를 만날 수 없었다. 만약 이런 취약계층 아이들을 가르친다면 자신들의 VAM 성적이 떨어질까 싶어서 교사들이 경계했기 때문이었다. 파괴자들은 교사 해고율이 20%대까지 올라가기를 기대했음에도 불구하고 앞서 콜로라도주나 마이애미주에서 봤던 것처럼 실제 교사 해고율은 1%대였다. 이는 프로그램이 시작되기 전의 수준과 그리 다르지 않았다. 교장으로 퇴직한 버리스는, 아주 상식적인 사실을 무시했기 때문에 이렇게 값비싸고 거창한 프로그램이 교사의 자질이나 학생들의 학업 성취도에 아무런 효과를 내지 못했다고 결론지었다. 즉, "이 프로젝트는 실패했다. 그 이유는 시험 성적에 기대 교사들을 평가하는 일이 아주 바보같은 제안으로 우리 모두가 원하는 목표(교수학습의 질을 향상한다는 것)를 성취하는데 부정적인 결과를 만들어내기 때문이었다. 훌륭한 교장이라면 다 하는 바가 있는데, 가르침의 수준을 높이려면 신뢰와 상호존중의 관계에서 만들어진 지도조언이 필요하다. 누가 징계를 받고 누가 인센티브를 받을 것인지 결정하기 위해 도표와 메트릭스가 필요한 것이 아니다."

게이츠재단은 지금까지 신념을 피력해 온 이 방법, 즉 정상을향한경주가 요구하고 있는 조건에 이미 들어있는 방법이 작동하지 않는다는 것을 결정적으로 확인시켜주었다. 게이츠는 VAM에 대한 수백만달러 투자가 한 방에 날아갔다는 사실을 끝내 공식적으로 인정하지 않았다. 아마도 억만장자라는 자신의 입지가 잘못을 인정하거나 그가 가졌던 핵심적 신념, 즉 "형편없는 교사"들이 낮은 학업성취도에 책임있다는 말이 잘못되었다는 것을 인정하기 어렵게 했다.

VAM은 엉터리였다. 하지만, 게이츠재단 프로그램에 대한 RAND−AIR의 평가에도 불구하고 학구 및 주정부가 고부담 목적으로 VAM 사용을 금지한다는 휴스턴 및 뉴멕시코 법원의 판결에도 불구하고, 전국의 여러 주 및 학구에서 별 효과가 없다는 보고에도 불구하고 대부분의 주는 VAM을 교사 평가를 위해 여전히 사용하고 있다. 도대체 왜 그럴까? 법원의 판견, 선출된 다양한 공무직 지도자, 혹은 거대한 정치적 압력이 없다면 주 의회는 아주 나쁜 법률이라도 폐기, 철회하는 데 아주 소극적이다. 뉴멕시코주의 새로운 주지사가 된 그리샴(Michelle Lujan Grisham)은 2019년 공무 시작을 알리는 첫 업무로, 시험기반 교사평가체제를 없애고, 공통핵심에 맞춰진 PARCC 평가인준을 철회한다는 행정명령을 내렸다.

학교민영화 옹호자들은 2010년 공립학교를 파괴한다는 목표를 진전시키기 위한 공통핵심이나 VAM을 잇는 또 다른 구상을 내세웠다. 이들은 캘리포니아 의회를 설득해 학부모주도법(parent trigger law)을 통과시켰다. '학부모주도'라는 말 뒤에 감춰진 생각은 학부모들이 공립학교에 너무 만족하지 않아서 학부모들이 학교에 대한 통제, 관리권한을 넘겨받도록, 공립학교를 차터스쿨로 전환하도록, 혹은 교사와 교장을 해고할 수 있도록 청원해야 한다는 것이었다. 학부모주도는 새로운 파괴주의자들의 단체, 즉 학부모혁명(Parent Revolution, PR)이라는 명칭으로 불리며 월튼가 재단에 수백만달러를, 게이츠재단, 브로드재단, 아놀드재단, 기타 친차터스쿨 자선가들이 추가로 수백만달러를 후원해 2009년 설립된 단체를 위해 마치 주문 제작된 듯이 만들어졌다. 우파 단체들은 학부모주도라는 제안을 상당히 좋아했는데, 전미입법교환협의회(ALEC)는 모든 주가 참고할 만한 법안 문안을 만들었다. 내가 보기에 학부모주도라는 생각은 대중교통수단으로서의 공공버스에서 승객들이 버스를 강제로 탈취하고 이 버스를 민간회사에 넘기도록 허용하는 법률이라고 생각하면 된다. 간단히 말해 정말 어처구니 없는 생각이다.

'학부모혁명'은 조직전문가를 가난한 지역으로 보내 학부모가 공립학교의 통제권을 넘겨받고 차터스쿨 운영회사에 넘길 수 있도록 하는 청원서에 학부모들의 서명을 받았다. PR이 파견한 조직전문가가 찾아다니는 지역마다 논쟁이 불거졌고 지역사회는 의견이 갈라졌다.

PR의 첫 번째 목표지역은 캘리포니아주 콤튼에 위치한 맥킨리초등학교였다. 학부모혁명(PR)은 학부모들이 통제권을 넘겨받을 수 있기에 충분한 서명을 받았다. 그러나 학구는 이 서명이 타당한 것인지 의문을 제기했다. 일부 학부모들은 서명을 철회했고, PR은 소송을 걸었다. 결과적으로 공립학교를 민영화하겠다는 노력은 실패했고, 새로운 차터스쿨이 얼마 떨어지지 않은 곳에 새로 들어섰다. 맥킨리초등학교 구성원들 중 이 학교에 등록한 사람들은 거의 없었다.

학부모주도를 끌어들인 두 번째 시도는 캘리포니아주 아델란토 지역의 데저트트레일초등학교였다. 이 학교는 주로 멕시코계 및 흑인 학생들이 다니는 곳으로 가난한 사막 지역에 위치해 있었다. 아델란토의 인구는 32,000명이었다. 일인당 평균 연간소득은 12,000달러였다. 이 도시의 대략 2/3은 멕시코계 사람들이었고 불법이주민들 또한 많았으며 인구의 20% 정도는 흑인이었다. PR은 전문조직가들을 위해 집을 하나 빌려서는 서명을 받기 시작했다. 사기 및 괴롭힘에 대한 고발이 난무하는 가운데, 학교의 미래를 결정하는 전쟁은 법원 소송으로 이어졌다. 탄원서에 서명한 일부 학부모들이 잘못된 정보로 오해가 있었다며 서명 철회를 요구했기 때문이다. 이들은 학교 관리자를 바꾸도록 하는 탄원서가 자기 학교의 질을 향상시키기 위한 탄원서인 줄 알고 서명했다고 말했다. 학부모들은 소송에서 패소했다. 그러나 학부모주도 탄원서에 원래 서명한 466명 중 단 53명의 학부모만이 데저트트레일초등학교를 민간 차터스쿨 운영회사에 넘기겠다는 데 투표했다.

갑부들의 재단에서 나온 수백만달러의 돈이 공립학교 하나를 차터스쿨로 바꾸는 데 쓰였다.

캘리포니아의 사례에서 영감을 받은 미시시피, 텍사스, 인디애나, 루이지애나 및 다른 여러 주들이 학부모주도 법안을 통과시켰다. 그러나 그 어떤 주에서도 학부모들이 나서 공립학교를 차터스쿨에 넘기도록 하지 않았다.

파괴자들은 여기저기에서 공립학교를 불안정하게 만들기 위한 캠페인을 벌이느라 아주 바쁘다. 테네시, 미시간, 오하이오, 기타 여러 주에서 이들은 시험 성적인 낮은 학교의 문제를 해결하는 방법이라며 주정부가 학교 통제권을 넘겨받아야 한다고 주장한다.

테네시는 오바마 정부의 정상을향한경주 경쟁에서 1기로 기금을 배정받았다. 공통핵심 채택, 교사 "효과성" 평가, 차터스쿨 수 확대, 저성취학교의 고성취학교로의 전환 등을 목표로 5억달러를 딴 것이다. 테네시주의 계획 중에는 성취학교구(Achivement School District, ASD)를 설치하는 것도 포함되어 있었다. 즉, 테네시주에서 최하위 5%에 있는 학교들을 전환시키는 계획으로, 이 학교들은 주로 멤피스에 위치해 있었고, 일부 네쉬빌이나 차타누가에 있었다. 테네시 교육부(department of education)는 파괴자인 허프만(Kevin Huffman)이 장관으로 있었는데, 차터스쿨계의 스타라고 할 수 있는 바빅(Chris Barbic)을 골라 새로운 ASD를 지휘하도록 했다. 바빅은 이전에 휴스턴에서 차터스쿨 대학예비학교(Prep Charter School) 제안에 대한 선거운동을 주도했었다. 바빅은 ASD에서 저성취학교들은 5년 내에 테네시주 순위에서 상위 25%로 올라갈 것이라고 대담하게 공언했다.

ASD는 2012년 6개 학교로 문을 열었고, 제한된 시간을 알리는 시계가 움직이기 시작했다. 5년동안 대략적으로 연평균 2,200만달러의 비용이 들 것이었다. 4년차에 바빅은 심장마비 때문에 ASD 수장 자리에서 물러났지만 아놀드재단에 자리를 잡았다. 5년차 마지막이 되자, ASD가 시작할 때 참여했던 6개 학교 중 어느 곳도 상위 25% 안에 드는 학업성취도를 낸 곳이 없었다. 한 학교를 제외한 대부분의 학교는 주 학업성취 기준 최하 5%의 바닥에 빠져있었다. 나머지 한 학교는 6% 정도에 머물렀다. 밴더빌트대학교의 연구팀이 2018년 수행한 연구에 따르면, ASD에 속한 학교들은 학업성취면에 있어 유의미한 진전이 없었다.

ASD 실험은 실패로 끝났다. 정말 형편없는 생각이 아무런 근거도 없이 빠르게 모양을 갖추도록 하는 진정한 기업가적 파괴자들의 스타일을 생각해 보면, ASD라는 컨셉은 곧 다른 주로 전달되어 복사되었다. 여기에는 네바다, 노스캐롤라이나주 등이 포함되는데, 이 두 주 모두 이런 제안이 정말 변화를 가져오기는 하는지, 아이들에게 도움이 되기는 하는지에 대해 제대로 따져보지도 않고 기다림 없이 최신 유행하는 것을 가져다 쓰려고 했다.

미시간주는 학력이 낮은 디트로이트 공립학교를 향상시키기 위해 주정부가 통제, 관리를 넘겨받았다. 물론 이런 시도는 일종의 재앙이었다. 민주당 주지사였던 그란홈(Jennifer Granholm)은 2009년 밥(Robert Bobb)을 디트로이트 공립학교의 비상 시 책임자로 임명했다. 그는 당시 공식적으로 인정되지 않는 브로드아카데미를 막 끝낸 인물이었다. 그런데 이 브로드아카데미는 공립학교를 폐쇄하고 이 학교들을 민간이 운영하는 차터스쿨로 전환하는 데 사활을 건 단체였다. 밥의 연봉은 280,000달러였는데, 브로드재단이 추가로 145,000달러를 급여로 제공했다. 밥은 성공적으로 학구를 파괴했다. 그는 수십개의 공립학교를 폐쇄했고, 교장을 해고하는가 하면, 교사들을 쫓아냈다. 그리고 새로운 차터스쿨을 세웠다. 더 많은 차터스쿨이 문을 열자, 디트로이트 공립학교의 등록자수는 줄어들었고, 공립학교 운영예산 또한 줄어들었다. 대신 예산 적자는 늘어났다.

공화당 소속 주지사인 시나이더(Rick Snyder)가 2011년 '교육성취관리청 (Education Achievement Authority, EAA)'이라는 기관을 새로 설립하고는 주정부에서 가장 학력이 낮은 학교들(미시간주에서 성적기준 최하위 5%의 학교들)을 주정부가 넘겨받고 학력을 향상시키도록 하는 사명을 맡겼다. 디트로이트의 15개 학교가 처음으로 주정부 관리하에 넘어갔다. 이 학교들에는 거의 10,000명의 학생들이 다니고 있었다. 이중 공립학교는 12개, 차터스쿨은 3개가 있었다. 새로운 기관(EAA)의 수장은 코빙튼(John Covington)으로 역시 공인받지 못하는 자격인 브로드아카데미를 수료한 인물이었다. 그는 캔사스시티의 교육감으로 있다가 억만장자인 엘리 브로드가 전화를 걸어서는 "디트로이트에서 당신을 필요로 한다"는 이야기를 했다. 코빙튼은 캔사스시티에서의 교육감직을 버리고는 디트로이트로 자리를 옮겼다.

EAA는 처음 발을 떼는 순간부터 논쟁에 휩싸였다. 코빙튼은 15개 학교의 교직원들을 모두 해고하고는 각자 해오던 직위를 위해 다시 신청하라고 요구했다. 이중 단 20% 정도만이 다시 고용되었고 대부분의 자리는 경험없는 TFA 출신 교사들로 채워졌다. EAA는 "개별화 학습", "학생중심배움", 그리고 단기간의 성적 향상 등을 자랑스럽게 내세웠다. 그러나 학생들은 완전히 개발되지도 않은 컴퓨터 프로그램을 사용하는 실험용 쥐(기니피그)처럼 시간을 보냈다. EAA가 내세우는 주장과는 아주 대조적으로, 학생들의 시험 성적은 정체되어 있거나 심지어 하락했고 학생들은 EAA 학교를 떠나 디트로이트 공립학교로 돌아갔다. 실패를 감지케 하는 기운이 프로젝트를 감싸고 있었다. 미시간동부대학교의 이사회(Board of Regents)는 2016년 EAA를 후원한다는 자신들의 입장을 철회한다고 발표했고, 공화당 의회 지도자들은 EAA의 생명이 이제 다했다고 선언했다. EAA는 2017년 6월 막을 내렸다. 그리고 15개 학교는 다시 디트로이트 공립학교 시스템에 재흡수되었다. EAA의 짧으면서 별로 좋지 않은 생애는 학생들의 낮은 성취수준, 등록률 감소, 관리부실 및 부패에 대한 고발 등으로 얼룩졌다. 미시간주립대학교 교수인 아르센(David Arsen)은 EAA를 가리켜, "다 망가진 교육정책이란 기차"라고 불렀다. 확실히 EAA는 다른 주가 따라할만한 모델이 아니었다.

정책결정자들은 공립학교와 같은 지역사회 기구의 가버넌스 구조를 새롭게 하기 전에 근거를 강구하는 것이 당연해 보인다. 그러나 공화당 의원들은 테네시주 및 미시간주에서의 주정부로의 관리 통제권 이양이 내세웠던 목표를 하나도 달성하지 못했다는 것쯤 간단히 무시하는 듯했다. 오하이오, 알칸사, 노스캐롤라이나 및 다른 주들의 의회의원들 또한 망설임 없이 저학력 학구의 학교를 통제 관할하는 권한을 주정부가 넘겨받는 방안을 추진했다. 주교육부가 일단 이 권한을 쥐게 된 이후 도대체 뭘 할지에 대해 새롭게 내세울만한 것이 없었는데도 말이다.

실패가 반복되는데도 불구하고, 파괴자들은 계속 앞으로 돌진했다. 자기들의 잘못을 분석하는데는 아무런 관심도 없이. 이들이 했던 실험의 실패에 별로 개의치 않는 많고 중복되는 단체들을 떠받치는데 정말 많은 돈이 들었다. 공립학교의 민주적 통제를 진압하려는 이들의 노력을 지지하는 풀뿌리 운동 단체는 어디에도 없다. 이들이 계속 시도하도록 지원하는 수백만달러의 자금은 타성에 젖은 이들의 기세가 계속 전진하도록 지원하고 있다. 실적이 든 결과에 상관없이 파괴운동을 진작시키고 싶어하고 또 그렇게 하려는 사람들이 있는 법이다. 그곳에 돈이 있기 때문이다.

제15장

교사들의 반란

제15장

교사들의 반란

NCLB가 시행되는 과정에서 미국 학교 교사들의 삶은 급격하게 변했다. 이들의 경력과 정평은 표준화 시험성적에 점점 더 얽혀 연계되었다. 각 수준의 정부, 연방정부, 주정부, 지방정부는 시험성적이 매년 오르기를 기대하였고, 교사들이 이 일을 해주기를 기대했다. 3, 4학년, 혹은 5, 6년학년, 7, 8학년의 학생들이 한해 지나 이전년도의 성적보다 더 높은 성적을 올리기를 기대하는 것이 정말 합당한 기대인지, 같은 학년도의 학생들을 대상으로 한 성적이란 게 매년 올라가리라는 것이 정말 가능한 일인지 누구도 묻지 않았다. 그러나 이러한 요구가 합당한지 그렇지 않은지 별 생각해 보지 않은 정치인들은 어쨌든간에 교사들에게 이 짐을 지웠다. 정치인들은 정치적으로 결정된 이 목표를 실현하는 해결책을 교사들 몫으로 넘겼다.

우리는 고부담평가와 "가능한 빨리 교사들을 내보내"라는 광기가 전성시대를 구가하는 동안 교사 및 대중이 몰랐던 것이 무엇인지 이제야 알게 되었다. 2008년 잔혹했던 경기침체에 대응해 대부분의 주는 교육예산을 감축했다. 연방정부는 '미국회생및재투자(American Recovery and Reinvestment, ARR)' 법안을 만들고는 이 경기침체의 가장 혹독한 효과를 학교를 방패삼아 막고자 했다. 그러나 연방정부 기금은 곧 바닥났다. 경기침체가 지나고 10여 년이 된 상황에서 절반 이상의 주들은 경기침체 이전 수준의 교육예산 비중을 회복하지 못하고 여전히 낮게 책정하고 있다. 동시에 이들 중 많은 주가 소득세와 법인세를 깎아줬다. 결과적으로 교육에 투입할 예산을 줄이게 된 것이다. 정책예산감시센터(CBPP)에 따르면, "29개 주가 2015학년도 학생 1인당 교육비가 경기침체 이전인 2008학년도에 비해 적다"고 발표했다. 2008년도와 2015년을 기준으로 주정부 지원예산을 가장 많이 감축(인플레이션값 반영, 두 학년간의 예산 차이 비율)한 주들은 아리조나(36.6%), 플로리다(22.0%), 알라바마(21.6%), 아이다호(18.0%), 조지아(16.6%), 텍사스(15.9%), 오클라호마(15.6%), 유타(14.6%) 등이었다.

주정부가 교육에 쓸 돈이 부족하다는 말은 곧 교사를 해고하고, 학급당 학생수를 늘리고, 선택과목수를 줄이고, 교사들 월급을 줄이고, 가난한 학생들에게 배정하는 사회서비스를 줄이고, 도서관, 예술, 건물수리에 들어가는 돈을 줄인다는 말을 뜻한다. 2008학년도와 2015학년도 사이에 건물 신축 및 개축에 쓰는 재원은 전국적으로 31%, 즉 230억불 감소했다. 긴축재정시기에 39개 주정부는 교사들의 월급을 줄였다. 학교에 고용된 사람들, 즉 교직원의 수는 떨어졌다. 등록된 학생수는 늘었는데 말이다.

이들이 정말 학생을 돕고 싶어했다면 재벌가 재단 및 억만장자들은 이 돈을 급격히 감소한 교육예산에 경종을 울리기 위해, 그리고 공립학교에 재정지원을 높이도록 하는 증세 옹호에 돈을 썼어야 했다. 물론 그들은 이렇게 하지 않았다.

각 주정부가 아주 기본적인 사회 서비스 예산을 줄이던 그 시기, 학교민영화 옹호자들은 공립학교에 할당된 재원을 차터스쿨, 바우처 프로그램, 전혀 근거없는 교원평가방법, 공통핵심으로 옮기도록 요구했다. 학교가 교사봉급을 보전해주기 위해 고군분투하는 동안, 파괴자들은 학생 성적에 근거한다며 교사들을 해고하라고 요구했다. 교사들은 학급당 더 많은 수의 학생들을 가르쳐야 했고, 임금은 정체되었으며 자신들을 악당으로 묘사하는 언론과 상대해야 했다. 많은 학구는 학교출석일수를 줄이거나 학교 출석일을 주 5일에서 주 4일로 줄였다. 많은 학교가 음악/미술 프로그램과 학교 간호사, 도서관을 없앴다. 긴급한 건물 개보수는 신경쓸 수 없었다. 조지아주에서는 70%

의 학교가 학교출석일수를 줄였고 42%의 학교가 음악/미술 교과수업을 없앴다. 오클라오하주 학구의 20%는 학교 출석일을 주 5일에서 주 4일로 축소, 변경했다. AFT는 2008 – 2018년 사이의 시기를 두고 "잊혀진 10년"이라고 불렀다.

이런 환경 속에서 학교 교사로 남겠다는 결정은 용기, 헌신, 자기희생적 행동이었다. 그러나 아무리 숭고하고 이타적인 사람이라도 도저히 참을 수 없는 시기가 온다. 다른 사람들과 마찬가지로 교사 또한 의식주, 교통, 건강 보험, 기타 삶의 필요를 위해 비용을 치러야 하기 때문이다.

이점들이 2018년 봄, '교육의 봄(Education Spring)'이라고 하는 시기에 일어난 일을 이해하기 위해 필요한 경제적, 문화적 맥락이다. 이 봄에 수천명 이 교사들이 교수학습을 위한 더 나은 환경과 합당한 임금을 요구하며, 학교 바깥에서 시위를 벌였다.

이 일은 전국에서 가장 가난한 주라고 할 수 있는 웨스트버지니아에서 시작되었다. 교사들은 참을만큼 참았다고, 더 이상 참을 수 없다고 결기를 다졌다. 수개월 동안의 기획을 거쳐, 주의 모든 교사가 시위에 나섰다. 교사 들은 다른 교직원들과 연합해 자신들을 위해, 그리고 학생들을 위해 변화를 촉구했다. 웨스트버지니아 교사들은 용감했다. 그리고 아주 전략적으로 움직 였다.

더 나은 임금, 건강보험료의 가파른 인상에 따른 부담을 분담하자며 시 위에 나섰다. 교사들의 평균 연봉은 대략 45,000달러로 전국에서 47번째였 다. 밑으로는 오클라호마, 미시시피, 사우스다코타주만 있었다. 웨스트버지 니아주 주지사이자 억만장자인 저스티스(Jim Justice)는 향후 5년동안 매해 1%의 임금 인상을 제안했다. 그러나 이 정도의 인상으로는 인플레이션 수준 도 맞추지 못하는 수준이었다. 설상가상으로, 주지사 저스티스는 교사들을 "바보 멍충이"라고 불렀다. 주정부는 공무원들의 건강보험료를 월 300불씩 인상했고, 퇴직자들의 경우에는 인상 폭이 더 컸다. 그리고는 공무원들이 자 기 건강경력을 추적하도록 하는 "웰니스앱(Wellness app)"을 사용하도록 했 다. 만약 사용하지 않는다면 벌금을 물리겠다는 위협과 함께 말이다. 교사들은 이런 주정부의 지시를 사생활 침해라고 여겼다.

주정부는 비어 있는 교사 자리가 수백개나 되었고 일부 학급은 자신이 가르치는 교과의 교사자격이 없는 교사들이 담당했다. 교사들은 웨스트버지니아주를 떠나 좀 더 임금 수준이 좋은 이웃한 다른 주의 교직을 찾아 떠났다. 의회는 이렇게 비게 된 교직에 신임교사를 들이되 수준을 낮춰 선발, 임용하자고 제안했다.

2018년 2월 22일, 웨스트버지니아주 교사들은 시위에 나섰다. 주 전체에서 벌어지는 교사 시위는 주도면밀하게 논의, 계획되었다. 55개 카운티의 모든 공립학교는 문을 닫았다. 웨스트버지니아는 단체교섭이 허용되지 않는 '일할권리(right－to－work)'(노조가입 여부와 관련없이 취업할/계속 일할 권리가 있는) 주였다. 즉, 누구도 의무적으로 노조에 가입할 필요가 없었고, 공공부문의 노동자가 벌이는 파업은 불법이었다. 그러나 웨스트버지니아주의 모든 학교가 문을 닫았고, 2,000명에 이르는 거의 모든 웨스트버지니아주 교사들이 자기 요구를 외치고자 주도 찰스톤에 위치한 주의회사당에 모였다. 이 시위에는 다른 공공부문 노동자 14,000명도 지지를 보냈다.

웨스트버지니아는 꽤 오랜 탄광 노동자들의 파업 역사를 갖고 있다. 1921년 그 유명한 '블레어산 전투(Battle of Blair Mountain)'[24]를 기억할 것이다. 이 파업에는 수 천명의 광부들이 광산업자들이 보낸 또 다른 수천명의 집행관들과 파업파괴자들과 한바탕 전쟁을 벌였다. 결국 미 육군이 파견되어서야 이 싸움이 끝났다. 일부 교사들은 이 전쟁같은 파업전쟁에 나섰던 광부의 손주였고, 이들은 웨스트버지니아의 노동자 행동파가 보여줬던 역사에 대해 잘 알고 있었다. 이번 시위가 웨스트버지니아에서의 첫 교사파업은 아니었다. 55개 카운티 중 47개 카운티의 교사들은 1990년 8일간의 파업을 단행했고, 결국 임금 인상을 얻어냈다.

---

24) (역자주) 블레어산 전투(Battle of Blair Mountain). 미국 역사에서 가장 대규모의 노동자 쟁의를 일컫는 말로, 1921년 8월말에서 9월 초에 이르는 기간 동안 3,000명의 공권력에 맞서 애팔래치아산맥의 웨스트버지니아주 로간 카운티의 탄광노동자 10,000명이 무장하고 이들과 싸움을 벌였다. 이 일로 100명이 죽었고, 많은 이들이 체포, 구금되었다. 단기적으로는 노조가입자의 감소 등 역효과를 낸 듯하지만, 장기적으로는 탄광 노동자들의 근무환경 개선을 포함한 대중적 인식 제고로 이어졌다고 평가된다.

이번에는 상황이 달랐다. 55개 모든 카운티의 교사 모두는 파업에 돌입했다. 파업에 대한 계획은 웨스트버지니아주 남부지역에서 시작되었다. 이 지역은 한때 탄광의 중심지였다. 교육감들은 교사들의 의견에 동의하고 학교 문을 닫았다. 따라서 교사들은 기술적으로 파업을 하는 것이 아니었으며 더불어 법을 어기는 것도 아니었다. 버스운전사, 학교식당 노동자를 포함하는 주 전체의 학교 교직원들 또한 파업에 동참했다. 이 파업이 실행되기 전 각 카운티에서는 정말 많은 토론과 계획이 이어졌었다. 일부 조직 및 소통팀이 페이스북 그룹을 통해 만들어져 활동했다. 이 모임은 '웨스트버지니아공무원연합(West Virginia Public Employees United, WVPEU)'이라는 이름으로 불렸으며, 대략 24,000명의 회원이 참가했다. 정식 교사들은 AFT와 NEA(이 두 단체에는 교사들의 선택에 의해 회원으로 가입할 수 있다)의 웨스트버지니아지부에서 지원을 받았다. 교사 단체는 교회 및 다른 지역사회기관과 협조해 아이들의 점심과 안전한 공간을 마련해 제공했다. 교사들은 학부모들을 직접 방문해서는 이 파업에 대중적 지지를 호소했다. 많은 교사들은 "하루살이처럼 근근이 살아가"고 있었고 적지 않은 수의 교사들이 교직 이외에 다른 직업을 갖고 있었다. 별도의 일할 거리를 통해 먹고 사는데 필요한 돈을 벌어야 했기 때문이었다. 이들은 정말 파괴적인 마약 위기 속에서 가르쳐야 했는데, 이 마약들은 엄청난 피해를 주고 있었다. 이 와중에 의회는 대기업을 위한 세금 감면에 잔뜩 몰두해 있었다.

2월 22일 이른 아침, 교사들은 주의회사당 입구에 모여들었다. 이들은 모두 빨간 반다나와 티셔츠를 입었다. 여기 저기에 모든 곳에 교사들이 있었다.

웨스트버지니아 교사들은 2018년 2월 전 주차원의 대규모 파업을 찰스톤 주의회사당에서 벌였다. 이들은 파업을 통해 공립학교에 대한 주정부의 재정지원 소홀과 차터스쿨에 반대한다는 명분을 분명히 내세웠다. 이들의 시위는 이후 미 전역의 교사파업 쇄도에 큰 영향을 끼쳤다.

시카고 교원노조(Chicago Teacher Union, CTU)는 2019년 10월 장장 11일 동안의 파업에 돌입했다. 이들은, 학급당 학생수를 제한할 것, 모든 학교에 간호사, 사서, 학생상담사, 기타 필수요원을 배치할 것, 그리고 새로운 차터스쿨 설립을 제한할 것을 보장하고, 투표로 선출되는 학교위원회를 다시 복원할 것을 맹세하라고 요구해 승리했다.

파업이 한창 진행되는 중에, 파업 지도자들은 주지사 저스티스가 5%의 교사 급여 인상과 다른 교직원들의 급여 3% 인상안을 제안했다고 타협안을 가져왔다. 파업중이던 교사들은 모든 교직원들의 임금을 일괄 5% 인상하고 이를 법률로 제정하기 전까지는 그 어떤 협상안도 받아들일 수 없다고 못 박았다. 파업 교사들은 주지사나 의회의원들이 약속을 이행하리라 믿지 않았다. 법률로 제정되기 전까지는 아무것도 보장되지 않았다. 파업 교사들은 "다시 협상하라", "우리가 노조 대표"라며 구호를 외쳤다.

파업참가자들은 웨스트버지니아주의 모든 학교가 9일 동안 문을 열지 않도록 했다. 이 기간 동안 주의회는 모든 공무직 종사자들의 임금을 5% 인상한다는 법안을 마련, 통과시켰다. 공화당 지도자들은 웨스트버지니아주가 메디케이드(Medicaid)기금[25]을 줄여서 인상된 임금을 줘야 한다고 경고했지만, 주지사는 이런 일이 발생하지 않도록 하겠다고 약속했다. 교사들은 자신을 포함한 공무원들의 인상된 임금이 세금 감면으로 떼돈을 번 에너지관련 회사들에게 증세를 해서 지불되도록 하기를 바랐다. 주지사는 건강보험비용을 검토하는 TF를 만들겠다고 약속했다.

교사들이 거둔 가장 큰 승리는 교사들이 #55Strong으로 연합했고, 다른 공무직 노동자들과 함께 시위에 나섰으며, 결과적으로 이들의 존경을 받게 되었던 점이다. 주지사 저스티스는 차터스쿨을 제한하고 반교원노조 법안에 거부권을 행사한다는 데 합의했다. 파업을 주도했던 지도자 중 한 명인 오닐(Jay O'Neal)은 중학교 교사로, 이 파업의 교훈은 "우리가 할 수 있다면 누구나 할 수 있다. 우리는 활동가 교사라는 특별한 그룹이 아니다. 노동계층을 조직, 동원하는 법에 대해 공부하겠다고 20여 년을 공부해 온 게 아니다. 우리는 그런 사람이 아니"라고 말했다. 파업 1년 후, 주의회는 차터스쿨과 바우처 프로그램을 승인하는 법안을 통과시키려고 했다. 교사들은 제안된 법안을

---

25) (역자주) 메디케이드기금(Medicaid). 저소득층에게 의료비를 보조해주는 미국 연방 및 주 정부 공적부조 프로그램. 유사한 프로그램으로 메디케어(Medicare)가 있지만, 메디케이드는 메디케어에서 보조해주지 않는 요양원시설 이용료 및 개인간병 서비스를 제공한다. 메디케이드가 주로 저소득층의 의료비 보조를 담당한다면, 메디케어는 주로 어르신의 의료비 부담을 담당하는 것으로 대분된다.

막고자 다시 파업에 나섰다. 즉, 교육민영화는 자기들이 근무하는 학교에서 예산을 빼앗아 간다는 것을 알았기 때문이었다. 교사들이 걱정한 바처럼 주지사와 의회의원들은 2019년 교사들을 배반하고는 차터스쿨 법안을 통과시켰다. 모든 민주당 의원들이 이 법안에 반대했는데도 불구하고 말이다. 그러나 한 줄기 희망의 빛이 있었다. 워싱턴 D.C.의 차터스쿨 로비는 웨스트버지니아주의 통과된 차터스쿨 법률이 새로운 차터스쿨을 설립하는데 반드시 지역 학구의 승인을 받아야 한다는 규정을 두었다고 불평을 했다. 즉, 새로 설립되는 차터스쿨의 수는 엄청나게 제한될 것이었다.

웨스트버지니아주의 교사파업에서 볼 수 있는 아주 중요한 교훈은 노동조합을 없애버리겠다는 우파의 끈질긴 시도는 다 쓸데없다는 것이었다. 웨스트버지니아주의 파업이 절정에 달해있을 때, 미국 대법원은 반노조 자누스(Janus) 판결[26]을 심사하고 있었다. 이 판결은 2018년 6월 확정되었다. 이 판결에서, 상급심은 공직 노조는 노조에 가입하지 않겠다는 노동자들로부터 회비를 강제로 걷지 말아야 한다고 못 박았다. 비록 노조가 단체협상을 통해 얻게 되는 혜택을 이들이 얻게 된다고 하더라도 말이다. 자누스는 회원과 자금을 다 빼내 노조를 못쓰게 만들 작정이었다. 웨스트버지니아 파업은 노동자들이 노조와 함께 혹은 노조 없이 조직, 동원할 수 있었고, 웨스트버지니아에서의 파업처럼 갑작스런 파업은 단체교섭 규정이 없는 상황에서 통제, 관리하기 더 어렵다는 점을 잘 보여줬다.

오클라호마주의 교사들은 웨스트버지니아주에서 벌어진 교사들의 호전성에 크게 자극받았다. 교사와 공립학교가 처한 상황은 웨스트버지니에서의 상황보다 더 열악했다. 믿기 어렵겠지만, 웨스트버지니아주는 학생 1인당 공

---

26) (역자주) 자누스 판결(Janus vs. American Federation of State, County, and Municipal Employees(AFSCME) Decision). 1947년 태프트하틀리법(Taft–Hartley Act)을 통해 노조는 비노조원으로부터도 노조회비를 걷을 수 있었다. 이 법안은 1977년 Abood vs. Detroit Board of Education에서 재확인되었는데, 2015년 반노조입장을 갖는 일리노이 주지사 브루스 라우너(Bruce Rauner)가 이 사안에 반하는 소송을 제기하게 되었다. 이 소송결과 대법원은 2018년 공공영역에서 비노조원들을 대상으로 노조가 회비를 걷도록 하는 것은 헌법에 반한다고 판결했다.

교육비를 오클로호마주보다 40%를 더 지출하고 있었다. 오클라호마주 교사 42,000명의 평균 연봉은 45,000달러로 전국에서 거의 꼴찌 수준이었다. 지난 10여년간 교사들뿐만 아니라 주정부의 공공 분야 노동자들의 임금은 한 번도 인상된 적이 없었다. 오클라호마에서 2016년 "올해의 교사"로 선정된 교사와 그의 아내(역시 교사)는 좀 더 높은 임금을 약속하는 텍사스주로 자리를 옮겼다. 이렇게 주 경계를 넘고 난 후 이들 가계 수입은 40,000달러가 증가했다. 정책예산감시센터에 따르면, 오클라호마 의회의원들은 2008 – 2018년 동안 십억달러의 교육예산을 감축했는데, 감소폭은 28%나 되었다.

공립학교 예산 및 교사임금을 올리려는 노력은 오클라호마 의회에서, 그리고 주민투표 선거에서 번번이 실패했다. 의회의원들은 소득세, 법인세, 에너지세를 깎아주었고 불로소득에 대한 세금을 면제해주었다. 세금을 올리기 위해서는 의회 의원의 75% 이상이 투표를 해야 했다. 당시 의회는 주민 자녀들의 대부분이 다니는 공립학교에 대한 재원 인상에 상당히 인색했지만, 개인 혹은 기업을 위한 세금채권으로 바우처를 지원하는 두 가지 프로그램에는 관대하게 지원했고, 그리고 사적으로 운영하는 차터스쿨 및 온라인 차터스쿨에는 직접 자원을 투입했다.

모어존(Alberto Morejon)은 8학년을 가르치는 역사교사로 페이스북 그룹인 '오클라호마교사들의 파업: 자, 지금 오늘 밤에 당장(Oklahoma Teacher Walkout-The Time Is Now! Overnight)'을 조직했다. 이 그룹에는 초기 21,000명이 가입했었는데, 금세 72,000명으로 가입회원이 늘어났다.

오클라호마주의 의회의원과 주지사는 원유 및 천연가스산업에 우호적인 정책을 펼쳐 왔다. 하지만 학교와 교사들에 대해서는 그렇지 않았다. 세금감면과 인센티브 덕택으로 거부였던 햄(Harold Hamm)은 오클라호마주에서 가장 부유한 사람이 되었다. 이 사람에게 돈을 벌게 해주는 프래킹[27]은 오클

---

27) (역자주) 수압파쇄법(水壓破碎法, hydraulic fracturing) 혹은 프래킹(fracking)은 고압의 액체를 이용하여 광석을 파쇄하는 채광 방법이다. 이 방법에는 높은 압력의 '프래킹 액체'(대부분 물과 모래 혹은 다른 증점제를 추가한 프로판드 등이 사용된다)를 드릴구멍에 집어넣어 심층에 매장된 광물들을 파쇄하여 천연가스, 석유, 그리고 소금 등이 잘 흐를 수 있게 만든다. 이렇게 수압파쇄가 끝나고 나면 작은 입자로 된 프로판트를 집어넣어서

라호마주가 "전 세계에서 발생하는 지진의 수도"가 되게 만들었다. 뉴욕매거진의 레비츠(Eric Levitz)는 이렇게 보도하고 있다. "2008년 프래킹이 시작되기 전, 오클라호마주는 매년 진도 3.0 정도 혹은 그보다 높은 지진이 2회 정도 발생했다. 그런데 2014년에는 585회의 지진이 발생했다." 더뉴요커의 갈첸은 지진이 이렇게 일상적인 현상이 되어 버려서 지역 기상예보관의 일일 날씨 예측에 포함되었다고 썼다. 이는 주정부 정책결정자가 만들어 낸 악마와의 거래였다. 엄청난 햄의 부와 화석연료산업을 지켜주기 위해, 그리고 오클라호마의 환경과 아이들을 악마의 소굴에 보내버리기 위해 공립학교 예산을 깎는 것.

오클라호마 교사들은 뭔가 변화를 기할 수 있는 유일한 방법으로 직접 행동에 나설 것인지 결정했다. 교사들은 2018년 4월 2일 거리 시위에 나섰다. 이들이 요구하는 바는 세 가지였다. 임금 인상, 학교 예산 배정액 상향, 이 비용을 위해 에너지 산업에 대한 증세. 이들의 시위는 2주 동안 이어졌다. 더뉴요커의 기사에 따르면, "시위가 진행되는 동안 주의회사당에서의 시위는 8만명이나 되는 사람들이 참여했다." 이 숫자는 오클라호마주 인구가 400만명 정도라는 것을 생각할 때, 정말 큰 수다. "이 광경은 마치 음악축제에 참가한 사람들의 열정만큼이나 진정으로 학교를 사랑하는 사람들의 바보스러움을 보여주었다. '똑똑한 사람들이 이제 일하게 할 수 있을까요?' 한 팻말에는 이런 구호가 적혀 있었다. 여러 패널에 쓰인 구호들은 오클라호마주의 악명 높을만한 높은 수감비율, 민간 교도소 시스템, 그리고 학생보다 교도소 수감자들에게 두 배나 더 많은 돈을 쓴다는 사실을 보여주었다. '우리 아이들이 줄무늬 있는 옷을 입게 하면, 교육에 돈을 더 쓸건가?" 또 다른 팻말에 쓰인 구호였다.

교사들의 파업에 대응해 주의회는 연간 6,000달러의 임금인상안에 합의했다. 그러나 학교 예산 증대나 부자들에 대한 증세 요청은 거절했다. 공교육비를 위해 세금을 올리려는 행동을 연기할 때, 억만장자인 햄은 참관실에서

이 균열들을 유지시킨다. (출처: 위키피디아)

이런 행동을 쳐다보며 누가 오클라호마의 주인인지에 대해 의회의원들에게 각인시켰다. 교사들은 파업을 종료했고, 공교육비 증대를 위한 싸움을 선거로 이어가겠다고 다짐했다. 교사와 이들을 지지하는 사람들은 공화당 예비선거위원회에 후보로 나섰고, 교육을 위한 증세에 반대하는 사람들을 완패시켰다. 교육을 위한 증세에 반대했던 19명의 공화당 예비후보들 중 단 4명만이 공화당 후보로 최종 확정되었다. 투표자들은 공교육비에 대해 소리 높여 비판을 해댔던 대부분의 정치인들을 축출했다. 그리고 좀 더 온건한 공화당 후보들로 대체했다. 정례 선거에서, 16명의 교육 종사자들이 주의회의원으로 당선되었고 교육위원회(education caucus)는 공화당 16명, 민주당 7명을 포함해 총 25명으로 늘어났다. 게다가 교사들은 혼(Kendra Horn)을 의회에 입성할 수 있도록 적극 지원했다. 혼은 44년만에 해당 지역구에서 선출된 첫 민주당 후보였고, 오클라호마주에서 선출된 최초의 여성의원이었다.

2018년 봄이 되면 놀랄만하게 다른 주의 교사들 또한 웨스트버지니아와 오클라호마의 교사들이 보여준 투쟁적 사례를 따랐다. 콜로라도주 교사들은 4월 말 시위에 나섰다. 요구안은 세 가지로, 임금인상, 교육재정 증액, 교원연금 개선이었다. 웨스트버지니아에서의 교사파업과 달리, 콜로라도 교사들은 주 전체 교사들이 참여하지 않았다. 그리고 학교를 닫은 학교들도 많지 않았다. 교사들의 불만은 이 주나 저 주나 그리 다르지 않았지만, 콜로라도주 교사들의 요구안은 주의 '납세자권리법(Taxpayer Bill of Rights, TABOR)'으로 이 법률은 투표자들의 승인없이는 세금을 올리지 못하도록 했다. 투표자들은 2013년 공교육비를 증액하기 위한 10억불 증세법안에 반대했다. 결과적으로 콜로라도주 전체 학구 중 절반 정도에서 주 4일 수업을 해야만 했다. 공립학교에는 채우지 못한 교사 수가 많았다. 의회는 세금을 올리지 않으면서 교육비를 증액할 수 있는 몇가지 방안을 찾았고, 교사들은 2%의 교사임금인상 및 아주 적은 수준의 전체 교육비 증액으로 파업을 끝냈다.

캔터키주에서는 수 천명의 교사들이 향후 교사가 되려는 사람들에게 배정된 연금을 없애겠다는 주지사의 시도에 맞서 주의회사당에서 시위를 벌였다. 켄터키주에서 교사 연금은 부실관리로 인해 고갈되어 버렸고, 주에서 벌이려는 다른 프로젝트의 기금으로 전용하려는 양당 정치인들에 의해 습격당했다. 켄터키주 교사들은 확정된 연금혜택을 낮은 임금에 대한 보상이라고 여겼다. 교사들은 사회안전보장혜택을 받지 않고 있었다. 교사들의 강한 반대에도 불구하고 주지사와 의회의원들은 전통적이면서도 확정된 연금혜택을 없앴고 이를 401(k) 구좌에 의존하는 혼합형 구상으로 바꿔버렸다. 미래 교사들에게는 이 구상이 적용될터였다. 교사들의 촉구에 대해, 주의회는 학교 공교육비를 위한 세금 인상을 단행했는데, 담배 한갑당 50센트의 담배세, 주택 및 자동차정비 등과 같은 일부 서비스의 판매세 등을 인상했다. 당시 공화당 주지사였던 베빈(Matt Bevin)은 교육기금 확대를 위한 증세법안에 거부권을 행사했지만, 공화당이 이끄는 주의회는 주지사의 거부권을 뒤엎었다. 이 일은 교사들에게 아주 중요한 승리였다.

켄터키 주지사가 교사들의 요구안에 대해 퇴짜를 놓고 일주일이 지난 후 록캐슬 카운티의 한 고교에서 중학교 수학을 가르치는 교사였던 브랜다(Travis Brenda)는 5월 공화당 예비선거후보로 등록해 주하원의 대표였던 쉘(Jonathan Shell)을 꺾고 최종 후보가 되었다. 쉘은 아마도 공화당 전국구에서 보수진영을 대표하는 떠오르는 인물이었다. 교사들은 이때 복수의 칼날을 갈게 되었다. 브랜다는 선거에서 당선되었다. 그는 주의회 선거 후보자로 참여한 51명의 교육가 중 한 명이었다. 대부분의 후보는 선거자금의 열세 속에서 선거운동을 벌였고 공화당이 우세한 지역에서 인지도가 적은 민주당 후보자로 뛰었다. 이중 14명이 당선되었다. 루이즈빌에서는 특수교사인 보자노브스키(Tina Bojanowski)가 현직 공화당 의원이었던 모펫(Phil Moffett)을 누르고 당선되었다. 모펫은 공립학교에 대한 비판에 앞장섰던 인물이었다.

교사 시위가 서쪽으로 옮겨가면서, '교육의 봄'의 가장 마지막이자 큰 전쟁이 아리조나주에서 벌어졌다. 아리조나주는 교사 임금 및 학생 1인당 공교육비가 전국에서 꼴찌에 가까운 수준이었다. 자유주의적 보수주의자가 주지사로 있는 상황에서 주정부는 세금감면, 긴축재정, 학교 선택제를 적극 시행했다. 주는 2006년 주민소득세를 10% 줄이고, 2011년 법인세를 30% 줄였으며, 금융자산세를 줄였다. 그리고 가능한 감소할 수 있는 모든 세금을 다 줄였다. 이 결과 교육 및 다른 공적 서비스를 지원할 주정부 재원이 줄어들었다. 정책예산감시센터는 아리조나주 학교 시스템이 전국에서 "적정 공교육비 투입이 가장 저조한 두 번째 주"라고 지적했다. 경기침체가 시작하는 2008년 이전의 예산 기준으로 2018년 공교육비는 14% 적은 예산으로 책정되었다. 낮은 임금 때문에 "60%가 넘는 교사 자리가 비어있거나 내세운 자격조건에 미달하는 사람들로 채워져 있었다." 아리조나 또한 '일할권리주'였지만, 교사들은 자신들이 단체를 조직해 임금인상, 학교교육에 대한 공교육비 증액 등의 요구안을 내세웠다. 2개 단체가 교사들을 이끌었다. 하나는 '아리조나교원노조(Arizona Education Association, AEA)'로 주 전체 57,000명의 교사 중 20,000명의 교사가 회원으로 가입해 있었다. 다른 하나는 '아리조나교사연합(Arizona Educators United)'이라는 명칭을 가진 페이스북 그룹이 있는데, 카르벨리스(Noah Karvelis)라는 이름의 젊은 교사가 만들었다.

아리조나주에서의 파업은 3월에 시작했다. 피닉스에서 23세 교사였던 카르벨리스가 페이스북에 AEA라는 단체를 만들었다고 글을 올리고는 3월 7일 동료교사들에게 빨간 옷을 갖춰 입고 공립학교 재정 증액을 요구하는 시위에 나서라고 요구하면서였다. 며칠이 지나자 6천명이 넘는 교사들이 이런 요구에 응했고, 그 수는 점점 더 많아졌다. 카르벨리스와 다른 활동가들은 매주 수요일을 '교육을 위한 붉은 교사들의 날(Red for Ed day)'로 정한다고 선언했다. 잘 알려진 교육기자 루사코프(Dale Russakoff)는 아리조나주 교사들의 반란에 대해 기사를 작성하며 이렇게 적고 있다. "아리조나주 전체적으로 교사들은 월세를 나눌 룸메이트를 집에 들이고, 두 번째, 세 번째 직업을 찾아 전전하는가 하면 자격미달인 임시교사가 주 전체적으로 3,400개의 교실에서 가르치고 있는 상황에서 아예 교직을 떠나고 있다. 2,000개의 학교 교실에는 가르칠 교사조차 구하지 못한 상황이다."

낮은 임금도 문제지만, 아리조나주 교사들은 전국에서 학급당 학생수 규모가 가장 큰 교실에서 학생들을 가르치고 있었다. 학생 1인당 공교육비는 전국 평균보다 한참 낮은 8,141달러였다. "아리조나 학교 상담가 1인이 담당하는 학생들은 대략 평균 920명 이상으로 전국에서 가장 높은 수준이었다."

교사들은 4월 26일 전 주 차원의 파업 강행을 결정했다. 주지사 두시는 2020년까지 교사 임금을 20% 인상할 것을 제안하는 등 교사들의 파업 강행을 무마하려고 애썼다. 그는 2018년에는 10%, 이후 2년에 걸쳐 각각 5%씩 교사 임금 인상을 약속한 것이다. 교사들은 주지사의 제안을 믿지 않았다. 그는 세금 감면에 목숨을 건 사람이었고, 자신이 내건 교사임금인상을 어떤 방식으로 실현할 것인지, 즉 어디서 재원을 마련할 것인지에 대한 방안을 전혀 제시하지 않았기 때문이었다.

교사들은 4월 26일 파업에 돌입했다. 피닉스는 빨간색 옷을 입은 수만명의 교사 및 파업 지지자들로 넘쳤다. 이들은 전부 빨간 티셔츠를 입고 "교육을 위한 붉은 교사들(Red for Ed)"이라는 구호를 외치며 주의회사당으로 행진했다.

아리조나주 교사들은 2018년 낮은 임금 및 형편없는 수준의 공교육비 예산에 항의하는 시위를 벌였다. 수만명의 교사들이 #RedforEd라고 쓰인 빨간색 티셔츠를 입고 손으로 각자의 구호를 쓴 팻말을 들고 시위현장에 모여들었다. 이후 #RedforEd는 전국에 걸친 교사들의 모토가 되었다.

주의회사당을 둘러싼 시위대는 대략 5만명 정도로 추산되었다. 이들은 연간 10억달러의 교육재원 증액으로 경기침체 이전 수준으로 공교육 예산 규모를 되돌릴 것과 교사임금 인상을 요구했다. #RedforEd 행진 속의 몇몇 구호들을 살펴보자. "우리 공화당 가정도 #RedforEd를 지지한다", "역사가 지켜보고 있다", "난 내 학생들을 돕는다-나도 내 가족을 먹여 살려야 한다", "아리조나주 최고 수출품-감귤, 구리, 교사" 파업은 5월 3일까지, 6일 동안 지속되었다. 이날 두시 주지사가 교사 임금을 2020년까지 20% 인상한다는 법안에 서명했다. 6억 4,400만달러의 추가 재원이 요구되는 사안이었다. 그리고 이전에 감축했던 교육예산분 3억 7,100만달러를 다시 회복시키겠다고 합의했다.

스콧데일 출신의 주하원 여당 원내대표였던 알렌(John Allen)은 교사들에게 전혀 공감하지 않았다. 1년전, 그는 교사들이 마치 의회의원이나 다른 사람들과 마찬가지로 두 번째 직업을 선택해 가지면서 "삶을 더 윤택하게 살 수 있"을 거라고 말했다. 그는 "교사들이 직업을 두 개 갖는 사람이 마치 힘들게 사는 사람들인 것처럼 말한다. 직업을 두 개 갖는 사람들이 할 소리는 아니다. … 교사들은 자기 라이프스타일을 증진하길 바란다. 즉, 이들은 더 잘살고 싶어 한다. 교사들은 배를 사고 싶어 하고, 더 큰 집에서 살고 싶어 한다. 좀 더 나은 라이프스타일을 즐기기 위해 교사들은 정말 애써 노력한다. 직업을 두 개 갖는 사람들이라고 다 그러는 것은 아니다. 이들은 빈곤 경계선에 있기 때문이다." 알렌은 새로 교사가 되려는 사람들을 선발, 임용하는 데 필요한 자격을 낮추도록 하는 법안을 통과시키면서 이런 논평을 내놨다. 주정부 발간 자료에 따르면, 40%가 넘는 교사들이 교직 생활 2년을 넘기지 못하고 그만둔다. 민주당은 교사들의 임금을 올려주고 싶었지만 공화당은 입장이 달랐다. 더 많은 교사를 고용할 수 있는 길은 "규제(즉, 자격 기준)"를 낮추는 것으로, 정해진 교사교육 없이도 교사가 될 수 있게 하는 것이었다.

스노우플레이크를 지역구로 하는 공화당 주 상원의원이었던 알렌(Sylvia Allen)은 학교라곤 한 번도 다녀본 적 없는 자기 할머니가 그 옛날 교실 하나짜리 학교에서 가르쳤다고 말했다. 즉, 규제와 자격 기준이 교사 부족 사태에 "정답은 아니라"는 것을 보여주는 근거란 거다. 주의회는 교사 자격을 더 이상 묻지 않고 신입 교사들을 위한 선발기준을 낮추도록 하는 법안을 통과시켰다.

루사코프는 이 내용을 다룬 기사에서 이렇게 쓰고 있다. 아리조나주는 2008년 경기침체가 시작되는 즈음 "교사임금지불, 학교건물유지/관리, 교육과정 및 교수법 개편 등에 쓰이는 예산을 줄였다. 교사임금은 동결되었고 유치원 종일반은 더 이상 운영되지 않았으며 해가 갈수록 학급당 학생수 비중은 올라갔다. 교사들은 더 나은 임금을 보장하는 직업을 찾아 떠났고 교장들은 교사가 사라진 교실들을 한데 뭉칠 수밖에 없었다." 당시 주의회와 주지사 브루어(Jan Brewer)는 경제호전을 기대하며 세금을 감면했다. 유권자들은 2010년 주민투표에서 1%의 소비세를 용인해주었다. 주로 교육예산에 쓰이던 재원이었다. 그러나 2012년에는 이 사안을 거부했다. 당시 재무부장관이었던 두시는 소비세 증가에 반대했다. 그는 소위 "더 이상 새로운 세금은 없다"는 입장을 대변하는 사람이었다. 주지사 당선에 성공한 2014년, 그는 세금 감면과 함께 "가능한 소비세를 '0%'에 가깝게 하겠다"고 약속했다. 주지사 두시는 코크 형제나 검은 돈(Dark Money) 단체 네트워크에서 거액의 정치자금을 후원받고 있었다.

동시에 아리조나에서의 #RedforEd 운동은 전국적인 관심의 대상이 되었다. 아리조나주의 교사와 학부모들은 사립학교 및 종교계 사립학교를 위한 바우처 프로그램을 막기 위한 또 다른 전투를 벌이고 있었다. 주지사 두시와 공화당이 장악한 주의회는 당시까지의 바우처 지원액의 6배에 이르는 바우처 프로그램 확대, 즉 대상 학생수 5천명에서 3만명으로 확대하려고 했다. 공화당의 목표는 110만명에 이르는 아리조나주 학생 1인당 바우처 대상자가 될 때까지 프로그램을 확대하겠다는 것이었다. 아리조나주의 바우처 프로그램은 2011년 시작되었다. 처음에는 장애를 가진 학생들에게 "장학금"을 제공하는 방식이었다. 그런데 이 정책이 아이러니한 것은 학생들이 공립학교를 떠나는 순간 장애학생들은 연방정부로부터 제공되는 보호를 떠나게 되기 때문이었다. 해가 지나면서, 주의회는 여기에 다른 피보호 그룹들을 포함시켰다. 원주민자녀, 위탁아동, 군인 자녀, D등급 혹은 F등급 학교의 학생 등. 이런 부류의 학생들은 모두 '임파워먼트장학구좌(Empowerment Scholarship Accounts, ESA)'라고 불리는 기금을 받을 수 있도록 했다. 소위 "장학금"을 받게 된 가정은 제공되는 금액의 90%가 들어 있는 직불카드를 받았다. 이 돈은 원래 지역교육청에 있던 돈으로 사립학교나 홈스쿨링 혹은 종교계 사립학교에서 쓰리라 기대되었다. 두시 주지사의 새로운 바우처 프로그램 방안은 3만명 정도로 제한되기는 했지만, 이 인원 제한이 가까운 시일 내 없어질 수 있다고 비판가들은 내다봤다. 이렇게 되면 그렇지 않아도 부족한 공립학교 예산 부족사태는 더 큰 위협사태에 놓이게 될 것이었다. 아리조나리퍼블릭에서 수행한 한 연구에 따르면, 바우처 프로그램을 이용하는 학생의 70%는 A등급, 혹은 B등급의 좋은 학교들을 떠나 사립학교에 등록하고 있다. 즉,

이렇게 바우처로 제공되는 돈의 7% 정도만이 저학력 학구에 속한 학생들에게 활용되고 있는 것이었다.

바우처 법안에 반대하는 진영은 'SOS 아리조나'라는 단체가 이끌고 있었다. 이 그룹은 6명의 여성들이 모여 시작했는데, 이들은 바우처 법안을 처리하지 말도록 의회의원들을 만나 설득한다는 희망을 갖고 의회 청문회에 참여하면서 서로 만났다. 2017년 4월 법안이 통과되던 시간에 이들은 주의회사당 본회의실에 있었다. 그들은 의회사당을 나서면서 도대체 앞으로 뭘 어떻게 해야할지 막막했다. 이들은 연락처를 서로 교환했고, 이후 '아리조나리지스턴스(Arizona Resistance, AR)'가 탄생하게 되었다. 이들의 이야기는 로버츠 기자가 아리조나리퍼블릭에 기사로 작성해 실었다. 이 단체의 설립자들은 "문학을 전공하는 대학 교수였던 커쉬(Sharon Kirsch), 캠프지도사로 훈련받은 라이어(Melinda Iyer), 5학년을 가르치고 있던 교사 루이스(Beth Lewis), 퇴직한 컴퓨터프로그래머 포터(Alison Porter), 영어학 대학교수이자 전 육군 홍보장교였던 페니치테커(Dawn Penich－Thacker), 그리고 퇴직한 회계사 시그몬(Cathy Sigmon)이었다. 이들은 법률에 대해 공부하고는, 아리조나 주민들이 주헌법에 따라 주민투표를 발의할 수 있음을 알게 되었다. 이를 위해 주민들의 서명을 모으고 그 사이 관련 정책은 보류된다. 그리고 이 정책을 실시할 것인지 그렇지 않은지에 대해 최종 의견을 유권자들에게 묻는다."

이들이 확인한 바로는, 해당 법률의 집행을 보류시키기 위해서는 의회가 휴회하고 90일 내에 75,321개의 서명을 모아 2018년 11월에 선거 안건으로 올려야 했다. 바우처 옹호자들은 이 자원활동가들을 비웃고는, 이들이 이 일을 절대 성공시키지 못할 것이라고 확신했다. 그러나 2017년 그 뜨거운 여름동안 수천명의 자원활동가들이 주 전체를 다니며 선거운동을 했고 바우처 법안을 위한 주민투표 탄원서에 111,540개의 서명을 받았다. 누구도 이들이 이 정도의 일을 하리라 예상하지 않았다. '골드워터연구원(Goldwater Institute)', '아동을위한동맹(Alliance for Children)', '번영을위한미국인들(Americans for Prosperity, 코크 형제가 운영하는 단체)' 등이 기금을 지원하는 변호사들은 이 서명의 무효를 주장하려고 무진장 애썼다. 이 일이 잘되지 않자, 이들은 법원에 이 주민투표 제안을 선거 안건에서 없애려 시도했다. 물론 성공하지 못했다. 의회가 이 법안을 폐기하고 법안의 이름을 바꿔 통과하는 것이 어떻겠냐는 이야기가 오갔다. 이렇게 되면 자원활동가들은 지금까지 한 일을 다시 해야만 했는데, 지치고 힘든 일일 뿐만 아니라 자금도 딸리는 일일 것임에 틀림없었다. 그러나 주민투표안은 여러 번의 법정 싸움에서 이기고 자원활동가들은 집요하게 살아남았다.

SOS 아리조나는 만만찮은 반대자들에 맞서 대항했다. 코크 형제와 같은 억만장자들이 이끄는 후원자 네트워크는 K-12 교육이 그 해 자신들이 달성해야 할 목표라면서 이는 "손쉽게 달성할 것"이라고 호언장담했다. 아리조나주는 공교육을 민영화하기 위한 이들 노력의 가장 중심에 있었다. 코크 형제가 이끄는 후원조직은 700명의 후원자들로 구성되어 있었는데, 각 후원자는 최소 100,000달러를 후원금으로 내놓았다. 코크 형제의 단체는 두시 주지사의 가장 중요한 후원단체였다. 이들은 2014년 선거에 520만달러를 지원했다. 두시는 2018년에 열린 코크 형제 주최 세미나에 참여해 자신이 최근 마련한 바우처 법률에 대해 자랑스럽게 설명했다. "저는 작은 공을 차겠다고 주지사 자리에 오른 게 아닙니다. 저는 이 법률이 정말 중요한 구상이라고 생각합니다." 드보스의 '미국아동연맹(AFC)'은 2016년 아리조나주 의원 선거에 257,000달러를 제공했다. 바우처법안을 통과시키겠다는 일념으로 말이다. 코크 형제와 드보스 집안 모두 주지사 두시의 주지사 재선을 노리는 선거운동의 자금 지원에 나섰다.

로버츠 기자는 코크 형제와 이들과 동맹관계에 있는 사람들은 주민투표 결과 예측에 크게 화를 냈다고 썼다. 이들은 "대중 선거 결과에 대해 흥분해 제정신이 아니었다." 주민투표는 교육민영화에 그리 호의적인 영역이 아니었다. 특별히 종교계 사립학교를 위한 바우처 프로그램이 그 제안 내용이라면 말이다.

이들을 막기 위해 코크 형제가 정말 큰 돈을 들여 공들였음에도 불구하고, SOS 아리조나의 자원활동가들은 제안305(Prop 305)라 이름 붙여진 주민투표에서 승리했다. 2018년 11월 6일 선거가 종료되고 개표가 시작되자,

주지사 두시의 바우처 프로그램은 크게 패배했다. 65% 대 35%로 말이다.

교육가들은 선거에서 또 다른 두 의제를 다루고자 했었다. 그러나 아리조나주 대법원은 이를 허락하지 않았다. 그 중 하나는 "교육에 투자하라"로 불리는 주민제안으로 주에서 가장 소득이 높은 사람들에게 세금을 더 내도록 해 학교 재원을 매년 7억불정도 추가 확보하려는 것이었다. 다른 제안은 "더러운 돈을 금지하라"는 주민 제안으로 선거운동에 최소 만달러 이상을 후원한 사람들의 이름을 반드시 밝히도록 요구하려는 것이었다. 이 두 제안은 대법원 판결을 통해 최종 주민투표 선거 의제에서 빠졌다.

Prop 305의 비참한 패배 이후, 골드워터연구원과 드보스의 미국아동연맹(AFC)은 재빨리 바우처 프로그램을 향한 전쟁은 아직 끝난 게 아니라고 주장하는 발표문을 내놓았다. 이들은 사립학교 및 종교계 사립학교에 공교육비를 투입하는 것을 유권자들이 결정적으로 거부했음에도 불구하고 자신들은 다시 돌아올 것임을 약속했다. SOS 아리조나의 대변인인 페니치테커는 SOS 아리조나가 이들의 그 어떤 노력에도 대항해 다시 일어설 것임을 다짐했다.

2018년 선거에서는 Prop 305만을 패배시킨 것이 아니라 호프만(Kathy Hoffman)이라는 교육가이자 민주당원으로 열정적으로 주 교육위원장(state superintendent of instruction) 선거에 나서 싸운 인물이 당선되었다. 두시는 재선되었고 공화당은 주의회 하원에서 여전히 다수당을 점하게 되었다. 그러나 양당 간의 차이는 미미했다. 몇몇 교사들은 주의회의원에 당선되기도 했다. #RedforEd는 주지사 두시의 페이스북 창에 메시지 하나를 올렸다.

> 두시 주지사께
>
> 지난 11월 6일 선거에서 아리조나 주민들은 ESA 구좌와 바우처프로그램을 추진하지 않기 바란다는 생각을 분명하게 전달했습니다.
>
> 자, 선거는 끝났습니다. 우리는 우리 모든 주민이 자랑스러워할 수 있는 공교육 시스템을 만드는데 투자하기 위한 계획에 부디 신경써 주시기를 요청드립니다.

이 일은 단지 교사 임금에 관한 일이 아닙니다. 우리는 교육지원에 참여하는 모든 교직원들의 동등한 임금을 원합니다. 우리는 학교 건물을 수리하고 또 개선하기 위한 자금지원을 원합니다. 학생 수에 적절한 상담가 수를 대폭 늘리기를 바랍니다. 우리는 학생들의 등하교를 위한 교통과 안전한 버스에 예산을 배정해줄 것을 요청드립니다. 우리는 예술과 음악 수업을 원합니다. 그리고 과학 기자재를 제공해주시기를 요청드립니다. 우리는 수업에 필요한 물품을 구입하려고 자기 돈을 쓰는 교사가 없기를 바랍니다. 우리는 모든 학생들의 필요를 충족시켜주기 위해 충분한 자원이 배분되기를 바랍니다. 그리고 아주 맞는 이야기인데요, 교육가들에게 정당한 임금을 제공해야 열정적이고 똑똑한 대학졸업생들이 교사가 되도록 이끌 수 있을 겁니다. 우리는 아리조나주의 학생들을 돌봅니다. 지금 우리는 당신에게 우리와 함께 이 아이들을 돌보자고 요청드리는 겁니다.

늘 우리가 관심 가졌던 일의 모든 내용입니다.

아리조나 #RedforEd를 대표해 씁니다.

웨스트버지니아로부터 아리조나주까지, 그리고 더 많은 주에서의 교사운동은 언론에서 미국 교사를 어떻게 조명하는지에 대해 극적인 효과를 낳았다. 한때 미국 교사들은 "형편없고 나쁜 교사"와 "썩은 사과"와 같이 악마화되었었는데, 언론은 교사들의 시위, 저항, 파업 등을 지켜보면서 자신들의 태도를 바꿨다. 타임지는 이전에 교사에게 상당히 적대적인 이야기를 기사로 실었던 매거진으로 거의 참회 수준의 변화를 보였다. "형편없는 교사"를 해고하려는 사람들을 칭송하던 지난 1면 기사들과는 대조적으로, 타임지는 동시에 발간된 세 개의 서로 다른 커버스토리로 교사파업을 기사화했다. 각 커버 스토리는 저임금, 과다근무, 사회적으로 제대로 인정받지 못하는 교사를 집중 조명했다. 이 커버 스토리는 "저는 미국교사입니다(I'm a Teacher in America)"라는 제목이 달렸다. 커버지를 장식한 한 교사는 교실에서 이렇게

출처: http://serateshgh.com/international/i-am-a-teacher-in-america/

말하고 있다. "저는 석사학위가 있고, 교사로 16년을 일했습니다. 그런데 생활비를 위해 헌혈을 해야만 합니다. 저는 미국의 교사입니다."

또 다른 커버 스토리는 같은 이슈를 다루고 있지만 다른 교사를 보여준다. 학생 사물함 앞 복도에 자리한 교사는 이렇게 말한다. "저는 20년 경력의 교사에요. 하지만 제 고장난 차를 고칠, 두통이 있지만 의사를 만날, 제 아이들의 앞날을 위해 저금할 수 있는 재정적 여유가 없어요. 저는 미국 교사입니다."

세 번째 커버 스토리는 자기 교실에서 자리를 잡고 이야기한다. "저는 작은 아파트에 살면서 제 아이와 한 침대에서 잡니다. 저는 학급문구비용으로 1,000달러를 씁니다. 교육청의 예산 삭감으로 저는 세 번이나 일시 해고되었었어요. 저는 미국 교사입니다." 이 표지에 따르는 이야기는 교사들이 "저임금, 수선이 필요한 학교 건물, 오래된 교과서 등"을 감내하면서 감당해야 하는 삶과 희생에 초점을 맞추고 있었다.

하루 사이에 미국 교사는 '썩은 사과'라는 이미지에서 '자기희생적인 영웅'의 이미지로 바뀌었다. 다른 전문직에서는 생각할 수도 없는 환경에서 자신에게 주어진 목표를 달성해내려 안간힘을 쓰는 그런 영웅말이다. 전국적인 교사 담론도 바뀌었다. "실패하는" 학교와 "형편없는" 교사에 관한 파괴자들의 화법에서 생계를 위해 둘 혹은 세 개의 알바를 뛰어야 하는, 여기에 학급에 필요한 물품을 구입하기 위해 자기 돈을 쓸 수밖에 없는 교사들의 비통한 처지로 말이다. 파괴자들은 수년 동안 한결같이 말해왔다. 돈이 중요한 게 아니라고. 필요한 것은 차터스쿨과 바우처 프로그램이라고. 여기에 일주일에 시간 제한 없이 일하겠다는 의지를 지닌 무경력 교사들이 필요하다고 했다. 그러나 교사들의 반란은 주제를 바꿔버렸고 (당분간) 파괴자들의 입을 막아버렸다. 언론이 직장으로 교직을 택했으면서도 패스트푸드 식당에서 알바를 하거나 생활비, 아파트 월세, 대출상환금, 대학대출금을 내겠다고 헌혈을 할 수밖에 없는 실존하는 교사들의 이야기를 싣기 시작하면서, 교사에 대한 파괴자들의 공격은 적합하지도 않을 뿐만 아니라 비열한 짓으로 비춰졌다. 지난 수년 안에 처음으로 교사는 전국 규모의 주요 언론에 소위 주목할만한 사람들로 실존하게 되었다. 열심히 일하지만 정당한 임금도, 그에 어울리는 사회적 존중도 받지 못하는 사람으로 말이다.

2018년 있었던 교사들의 반란은 전국의 교사들에게 큰 영감을 주었다. 2019년 LA에서 이후 벌어진 대규모 교사파업이 발생했을 때, 대중은 압도적으로 교사들을 지지하고 지원했다. 파업을 하면서 교사들은 비로소 생계에 필요한 임금, 더 작은 학급 규모, 합당한 근무조건, 그리고 교육민영화 금지 등을 요구할 힘이 있음을 깨달았다.

교사들이 미국이란 국가에 큰 교훈을 가르친 셈이다.

그러나 이보다 더 가치로운 것은 교사가 교사 자신에게 큰 배움거리를 준 것이다. 교사들은 연합했고, 자신들의 목소리를 들어달라고 요청했으며, 사회적 존중을 얻게 되었다. 이 모든 것은 파괴자들이 지난 20여 년 동안 거부해온 것이었다. 교사들은 연합하면 힘이 된다는 것을 배웠다. 일부 교사들은 선출직에 출마했다. 그중 일부는 당선되었다. 물론 그렇지 않은 교사들도 많았다. 그러나 교사란 이름으로 연합했을 때, 모두가 함께 일어서면 자신들의 목표를 이룰 수 있다는 것을 배웠다. 주 전체의 아이들이 학교를 다니지 않는 것을 원하는 사람은 어디도 없다. 심지어 가장 보수적인, 아니 아주 인색한 정치인이라고 하더라도 이를 원하지 않을 것이다. 단 하루도, 단 일주일도 이를 허락하지 않을 것이다. 정치인들은 교원노조를 박살내서 교사들의 요구를 잠재울 수 있으리라 생각했다. 그들은 틀렸다. 교사들은 자신에게 힘이 있음을 알게 되었다. 그리고 이 교훈을 절대 잊지 않을 것이다.

제16장

골리앗이 비틀거리다

제16장

골리앗이 비틀거리다

골리앗은 힘 세고 중무장을 했다. 다윗은 젊은 남자로 키가 그리 크지 않았다. 무장이라고 해봐야 겨우 돌팔매 정도였다. 다윗은 골리앗의 이마를 명중시킨 이 돌팔매 한방으로 골리앗을 쓰러뜨렸다. 다윗과 골리앗 이야기는 모든 저항운동에게 희망을 전해준다. 오늘날 미국의 교육가들에게, 이 이야기는 억만장자들이 나서 후원하는 파괴운동에 맞선 저항운동을 빗댄 비유로 회자되고 있다. 공교육을 파괴하고, 돈으로 재단하고, 민영화하려는 파괴운동은 자신을 감히 "개혁"운동이라고 부른다. 짜증나게 말이다. 이들이 덮어쓴 마스크가 벗겨지자 이들의 정체는 기만과 선전, 선동이라는 전략에 의존하는 교육민영화운동이었다.

요즘 민영화론자들은 월드클래스 교육을 원한다고 말한다. 그러나 이들은 이런 교육을 위해 돈을 낼 생각이 없다. 모든 아동이 필요로 하고 또 마땅히 가져야 하는 학교를 재정지원하기 위해 세금을 더 많이 낼 생각이 없다. 전문직 교사를 위한 더 많은 급여를, 그리고 각 학교마다 학생들을 위한 상담사, 사회복지사, 사서, 심리교사, 간호사 등의 필수적 지원인력을 위한 비용 지급을 바라지 않는다. 파괴자들은 교육에 더 많은 돈을 쓰는 것은 좋지 않다고 주장한다. 왜냐하면 "밑 빠진 독에 물 붓는" 격이기 때문이다. 하지만 이들은 자기 자녀들이 다니는 학교에는 거리낌없이 엄청난 돈을 갖다 준다.

이들은 학급 규모를 줄이는데 반대한다. 왜냐하면 돈이 많이 들기 때문이다. 이들은 "대단한 교사"가 학급 학생수가 얼마가 되건 상관없이 성공적으로 가르칠 수 있을 것이라고 주장한다. (관련 연구도, 상식적인 수준의 판단도 이들의 주장을 지지하지 않는다.) 이들은 자금을 두고 벌이는 저비용 대체 방안으로 선택을 제안한다.

물길이 개혁으로 가장해 변장한 파괴운동 및 교육민영화에 반대되는 방향으로 바뀌고 있다. 물론 이들은 개혁이 아니다. 감추고 있던 마스크가 떨어져버렸다. NAACP가 2016년 차터스쿨 모라토리움을 요청한 사안은 학교선택제가 "우리 시대의 민권운동 문제"가 아니라는 시끌법석한 신호였다.

같은 해 조지아주 유권자들도 "기회 학구"를 따로 만드는 내용을 헌법에 집어넣자는 개헌안을 거부했다. 이것은 주지사가 관할하는 것으로 학업성취도가 낮은 공립학교를 기존 교육청 관할에서 빼앗아 차터스쿨 운영회사에 넘기려는 것이었다. 즉, 이 모델은 테네시주에서 실패한 "성취 학구"를 본딴 것이었다. 이 제안은 아주 큰 폭으로 실패했다. 찬성 40%, 반대 60%였다. 조지아주에는 매사추세츠주처럼 반대의견을 대변하며 군중을 이끌어 강경 노조도 없었는데도 말이다. 조지아주 유권자들은 공립학교에 대한 민주적 통제가 약탈되는 것을 바라지 않았던 것이다.

파괴자들은 어떤 학교가 학력성취수준이 낮은지 판단하고, 혹 그렇게 확인된 학교를 빼앗고 폐쇄할지를 결정하는데 표준화시험을 사용했다. 하지만 차터스쿨과 바우처 프로그램이 표준화시험에서 그다지 좋은 성적을 거두지도 못하고 더 나아가 실패했다는 것이 드러나자, 표준화시험을 무시하게 되었다. 파괴자들은 차터스쿨과 TFA로부터의 무경험 교사를 교사로 선발, 고용하는 것이 학업성취를 높인다고 주장하지 않는다. 이런 노력을 지난 30여 년 동안 기울여왔지만, 결과는 그다지 성공적이라고 할 수 없는 상황이다.

학력이 낮다는 이유로 수백, 아마도 수천개의 공립학교를 문닫게 한 것을 소위 "성공"이라고 하지 않는다면 파괴자들이 지지, 옹호했던 것들 중에 성공했다고 할 만한 것은 없다. 파괴자들은 교사들의 사기를 꺾는데 성공했고, 교사가 되겠다고 교직에 들어서는 사람들의 수를 대폭 줄어들게 했다.

차터스쿨을 열었던 기업가들에게 이익을 몰아줬고, 학교에 팔아 넘길 새롭다고 하지만 가짜 상품과 서비스를 만들어냈다. 시험을 관장하는 거대 기업의 결산 순이익을 대폭 높여주었다. 이들이 공통핵심을 강하게 주장하면서 이를 실행하려는 주정부는 수십억달러의 비용을 치러야 했으며, 그러면서도 국가 차원의 혹은 국제비교차원의 학력평가에서 별 효과를 얻지 못했다. 결국 학부모, 아동 옹호자, 문학 애호가, 교사들의 원성을 사기에 이르렀다. 파괴자들은 아주 사적인 학생의 개인정보를 모아 축적하도록 하고, 이를 사고 팔 수 있는 물건으로 만들고자 무진장 애썼다. 그러나 이 또한 관련 정보에 능숙한 학부모들이 나서 좌절시켰다. 이들은 아이들의 삶에 깊숙이 공격해 들어오는 '빅 브라더'의 침입을 막아냈다. 아직까지는 말이다. (진행형이니 완성형으로 이야기할 수는 없는 노릇이다.)

파괴자들은 늘 새로운 제안을 들고 나와야했기 때문에, 특히 자신들의 기존 상품 판매가 부진할 경우, 이들은 "개별화 학습"에 꼭 달라붙어 있었다. 학교 생활의 대부분을 교사 대신 컴퓨터로 바꾸려는 것이었다. 이 제안에 따르면, 컴퓨터 알고리즘은 학생들의 숙달도 수준에 맞추어지도록 조절하고 각 학생은 자기 수준에 적합한 수업 혹은 활동을 하게 된다. 학부모 및 교사들은 "개별화 학습"이라는 이런 이상한 개념은 일종의 사기라고 본다. 왜냐하면 이 개념의 잔인함은 인간과 인간의 상호작용이 아니라 인간과 기계 사이의 관계에 있다. 캔사스, 펜실베니아, 뉴욕, 코네티컷의 학생들은 찬주커버그(Chan Zuckerberg)가 개최한 '서밋러닝(Summit Learning)'이라는 플랫폼을 학교교육에 채택, 도입하려는 데 저항하며 학외 시위를 벌였다. 이 플랫폼은 교사들을 스크린 학습으로 바꾼다는 것에 지나지 않았다. 캔사스주의 한 학부모인 맥퍼슨(McPherson)은 4학년인 자기 아들의 교실을 방문하고는, "컴퓨터가 아이들을 가르치고 있었는데, 애들은 전부 좀비처럼 보였다"고 말했다. 맥퍼슨은 바로 자기 아들을 그 학교에서 다른 곳으로 옮겼다. 학부모는 자기 아이들이 아이들을 보고, 아이들의 말에 귀 기울이고, 그 아이들이 어떤 아이들인지 알아가고, 아이들을 돌보는 인간 교사를 원한다. 학생들은 자기 생애 전반에 영감을 불어넣어주는 교사를 기억하기를 기대한다. 그런 교사가 크롬북이라던가 아이패드는 아닐 것이다.

　최소 일부 파괴자들은 시험성적이 학생들의 잠재력을 재는데 형편없는 도구라는 것을 깨닫게 되었다. 나름 좋은 소식이다.

　루하니파드(Paymon Rouhanifard)는 파괴운동을 시작했던 그 분야 지도자였지만, 최근 그는 뉴저지주 캄덴의 교육감에서 물러나면서 표준화시험을 비난했다. 공립학교를 위한 공직 경력 5년의 결과였다. 루하니파드는 전 뉴욕 시장이었던 클라인 팀에서 고위관료로 경력을 쌓은 인물이었다. 그가 소속되어 활동했던 클라인의 팀은 시험성적이 교육에 있어 최종적으로 달성해야 할 목표였었다. 그가 소위 가난한 지역사회로 둘러싸인 캄덴에 32세의 나이로 교육감에 취임했을 때, 그는 캄덴 지역의 시험 성적에 따라 모든 학교의 순위를 매길 수 있는 학교정보카드를 만들었다. 그러나 교육감을 그만두기 전, 그는 자신이 만든 이 학교정보카드를 없앴다. 그는 교사, 학생, 학부모가 시험에 들이는 시간에 대해 불만을 제기하고, 음악, 미술, 혹은 국제사회, 혹은 외국어 공부에 쓸 시간이 없다는 이야기를 귀 담아들은 다음 마음이 바뀌었다고 말했다.

　그는 최근 시험성적에 기반해 교사들의 성과를 평가하는 책무성 기제가 시험 성적을 올렸지만 이 시험 성적의 향상이 상실된 수주간의 수업 혹은 수 개월동안의 수업만큼의 가치가 있는 것인지 의문스럽다는 점을 인정했다. 그는 자기와 같은 생각으로 일해 왔던 동료 파괴자들 앞에서 단 두 개의 교과 숙달도에 비정상적으로 집중하는 것은 교육을 해치는 일이라고 결론지었다.

　　대단한 비난이 있겠지만 나는 내 길을 가려 한다. 이 방에 있는 거의 대부분은 내가 말하는 아이들의 학교 모습을 결코 용인하지 않을 것이다. 대개 부유하고, 대체적으로 백인이 다니는 학교들은 엄청난 시험을 피하고 있고, 결과적으로 이 학교들은 문자 그대로 별도의 수업을·위한 시간을 만들어낸다. 이럴 경우 학기중에 배정되는 시간은 전체적으로 적다. … 우리 아이들의 환경이라며 우리가 원하는 것, 이것이 다른 모든 아이에게도 제공되어야 한다. 이것이 가장 기본적인 원칙이다.

이 말은 존 듀이가 "한 사회는 최고로 훌륭한, 그리고 가장 현명한 부모가 아이들에게 해주고 싶어하는 것을 모든 아이에게도 해주어야 한다. 학교에 대한 이것 이외의 그 어떤 생각도 속 좁고 사랑과는 거리가 먼 것일게다. 이런 것들이 실행된다면, 우리 민주주의는 파괴될 것이다"면서 늘 맘에 품었던 것이다.

우리가 잘 알고 있듯, 파괴자들 속에는 자기 방식에 익숙한, 그게 뭐가 잘못되었는지 전혀 알지 못하는 놀라울 정도로 부유한 사람들이 정말 많이 포함되어 있다. 이들은 자기가 가진 것 중 하나라도 소홀히 여길까? 하나우어(Nick Hanauer)는 벤처사업가이자 오랫동안 차터스쿨에 기금을 지원해 온 사람으로 2019년 공개적으로 '공립학교는 실패했다'를 외치며 활동해 온 집단과의 연을 끊었다. 그는 더아틀란틱지에 기고한 글에서, 지금까지 자신이 잘못했다고 시인했다. 그는 정말 단순한 생각, 즉 "실패하는 학교"가 빈곤과 불평등을 만들어낸 주범이라는 생각에 "사로잡혀" 있었다. 그러나 "교육개혁운동"에 수백만달러를 기부해 온 지난 십수년을 돌아보면서, 그는 "우리 교육 시스템은 우리 경제시스템이 미국을 실패로 몰아가는 방식에 대한 보상이 되어서는 안 된다"고 결론내렸다. 그는 가정의 소득이 "학생들의 학업 성취도에 가장 크게 영향을 끼치는 단일 요인"이고 기본적인 사실조차 제대로 인정하기 거부하려는 교육개혁운동이 가장 큰 문제임을 인정했다. 50개의 거대 가족재단 중 40여 개에 해당하는 미국의 "엘리트 자선업가들"은 학교를 (미국사회의) 가장 큰 문제로 보면서도 임금 정체나 빈곤문제는 문제로 거론하지 않는다. 그의 친구들이 깊숙이 뿌리박힌 경제적 불평등과 관련된 문제에 도전하고 또 이를 드러내기보다 학교를 비난하기가 더 쉬웠다.

파괴자들은 하나우어의 목소리에 귀를 기울일까? 실패한 제안에 돈 들이는 일을 멈추었다면 경제적, 그리고 교육적 기회를 더 키우는 방법에 대해 사려깊고 현명한 논의의 장이 만들어졌을 것이다.

파괴자들은 3백만명의 학생들이 차터스쿨이 등록해 다니고 있다는 사실을 자랑하며 내놓는다. 전체 학생 수의 6%에 이르는 숫자다. 안타깝게 차터스쿨로 문을 연 학교들 중 많은 수가 문을 닫았고 그 자리에 다른 차터스쿨이 들어서는가 하면, 곧 다시 문을 닫았다. 이런 파괴운동의 성과는 더 나은 교육이 아니라, 말 그대로 파괴였다. 차터스쿨 산업은 공립학교를 일관되게 넘어서도록 성과를 내는 안정된 학교 체제를 만들어내지 못했고 아직도 그렇지 않다. 이들은 미국 공교육의 모델을 만들어내지 못했다. 소위 높은 성취도를 내는 차터스쿨이 있지만, 이 학교들은 통상적인 것이 아니라 예외일 뿐이다. 자기 학교 학생들을 골라 추려내지 않는 차터스쿨들은 공립학교보다 학업성취도면에서 더 낫지 않다. 실제 시험 성적은 훨씬 못한 편이다. 최고의 학교라고 하면 시험성적이 최고로 높은 학교를 의미하는 것이 아니다. 혹은 학생들이 AP 시험을 가장 많이 볼 수 있도록 하는 학교도 아니다. 오히려 학교 문에 들어서는 모든 아이들의 능력과 흥미를 키워주는데 성공하는 학교가 최고의 학교다. 이런 학교의 목표는 표준화시험이 절대 잴 수 없다.

차터스쿨은 구름 아래로 떨어졌다. 교육민영화에 맞서는 반발이 이런 저런 새로운 스캔들과 함께 점차 강해지고 있다. 차터스쿨 영역에서 일어나는 스캔들은 무시하기 어려울 정도로 너무 자주 일어난다. 이런 스캔들은 차터스쿨 운영자들에게 책무성과 감독을 면제해주는 느슨한 주법률이 만들어낸 직접적인 결과다. 따라서 대중은 차터스쿨에 대한 공교육비 지원이 대부분의 학생이 다니고 있는 공립학교 예산을 빼가는 것이라는 사실을 무시할 수 없게 된다. 2019년 1월 LA에서 일어난 교사파업은 직접적으로 "억만장자 교육민영화 옹호론자"를 겨냥해 비판했다. 즉, 차터스쿨을 지원하는 엘리 브로드, 리드 헤이스팅스 및 기타 억만장자들 말이다. 대통령 선거에 나서는 많은 민주당 후보들은 이 파업을 지지한다는 공식 견해를 표하기도 했다.

차터스쿨에 대한 반발은 선거에도 영향을 미쳤다. 캘리포니아주에서 2018년 친차터스쿨 후보로 억만장자들이 선거자금을 댔던 주지사 후보는 결선투표에도 못 올랐다. 이 부자들은 차터스쿨 챔피언이라 할 수 있는 터크(Marshall Tuck)를 주교육과정원장(State Superintendent of Public

Instruction)으로 밀었다. 그러나 터크는 공립학교 옹호론자였던 주의원이자 사회복지사였던 서몬드(Tony Thurmond)에게 선거에서 졌다. LA에서 억만장자들은 학교위원회에서 우위를 점하는데 실패했다. 공립학교 옹호론자였던 골드버그(Jackie Goldberg)가 보궐 선거에서 크게 이겼기 때문이었다. 학교선택제가 일종의 규범이 되어 있던 밀워키에서는 친공교육 후보들이 교원노조 및 노동자당(Working Families Party)으로부터 지지를 받으면서 2019년 학교위원회 선거에서 다수를 차지하게 되었다. 그 해 봄, 시카고는 람 에마누엘의 뒤를 이어 친공교육후보였던 라이트푸트(Lori Lightfoot)를 시장으로 선출했다. 25여년이나 이어졌던 기업가들이 주도하는 교육개혁의 종지부를 찍었다. 뉴욕시에서 공립학교를 지지하는 민주당원들은 2018년 주상원의원 선거에서 승리했다. 이 일은 공화당 우위의 정치를 끝내고 향후 차터스쿨에 우호적이고 차터스쿨의 확산을 막을 수 있도록 했다. 2020년 선거를 이끄는 대통령후보 예비선거에는 차터스쿨을 승인하는 후보가 한 명도 들어서지 않았다. 이는 부시정부-오바마 정부의 교육민영화 어젠다에 대한 격심한 비난이 있었기 때문이었다. 트럼프 정부와 억만장자 연방교육부 장관인 드보스가 차터스쿨을 적극적으로 껴안은 상황에서 차터스쿨을 지원해 왔던 민주당원들은 당황하지 않을 수 없었고, 결국 입을 다물게 되었다.

미시간주는 지난 30여년동안 차터스쿨과 학교선택제에 완전히 헌신해 왔지만, 학생 대부분은 자기 집 근처의 동네 공립학교를 다닌다. 동네 공립학교에 다니는 학생들은 2017년 기준 총 130만명으로 전체 학생의 67%이고, 나머지 12%의 학생들은 다른 학구의 공립학교를 다닌다. 그리고 학생 총수의 10%가 사립학교에 다닌다. 차터스쿨에 다니는 학생 수는 대략 146,000명으로 전체 148만명의 9%가 된다. 2018-2019년이 되면 지난 21년만에 처음으로 차터스쿨 등록 학생수가 감소하게 된다. 2017-2018년에는 새로 문을 연 차터스쿨보다 문을 닫은 차터스쿨이 더 많아졌다. 미국에서 학교선택제를 선도적으로 이끌어 온 주로 드보스가의 고향이기도 한 미시간주에서 차터스쿨에 등록한 학생이 주 전체 학생의 9%밖에 안 된다는 것은 대단한 일이 아니다.

대부분의 주에서 차터스쿨에 다니는 학생의 비중은 한 자리 숫자이다.

차터스쿨 등록학생 비중이 가장 높은 주들은 아리조나주(17%), 캘리포니아(10%), 콜로라도(13%), 루이지애나(11%), 플로리다(10%) 정도에 그친다. 그러나 이런 주들 가운데에서도 일부 주는 새로운 차터스쿨이 문을 여는 속도만큼이나 빨리 문을 닫는 차터스쿨이 늘고 있다. 월스트리트의 자금이 지닌 힘으로 인해 차터스쿨 옹호운동의 온상이 되고 있는 뉴욕주에서는 차터스쿨에 등록한 학생의 비중이 겨우 5% 정도에 그치고 있다. 매사추세츠주에서는 4%의 학생들만이 차터스쿨에 다니고 있다. 다니엘스(Mitch Daniels)와 펜스(Mike Pence)가 주지사로 있었던 시기 인디애나주에서는 차터스쿨이 크게 선전되고, 대단히 예찬되었다. 새로 문을 열 수 있는 차터스쿨의 수를 제한하는 법같은 것은 없었다. 그럼에도 차터스쿨에 등록해 다니는 학생 비중은 2018년 기준 4%에 그친다. 바로 1년 전인 2017년에는 9개의 차터스쿨이 문을 닫고 5개의 차터스쿨이 새로 문을 열었다.

플로리다주는 바우처 프로그램에 재정지원을 한다는 명목으로 매년 10억달러의 공교육비를 투입한다. 그리고 차터스쿨 운영비 보조로 20억달러를 제공한다. 이 돈은 전부 열악한 재정 상황에 처한 공립학교의 예산에서 전용된 것들이다. 이들 공립학교에는 거의 80%의 학생들이 다니고 있는데도 말이다. 차터스쿨 신청이 높았던 시기는 2011년이었다. 지역 학구와 주정부에 대략 350개의 차터스쿨 개교 신청서가 제출되었고 이중 35%가 승인되었다. 2016년, 새로운 차터스쿨을 열겠다고 하는 신청서의 수는 75개 정도로 대폭 줄었다. 이중 40%의 신청서가 승인되었다. 이런 차터스쿨 신청의 감소는 상당히 놀라운 일인데, 주정부는 상당히 관대하고 연방정부가 재정지원하는 경쟁적 기금 550,000달러를 새로운 차터스쿨을 열겠다고 하면 누구에게라도 제공한다. 물론 교육경력은 전혀 요구하지 않는다. 새로운 차터스쿨이 문을 열지도, 기존 차터스쿨이 1년 내에 문을 닫지도 않는다면 이 돈은 사라진다. 팜비치 카운티, 브로우워드 카운티, 레온 카운티, 리 카운티, 몬로 카운티와 같은 몇몇 핵심 카운티들은 차터스쿨 등록 학생수의 감소가 나타나고 있다.

1994년 이후 근 사반세기 동안 연방정부는 새로운 차터스쿨을 시작할 수 있도록 지원한다는 명목으로 40억달러의 돈을 베풀었다. 그러나 이 돈을 받은 사람들의 1/3은 아예 학교 문조차 열지 않았거나 돈을 받은 이후 곧 학교 문을 닫았다. 거의 10억달러에 해당하는 연방정부의 돈이 소위 이런 '스타트업'에서 제대로 한 번 쓰이지도 않고 낭비되었다. 연방 교육부장관인 드보스는 연방정부의 '차터스쿨 프로그램'을 이용해, 이미 잘 알려진 KIPP, IDEA, 석세스아카데미와 같은 기업형 차터스쿨체인을 배불리도록 했다. 이 프로그램은 1994년 클린턴 정부때 시작해 스타트업 차터스쿨을 착수하도록 돕고자 했다. 드보스는 2019년 새로운 "무관용정책" 차터스쿨을 52개 세우라며 KIPP에게 8,600만달러를 주었고, 주로 텍사스에 본거지를 둔 차터스쿨 체인인 IDEA에게는 1억 1,600만달러를 제공하며 차터스쿨 체인의 브랜드를 키우도록 했다. 드보스는 이전에도 이 IDEA에 6,700만달러를 제공했었다. 뉴욕시의 석세스아카데미는 일단의 억만장자들이 엄청나게 돈을 기부하고 있는 차터스쿨체인으로 연방정부 기금 수혜액이 대략 1,000만달러에 이른다.

차터스쿨 등록학생수 비중을 10% 정도에 맞추려고 한다면 도대체 얼마나 더 많은 돈이 필요할까? 차터스쿨이 원하는 학생들을 콕 집어 선발하지 않는다면 차터스쿨이 공립학교보다 더 성공적인 학교라고 할 수 없다거나 심지어 훨씬 못하다는 것을 염두에 두면, 도대체 이런 투자가 왜 가치로운 것일까? 도대체 왜 연방정부는 매년 거의 5억달러에 이르는 자금을 제대로 문조차 열지 않는 차터스쿨을 위해 사용하고 있는가? 그토록 많은 공립학교가 예산부족으로 애를 먹고 있는데도 말이다.

바우처 프로그램 또한 주요 실패작 중 하나다. 아주 엄밀하게 수행된 연구들, 심지어 학교선택제를 옹호하는 사람들이 기금을 지원한 연구들조차도 일관되게 바우처 프로그램을 이용할 때 학력이 저조해진다고 보고한다. 대부분의 바우처를 제공받는 학교들은 저비용 종교계 사립학교로 제대로 자격을 갖춘 교사를 고용하지 않고 있으며 학력 기준은 낮고, 종교적 신념을 마치 사실인양 가르치는 교과서를 교실 수업에 사용한다. 설상가상으로, 많은 종교계 학교는 편협한 신념을 가르치고 또 실천하는가 하면 성경을 마치 과학 교과서인양 다룬다. 성경은 고대 지혜의 보고다. 성경은 유대 기독교인들의 전통에서 수백만명의 사람들에게 영감을 불러일으키고 또 길을 인도하는 중요한 자료다. 그러나 성경을 과학 교과서로 활용하는 것은 21세기의 교육이 아니다. 이는 공교육비로 행하는 교화일 뿐이다.

드보스, 젭 부시, 코크 형제, 펜스와 같은 정치인들의 열광적인 옹호에도 불구하고, 정말 적은 수의 학생들만이 바우처 프로그램을 이용한다. 심지어 차터스쿨에 등록해 다니는 학생수보다 작다. 인디애나와 플로리다, 이 두 주는 바우처 프로그램에 공교육비를 열렬하게 지원해 왔다. 이 두 주의 헌법은 분명한 어조로 공적 재원을 종교계 학교에 쓰지 말라고 했음에도 불구하고 말이다. 주의 지도자들은 아주 간단히 주 헌법을 무시하기로 결정한 것이다. 지난 20-30년 동안의 과거에서 배울 수 있는 가장 중요한 교훈은 "교육개혁"이 곧 교육개혁이 아니란 거다. "교육개혁"은 사기저하, 재앙, 소요를 의미한다. 파괴운동은 결단코 더 나은 교육을 만들어내지 않았다.

그 어디에도 "교육개혁운동"은 없다. 파괴자들은 공립학교를 개혁하려는 노력을 전혀 기울이지 않았다. 이들은 공립학교, 미국이 수 세대동안 의지해 온 공립학교를 파괴하고 민영화하기를 원했다. 이들은 공립학교 기금을 민간인 손에 넘기기를 원했다. 이들은 민주주의를 방해하고 싶던 것이다. 이들은 공립학교를 개선하려는 것이 아니라 망가뜨려 못쓰게 만들고 싶어했다. 이들은 공적 서비스를 자유시장으로 바꿔치기 원했다.

파괴자들은 학교에 인종간 차별적 분리가 커지는 문제에 신경쓰지 않는다. 이들은 차터스쿨이 공립학교보다 더 인종차별적으로 분리된다는 문제제기에 관심을 기울이지 않는다. 이들은 인종 통합학교의 가치를 주장하는 연구를 의도적으로 무시한다.

파괴자들은 자신들이 아이들을 위해 싸움에 나서고 있다고 주장한다. 특별히 "실패하는 학교에 갇혀 있는 가난한 아이들"을 위해서 말이다. 그러나 이들은 가난을 해결하려는 그 어떤 시도도 하지 않는다. 이들은 교원노조가 없는 차터스쿨을 만드는 것으로 상상 속의 미래에서 빈곤을 감소시킬 수 있다고 생각하는 듯하다. 즉, 이런 차터스쿨에서는 교사경험이라고는 거의 없는 젊은 대학졸업생이 험악한 얼굴로 아주 엄격한 훈육을 실시하고, 이런 교사들은 2-3년이 지나지 않아 아예 교직을 그만두고 떠나 버린다. 고장난 학교를 고쳐야 빈곤 문제를 바로잡을 수 있다고 믿는 신념에 이들은 착 달라붙어 있다. 파괴자들이 차터스쿨과 바우처 프로그램이 "빈곤문제를 바로잡았다고 하는" 경우라며 짚어낼 수 있는 지역은 단 한 곳도 없다. 학교가 빈곤 문제를 해결하지 못한다. 좋은 임금, 적절한 주택을 제공해 줄 수 있는 직장을 만들어 낼 수 있는 미시적 경제 변화가 빈곤 문제를 해결한다.

교육민영화는 여러 가지 이유로 실패한다.

우선, 공적 자금을 제공받으면서 사적으로 관리되는 학교들은 비정상적일 정도의 낭비, 사기, 오남용, 부패를 저지른다. 모든 차터스쿨이 부패한 것은 아니다. 그러나 공적 감시가 부재한 상황에서 많은 차터스쿨들은 부패하게 된다. 공적 자금은 공적 감시가 따라야 한다. 감시와 규제가 부재한 상황에서 차터스쿨 운영자들은 자신과 자기 가족들 손에 수 백만달러의 이득을 가져다주는 복잡한 부동산 거래를 한다. 이것이 납세자들의 돈이 부패하게 사용되는 예이다.

둘째, 민영화와 학교선택제는 모든 종류의 차별분리를 키운다. 인종, 가구소득, 사회계층, 종교 등. 공립학교는 가능한 최대로 이 차별분리를 감소시켜야 한다. 공립학교는 젊은 세대에게 자신과 같지 않은 사람들과 함께 살아야 한다고 가르쳐야 한다.

셋째, 민영화는 아주 빠듯하게 공립학교를 위해 배정되어 있던 예산을 빼내는 식으로 공립학교에 해를 가한다. 이 돈은 민간이 운영하는 경쟁자에게 있던 돈이 아니다. 차터스쿨이 문을 열면 이들은 공립학교가 받는 방식대로 기금을 끌어오게 된다. 즉, 공립학교는 교사를 해고해야 하고, 학급당 학생수를 늘려야 하며, 교육프로그램을 줄이고, 필요한 학생서비스를 없애야 한다. 대부분의 주에서 공립학교는 이미 예산 부족사태를 맞고 있다. 차터스쿨과 바우처 프로그램을 더하는 것은 학생 대부분이 등록해 다니는 공립학교의 상황을 더 열악하게 만든다. 실제로, 학생의 85-90%가 더 열악한 교육을 받게 되면서 10-15%의 학생들이 차터스쿨 혹은 종교계 사립학교를 "선택"할 수 있게 된다. 그렇다고 이런 학교들이 공립학교보다 더 좋으냐 하면 그렇지도 않다. 전혀 말이 안 되는 상황 아닌가?

넷째, 차터스쿨로 인한 교육민영화는 민주주의에 대한 직접적인 공격이다. 몇몇 대도시에는 시장이 임명하는 학교위원회가 있다. 그러나 95%가 넘는 학구는 선출된 위원회가 학교교육을 관장한다. 민영화옹호론자들이 민주적으로 선출된 학교위원회를 반대한다고 해도, 이들은 선출된 위원회의 위원 자리를 얻고자 선거운동에 돈을 댄다. 내쉬빌, 덴버, 세인트루이스, LA, 애틀란타 및 기타 지역에서 그랬던 것처럼 말이다. 이들의 이런 낭비는 자기 지역에서 학교위원회 자리를 위해 일반 시민이 나서 경쟁하기 어렵게 만든다. 차터스쿨 이사회는 민주적 규범에 구속되지 않고 학교를 운영한다. 이들은 선출된 사람들도 아니고 이사회 임원들은 학교가 위치한 지역에 살지도 않는 경우가 허다하다. 차터스쿨 이사회 임원들은 주로 금융계 거물들이다. 차터스쿨에 아이를 보내는 학부모들이 결정된 학교방침이 그다지 달갑지 않다고 해도 이사회 임원들을 만나 볼 가능성은 거의 없다. 이들이 차터스쿨의 교장에게 불만의 목소리를 전달한다고 해도, 그 교장은 아마도 다른 학교를 찾는게 좋을거라고 할지 모른다.

많은 주에서 교육경력이라곤 없는 사람들이 차터스쿨을 세우거나 학교를 운영할 수 있다. 회사를 경영했던 사람들이거나 법조인, 혹은 정치인, 혹은 연예인, 운동선수, 혹은 투기꾼일 수 있다. 정말 어처구니 없는 일 아닌가? 학교는 교육가들이 관리하고 운영해야 한다.

도대체 왜 차터스쿨은 공적 책무성 기제를 부과하지도 않으면서 공적 자금을 가져다 쓰도록 하는가? 도대체 이런 관행이 어떻게 합법적인가?

차터스쿨은 학교가 위치할 학구 교육청이 승인권한을 가져야 한다. 이 학교들 또한 기업가가 아니라 교육가들이 운영해야 한다. 이 학교들은 교육청이 채워줄 수 없는 교육서비스를 제공해 주는 것으로 제한되어야 한다. 여기에 고용되는 교사들은 자격을 반드시 갖추도록 해야 한다. 이 학교들 또한 공립학교와 똑같은 법률, 규정, 윤리적 기준에 적용받아야 한다. 만약 차터스쿨이 애초 약속한 목표를 도달하지 못한다면 학생 및 학교 건물은 해당 교육청에 공립학교 학생 및 공립학교 건물로 귀속되어야 한다. 차터스쿨 운영자들이 공적 기금으로 매입한 어떤 것이라도 차터스쿨이 문을 닫게 되면 교육청으로 귀속되어야 한다. 차터스쿨 소유주나 기업의 자산으로 남겨둬서는 안된다. 영리를 목적으로 한 차터스쿨 혹은 이윤을 겨냥한 차터스쿨 관리회사들은 금지되어야 한다. 온라인 수업은 교육청에서 제공되어야 한다. 이윤을 목적으로 한 기업이 이런 프로그램을 제공해서는 안 된다.

교육민영화를 지지해 온 억만장자들은 파괴운동에 계속 자금을 쏟아부은 결과가 나빴기에 이제는 선한 기금지원을 이어가야 한다. 도대체 얼마나 더 오랫동안 공공선에 상처나 내는 취미 생활에 기금을 계속 댈건가? 이들은 진짜 국가적으로 가장 가난한 아이들을 도울 맘이 있기는 한가? 만약 그랬었다면, 공립학교를 민영화하고 교직 전문성을 훼손하는 대신 어떤 일을 했을까?

여기 몇가지 제안이 있다.

2013년 「오류가 이끄는 통치(Reign of Error)」라는 제목의 책을 낸 이후, 내가 대중 앞에 처음 나선 것은 피츠버그에서였다. 다른 연사, 기타연주자, 드럼연주자, 여기에 웨스팅하우스고교 합주단 행진 등이 곁들여진 축제 자리의 행사였다. 이제 고등학교 합주단 행진이 막 시작하려고 사람들이 꽉 들어찬 강당의 복도를 따라 25명의 학생들이 자랑스럽게 나서려고 하는 찰나였다. 아직 유니폼을 입거나, 악기도 챙겨 들지 않은 상황이었다. 학생 중 한 명이 연단에 올라 학교 예산 부족으로 악기나 유니폼을 제대로 준비할 수 없었다고 설명했다. 나중에 내가 DFER 설립자에게 이 학생들에게 유니폼과 악기를 사줘서 제대로 된 학교 합주단이 되도록 하면 어떻겠냐고 제안했더니, 그는 큰 소리로 웃었다.

여기, 억만장자들을 위한 몇 가지 제안사항이 있다. 물론 진짜 필요한 것이고 연구에 기반한 내용이다.

당신들은 충분한 자원을 구비한 공립학교를 만들도록 지원하기 위해 당신들이 내야 할 세금을 낼 수 있다.

당신들은 취약계층이 사는 지역사회에 보건소를 열어 그 지역의 모든 가정과 아이들이 정기적인 건강 검진을 받도록 할 수 있다.

당신들은 임신한 모든 여성이 의료 검진을 받도록, 모든 아이들이 매일 영양이 듬뿍 든 식사를 할 수 있도록 보장하는 프로그램을 지원할 수 있다.

당신들은 아이들이 운동하고, 놀고, 연극활동을 하고 학습지도를 받도록 방과후 프로그램에 기금을 지원할 수 있다.

당신들은 모든 학교에 연극지도 프로그램을 지원하고 공연장을 다시 지어줄 수 있다.

당신들은 교사, 학교 합주단, 재즈밴드, 오케스트라, 합창단 등 음악 및 미술을 포함한 학교 예술교육에 필요한 비품을 제공해 줄 수 있다.

당신들은 주의회 의원들에게 학교 재정지원을 충분히 해주도록, 학급당 학생수를 줄이도록, 학교가 필요로 하는 수의 충분한 교사, 보조교사, 사회복지사, 사서, 간호사, 상담사, 도서 및 기자재를 구비할 수 있도록 로비할 수 있다.

당신들은 마약에 중독된 아이들을 위해 정신건강클리닉 및 치료센터를 만들 수 있다.

당신들은 "칼라마주의 약속(Kalamazoo Promise)"[28]에 기반한 프로그램

---

28) (역자주) 칼라마주의 약속(Kalamazoo Promise). 미시건주 칼라마주 지역의 공립 고교 졸업생들이 미시간주 내의 대학에 진학할 경우 최대 수업료의 100%까지 내주겠다고 하는 익명 기부자들의 서약 운동이다. 이 서약 운동은 2005년 11월 10일 칼라마주 교육위원회에서 발족되었으며 일종의 지역 경기부양책과 연동된 계획이었다. 유치원부터 고등학교까지 칼라마주 지역에서 학교를 다녔다면 수업료의 100%를 받게 되지만, 그렇지 않을 경우 수업료 지원 비중은 낮아지게 된다. 등록금의 65% 지원을 최소 기준으로 잡고 있는데, 이 경우에도 고교 1학년부터는 칼라마주에서 시작해야 한다. 이 서약 운동이 시작되고 이 지역 학업성취도가 16% 향상되었고, 고교 졸업생의 대학 진학률이 획기적으로 늘어났다. 2006년 본격적으로 시작된 이 운동은 14년차를 맞고 있는 2020년까지 대략 6,000여

을 지원할 수 있다. 미시간에서는 이 프로그램을 통해 익명의 후원자가 공립 고등학교를 졸업하는 모든 학생의 대학 등록금을 지원할 수 있다. 실제 이런 후원약속은 정말 훌륭한 성과를 냈고, 학생, 학부모, 교사들로부터 열화와 같은 호응을 받았다.

당신들은 NBA 농구스타 르브론 제임스(LeBron James)가 아크론에서 재정지원하고 있는 혁신적 공립학교를 열심히 따라할 수 있다. 이 학교는 성적이 저조한 학생들만을 입학시키는 정책을 취하고 있는데, 이렇게 입학한 학생들에게 적절한 지도를 제공하는 것은 물론 작은 학급규모를 유지한다. 뿐만 아니라 아이들이 필요로 하는 모든 서비스를 제공하며 이들 부모가 고교 졸업자격을 갖추도록 돕는다.

이것들이 얼마 안 되는 내 제안사항들이다. 정말 좋은 일을 하고 싶어하는 자선사업가들의 지원으로 현실가능한 제안서를 작성하는 것은 그리 어려운 일이 아니다. 책 한 권도 금방 쓸 수 있다.

자선사업가들은 자기들이 옳다고 여기는 생각을 강제하고 이를 통해 다른 사람들을 관리, 통제하려하지 말고 사람들이 정말 필요로 하는 것을 준다는 상당히 보편적인 원칙을 존중해야 한다.

지금 우리가 당면하고 있는 교육 정책은 미친 짓이다. 바보같은 자유지상주의자들의 목표를 쫓고자 공교육을 파괴하는 일은 미친 짓이다. 어린 아이들이 과학 대신 종교적 교리를 배우게 되는 종교계 사립학교에 아이들을 보내겠다고 공교육비를 쓰는 일은 미친 짓이다. 새로운 학교를 연다고 하면서 높은 윤리적 기준을 지켜야 한다거나 재정상태 및 수행정도에 요구되는 책무성을 거부하는 무책임한 기업가들에게 공적 자금을 넘겨주는 일은 미친 짓이다. 족벌경영, 내부거래, 이해관계충돌의 문제를 소홀히 여기는 일은 미친 짓이다. 우리 학교의 전문성을 약화시키고 학교를 사업가들의 손에, 기업

명의 학생들에게 등록금 지원 혜택을 제공했다.

형 학교체인에, 사기꾼, 좋게 말해 아마추어들에게 넘겨주는 이 길을 계속 걷는다면 우리는 이 나라의 미래를 포기하는 것이다. 누구의 실패가 더 명확한지를 따지는 실험에서 우리 아이들, 손주들이 계속 실험대상이 되도록 내버려 둔다면 우리는 이 아이들을 희생시키는 것이다.

점점 더 많은 미국인(학부모, 교사, 교육행정가, 할머니/할아버지, 관심있는 시민들)이 묻고 있는 질문이 있다. 한 나라로서 우리 미국은 국가와 민주주의의 미래에 심각한 피해를 입히지 않은 채 공교육 시스템을 계속 파괴하는 길을 걸을 수 있겠는가?

미국 전체적으로, 모든 주를 포괄해서, 이 질문의 답은 "그렇지 않다"가 된다.

그 어떤 사회운동도 제대로 만들어지고 또 지속되는데 엘리트가 주축이 되지 않는다. 시민권운동은 수백만명의 인민들이 지지했고 이 운동의 지속을 위해 미국의 가장 막강한 거물들에게 의존하지 않았다. 노예해방운동은 힘 있고 권세 있는 자들에 맞서는 반란이었지, 그들의 도구가 아니었다. 여성인권운동은 광범위한 지지에 기반했었지, 부자들의 노리개가 아니었다. 기리하라다스(Anand Giridharadas)가 자신의 책 「승자독식: 세계를 변화시키는 엘리트들의 놀이(Winners Take All: The Elite Charade of Changing the World)」에서 밝히고 있듯, 억만장자들이 나서 통제하고 관리하는 운동이 확실히 지향하는 것은 변화의 망상을 그려 보여주는 것 그 이상도 그 이하도 아니며, 기존 사회질서를 유지하는 것에 지나지 않는다.

에드워즈(Michael Edwards)는 자신의 책 「작은 변화: 비즈니스는 왜 세상을 구원할 수 없는가?(Small Change: Why Business Can't Save the World)」에서, 도대체 왜 억만장자들은 민주적 사회장치보다 우리 삶에 대해 더 많은 말을 해야만 하는가?라고 묻고 있다. 우리에게도 우리 생각이란 게 있는데 말이다.

정부가 자신이 할 일을 제대로 하지 않는다면, 나는 선거를
통해 새로운 정부를 지지하는 것으로 그 책임을 물을 수 있다.

그런데 내가 원치 않는 일을 빌 게이츠가 한다면 내가 할 수 있는 일이라곤 아무 것도 없다. 그는 자기 재단을 가진 사적 시민이기 때문이다. 게이츠가 여느 정부와 마찬가지로 글로벌 보건 및 교육정책에 강한 영향력을 끼치고 있고, 그가 내리는 판단이 수백만명의 삶을 침범한다. 게이츠나 다른 자선사업가들이 미국의 공립학교 질을 개선하고 싶어한다는 것은 뭐, 좋은 일이다. 그러나 이 일을 어떻게 달성할 것인지에 대한 자신의 생각이 다른 사람들의 생각을 깔아 뭉개고 작동해야만 하는 이유는 무엇인가? 그가 부자이기 때문인가? 그 집안 사람 세 명으로 이뤄진 사적 모임이 우리 공립학교를 어떻게 바꿀지 왜 결정하고 있는가? 만약 그가 틀렸다면 어떻게 할 건가? 그가 지금까지 해온 교육구상 하나 하나가 그랬던 것처럼 말이다. 그의 제안을 교육정책에 강제로 쑤셔넣는 것이 시민사회의 제도를 훼손하고 허무는 일이란 것을 한 번도 생각해보지 않았던건가?

사람들은 이제 내막을 이해하기 시작한다. 교사들은 반격에 나서고 있다. 학부모들 또한 반격에 동참하고 있다. 학생들은 자기 목소리를 내고 있다. 학생들은 표준화시험을 준비하고 치르는 무의미한 시간에 질렸다. 학급당 학생수가 많은 상황에 아이들은 구겨넣어져 있다. 자기 집 주변의 동네 학교가 폐쇄되었다는 사실에, 그리고 그 자리에 자기가 원하는 학생들만 골라 뽑으면서 정말 도움이 절실한 학생들은 배제해버리는 차터스쿨이 들어선다는 사실에 잔뜩 화가 나있다. 학생들은 교사를 컴퓨터로 교체하는 것을 거부한다. 아이들을 데이터 광산 정도로 생각하는 행태에 반대한다. 헤지펀드 매니저라던가 정치인, 기업가, 창업가, 악덕업자 등이 자기 학교위원회 선거에 자기 학교의 일상적 상황에 침입해 들어오는 것에 심한 모멸감을 느낀다. 아이들은 교사를 원한다. 경력이 많고 노련한 교사, 이력서에 한 줄 넣어보려는 것보다 전문가로서의 직업에 헌신하려는 교사를 원한다. 이들은 아동 청소년의 건강한 발달이 귀하게 여겨지는 학교를 원한다. 의심스러운 표준화시험 성적을 양산하는 그런 학교 말고 말이다. 이들은 금전적 이익을 앞세우는게 아니라 아동중심적인 학교를 원한다.

이 이야기를 통해 얻게 된 가장 중요한 교훈은 억만장자가 민주주의를 돈 주고 사도록 해서는 안 된다는 것이다. 안타깝게도 이들은 분명 그렇게 하고 싶어하지만 말이다. 이들의 돈이 부여하는 힘은 유권자들의 힘으로 이겨낼 수 있다. 공립학교의 민영화는 선거에서 결정되며, 이런 선거에 자금을 대는 사람들의 이름은 드러나게 마련이다. 그러면 이들은 지게 되어 있다. 이 문제가 유권자들에게 분명하게 전달된다면, 유권자들은 사적 이익보다 공동선을 선택하게 마련이다. 공립학교를 향한 공격에 누가 돈을 내는지 대중이 알게되면 억만장자는 지게 되어 있다.

이것이 바로 저항운동이다. 이 저항운동을 이루는 시민들은 떠나지 않는다. 그렇다고 이들에게 누가 인건비를 지불하는 것도 아니다. 이들은 아이들을 향한 열정, 교육을 향한 열정, 지역사회에 대한 책무, 민주주의에의 헌신, 공립학교가 지닌 가치에의 신념으로 똘똘 뭉쳐있다. 이들은 돈으로 사고 팔 수 있는 것이 아니다. 잠시 빌릴 수 있는 것도 아니다. 이 한명 한명이 바로 절대 포기하지 않고 절대 패배할 수 없는 다윗이다. 그리고 왜 이들이 싸움에서 이기는지, 왜 이들이 싸움에서 압도적인지의 질문에 대한 답이다.

감사의 글

한 권의 책을 내는데는 정말 많은 친구들의 도움, 사랑하고 가까이 지내는 사람들의 헌신과 희생이 뒤따르기 마련이다. 내 아내 메리 버츠(Mary Butz)에게 빚진 마음으로 이 책을 바친다. 내 아내는 주말을, 저녁시간을, 휴가 기간을 희생해 일상적 생활이 하루하루 돌아가도록 했다. 내가 글 쓰는 일에 몰두하고 계속 글을 쓸 수 있었던 이유다.

이 책에서 그려진 저항운동의 수많은 영웅들은 자기 이야기를 나에게 들려주었다. 이들에게 감사하지 않을 수 없다. 이들은 계속 싸움을 이어가고 있고, 모든 아이들에게 합당한 공립학교를 만들 때까지 결코 포기하지 않을 것이다. 이들의 대열은 학생, 학부모, 교육가, 시민운동지도자, 할머니/할아버지, 그리고 공동의 미래와 우리의 공동 운명에 대해 걱정하는 사람들이 계속 채워나갈 것이다.

작가이자 편집인, 교사로 이 책이 거의 완벽에 가깝도록 만들어 준 쉐퍼드(Robert Shepherd)에게 감사한다. 그에게 정말 큰 빚을 졌다. 그는 내 블로그의 글을 읽으며 나를 알게 되었고, 나는 그가 정말 명석한 비평가이자 블로거임을 알게 되었다. 수 주 동안 이메일을 통해 아주 집중적으로 의견을 나누었고 곧 친구가 되었다. 한 번도 만난 적도 없는데 말이다.

이 책이 마무리되기도 전에 이런 저런 글을 읽고 도움을 준 많은 사람들이 있다. 아브람스(Samuel Abrams), 버리스(Carol Burris), 버츠(Mary Butz), 코디(Anthony Cody), 커닝햄(Cece Cunningham), 하임슨(Leonie Haimson) 등.

내 친구이자 크노프(Knopf)의 편집자인 윌슨(Victoria Wilson)에게 감사한다. 그녀는 책이 만들어지는 모든 과정이 잘 되리라 믿어줬고, 주의깊게 읽어가며 필요한 많은 사항을 제안해주었다. 제목을 포함해서 말이다. 물론 나는 이 제목이 정말 마음에 든다. 그녀와 함께 일하는 정말 유능한 자피(Marc Jaffee)와 이 책의 사진을 수집해준 위멧(Ryan Ouimet)에게도 감사인사를 한다. 내 오랜 저작 대행자인 작가지원협회(Writers Rrepresentatives)의 추(Lynn Chu)와 하틀리(Glenn Hartley)에게도 감사하다.

무엇보다 #RedforEd운동을 이끌었던 정말 강력한 교사들의 영감을 다시 상기시키고 싶다. 나는 이 운동이 보여준 모범적 용기로 인해 이 책에서 기술된 파괴운동의 이데올로기에 맞서 판도가 바뀌고 있음을 확인할 수 있었다. 그리고 나는 이 운동을 통해 우리 학교의 모든 아이들에게 돌아갈 혜택, 그리고 우리 사회의 미래를 위해 회복되고 재건되어야 할 진정한 교육의 정신이 무엇인지 알 수 있었다.

약어표

ABLCS, Advancing Obama's Legacy on Charter Schools, 오바마 차터스쿨 유산

ACSTO, Arizona Christian Tuition Organization, 아리조나 기독교 등록금 단체

ACT, American College Testing, 미국대학입학시험

AEI, American Enterprise Institute, 미국기업연구원

AFC, American Federation for Children, 미국아동연맹

AFP, Americans for Prosperity, 번영을 위한 미국인들

AFT, American Federation of Teachers, 미국교사연맹

AIMS, American Indian Model Schools, 아메리카원주민 시범학교

AIR, American Institute for Research, 미국종합연구원

ALEC, American Legislative Exchange Council, 전미입법교환협의회

American Civil Liberties Union, 미국시민자유연합

Americans for Prosperity, 번영을 위한 미국인

APPR, Annual Professional Performance Review, 시험점수기반 교사평가법

ARR, American Recovery and Reinvestment, 미국회생 및 재투자

ASPIRE, Aspire Public Schools, 어스파이어 차터스쿨

BASIS, BASIS Curriculum Schools, 베이시스 차터스쿨

BATs, Badass Teachers Association, 악당교사연합회

BIPPS, Bluegrass Institute for Public Policy Solutions(켄터키), 블루그래스 공공정책 연구원

CAP, Center for American Progress, 미국진보연구소

CBPP, Center on Budget and Policy Priorities, 정책예산감시센터

CCSA, California Charter Schools Association, 캘리포니아 차터스쿨 협회

CCSSO, Council of Chief State School Officers, 전미주교육부장관협의회

CER, Center for Education Reform, 교육개혁센터

CER, Center for Education Reform, 교육개혁연구소

CFAQPS, Campaign for Fair Access to Quality Public Schools, 공정한 공립학교 접근성 캠페인

CITE, Continuous Improvement of Teacher Effectiveness, 지속적인 교사효과성 개선

CPS, Chicago Public Schools, 시카고교육청

CREDO, Center for Research on Education Outcomes, 교육성과연구센터

CSP, Douglas County Choice Scholarship Program, 더글라스카운티 학교선택 장학 프로그램

CSS, Citizens for Strong Schools, 강한 학교를 위한 시민들의 모임

CTU, Chicago Teachers Union, 시카고교원노조

DCF, Douglas County Federation, 더글라스 카운티연맹

DCP, Douglas County Parents, 더글라스 카운티 학부모회

DEY, Defending the Early Years, 어린 시절 지켜주기 연합

DFER, Democrats for Education Reform, 교육개혁을 위한 민주당원 모임

EAA, Education Achievement Authority, 교육성취관리청

ECOT, Electronic Classroom of Tomorrow, 내일을 위한 전자교실

edTPA, Teacher Performance Assessment, 교원수행평가

ELC, Education Law Center, 교육법연구소

ERA, Education Research Alliance, 교육연구소

ERN, Education Reform Now, 당장 교육개혁

ERNA, Education Reform Now Advocacy, 당장 교육개혁 옹호단

ESA, Empowerment Scholarship Accounts, 임파워먼트장학구좌

ESSA, Every Child Succeed Act, 모든 아동의 성공법

ETS, Educational Testing Service, 미국교육평가원

Fair Campaign Practices Act, 정당한 선거운동법

FERPA, Family Educational Rights and Privacy Act, 개인정보보호법

FESA, Families for Excellent Schools—Adcocacy, 최고학교를위한가정옹호

GLEP, Great Lakes Education Project, 그레이트레이크 교육프로젝트

GSMBQC, Great Schools Massachusetts Ballot Question Committee, 위대한 매사추세츠 학교선거위원회

IDEA, Individuals Dedicated to Excellence and Achievement Public Schools, 아이디어 차터스쿨

IF, Integrity Florida, 인티그리티 플로리다

IRS, Internal Revenue Service, 국세청

ITPI, In the Public Interest, 인더퍼블릭인터레스트

JLF, John Locke Foundation(노스캐롤라이나), 존로크재단

KIPP, Knowledge is Power Program, 킵 차터스쿨

LAUSD, Los Angeles Unified School District, 엘에이통합학구

LPI, Learning Policy Institute, 교육정책연구소

LPR, Leadership Program of the Rockies, 로키 리더십 프로그램

LWV, League of Women Voters, 여성유권자협회

MTA, Massachusetts Teacher Association, 메사추세츠주 교원노조

NAACP, National Association for the Advanced of Colored People, 전미유색인 지
위향상협회

NAEP, The National Assessment of Educational Progress, 국가학업성취도평가

NAE, National Academy of Education, 국가교육아카데미

NBPTS, National Board for Professional Teaching Standards, 전미교사자격위원회

NCLB Act, No Child Left Behind Act, 아동낙오방지법

NCREAC, National Center for Research on Education Access and Choice, 교육 접근
성과 선택에 관한 국가연구소

NCTQ, National Council on Teacher Quality, 전미교사의 질 협의회

NEA, National Education Association, 전미교육협회

NECAP, New England Common Assessment Program, 뉴잉글랜드 공통평가 프로그램

NPE, Network for Public Education, 공교육을 위한 네트워크

NPR, National Public Radio, 미국공영라디오방송

NYSAPE, New York State Allies for Public Education, 공교육을 위한 뉴욕 동지들

OCPA, Oklahoma Council of Public Affairs, 오클라호마 공무협의회

OCPF, Massachusetts Office of Campaign and Political Finance, 매사추세츠주 관리
사무소

PAC, Political Action Committee, 정치행동위원회

PACT, Parents Against Corporate Takeovers, 기업의 학교탈취에 맞서는 학부모들

PARCC, Partnership for Assessment of Readiness for College and Careers, 대학/직
업준비 평가를 위한 파트너십

PIM, Pioneer Institute in Massachusetts, 매사추세츠 파이오니어 연구원

PSU, Providence Student Union, 프라비던스 학생회

PTA, Parents-Teachers Association, 교사학부모회

PTC, Pastors for Texas Children, 텍사스 아동을 위한 목사들

RPE, UW, Center on Reinventing Public Education, University of Washington, 공교육
재창조 연구소

SAT, a standardized college admissions test, (약어가 아님) 미국대학입학시험

SBAC, Smarter Balanced Assessment Consortium, 더 똑똑하고 균형잡힌 평가

SEC, U.S. Securities and Exchange Commission, 미연방증권거래위원회

SOS, Save Our Schools, 우리 학교 살리기

SPN, State Policy Network, 주정책네트워크

SSC, Strong Schools Coalition, 강한 학교연합

TAMSA, Texan Advocating for Meaningful Student Assessment, 의미있는 학생평가를 지지하는 텍사스인들

Taxpayers for Public Education, 공교육납세자

TELL, Colorado's Teaching, Empowering, Learning and Leading Survey, 콜로라도 교원 설문조사

UNO, United Neighborhood Organization, 우노 차터스쿨

UOO, United Opt Out, 시험거부연합

VOE, Voices for Education, 교육을 지키는 소리

MCPP, Mackinac Center for Public Policy, 맥키낵 공공정책연구소

AROS, Alliance to Reclaim Our Schools, 우리 학교 개선을 위한 동맹

BASPS, Bay Area's Summit Public Schools, 베이서밋 차터스쿨

BI, Brookings Institute, 브루킹스연구원

CI, Cardinal Institute(켄터키), 카디날연구원

CMD, Center for Media and Democracy, 미디어와 민주주의 연구소

CPD, Center for Popular Democracy, 대중민주주의연구소

CPI, Center for Public Integrity, 공적청렴센터

CSGF, Charter School Growth Fund, 차터스쿨 성장기금

EBN, Education Bloggers Network, 교육 블로거 네트워크

EIL, Education Innovation Lab, 교육혁신연구소

ET, Education Trust, 교육신탁

EE, Educators for Excellence, 탁월성을 위한 교육가회

FESA, Families for Excellent Schools Adcocacy, 탁월한 학교를 위한 가정

FFEC, Friedman Foundation for Educational Choice, 프리드만 교육선택재단(지금은 EdChoice라고 불린다)

GSG, Global Strategy Group, 글로벌전략그룹

GI, Goldwater Institute, 골드워터 연구원

GDPS, Green Dot Public Schools, 그린닷 차터스쿨

IE, Integrity in Education, 완전무결한 교육

JFJ, Journey for Justice, 정의를 향한 여정

LEE, Leadership for Educational Equity, 교육평등을 위한 리더십

MIPR, Manhattan Institute for Policy Research, 맨하탄정책연구원

MC/GMU, Mercatus Center, George Mason University, 메르카투스센터

NAS, National Academy of Science, 국가과학아카데미

NCPI, National Center on Performance Incentives, 수행성과급에 관한 국가연구소

NPEAF, Network for Public Education Action Fund, 공교육 행동기금 네트워크

NPE, Network for Public Education, 공교육을 위한 네트워크

NOPRSD, New Orleans Parish Recovery School District, 뉴올리언즈회복학구

NSVF, New Schools Venture Fund, 뉴스쿨 밴처기금

NYPSC, New York Performance Standards Consortium, 뉴욕학업표준컨소시움

NCTF, North Carolina Teaching Fellow, 노스캐롤라이나 티칭펠로우

PCSP, Parent Coalition for Student Privacy, 학생정보 보호를 위한 학부모연합

PEJ, Partnership for Educational Justice, 교육정의를 위한 파트너십

PI, Pioneer Institute, 파이오니어연구원

PPF, Public Policy Foundation, Texas, 공공정책재단

RF, Reason Foundation, 리즌재단

SFPE, Schott Foundation for Public Education, 쇼트공교육재단

SMI, Show—Me Institute, Missouri, 쇼우미연구원

SPLC, Southern Poverty Law Center, 남부빈곤법연구소

SC, Stand for Children, 스탠드포칠드런

SEG, Strong Economy for Growth, 성장을 위한 강한 경제

TREE, Tennesseans Reclaiming Educational Excellence, 테네시 교육 탁월성 개선

NRC, National Research Council, 국가연구협의회

TFI, Thomas B. Fordham Institute, 토마스포드햄연구소

UC—CSR, University of California Consortium on School Research, 학교연구컨소시움

US, UNCOMMON SCHOOL, 언커먼 차터스쿨

VPE, Voices for Public Education, 공교육을 위한 소리

찾아보기

[인명색인]

[사항색인]

저자 약력

다이앤 래비치(Diane Ravitch)

교육개혁을 주제로 연구해온 교육사학자다. 컬럼비아대학교에서 박사학위를 받은 후 컬럼비아대학교를 거쳐 뉴욕대학교에서 교육사 및 교육정책을 가르쳤다. 2020년에 퇴직해 명예교수로 있다. 래비치는 연방교육부의 차관(1991－1993), 미국학업성취도평가(NAEP)의 자문위원과 브루킹스연구원의 석좌연구원(1997－2005)으로도 활동했다. 2010년 이후 학교선택제, 차터스쿨, 표준화시험, 교원평가 등의 교육개혁에 대한 입장을 전면적으로 바꿔 시민사회를 중심으로 한 풀뿌리 교육운동을 전개하고 있으며 온라인상의 교육논쟁에 적극적으로 참여하고 있다. 이 책은 그 결과물 중 하나다. 1974년 The Great School Wars: New York City, 1805－1973을 출간한 이후 이 책까지 22권의 단행본을 냈으며, 수백편의 논문과 교육논평을 발표했다. 2010년에 발간된 The Death and Life of the Great American School System: How Testing and Choice are Undermining Education은 미국의 공교육 개혁, 그 빛과 그림자(2011)라는 제목으로 번역 출간되었다.

역자 약력

유성상

서울대학교 교육학과 교수다. 미국 공교육과 교육개혁의 역사에 관심이 많으며, 공교육의 발전과 교육개혁의 과정을 통해 교육다운 교육의 모습이 어떠한지에 대해 연구하고 있다. 특히 공교육체제에서 교사다움, 교사라는 직업, 교사 전문성이 어떻게 이해, 발현, 제한되는지에 관심을 기울이고 있다. 저서로는 배움의 조건(지식의 날개, 2020), 인권과 학교교육(2020, 박영스토리) 등이 있고, 스쿨: 미국 공교육의 역사 1770－2000(학이시습, 2014), PRIZE: 교육이 미래라고 믿는 당신에게(2017, 박영스토리), 교육을 바꿀 수퍼맨을 찾습니다(교육과학사, 2018), 교사전쟁(살림터, 2019), 교사교육의 딜레마(박영스토리, 2020), 교사가 되려 합니다(2021, 다봄교육) 등의 번역서가 있다.

골리앗 무찌르기-미국의 교육개혁과 그 적들-

초판발행	2022년 3월 10일
지은이	Diane Ravitch
옮긴이	유성상
펴낸이	노 현
편 집	배근하
기획/마케팅	이선경
표지디자인	BEN STORY
제 작	고철민·조영환
펴낸곳	㈜ 피와이메이트
	서울특별시 금천구 가산디지털2로 53 한라시그마밸리 210호(가산동)
	등록 2014. 2. 12. 제2018-000080호
전 화	02)733-6771
f a x	02)736-4818
e-mail	pys@pybook.co.kr
homepage	www.pybook.co.kr
ISBN	979-11-6519-221-1 93370

* 파본은 구입하신 곳에서 교환해 드립니다. 본서의 무단복제행위를 금합니다.
* 역자와 협의하여 인지첩부를 생략합니다.

정 가   22,000원

박영스토리는 박영사와 함께하는 브랜드입니다.